KB105256

『칸트 연구』 제12집

칸트철학과 현대 해석학

『칸트 연구』 제12집

칸트철학과 현대 해석학

「 한국칸트학회 엮음 」

┌─ 편집위원 ─┐

김양현(위원장)·김광명·김석수
김수배·김혜숙·맹주만·문성학
박 진·박찬구·이남원·이 엽
최인숙·하선규

철학과현실사

▣ 책을 펴내면서

이 책은 크게 두 부분으로 꾸며져 있다. 제1부는 칸트철학의 문제들에 대한 논의를 담고 있으며, 제2부는 주로 칸트와 현대 해석학에 관련된 논문들을 실었다. 물론 각각의 글들은 처음부터 독립된 논문으로 작성된 것이기 때문에, 독자들의 관심에 따라 순서와 무관하게 읽힐 수 있다. 책머리에서 필자들의 논지를 간략하게 요약·정리해주는 일은 무엇보다도 독자들에게 호의를 베푼다는 의미가 크다. 그러나 이는 자칫 잘못하면 독자들이 있는 그대로 글을 읽는 데에 장애가 되는 선입견이나 곡해를 낳거나 아니면 없어도 무방한 사족이 될 수도 있다. 따라서 우리 편집인들은 이러한 점을 염두에 두면서 논문들의 주요 내용을 요약하는 데에 일차적인 신경을 썼다.

<김석수>의 문제 의식은 다음과 같은 질문과 관계한다. 오늘의 학문 추세에 비추어볼 때, 이제 칸트의 이론은 더 이상 의미가 없는 것인가? 존재의 영역과 당위의 영역이 서로 월권하지 않으면서 각자의 고유한 가치를 유지할 수 있도록 해주는 칸트의 한계

개념과 범주의 역할은 폐기처분되어야 하는가? 이러한 문제 의식에서 필자는 자연주의적 인식과 실용주의적 접근 방식이 칸트가 도덕의 세계를 위하여 지식에 한계를 설정한 문제를 진정으로 극복할 수 있는가를 검토한다. 필자에 따르면 칸트는 철학을 형이상학과 과학의 굴레에서 해방시켜 철학 본래의 생명력인 비판력을 활성화시켜 과학의 성립 조건과 그것의 한계에 대해서 분명하게 재정립한다. 칸트의 초월철학은 당대의 과학, 특히 수학, 기하학, 자연과학이 어떻게 학이 될 수 있는가를 집중적으로 탐구하며, 종래의 초월적 존재(영혼, 자유, 신)를 문제삼는 특수 형이상학의 영역이 과연 '학으로서의 형이상학'이 될 수 있는가를 다룬다. 칸트는 학이 갖추어야 할 기본 조건이 보편성과 필연성이라고 보았는데, 이때 보편성과 필연성은 형식적인 차원이 아니라 내용이 동반되어야 하는 차원이다. 즉, 분석 판단으로서의 보편성과 필연성이 아니라 선험적 종합 판단으로서의 보편성과 필연성이다. 칸트의 접근 방식에는 과학이 존재 전체의 세계를 지배하는 것에 대해서 한계를 설정하고, 동시에 도덕과 종교의 영역이 지닌 독자적 가치를 바로잡고자 하는 의도가 깔려 있다. 따라서 칸트의 초월철학은 과학과 도덕과 종교의 삼권 분립을 제대로 정립하고자 하는 강한 뜻이 담겨 있는데, 이 점은 범주가 한계 지평과 관계하는 양상에서도 분명히 드러난다. 칸트가 주장하는 범주는 자연을 입법하는 지성의 형식이기는 하지만, 이 틀은 존재 자체를 담을 수 있는 그릇은 아니다. 이러한 의미에서 칸트는 범주의 한계 개념으로서 물자체를 인정한다. 칸트의 범주가 존재에 선험적으로 관계한다는 점에서 거기에는 근대의 계몽적 기획이 담겨 있지만, 그것이 담을 수 없는 타자를 인정한다는 점에서는 여전히 전통적 가치를 통해서 근대를 비판하는 측면이 담겨 있다.

　　<정성관>은 이성의 이념들이 어떤 의미에서 객관적 실재성을

가지는지 논의한다. 칸트에 따르면 이성의 이념들은 순수 이성 개념들일 뿐이므로, 그에 대응하는 직관이 존재하지 않고, 따라서 이론적인 의미에서는 객관적 실재성이 주어지지 않는다. 그런데 이성의 이념들이 도덕적 문맥 속에서 객관적 실재성을 갖는다는 것은 정확히 무엇을 말하는 것일까? 그것들의 객관적 실재성 문제는 칸트의 윤리학에서 뿐만 아니라 국가·법론과 종교철학에서도 등장한다. 칸트가 자신의 실천철학 분과들 속에서 근본 개념들의 성격들을 반성하는 이유는 단순한 우연이 아니라 자신의 초월철학적 관찰 방법에서 기인한다. 이 방법은 특정한 종류의 경험에서 출발해서 그러한 경험이 어떻게 해서 가능한지 묻고, 이 물음에 답하기 위해 하나의 이론을 세우고, 끝으로 그 이론 틀을 형성하는 특정한 경험의 가능 조건들로서의 개념들과 명제들에 대한 메타적 반성을 하는 것이다. 칸트는 이 방법을 경험 이론뿐만 아니라 윤리학, 미학, 종교철학, 법론과 국제 정치론 등에도 적용한다. 칸트의 이러한 접근 방식은 주관의 표상과 객관의 지각이 어떻게 구별되는가를 묻는 인식론적 관찰 방식도 아니고, 본질 자체와 현실화된 본질의 관계 및 이상의 사태와 실현된 사태의 관계를 묻는 존재론적 관찰 방식도 아니다. 칸트는 존재 문제를 객관적 가능성들에 관련시키지도 않고, 관념들과 그것들의 대응체들의 관계들에 관련시키지도 않는다. 칸트는 오히려 어떤 조건들 아래서 개념이 현실적인 것에 관계되는지를 묻는다. 칸트에 따르면 오직 경험 연관 속에서만 무엇이 존재하는 것으로 경험될 수 있다. 마치 중력, 원동력, 쿼크, 열소 같은 이념들이 그것들이 귀속되어 있는 이론의 테두리 밖에서 의미와 실재성을 잃듯이, 신, 자유, 불멸 같은 이념들은 도덕론 밖에서는 그 의미와 실재성을 잃는다. 따라서 실천철학, 즉 윤리학, 국가·법론의 이성 이념들의 객관적 실재성은 각각 도덕적, 법적 문맥 속에서 이야기되어야 하며, 그 이념들의 실재성은 한편으로는 각각 그것들이 수행하는 도덕적, 법적 실천 상의 기능에서, 다른 한편으로는 각각 그것들이 도덕론과 법론 속에서 담당하는 필수불가결한 역할에서 기인한다고 할 것이다.

<김광명>은 『판단력비판』을 중심으로 칸트철학에서 판단의 의미가 무엇인지, 그리고 이러한 판단에 근거한 능력인 판단력은 어떤 역할을 수행하는지를 꼼꼼하게 살펴보고 있다. 판단이란 자기와 대상이 맺는 관계에서 대상의 단순한 표상이 아니라 어떤 동일성의 지평에서 규정하는 것을 뜻한다. 판단력이란 개개의 사실이나 사물을 정확히 판단하고 판정하는 힘 또는 능력을 말한다. 이렇게 보면, 판단 및 이에 근거한 판단력은 외적 사물 혹은 대상과 자기 자신과의 상호 관계에서 필연적으로 설정된 개념이며, 어떤 매개적인 기능을 암시한다. 즉, 주관과 객관, 주체와 대상의 관계가 문제인데, 이는 칸트 인식론의 근본 문제인 동시에 미학 이론의 핵심이기도 하다. 이러한 문제 인식을 바탕으로 필자는 먼저 오성의 작용으로서의 판단의 의미를 살펴보고, 분석 판단과 종합 판단, 선천적 종합 판단의 가능성, 그리고 미적인 판단과 판단력을 고찰한다. 칸트는 판단력을 규정적 판단력과 반성적 판단력으로 구분한다. 오성이 부여하는 보편적인 법칙들 아래에 있는 규정적 판단력은 포섭만 할 뿐이다. 개념과 원칙을 사용하여 특정한 경우와 법칙을 해석하고 판정하는 일은 규정적 판단력이 수행한다. 따라서 규정적 판단력은 자연에서의 특수를 보편에 예속시키기 위해 스스로 법칙을 고안해낼 필요가 없다. 그러나 자연에서 특수로부터 보편으로 거슬러 올라가야 할 임무를 띠고 있는 반성적 판단력은 하나의 원리를 필요로 한다. 반성적 판단력은 이 원리를 경험으로부터 이끌어낼 수 없다. 이러한 판단력의 원리는 경험적 법칙들의 일반 아래에 있는 자연 사물들의 형식에 관해서는 다양한 자연의 합목적성인 것이다. 취미 판단에서 표상 방식이 갖는 주관

적인 보편적 전달 가능성은 일정한 개념을 전제함이 없이 성립되어야 하므로, 그것은 곧 구상력과 오성과의 자유로운 유희에서 나타나는 심적 상태인 것이다. 판단력에 근거한 판단은 단지 현상을 파악하는 데에 그치지는 않는다. 칸트는 주관적이지만 보편성을 요구하는 판단 능력을 취미라고 한다. 취미는 원래 보편성을 띤 것이 아니라, 본질적으로 개인적이고 특수한 성격을 지니고 있다. 하지만 취미는 자신이 내린 판단이 보편적일 것을 요구한다. 특히 반성적 판단 능력으로서의 취미 판단은 공통감을 전제하고 있기 때문이다.

　〈맹주만〉은 칸트의 시대에 유기체 문제를 둘러싸고 전개된 생물학적 논의들에 대해서 칸트는 어떠한 태도를 취했으며, 이것이 그의 철학적 사유와 체계 형성에 어떤 영향을 미쳤는가 하는 질문을 앞세운다. 이 질문에 대한 답을 찾기 위해 필자는 『판단력비판』을 중심으로, 그리고 그 밖의 칸트 저술들, 즉 『보편적 자연사』, 『신 존재 증명』, 『다양한 인종에 대하여』, 『순수이성비판』, 『헤르더의 인류 역사의 철학에 대한 이념들(서평)』, 『인종의 개념 규정』, 『철학에서의 목적론적 원리의 사용에 대하여』 등을 폭넓게 검토한다. 필자에 따르면 현대 생물학의 일반적 관점인 유전 프로그램에 대한 지식이 전무했던 시절의 칸트가 보여준 유기체에 관한 통찰은 생물학적 설명으로서는 몇 가지 오류를 포함해서 근본적인 문제를 안고 있다. 그러나 이런 문제를 오늘에 와서 상대화 시키면서 평가하는 것은 옳지 못하다. 오히려 칸트의 철학적 사유를 객관적으로 평가하기 위해서는 우선 칸트가 당시에 유기체에 대해서 어떤 견해를 갖고 있었으며, 또 유기체의 과학적 설명에 수반되는 문제들에 대한 칸트의 평가와 반응은 무엇이었는지에 대한 기본적인 이해가 요구되며, 칸트의 유기체론이 그의 선험적 철학 체계에서 어떤 위상을 갖고 어떤 역할을 하고 있는지 좀더 구체적으로 이해할 필요가 있다. 칸트는 "생명체도 오로지 원인 진술을 통해 완전히 파악될 수 없다고 본 보편적 기계론"과 "전 자연이 합목적으로 조직화되어 있다고 하는 아리스토텔레스주의 의 보편적 목적론"을 동시에 배척한다. 또한 이와 함께 칸트가 도 입한 목적론적 원리는 『순수이성비판』과 『실천이성비판』으로 대 표되는 칸트 자신의 이원적인 철학을 하나의 전체로 통일하는 "체 계적 매개 기능"과 기계론적 원리를 보완하는 발견술적인 "사태 분석적 기능"을 수행한다. 그러나 이것으로 목적론적 원리를 도입 한 근본 목적이 모두 다 충족된 것으로 보이지는 않는다. 왜냐 하 면 필자가 보기에 칸트가 자연 목적의 개념을 도입해서 유기체 문 제를 해명한 이른바 그의 비판적 자연목적론은 그 자체만으로는 아무것도 해결한 것이 없기 때문이다. 칸트의 유기체론은 시대적 배경과 제약 속에서 형성된 것이었다. 그 중에서 가장 중요한 요 인으로 기계론을 들 수 있다. 칸트는 "복잡한 기계적 과정들"로 이 루어진 유기체의 내적 구조를 관찰할 수 없으며, 따라서 그 특성 상 기계론적 원리로는 설명이 불가능하다고 보았다. 그리고 그것 은 칸트가 살고 있던 시대의 생물학의 수준이기도 하다. 이런 이 유에서 필자는 칸트의 유기체론은 물론이고 비판적 목적론을 정 당하게 평가하기 위해서는 그의 기계론에 대한 이해에 대한 객관 적인 평가가 더 철저하게 논구되어야 한다고 생각한다. 칸트의 시 대에 공유되었던 기계론에 대한 맹신과 이와 함께 그로 인해 무비 판적으로 승인된 기계론의 한계에 대한 성급한 예단에 쉽게 동화 되지 않았던 칸트의 비판적 태도가 유기체를 독특한 시각에서 바 라보게 만들었고, 결과적으로 비판적 목적론이라는 결실을 맺게 한 주요 원인들 중의 하나가 되었다.

〈김종국〉은 생명의료윤리학의 인격 논쟁의 문제를 칸트적 시 각에서 다룬다. 필자는 유전자 치료, 안락사 그리고 뇌사자 장기 기증이라고 하는 생명 의료 윤리의 전형적 문제들과 관련된 인격의 존엄성의 문제를 비판적으로 검토하고, 이를 바탕으로 대안적인 인격관을 모색한다. 필자에 따르면 인격의 외연과 관련하여 '자기 의식의 소유자만이 인격이다'라는 비등가설의 주장은 도덕적 직관에 위배되므로 생명권 혹은 살인 금지 규범의 적용 규칙이 될 수 없다. 따라서 '모든 발생과 소멸의 단계에서 인간은 인격이다'라는 등가설의 주장은 여전히 유효하다. 그러나 인간 본성으로서의 인격을 고수하는 '존재론적 등가설'이 사회 윤리적 적용 능력을 지니는지는 의문이다. 배아 조작, 안락사, 뇌사 등의 문제에서 생명에 대한 본질적 개입은, 인격의 외연을 축소하지 않고서도, 그리고 존재론적 등가설과는 달리 인격의 가치의 표현인 온전한 인격으로 자랄 권리, 명예권, 자발적 희생 등의 개념을 적절히 적용함에 의해 정당화될 수 있다. 필자에 따르면 인격의 존엄과 관련한 이러한 도덕의 사태들과 양립 가능한 등가설의 가장 유력한 후보 중의 하나는 칸트의 인격설이다. 칸트의 인격관은 경험주의적 인격관과 존재론적 인격관 양자의 난점을 회피할 수 있는 도덕 형이상학적 인격관인 것이다. 다시 말해 인격 개념의 적용과 관련해서는 존재론적 형이상학에 대해 도덕 형이상학이, 인격의 정당화와 관련해서는 도덕의 경험주의에 대해 도덕 형이상학이 장점을 지니는 것으로 보인다.

　　<이영철・이성훈・이상룡・박종식>은 칸트와 비트겐슈타인의 입장에서 료따르의 포스트모더니즘을 비판적으로 검토하고 있다. 필자들에 따르면 료따르는 헤겔의 전체성과 동일성을 거부하고, 각각의 존재가 지닌 개성과 독특성을 적극적으로 인정할 수 있는 단초를 칸트의 철학과 미학에서, 그리고 비트겐슈타인의 언어 놀이 개념에서 발견하고 있다. 이성중심주의를 벗어날 수 있는 길을 칸트의 숭고미와 비트겐슈타인의 언어 놀이 개념을 분석하면서

제시한다. 이런 측면은 다른 포스트모더니즘 논자들과 구별되는 점이다. 달리 말해서 능력 비판(칸트)과 언어 비판(비트겐슈타인)은 료따르 자신의 계몽적, 총체적 이성 비판과 연결되고 있다고 하겠다. 료따르는 전체성의 상실로 야기된 다원성을 단순히 확인하는 데 그치지 않고 바로 이 다원성을 이성의 새로운 패러다임을 창출할 수 있는 긍정적 계기로 파악한다. 이성의 혼란은 다원성에서 비롯되는 것이 아니라 오히려 이를 간과하는 데서 비롯되는 것으로 간주된다. 이성의 혼란은 다양한 이성을 총체적 통일성 하에 두고자 하는, 하나의 이성을 추구하는 근대적인 기획에서 비롯된다는 것이다. 료따르는 다양한 언어 놀이를 서술함으로써 다원성을 정당화하는 새로운 형식을 발견한다. 그런데 칸트에 따르면 이성의 차이는 비판 철학의 시작 단계며, 다양성은 하나의 원리일 뿐이고, 이것은 유사성과 통일성 원리에 의해서 보완된다. 반면에 료따르는 칸트의 이런 시도가 바로 오늘날의 분열의 사건을 심하게 약화시킨다고 본다. 료따르는 칸트철학에서 이성의 체계성이 아니라 이질적인 이성의 다수성에 주목한다. 이런 측면에서 료따르가 칸트에게서 이성의 다수성을 목격한 것은 부분적 진리에 불과하다. 그리고 이러한 사실은 잘 알려져 있으며, 료따르 자신도 이미 인정하고 있다. 이 점은 비트겐슈타인에 대해서도 마찬가지다. 료따르는 자신이 비트겐슈타인의 이론을 그대로 수용했다고 주장하지 않으며, 비트겐슈타인이 언어를 인간의 사용과 연관지어 생각하는 인간중심주의를 고집하고 있으며 그것은 극복되어야 할 유산이라고 본다.

<김영한>은 서구 정신사에서 현대 개신교 신학의 창시자며 현대 해석학의 창시자로 자리매김되는 슐라이어마허(F. Schleiermacher)의 보편해석학의 기획에 대해 세밀하게 분석하고 있다. 필자는 슐라이어마허의 해석학적 기획의 발전 과정을 규명하며, 자구 중심

의 전통적인 특수 해석학을 보편 해석학으로 발전시키는 해석학적 사고의 구조를 밝혀내고 있다. 또한 슐라이어마허가 보편 해석학의 착상을 제대로 실현시킬 수 있었는지의 여부에 대해 날카롭게 분석하고, 끝으로 그의 해석학의 공헌과 한계를 지적하고 있다. 필자는 특히 슐라이어마허의 해석학을 다음과 같은 여섯 가지 점으로 특징짓고 있다. 첫째는 슐라이어마허는 해석학을 모든 문헌에 대한 해석의 규칙을 제시하는 보편 해석학으로 발전시켰다는 점, 둘째는 언어를 해석학의 주제로 다루었지만 심리주의적 관심에 의해 제대로 전개시키지 못했다는 점, 셋째는 이해를 가능하게 하는 언어적, 상호 주관적 조건을 논구함으로써 보편 해석학을 선험적으로 정초했다는 점, 넷째는 보편 해석학의 착상을 제시했음에도 불구하고 그가 속했던 낭만주의 시대의 사고에서 벗어나지 못했다는 점, 다섯째는 후기에 들어 심리적 해석에 우위를 둠으로써 보편 해석학의 포기로 나아간 점, 마지막으로『성경』해석에 요청되는 보편적 해석 이론을 제시한 점 등이다.

　<김선하>는 리쾨르 해석학에서의 주체 문제를 심도 있게 논의하고 있다. 필자에 따르면 근대적 주체 개념인 데카르트의 코기토가 그 위상을 잃은 지 오래되었지만, 리쾨르는 해석학의 관점에서 단순히 과거의 코기토의 복원이 아닌, 그러면서도 언어의 파편 속에서 해체되지 않는 겸허한 주체의 복원을 시도하고 있다. 리쾨르는 주체를 다시 이야기하기 위해서 스트로슨(P. F. Strawson)의 행위의미론에서 출발하고 있다. 스트로슨의 행위의미론에 대한 분석을 통해서 리쾨르는 행위 대상과 그 이유에 대한 물음 속에서 배제된 행위 주체의 물음을 되살리고자 한다. 그러면서도 스트로슨의 행위의미론이 해결하지 못하고 있는 행위 주체의 행위 능력에 대한 문제를 칸트의 이율배반 논증을 통해서 풀어나간다. 필자에 따르면 칸트는 세계의 과정 가운데 새로운 행위의 연쇄를 가능

하게 할 수 있는 근거를 현상계와 가상계의 구분에 두고, 초월적 관점에서 원인의 절대적 자발성을 주장하였지만, 이에 반해 리쾨르는 자기 해석학의 관점에서 '나는 할 수 있다'의 현상학과 자기 신체의 존재론을 말하고 있다. 칸트가 초월적 자유를 말한 것과는 달리, 리쾨르는 행위 주체가 행할 수 있는 능력을 가지고 있다는 확신에서 출발하고 있다. 이 확신은 행위 주체가 세계 속에서 변화를 산출할 수 있는 능력을 가지고 있다는 확신이다. 이렇게 보면 리쾨르는 이와 같은 행위의미론에 대한 치밀한 분석을 토대로 해석학적 의미의 '주체'의 복원을 시도하고 있는 셈이다.

<양황승>은 리쾨르의 해석 이론을 중심으로 텍스트 해석의 문제, 특히 주관주의적 해석과 객관주의적 해석 문제를 비판적 관점에서 논의한다. 텍스트란 이해를 기반으로 하는 해석의 대상으로서 문학 작품이나 예술 작품, 그리고 역사적 기념비와 같은 다양한 범위를 포괄한다. 대체로 우리는 이러한 텍스트를 주로 독서를 통해서 마주하게 되는데, 바로 그때 텍스트 해석의 문제가 발생하게 된다. 저자의 의도를 중심으로 하는 입장에서 텍스트를 대해야 하는지, 아니면 수용자인 독자의 입장에서 텍스트를 이해해야 하는지가 중심 문제가 된다. 그런데 리쾨르는 이 두 입장 모두에 한계가 있다고 지적하고, 자신의 텍스트 해석 이론을 통해서 이 두 입장의 종합을 추구하고 있다. 필자는 이와 같은 리쾨르의 입장에 근거해 텍스트 해석의 타당한 방식을 논의한다. 이를 위해서 그는 먼저 해석학의 전통에 대해 리쾨르 자신이 내리고 있는 평가와 비판, 그리고 수용하는 측면에 대해서 논의한다. 그리고 리쾨르 해석 이론의 토대가 되는 언어 이론을 논의하고, 그런 다음 해석 이론의 중요한 요소가 되는 소격화, 친숙화 등의 해석학적 개념에 대한 논의를 통해서 주관주의적 해석과 객관주의적 해석의 한계를 지적하고 이를 극복하고자 한다.

<신응철>은 세계화의 시대를 어떻게 이해하고 이에 대처할 것인가 하는 문제에 논의의 초점을 맞추고 있다. 세계화 시대에 제대로 대처하지 못할 경우 초래될 수 있는 결과들에 대한 위기감과 불안감이 우리의 삶 속에 깊이 스며들어 있기 때문이다. 이러한 문제 의식에서 필자는 세계화 시대에 우리의 위기감을 해소시키고 나아가 세계화에 대한 올바른 해석과 이해를 위한 방법론적 틀을 진지하게 모색하고 있다. 이를 위해서 먼저 세계화에 대한 인문주의적 접근과 정치 경제학적 접근에 의한 설명 방식을 고찰하고, 이어서 해석학적 방식을 통해서 세계화를 차분히 규명하고 있다. 이 부분에서는 먼저 세계화를 철학의 담론으로 이끌어내기 위해서 하버마스(J. Habermas)의 현대성 개념을 빌어 비판 이론의 관점에서 세계화 시대를 진단하고 있다. 다음으로 이러한 시대 상황에 철학이 담당해야 할 고유한 역할에 대해서 논의한다. 그런 다음 필자는 독특하게 가다머(H. G. Gadamer)의 해석학적 관점을 통해서, 특히 그가 제시하는 나-너 관계의 세 가지 모델을 통해서 세계화를 해명하고 있다. 그리고 이러한 논의를 토대로 궁극적으로는 비판 이론에서 해석학으로의 전환의 필요성을 강하게 주장하고, 나아가 해석학적 사회에서의 이념적 모델로서 코즈모폴리터니즘을 제시하고 있다.

<홍병선>에 따르면 오늘날 자연주의 혹은 자연화의 움직임은 인식론에서 뿐만 아니라 윤리학, 심리철학, 언어철학 그리고 과학철학 등에 이르기까지 철학 전 영역에 걸쳐 하나의 운동 내지는 경향성을 이루고 있는 실정이다. 인식론에 대한 자연화의 요구는 우리가 어떻게 믿어야 하는지에 대해 충실히 그 답변을 마련해온 규범적 인식론이 이제는 더 이상 쓸모가 없기 때문에 몽땅 폐기하자는 입장일 수도 있고, 아니면 형식은 놔둔 채 그 내용물만이라도 교체하자는 것일 수도, 혹은 각각을 손질해서 서로 짜맞추어

다시 출발하자는 입장일 수도 있다. 어떤 입장이든간에 이는 인식론에 관한 논의를 더 이상 규범적이고 선험적인 접근 방식이 아닌, 서술적이고 경험적인 접근에 따른 것으로 규정지으려는 시도로 보인다. 인식론에서의 자연화 계획을 이와 같이 규정지을 경우, 자연과학에서의 방법론을 통해 인식론을 해명하자는 것으로 이해할 수 있을 것이다. 한편, 생물학의 한 분야로서의 진화론은 이제 인간에 대한 이해를 근본적으로 달리 해야 함을 요구할 정도로 세련되고도 견고한 이론으로 자리를 잡았다. 그것은 인식에 대한 탐구는 인식 주체의 생물학적 특성과 그 진화 과정을 통해 이루어져야 한다는 주장으로 요약된다. 이와 같은 주장은 결국 전통적 인식론에서 규범적이고 선험적인 탐구 방식이 비판의 대상이 된다는 것을 의미한다. 왜냐 하면 인식론에 대한 생물학적 혹은 진화론적 적용이란 기존의 규범적이고 선험적인 인식론을 서술적이고 경험적인 성격을 갖는 자연과학적 설명 방식으로 대체하려는 시도이기 때문이다. 그러나 문제는 과연 그러한 시도가 가능하냐 하는 점이다. 인식에 대한 진화론적 접근이 자연화 전략의 산물임을 감안했을 때, 자연화 계획 전반에서 진화론적 접근이 어떤 것인지에 대한 성격 규명이 선행되지 않을 경우 그 접근의 가능성에 대한 답변이 극히 자의적일 수 있다. 말하자면 인간 인식에 대한 진화론적 설명을 자연화 계획 전반에서 차지하는 역할과 비중을 통해 살펴보자는 것이고, 이를 통해 인식론에 대한 진화론적 접근을 진단하자는 것이다. 이는 곧 인식론에 대한 진화론적 접근이 자연화 전략상의 의도와 본성에 대한 해명의 맥락에 의존하기 때문에, 자연화 계획 전반에 대한 이해로부터 출발하여 그 방향에 대한 설정이 필수적임을 의미한다.

　이상에서 우리는 이 책에 실린 글들의 요지를 간단히 간추려보았다. 우리는 편집인들의 이러한 작은 노력이 없어도 될 사족이

아니라 전체 논문들의 대의를 얼른 훑어보는 데에 다소간의 도움
이 되길 희망한다. 마지막으로 출판 시장의 어려움에도 불구하고
철학 문화의 발전에 지속적인 힘을 실어오신 <철학과현실사>에
마음 깊이 감사를 드린다.

2003년 11월 3일

공동 편집인 김 양 현 · 김 광 명

차 례

차 례

차 례

제2부 / 칸트철학과 현대 해석학의 문제들

차 례

제 1 부

칸트철학의 문제들

칸트의 초월철학과 범주의 역사성

김 석 수

1. 들어가는 말

한 시대의 철학은 그 시대의 주된 흐름과 함께 호흡하는 것이 일반적이다. 인간 주체가 자신이 마주하고 있는 존재에 대해서 주체적으로 극복해갈 수 없을 때는 주체는 자기보다 탁월한 타자에 참여하여 따르는 것이 일반적이다. 그래서 고·중세의 철학은 주체가 자신이 마주하고 있는 존재에 참여하여 그로부터 본질을 발견하고 그의 안내를 받는 형태가 주된 흐름을 형성하고 있었다. 플라톤의 상기설도, 아리스토텔레스의 추상설도, 중세의 조명설도 모두 인간 주체가 존재에 능동적이든 수동적이든 그곳에 참여하여 그곳으로부터 자신이 갈구하는 본질을 발견하고자 하는 입장을 취하고 있었다. 한계 상황 속에 놓여 있는 인간 주체는 완전하고도 절대적인 존재를 독자적으로 산출하지 못하기 때문에 한계 너머에 있는 타자를 통해서, 타자 안에서 비로소 자신의 유한성을 극복하고자 하였다.

따라서 이 시대의 인간은 가멸적이고 일시적인 이 세계 안에서 살아가는 '활동적 삶(vita activa)'에 이바지하는 '실천(praxis)'보다는 영원하고도 절대적인 초월적 세계로 나아가는 '사색적(관조적)인 삶(vita contemplativa)'에 이바지하는 '이론(theoria)'을 중시하였다.[1] 그러므로 여기에서는 당연히 이 세계의 주어진 현상적 사실에 몰입하는 감각적 인식보다는 현상의 근저에 놓여 있는 불변적이고 영원한 초월적 존재를 지향하는 지성적 인식이 중시되었다. 특히 중세에는 절대 타자에 대한 믿음이 인간 주체의 인식보다 우위에 자리하고 있었다. 그러므로 이 시대는 철학이 당연히 형이상학적 활동이나 신학적 활동에 이바지하는 형태로 이어졌다. 철학이 지향하는 궁극적 목적도 바로 형이상학적 세계였다. 따라서 철학은 형이상학이어야만 했으며, 심지어는 신학에 이바지하는 학문이어야만 했다.

그러나 근대에 접어들면서 한없이 높았던 타자의 신비스러운 위대함도 이미 인간 주체로부터 의심을 받고 문초와 닦달을 당해야만 했다. '믿어라, 그러면 알지어다'[2]라는 중세의 슬로건은 '나는 의심한다, 고로 존재한다'라는 슬로건으로 전환되지 않을 수 없었다. 약한 주체가 타자의 안내를 받을 때는 믿음이 중요하지만, 타자의 억압으로부터 해방되고자 할 때는 의심이 중요하지 않을 수 없다. 인간에게 영원한 존재를 약속해줄 것으로 믿어진 형이상학이 우리를 억압하는 족쇄가 되었을 때, 우리는 모두 형이상학의 거물을 찢지 않을 수 없다. 그래서 칸트도 "늙은 귀부인이 되어버린 이 형이상학은 헤쿠바(Hecuba)처럼 쫓겨나 버림받고 탄식에

---

1) H. Arendt, *The Human Condition*, 15-17쪽.

2) 물론 중세에도 "믿기 위해 알고, 알 수 있기 위해 믿어라"(intellige ut credas, crede ut intelligas, St. Augustinus, Sermo 43, c. 7, n. 9)라는 주장에는, 특히 스콜라철학의 지성주의에는 앎이 중시되었다. 그러나 중세의 앎의 작용은 결국 자기보다 더 높은 존재를 믿는 상황을 정당화하는 데 목적이 있었다.

잠겨 있다"3)고 하였던 것이다. 이 유한한 지구를 이탈하여 초월적 세계에서 영원한 집을 마련하고자 하였던 형이상학으로서의 철학도 그 권위를 상실해야만 했다. 그래서 베이컨은 형이상학적 세계를 관조하는 철학자보다는 이 세계에서 먹고 살 것을 구체적으로 만들고 제작하는 기술자를 존경하게 되었으며, 흄은 형이상학에 관련된 모든 책을 아궁이에 집어넣고 태워버리라고까지 하였던 것이다.

믿음의 시대가 중시하는 것이 사랑이라면 의심의 시대가 중시하는 것은 합리성이 아닐 수 없다. 초합리성이 비합리성으로 규정되고, 마침내 계몽의 모토와 더불어 모든 것이 합리성의 잣대 아래서 새로운 세계가 형성되고 있었을 때, 당연히 과학적인 사유가 지배적인 흐름으로 나타나지 않을 수 없었다. 자연학(physica)을 넘어서(meta) 그것을 떠받치고 있었던 형이상학(metaphysica)은 그 위력을 상실당하고, 자연학 그 자체가 홀로 서기를 시도하게 된 것이다. 그래서 칸트도 이성이 존재에 주눅들어 겁에 질려 있는 미성숙 상태를 탈피하고, 이성 '스스로가 사유함(Selbstdenken)'을 감행하도록 요구하였으며,4) 또한 한 손에는 실험을 들고 다른 한 손에는 원리를 들고서 자연이 우리에게 말해주는 것을 그냥 수동적으로 받아들이지 않고 법관처럼 자연을 문책할 것을 요구하였다 (*KrV.*, B XIII).

따라서 근대 이후의 철학은 형이상학의 위력을 철폐하고 새로운 시대를 열어놓는 데 기여한 과학으로부터 지배적인 영향을 받지 않을 수 없었다. 그러므로 철학은 당시의 지배적인 과학적 흐름, 즉 수학, 기하학, 물리학의 흐름을 집중적으로 수용하게 되

---

3) I. Kant, *Kritik der reinen Vernunft*, A IX (앞으로 본문에 *KrV*로 표기함).
4) I. Kant, "Beantwortung der Frage : Was ist Aufklärung?", 바이셰델판 9권, 53쪽.

었다. 철학은 과학을 통해서 빼앗긴 주권을 회복하고자 하였다. 이러한 시대적 흐름은 너무나 당연한 것이었다. 초합리적인 믿음의 세계가 불신되는 시점에서는 새로운 자연 질서와 사회 질서의 재편성이 더 이상 초월적인 것에 의거해서 확립될 수 없었다. 귀납적 사고나 연역적 사고에 입각한 과학적인 합리적 사유와 실험만이 이 새 시대의 질서를 정립하는 데 설득력을 지닐 수 있었다. 그래서 근대 철학의 중심 흐름인 경험론(로크, 버클리, 흄)과 이성론(데카르트, 스피노자, 라이프니츠)은 당시의 자연과학과 수학 및 기하학의 관점에서 자신들의 철학적 작업을 전개하였다.5)

그러나 아도르노가 신화의 늪으로부터 빠져나온 계몽이 이내 스스로를 신화화함으로써 주체의 비극을 낳음에 대해서 지적하였듯이,6) 또한 아렌트가 프랑스혁명은 이미 부르주아의 지배라는 또 하나의 전체주의를 잉태시키고 있음을 지적하였듯이,7) 철학은 과학을 통해서 자기의 입지를 제대로 마련하기도 전에 이내 과학에 종속되는 또 하나의 불행을 불러들이고 있었다. 철학 본래의 생명인 비판력이 또 위협을 받게 된 것이다.

바로 이 이성의 위기를 들여다보고 철학의 자율적 위상을 제대로 정립하기 위하여 비판철학을 정립한 철학자가 칸트다. 그는 철

---

5) 국제법학자이기도 한 그로티우스(H. Grotius)는 "… 신이라 할지라도 2×2를 4가 아니게 만들 수 없는 것과 마찬가지로, 신은 본질적으로 악한 것을 악하지 않은 것으로 만들 수 없다"(Hugo Grotius, De jure belli ac Pacis, Prolegomena, 1990, 259-260쪽)라고 주장하였으며, 홉스는 갈릴레오의 물리학이 제공해준 물질의 운동 법칙과 유클리드의 기하학이 제공해준 연역적 방법에 입각하여 사회계약론을 정립하였다. 칸트 역시 우리의 인식은 '자료에서 얻은 인식(cogito ex datis)'이나 '원리에서 얻은 인식(cogito ex principis)'이라고 주장하였다(칸트 지음·이남원 옮김, 『칸트의 형이상학 강의』, 13쪽).

6) M. Horkheimer und Theodor W. Adrno, *Dialektik der Aufklärung*, 17쪽.

7) H. Arendt, 같은 책, 137쪽.

학을 형이상학과 과학의 굴레에서 해방시켜 철학 본래의 생명력인 비판력을 활성화시키고자 하였다. 그는 과학의 성립 조건과 그것의 한계에 대해서 분명하게 재정립하고자 하였다. 그의 이와 같은 노력은 '순수 수학은 어떻게 가능한가', '순수 자연과학은 어떻게 가능한가', '학으로서의 형이상학은 가능한가'라는 물음으로 이어졌다. 그는 이와 같은 작업을 통하여 현상의 세계를 넘어서 눈에 보이지 않는 세계로 올라가 그것에 대해 이론적 작업을 시도하는 기존의 라이프니츠-볼프의 특수 형이상학에 대해서는 냉엄하게 비판하고, 반면에 순수 수학과 자연과학이 '학'이 될 수 있는 자격 조건을 문제삼는 일반 형이상학에 대해서는 강한 긍정을 표시하였다.[8] 나아가 그는 특수 형이상학의 영역을 이론적 차원에서가 아니라 실천적 차원에서 접근함으로써 새로운 도덕 형이상학을 정립하고자 하였다. 그는 자연학 일반의 가능성에 관한 권리 근거를 해명하는 자연 형이상학과 도덕학 일반의 가능성에 관한 권리 근거를 해명하는 도덕 형이상학을 모두 정립함으로써, 종래의 특수 형이상학처럼 철학이 형이상학의 마력에 빨려들어가 자신의 위치를 망각하는 독단주의도 경계하고, 나아가 학 일반의 성립을 불가능하게 만드는 형이상학 불신주의(회의주의)에 대해서도 경계하였다.

이 글은 이와 같은 시각 아래서 철학의 자율성을 정립해내려고 하는 칸트의 정신이 담겨 있는 그의 초월철학의 의의에 대해서 분석해보고자 한다. 그의 초월철학은 당대의 과학, 특히 수학, 기하학, 자연과학이 어떻게 학이 될 수 있는가를 집중적으로 탐구하면

---

8) 칸트 지음 · 푈리츠 엮음 · 이남원 옮김, 같은 책, 29쪽. 슈테그뮐러는 칸트의 이 '일반 형이상학'을 경험의 가능 근거를 문제삼는다는 점에서 페이톤(Paton)과 마찬가지로 '경험의 형이상학'이라고 하였다(W. Stegmüller, "Gedanken über ein mögliche rationale Rekonstruktion von Kants Metaphysik der Erfahrung", In : *Ratio* 9, 1967 참조).

서, 나아가 종래의 초월적 존재(영혼, 자유, 신)를 이론적으로 정립하려고 하는 특수 형이상학의 영역이 과연 '학으로서의 형이상학'이 될 수 있는가를 문제삼는다. 그는 학이 갖추어야 할 기본 조건이 보편성과 필연성이라고 보았으며, 이 보편성과 필연성이 어떻게 마련될 수 있는가를 탐구하고자 하였다. 특히 여기서 주장되는 보편성과 필연성은 형식적인 차원이 아니라 내용이 동반되어야하는 차원이다. 즉, 분석 판단으로서의 보편성과 필연성이 아니라선험적 종합 판단으로서의 보편성과 필연성이다. 그는 당대의 수학, 기하학, 자연과학의 원리들이 이런 선험적 종합 판단에 입각한보편성과 필연성을 지니고 있음을 밝히고자 하였다. 이렇게 함으로써 그는 자연학의 형이상학적 기초를 마련하고자 하였다.9) 나아가 그는 이런 작업을 통하여 기존의 초월적 존재를 이론적으로정립하려고 하였던 특수 형이상학이 소질적 차원에서는 가능하여도 학적 차원에서는 가능하지 않음을 해명하고자 하였다.10) 또한그는 이런 소극적 작업을 바탕으로 하여 특수 형이상학의 영역을실천 이성의 우위 차원에서 도덕 형이상학으로 재정립하고자 하였다11)(KrV., B869). 그는 『순수이성비판』의 '분석론'에서는 일반

---

9) "진정한 형이상학은 선험적 종합 명제를 연구하는 것이며, 이런 명제만이 형이상학의 목적이 된다"(I. Kant, *Prolegomena zu einer jeden künftigen Metaphysik, die als Wissenschaft wird auftreten können*, 바이셰델판 5권, 134쪽)(앞으로 Pro로 표기함). "선험적인 종합 인식의 가능성이 진정한 과제며, 형이상학의 운명은 이 과제를 해결하는 데 전적으로 달려 있고, 나의 『순수이성비판』과여기 이 『프로레고메나』도 이 과제를 해결하는 데 완전히 주력하고 있다"(Pro., 256쪽). 칸트는 순수 수학과 순수 자연과학이 선험적 종합 판단으로 이루어져 있음을 밝히고, 이를 근거로 하여 '학으로서의 형이상학'의 가능성이 확보된다고주장하고 있다(Pro., 140쪽).
10) 그의 비판기의 형이상학은 이전의 형이상학처럼 '이성의 체계'로 보지 않고'인간 이성의 한계에 관한 학'으로 규정하고자 하였다.
11) I. Kant, *Grundlegung zur Metaphysik der Sitten*, 바이셰델판 6권, 12쪽(앞으로 GMS로 표기함).

형이상학에 관한 문제를 집중적으로 다루었다면, '변증론'에서는 특수 형이상학에 관한 문제를 집중적으로 다루면서 도덕 형이상학의 길을 열어놓고자 하였다.

칸트의 이와 같은 태도에는 과학이 존재 전체의 세계를 지배하는 것에 대해서 한계를 설정하고, 동시에 도덕과 종교의 영역이 지닌 독자적 가치를 바로잡고자 하는 의도가 깔려 있다. 따라서 칸트의 초월철학은 과학과 도덕과 종교의 삼권 분립을 제대로 정립하고자 하는 강한 뜻이 담겨 있다. 그의 이와 같은 측면은 범주가 한계 지평과 관계하는 양상에서도 분명히 드러나고 있다. 칸트가 주장하는 범주는 우리에게 주어지는 다양을 질서 짓는 틀로서 자연을 입법하는 지성의 형식이기는 하지만,12) 이 틀은 존재 자체를 담을 수 있는 그릇이 못 된다. 이런 면에서 칸트는 이것이 담아 넣을 수 없는 한계 개념(Grenzbegriff)으로서 물 자체를 인정한다. 칸트의 범주가 존재에 선험적으로 간여한다는 점에서는 거기에 근대의 계몽적 기획이 담겨 있지만, 그것이 담을 수 없는 타자를 인정한다는 점에서는 여전히 전통적 가치를 통해서 근대를 비판하는 측면이 담겨 있다. 이런 면에서 우리는 칸트를 전통성과 근대성을 종합하는 철학자라고 할 수도 있다.

그러나 그의 철학은 이 양자가 결국 원만하게 종합을 이루지 못하고 모순·대립 상태에 머물러 있다고 보는 것이 독일 이상주의자와 그 이후의 비판이자, 또한 오늘날 현대 철학자들의 비판이다. 의식철학적 패러다임에서 언어철학적 패러다임으로 넘어오면서, 여전히 초월철학의 전통은 계승되고 있지만, 범주의 추상적 고정성이 지닌 무역사성은 심각하게 문제시되고 있다. 이와 같은 상황은 유클리드 기하학에 근거하고 있었던 고전 역학이 현대의 비유

---

12) "범주는 현상에, 따라서 모든 현상들의 총괄로서의 자연에 선험적 법칙을 지정하는 개념이다"(*KrV.*, B 163).

클리드 기하학에 근거하고 있는 아인슈타인의 상대성 이론이나 하이젠베르크의 불확정성 이론으로부터 비판을 받으면서 더더욱 가속화되었다.13) 특히 1960년대 활성화되기 시작한 영미 분석철학자들(R. Carnap, J. Hintikka, S. Körner, J. Benett, P. F. Strawson, W. V. O. Quine, D. Davidson, H. Putnam, W. Sellars, Karl R. Popper, R. Rorty 등)은 쿤, 라카토스, 파이어아벤트로 이어지는 패러다임 과학 이론과 더불어 칸트의 범주의 무역사성이 안고 있는 문제점을 더 강하게 지적하기 시작하였다.14) 이들은 대부분 칸트의 범주의 무역사성을 헤겔적인 변증법적 운동 속에서 극복하기보다는 실용주의적 관점에서 극복하고자 하는 경향을 보여주었다. 따라서 칸트의 범주가 버텨냈던 학의 조건으로서의 보편성과 필연성은 점점 약화되기 시작하였으며, 범주 저편과 이편을 가르는 한계 설정도 무너지기 시작하였다.

오늘의 이런 학문 추세에 비추어볼 때 이제 칸트의 이론은 더 이상 의미가 없는 것인가? 존재의 영역과 당위의 영역이 서로 월권하지 않으면서 각자의 고유한 가치를 유지할 수 있도록 해주는 칸트의 한계 개념과 범주의 역할은 폐기처분되어야 하는가? 이제 철학적 작업은 과학적 작업에 모든 것을 넘겨주어야만 하는가? 이 글은 오늘날의 자연주의적 인식과 실용주의적 접근이 칸트가 도덕의 세계를 위하여 지식에 한계를 설정한 문제를 진정으로 극복할 수 있는가를 고찰해보고자 한다.

---

13) 장회익, 「과학」, 23-24쪽. 특히 1905년 특수 상대성 이론을 발표하고, 1915년에 일반 상대성 이론을 발표한 아인슈타인은 비유클리드 기하학의 완성자인 리만(Riemann)의 공간론을 채택하여 고전 역학에서 주장되고 있는 시간의 절대성을 비판하고, 시간을 각각의 관측계에 따라서 상대화시켰다.

14) Paolo Parrini(ed.), *Kant and Contemporary Epistemology*, ix쪽.

2. 과학과 초월철학

이미 앞에서 언급되었듯이 한 시대의 철학적 흐름은 그 시대의 중심 사조에 대해 비판적이든 수용적이든 그 사조와 관계 속에서 진행된다. 근대는 종교의 시대에서 과학의 시대로 옮겨가는 혁명의 과정이었고, 따라서 철학 역시 기존의 종교와의 제휴 관계를 넘어서 과학과의 제휴 관계를 모색하는 과정이었다. 그러므로 근대 철학은 당연히 그 시대 주류 흐름을 형성하고 있었던 과학의 힘을 적극적으로 수용하지 않을 수 없었다. 물론 그렇다고 해서 고・중세에는 과학이 없었다는 것이 아니다. 그 시대의 과학은 근대만큼 철저하게 인간을 중심에 놓고 출발하지는 못했다. 즉, 근대 이전의 과학은 유기체적이고 목적론적인 세계관이 지배적이었으며, 따라서 인간 주체도 그런 세계관의 일부로 편성되어 있었다. 이런 의미에서 이미 과학도 형이상학의 관리 아래 놓여 있었다.

그러나 근대의 과학은 인간 이외의 모든 존재를 물질로 바라보는 기계론적이고 원자론적인 관점이 지배적이었다. 당시 갈릴레오는 세계는 물질로 이루어져 있으며, 이 물질들은 작용과 반작용의 법칙에 따라 운동한다는 기계론적 유물론을 주장하였다. 그에 의하면 우주에 존재하는 모든 것들은 시간과 공간 안에서 인과 법칙에 따라 필연적으로 움직이며 모든 결과에는 반드시 그 이전의 물리적 원인이 있다. 이 당시 기하학의 원리라는 것도 사실은 분석과 종합의 원리를 축으로 하고 있었다. 그래서 이 원리는 복잡한 것들을 단순한 것으로 환원하며, 가장 자명한 제일 공리로부터 출발하여 일반적인 것으로 나아가는 연역적 체계에 입각하고 있었다. 바로 이와 같은 방법 원리는 원자적 개체로서의 물체들이 기계적 법칙들로 연결되어 있다는 것을 분명히 파악하도록 해주었다. 뉴턴의 중력 법칙, 작용과 반작용의 등가 법칙, 질량 보존의 법칙, 관성의 법칙도 모두 이런 기계론적 세계관에 바탕을 두고 있었다.

칸트는 당시에 주된 흐름을 형성하고 있었던 이런 과학적 진리를 결코 의심하지 않았다.[15] 이들 과학이 제시해주는 수학적, 기하학적, 물리학적 원리들이 보편성과 필연성을 지니고 있음에 대해서 부인할 수 없는 사실로 받아들였다. 마치 중세의 철학자들이 신이 존재한다는 것을 부인할 수 없는 사실로 받아들였듯이, 칸트는 당시의 과학이 제공하는 지식을 진리로 받아들였다. 그가 이들 과학과 관련하여 철학적 작업을 한 것은 이들 과학이 주장하는 원리들이 어떻게 보편성과 필연성을 지니게 되었는가, 즉 이들 과학이 어떻게 학이 될 수 있는가에 대한 권리 근거를 해명하는 것이었다. 그런 의미에서 그의 철학적 작업은 메타 과학적 차원에서 학의 성립 근거를 정립하는 것이었다.

그는 이와 같은 취지 아래서 '어떻게 순수 수학은 가능한가, 어떻게 순수 자연과학은 가능한가, 어떻게 형이상학 일반은 가능한가'라는 물음을 『순수이성비판』의 '초월적 감성론', '초월적 분석론', '초월적 변증론'의 순서를 따라서 탐구해나갔다. 칸트의 '초월적 감성론'과 '초월적 분석론'의 작업은 유클리드의 기하학과 뉴턴의 역학의 절대적 영향 아래서 출발하고 있다. 1755년의 『보편적인 자연사』[16]나 1786년의 『자연학의 형이상학적 기초』[17]는 이런

---

15) 칸트는 당시의 과학에 대한 이런 신뢰와 더불어 모든 다른 분야의 활동도 이런 과학적 인식에 준하는 인식이 이루어지도록 냉엄한 비판이 이루어져야 함을 강조하였다(*KrV.*, A XII 참조).

16) 원제목 : *Allgemeine Naturgeschichte und Theorie des Himmels, oder Versuch von der Verfassung und dem mechanischen Ursprunge des ganzen Weltbäudes nach Newtonischen Grundsätzen abhandelt*, Königsberg und Leipzig, bez Johann Friedrich Petersen(아카데미판 1권, 2115-368쪽).

17) 원제목 : *Metaphysische Anfangsgründe der Naturwissenschaft*, Riga, bez Johann Friedrich Hartknoch(아카데미판 IV권, 465-565쪽).

요소를 강하게 보여주고 있다.[18] 칸트는『자연학의 형이상학적 기초』라는 글의 제3장에서 지성의 초월적 원리들을 뉴턴의 특수 원리들과 연관지어 설명하며, 이것을 통해 자연학의 형이상학적 원리를 정립하였다.[19]

---

18) 칸트는 이외에도 다른 글들에서 이런 경향을 강하게 보여주고 있다. 가령『형이상학적 인식의 제일원리에 관한 새로운 해명(*Principiorum primorum cognitionis metaphysichae nova dilucidatio*)』(1755)(dissertation, Könisberg, J. H. Hartung, 아카데미판 1권, 385-316쪽)에서 그는 당시의 형이상학이 수학적 방법에 입각하고 있는 라이프니츠의 입장을 비판하고, 형이상학이 뉴턴의 방법에 따라야 함을 강하게 주장하고 있다. 또한 그는『자연신학과 도덕의 원칙들의 판명성에 관한 연구(*Untersuchungen über die Deutlichkeit der Grundsätze der natürlichen Theologie und Moral. Zur Beantwortung der Frage, welche die Königl Akad. d. Wiss. zu Berlin auf das Jahr 1763 aufgegeben hat*)』(1762년 완성, 1764년 출판)(Berlin, 아카데미판 2권, 273-301쪽)에서 "형이상학의 참된 방법은 뉴턴이 자연과학에 도입하여 그렇게 풍요로운 결실을 맺었던 방법과 같은 것이다"라고 주장했다. 그는 여기에서 바움가르텐의 형이상학을 비판하고 자연신학도 물리학처럼 확실성의 근거를 가져야 한다고 주장하였다. 그는 비판기 이전에는 풀러(Leonard Fuller : 1708~1803)의 생각을 수용하여 절대적 공간의 독자적 존재를 믿고 있었다. 그러나 그는 자신의 교수 취임 논문인『감성계와 지성계의 형식과 원리들에 관하여(*De mundi sensibilis atque intelligibilis forma et principiis*)』(1770)(dissertation, Königsberg, 아카데미판 2권, 385-419쪽)라는 글에서 이 공간이 순수 직관 형식임을 주장하면서 라이프니츠의 상대적 이해와 뉴턴의 절대적 실재에 관한 주장을 비판하기 시작하였다. 여기에서 그는 사변 형이상학은 과학적이며 논증적인 지식의 대상이 될 수 없음을 선언하였다.

19) 칸트는 실체성, 인과성, 상호성 범주의 원칙들을 뉴턴의 역학 법칙과 연관하여 설명하고 있다. "현상이 아무리 변하더라도 실체는 지속하고 자연에서 실재의 양은 증감이 없다"(*KrV.*, B225)는 실체성 범주의 원칙은 "물체적 자연의 모든 변화에도 불구하고 물질의 양은 그 전체에서 동일하여 증가하거나 감소하지 않는다"(I. Kant, *Metaphysische Anfangsgründe der Naturwissenschaft*, 바이셰델판 8권, A 116)(앞으로 MAN으로 표기함)는 뉴턴 역학의 제1법칙에 해당된다. 그리고 "모든 변화는 원인과 결과를 연결하는 법칙에서 생긴다"(*KrV.*, B 232)는 인과성 범주의 원칙은 "물질의 모든 변화는 외적 원인을 갖는다"(MAN., A 120)는 역학의 제2법칙에 관련되어 있다. 그리고 "모든 실체는 공간에서 동시적으로 지각될 수 있는 한에서 일관된 상호 작용을 하는 중에 있다"(*KrV.*, B 256)는 상호성 범주의 원칙은 "모든 운동의 전달에서 작용과 반작용은 상호 항상 동일하

칸트는 이와 같은 작업을 진행하는 데에서 근대적인 계몽 정신에 입각하여 대상으로부터 출발하는 것이 아니라 주체로부터 출발하는 사유 방식의 혁명을 감행하였다. 그에 의하면 당시의 제반 과학의 지식들이 보편성과 필연성을 지니게 된 사실에 대해서 정당하게 권리 근거를 제시하는 것은 경험에 앞서, 즉 선험적인 차원에서 주체 자신으로부터 마련되어야 한다고 보았다(*KrV.*, A 2). 그래서 그는 공간과 시간을 바깥에 실재하는 대상으로 보기보다는 주체의 대상 수용 형식, 즉 감성의 형식으로 보았으며, 실체성과 상호성과 인과성의 원칙도 주체가 대상을 자발적으로 구성하는 지성의 형식, 즉 범주로 보았다. 칸트의 이와 같은 태도는 다음과 같은 주장에서 잘 나타나고 있다.

갈릴레오(Galilei)가 자신이 먼저 선택했던 무게를 지니고 있는 공을 경사진 평면 아래로 굴러가게 했을 때, 또 토리첼리(Torricelli)가 먼저 측정하여 자신이 알게 된 물기둥의 무게와 비슷한 무게를 공기가 지니도록 만들었을 때, 혹은 이들보다 훨씬 뒤에 슈탈(Stahl)이 금속을 석회로, 그리고 이것을 그것에 빼기도 하고 더하기도 하면서 다시 금속으로 변하게 했을 때, 모든 자연 탐구자들에게 하나의 광명이 열렸다. 그들이 파악한 바에 따르면 이성은 자기 자신이 자신의 기획에 의하여 생산해낸 것만을 통찰한다. 그래서 이성은 항구적인 법칙에 따라 자신의 판단이 지니고 있는 원리들과 더불어 먼저 출발하여 자연이 이성 자신의 물음에 답하도록 만든다. 그러므로 이성은 걸음마 단계의 아기가 줄에 끌려 걷듯이 단순히 자연의 인도만을 받지는 않는다. 왜냐 하면 그렇지 않으면 앞서 기획된 어떤 계획에도 따르지 않고 우연히 행해진 관찰들은 이성이 찾고 필요로 하는 필연적 법칙과 결코 연결될 수 없기 때문이다(*KrV.*, B XIII).

다"(MAN., A 121)는 뉴턴 역학 제3의 법칙에 연관된다. 이와 같은 주장은 『형이상학 서설』에도 나타나고 있다(Pro., 160쪽 참조).

이처럼 칸트는 케플러가 '지구는 둥글다'는 주장의 진리 여부를 확인하기 위해 먼저 이론을 세우고 자연에 물어 들어갔듯이, 이론이 실험에 우선하는 것으로 파악하였다.[20] 그는 유클리드의 기하학의 원리도, 뉴턴의 역학의 원리도 일차적으로 관찰과 실험에 근거하고 있는 것이 아니라 인식 주체의 직관 형식(시간/공간)과 사유 형식(범주)에 근거하고 있음을 제시하고자 하였다. 이처럼 칸트는 경험의 바깥에 나와서 경험이 성립되는 가능 근거를 물어 경험을 정당하게 성립시키는 자신의 입장을 초월철학[21]이라고 하였다. 그러므로 그의 초월철학은 과학 일반의 성립 근거를 해명하는 메타 과학의 역할, 즉 일반 형이상학의 역할을 수행하고 있다.[22] 그러므로 칸트에 의하면 이 초월철학은 형이상학을 가능하게 하는 것이며, 종래의 모든 형이상학에 선행해야 하는 것이다

---

20) Karl R. Popper, *Conjectures and Refutations*, 1978, 188-189쪽.

21) '초월적(transcendental)'이라는 단어는 중세 때 라틴어 'transcendentalia'에 해당하는 것으로, 이것은 "최상의 유(類) 개념마저 뛰어넘는, 그래서 항상 이미 전제되어 있는, 그야말로 제1의 개념들"이라는 존재론적 의미로 사용되었다(O. Höffe, *Klassiker der Philosophie* 제2권, 16쪽). 그러나 이 단어는 근대의 칸트에 이르러 이 형이상학의 고유한 대상에 사용되지 않고, 오히려 경험의 선험적인 가능 조건들에 적용되는 인식의 술부로 자리하게 되었다(J. Ritter · K. Gründer (Hrsg.), *Historisches Wörterbuch der Philosophie*, 1358-1434쪽). "초월적이라는 개념은 규범적 정당화라는 개념과 밀접하게 연관되어 있다"(Chritopher Peacocke, "The Origins of The a priori", 63쪽). "대상들을 다루는 것이 아니라 [대상들 일반]에 관한 우리의 선험적 개념들을 다루는 모든 인식을 나는 초월적이라고 한다. 그리고 이러한 개념들의 체계가 초월철학이라고 불릴 것이다" (*KrV.*, A 12). "초월철학은 우리의 모든 선험적인 인식의 체계다"(칸트 지음 · 푈리츠 엮음 · 이남원 옮김, 같은 책, 30쪽).

22) "그러나 직관과 개념에 의한 선험적 인식을 산출하는 것이, 더군다나 철학적 인식에서 선험적 인식을 산출하는 것이 형이상학의 본질적 내용을 이루게 된다" (I. Kant, *Pro.*, 134쪽). 부크달은 칸트의 이런 태도와 관련하여 그를 과학 체계와 철학 체계 사이의 대립을 중개한 위대한 철학자로 규정하고 있다(Gerd Buchdahl, "Science and God : The Topology of The Kantian World", 1쪽).

(Pro., 140쪽).

　포퍼는 칸트의 이 초월철학에서 그의 위대성을 발견한다. 칸트가 자연이 스스로 비밀을 드러내도록 기다리지 않고 그것에 의심을 제기하고 추측하는 작업을 능동적으로 개진한 것이야말로, 그리고 이것을 바탕으로 인간을 자연의 입법자로, 나아가 도덕의 입법자로 설정한 것이야말로 그의 위대성을 돋보이게 한다고 극찬하였다.[23] 포퍼는 이론을 세우기 위해 관찰로부터 시작해야 한다는 베이컨의 신화를 깨고 가설 우선적 관점에서 출발하는 칸트의 입장을 통해 과학의 진정한 자리를 확립하고자 하였다.[24] 포퍼 역시 흄의 입장에 반대하여 칸트처럼 뉴턴 역학의 보편성과 필연성은 경험 관찰에서 주어질 수 없음에 대해 전적으로 동의하였다. 실제로 칸트는 물리학과 관련하여 "물리학은 이성 자신이 자연 속에 집어넣은 것에 쫓아서, 자신이 이런 자연으로부터 배워야 하고 자신 홀로는 전혀 알 수 없었던 것을 (자연을 날조함이 없이) 자연에서 찾아내려고 하였다"라고 언급하고 있다(*KrV*., B XIII). 칸트에 의하면 감성이 없이는 자연이 주어지지 않고, 지성이 없이는 자연이 구성되지 않는다.[25] 자연이 자연으로서 성립되기 위해서는 감성의 직관은 지성이 자발적으로 산출한 개념에 근거하지 않으면 안 된다(Pro., 163쪽). 물론 지성은 감성에 주어지지 않는 것에 대해서는 구성할 능력이 없다. 물 자체의 촉발과 감성의 수용성을 통해 자연의 내용이 주어지고, 지성의 구성 작용에 의해서 자연의 질서가 정립된다(Pro., 186-187쪽). 그러므로 자연의 최상

---

23) Karl. R. Popper, 같은 책, 181쪽.

24) Karl. R. Popper, 같은 책, 189쪽.

25) 이런 의미에서 칸트는 감성과 지성 사이에 우열이 있을 수 없다고 주장하였다(*KrV*., B 76). 그러면서도 다른 한편, 그는 지성이 감성적 직관의 다양에 통일을 가져다준다는 점에서 "지성은 감성보다 더 고귀하다"고 주장한다(칸트 지음·이남원 역, 『실용적 관점에서 본 인간학』, UUP, 1998, 115쪽).

법칙은 이미 우리 지성 속에 있어야만 한다.[26] "따라서 자연의 합법칙성은 지성의 근원적 법칙에 의거해 있다." 즉, "지성이 자신의 (선험적인) 법칙을 자연에서 길러내는 것이 아니라 바로 이 자연에 지정한다(vorschreiben)"(Pro., 189쪽). 우리가 감성적 직관의 대상에서 발견하는 법칙이 필연적일 때는 이미 지성이 대상 안으로 집어넣은 것(hineinlegen)이다(Pro., 189쪽).

그러나 우리의 지성이 자연을 전체적으로 마음대로 입법할 수 있는 것은 아니다. 우리가 합법칙적으로 자연에 접근할 수 있는 것은 감성의 직관, 즉 시간과 공간 내에서다. 따라서 과학의 정당한 활동도 바로 이 영역에 '제한(Schranken)'[27]되어 있다. 그러나 우리의 이성이 마련하려고 하는 형이상학은 수학과 자연과학처럼 현상에 '제한'되어 있는(Pro., 227쪽) 것이 아니라 현상 너머의 물자체와 관련하여 규제적 이념을 추구한다. 이런 의미에서 "형이상학만이 순수 이성의 변증적 기도에서 우리를 '한계(Grenzen)'로 이끈다"(Pro., 228쪽). 그러므로 초월철학 내지는 비판철학이 관계하는 영역은 과학처럼 '제한'에 묶여 있는 것이 아니라 '제한' 너머로 열어가는 '한계'에 자리하고 있다.[28] 적어도 칸트에게 "이 한계는 경험의 분야에 속할 뿐만 아니라 동시에 사유된 것에도 속한다"(Pro., 232쪽). 그리고 이 한계는 개연적이고 소극적인 가상체(noumena)라는 개념과 관련하여 이성의 규제적, 가설적 사용을 허용하며(KrV., B 311, 343, 675), 발견적 개념인 이념에 관계하도

---

26) "지성 자신이 바로 자연에 대한 입법자다. 다시 말해 지성이 없고서는 어디에도 자연은 없다"(KrV., A 127).
27) "(연장된 존재에 의거해서 볼 때) 한계(Grenzen)는 언제나 어떤 일정한 장소의 외부에서 이를 에워싸는 하나의 공간을 전제한다. 그러나 제한(Schranken)은 이런 공간을 필요로 하지 않으며 오히려 이것을 완전히 거부한다"(Pro., 227쪽).
28) "비판이 증명하는 것은 이성을 제한하는 것이 아니라 이성을 명확히 한계짓는 것이다"(KrV., B 789).

록 만든다(*KrV*., B 699).

따라서 칸트의 초월철학은 '(현상이 아니라) 실재적 사물을 단순한 표상으로 변하게 만드는' "열광적 관념론(der schwärmende Idealismus)"이나, '단지 표상에 불과한 것을 실재물로 만들어버리는' "몽상적 관념론(der träumende Idealismus)"을 비판하고, 현상과 물 자체의 경계에 자리하여 어느 쪽에도 절대적 우위권을 이론적으로 허용하지 않는 "비판적 관념론(der kritische Idealismus)"을 추구한다. 그는 이와 같은 입장에 근거하여 비판만이 '학으로서의 형이상학'을 가능하게 할 수 있음을 강하게 주장하였다(*Pro*., 243쪽). 물론 이때의 형이상학은 사변으로서의 인식을 확장시키기보다는 이성의 오류를 검열하여 자신의 품위와 명망을 유지하는 데 더 의의를 두고 있다(*KrV*., B 879).

나아가 칸트의 이와 같은 비판적 태도에 입각한 '한계'에 대한 주장은 현상과 물 자체를 구별하고, 또한 전자에 적용되는 자연법칙이 후자에 적용됨으로써 자유가 자리하는 것을 박탈하지 못하게 하려는 의도가 담겨 있다. 그래서 칸트는 다음과 같이 주장하고 있다.

> 따라서 그렇게 되면 도덕에 관한 학설도 자연에 관한 학설도 각기 제 자리를 바람직하게 유지할 수 있게 된다. 하지만 이러한 것은 우선 물 자체들에 관해서는 우리가 인식할 수 없음이 불가피하고, 우리가 이론적으로 인식할 수 있는 것이라곤 단지 현상에 제한되어 있음을 비판이 우리에게 가르쳐주어야만 가능하다(*KrV*., B XXIX).

이처럼 칸트가 과학의 활동 영역을 현상에 제한하는 것은 우리의 이성의 실천적 사용이 관계하는 도덕의 영역, 인간의 의지의 자유의 세계를 구제하고자 함이다. 그래서 그는 "신앙을 위한 자리를 확보하기 위하여 지식을 중단해야만 했다"(*KrV*., B XXX)[29]

고 주장하였다. 그의 초월철학은 과학처럼 현상에 제한되어 있는 것이 아니라 물 자체와 한계적 관계 속에 놓여 있는 것이다. 그러므로 그의 초월철학은 과학이 활동할 수 있는 정당한 영역을 마련해주되, 그것이 지배할 수 없는 영역을 제한함으로써 이성이 자신의 한계 지평에서 실천적인 도덕적 세계를 열어갈 수 있도록 배려하고 있다.[30] 아니 인간의 도덕적 삶을 가능케 하는 자유를 구제하기 위해서는 자연필연성이라는 법칙을 현상에만 제한하지 않으면 안 된다는 것이 칸트의 입장이다(KpV., 219쪽). 나아가 그는 인간의 삶을 과학적 토대 위에 머물러 있게 하는 것이 아니라, 궁극적으로는 그것이 도덕적 토대 위에 자리하도록 해야 한다는 점에서 실천 이성의 우위를 주장하였다(KpV., 251-252쪽). 그래서 그는 우리의 사색과 연구의 근거이자 목적이 바로 도덕성이며, 이것이 바로 형이상학적 작업의 지향점이기도 하다.[31]

적어도 이상과 같은 칸트의 주장에 비추어볼 때 한 가지 분명한 사실은 철학이 자유의 개념에 바탕을 두고 있는 도덕도 포기할 수 없고, 자연의 개념에 바탕을 두고 있는 과학도 포기할 수 없다는 점이다(GMS., 92-93쪽). 칸트의 이와 같은 태도는 인간을 이 두 세계 사이에 존재하는 중간 존재(Mittelglied)로 바라본 점과 깊이 연관되어 있다.[32]

---

29) 이와 같은 주장은 B 773에도 등장하고 있다.

30) I. Kant, GMS., 92쪽. 이와 같은 주장은 『실천이성비판』에도 등장하고 있다 (I. Kant, *Kritik der praktischen Vernunft*, 바이셰델판 6권, 163-164, 218쪽)(앞으로 KpV로 표기함).

31) 칸트 지음 · 푈리츠 엮음 · 이남원 옮김, 같은 책, 237쪽.

32) I. Kant, *Rezension zu Johann Gottfried Herder*, 바이셰델판 10권, 788쪽.

3. 소여의 신화와 범주의 신화

이상과 같은 칸트의 입장은 감각 경험을 통하여 주어지는 외부의 내용에 근거해서만 진리를 정립하고자 하는 '소여의 신화(the myth of the given)'도 거부하며, 또한 동시에 지성이 대상과 관계하여 대상을 자신의 범주에 완전히 종속시키려는 '범주의 신화(the myth of category)'도 거부한다. 이미 앞에서 언급되었듯이, 칸트의 '비판적 관념론'은 물 자체의 절대화도 인식 주관의 절대화도 허용하지 않는다. 그의 '한계'에 근거를 둔 철학은 인식론적 전체주의가 범할 수 있는 테러를 차단하고자 하는 기본 정신이 담겨 있다. 물 자체와 주체, 소여와 범주 사이에 주종적 지배 관계가 아니라 상호적 협조 관계가 칸트의 비판철학 안에는 담겨 있다. 그의 비판(한계)철학은 흄처럼 관념이 인상으로 완전히 환원되거나, 헤겔처럼 개념이 이념이 되고 이념이 개념이 되는 것을 허용하지 않는다. 이런 점에서 포퍼는 칸트의 철학을 비결정론으로 읽어내고자 하며, 바로 여기에 칸트철학의 중요성이 있음을 주장하고자 한다.33) 포퍼는 칸트철학의 이런 측면에 대해서 다음과 같이 주장하고 있다.

> 칸트는 자신의 근본적 태도에서 비결정론자다. 비록 그는 뉴턴 이론의 불가피한 귀결로서의 현상 세계와 관련하여 결정론을 믿었지만 그는 도덕적 존재로서의 인간은 결정되어 있지 않다는 것을 결코 의심하지 않았다. 칸트는 이론철학과 실천철학 사이에서 발생하는 갈등을 해결하는 데에서 자신이 완전히 만족하는 방식으로 성공하지 못했다. 그는 현실적 해결을 하는 데 절망하였다.34)

---

33) Karl, R. Popper, 같은 책, 194쪽. 포퍼는 여기에서 칸트의 물 자체와 관련하여 나타나는 결정론, 관념론, 비합리주의, 의지주의, 허무주의 모두를 배격하고 비결정론적이고 실재론적인 관점에서 비판적 합리론을 모색하고자 한다.

포퍼는 칸트철학의 이런 절망성은 그가 유클리드 기하학과 뉴턴의 고전 역학에 너무 예속되어 범주를 추상적으로 정형화시킨 데서 비롯되고 있다고 본다. 칸트의 범주도 추측과 반박의 역사에서 변화에 열려 있어야 한다.35) 포퍼의 이와 같은 입장은 아인슈타인 이론이 대두한 이후 뉴턴의 이론이 절대적으로 옳은 것이 아니라 또 하나의 가설이라는 점이 밝혀졌다는 사실에서 출발하고 있다.36) 물론 그렇다고 하여 칸트의 초월철학이 근거로 하고 있는 선험주의가 거부되는 것은 아니다. 다만 선험적으로 자리하고 있어야 할 범주가 실재와 관계 맺음 속에서 변화에 열려 있어야 한다는 것이다. 따라서 칸트의 초월철학은 현대의 상대성 이론이나 불확정성 원리와 더불어 새롭게 변형되어야 한다는 것이 포퍼가 갖고 있는 기본 생각이다. 더 이상 이성은 닫힌 범주에 머물러 있는 것이 아니라 부단히 시행착오를 겪으면서 점진적으로 개선되어간다. 그렇다고 이런 시행착오의 과정이 이미 더 이상 논박 가능하지 않은 최종적 진리 단계를 예정하고 있는 헤겔 식이 되어서도 안 된다.37) 포퍼의 비판적 합리론은 개념의 운동이 종결되어 '이성적인 것이 현실적인 것이 되고 현실적인 것이 이성적인 것이 되는' 절대적 관념론을 허용하지 않는다. 또한 범주를 오로지 감각 자료들로 환원하고자 하는 흄의 정신을 계승하는 입장에 대해서도 비판한다. 그는 모든 것을 주어진 소여에 의존하는 '소여의 신화'나 모든 존재를 주체의 사유 틀에 가두는 '범주의 신화'도 거부한다. 적어도 칸트가 이 두 신화를 거부하고 있다는 점에서 포퍼는 그의 비판적 관념론을 높이 산다. 그러나 그의 범주가 역사적 흐름 속

---

34) Karl R. Popper, 같은 책, 199쪽.
35) Karl R. Popper, 같은 책, 200, 327쪽.
36) Karl. R. Popper, 같은 책, 191-192쪽.
37) Karl R. Popper, 같은 책, 326쪽.

에서 역동적으로 작동하는 범주가 되지 못하고 추상적으로 정형화되어 한계 지평 안에 닫혀 있는 점에 대해서는 비판적이다.

포퍼의 이와 같은 태도는 오늘날 칸트철학의 범주의 추상성, 고정성, 몰역사성을 비판하는 철학자들 모두에게서 언급되고 있다. 현대 철학이 의식적 지평에서 언어적 지평으로 옮겨오면서, 고전역학에서 현대 양자 역학으로 넘어오면서 칸트가 주장한 범주의 추상성은 현대의 많은 과학철학자들[38]과 영미 분석철학자들에 의해서 비판을 받게 되었다.[39] 라카토스((I. Lakatos)는 칸트에 대해서 다음과 같이 언급하고 있다.

우리가 우리의 '개념적 틀'의 감옥 속에서 살다가 죽는다는 생각은 주로 칸트에 의해 발생되었다. 칸트주의자들 가운데 비관론자들은 이 감옥 때문에 실재 세계는 영원히 인식될 수 없다고 생각한 반면, 낙관주의자들은 우리의 개념적 틀은 세계에 적합하게 신에 의해서 만들어졌다고 생각했다. 그러나 혁명적 능동주의자들은, 개념적 틀들은 발전될 수 있고 또한 새로운, 더 나은 개념적 틀로 대치될 수 있다고 믿는다. 그래서 우리의 '감옥'을 만드는 것도 우리 자신이고, 그 감옥을 비판적으로 파괴할 수 있는 것도 우리 자신이다.[40]

---

38) 토마스 쿤(T. S. Kuhn), 포퍼(Karl R. Popper), 라카토스(I. Lakatos) 등에 의해서 비판을 받는다(토마스 쿤, 포퍼, 라카토스 외 지음 / 조승옥·김동식 옮김, 『현대 과학철학의 논쟁』, 163쪽). 실제로 칸트의 '실체 지속성의 원칙'은 뉴턴의 '질량 불변의 법칙'에 입각하고 있지만, 이 이론은 아인슈타인의 '총 에너지 보존의 법칙'에 의해서 비판을 받게 되었다. 이 이론에 의하면 질량이 불변하는 것이 아니라 운동에 따라 변하게 된다. 따라서 칸트의 '경험의 제일 유추'는 현대 물리학에 의해서 당연히 거부된다. 그리고 "모든 변화들은 원인과 작용이라는 결합 법칙에 의해 일어난다"(B 232)는 경험의 제이 유추도 오늘날의 불확정성의 원리에 의해서 거부되고 있다.

39) Michael Friedman, "Kant and The Twentieth Century", 28-35쪽.

40) 토마스 쿤·포퍼·라카토스 외 지음 / 조승옥·김동식 옮김, 같은 책, 178-179쪽.

이처럼 칸트의 범주의 고정성은 곳곳에서 비판의 대상이 되었다. 칸트나 현대 물리학 및 언어적 선험주의자들이 순수 중립적인 관찰이 불가능하다는 점에 대해서는 서로 입장을 공유하고 있지만, 선험적 범주의 위상과 관련해서는 의견을 달리하고 있다. 현대 과학이나 영미 분석철학에서는 칸트의 범주를 필연적이고 보편적인 틀로 보기보다는 변화 가능한 하나의 가설의 상태에 두려고 한다.

이와 같은 경향은 현대의 영미 분석철학에서 칸트를 비판하는 부분과 관련하여 다양하게 전개되고 있다. 자연주의 인식론을 제창하는 콰인(W. V. O. Quine)은 칸트와 같은 '초월철학을 위한 장소는 존재할 수 없으며,' 따라서 철학은 "선험적인 예비학이나 과학을 위한 기초가 아니라 과학과 연속되어 있는 것으로" 보아야 한다고 주장한다.[41] 더 이상 칸트에게서처럼 철학이 과학에 대한 메타적 기능을 수행하면서 우위에 있어야 할 이유가 없다는 것이 콰인의 입장이다. 따라서 대상 인식을 가능하게 해주는 선험적 틀로서의 범주도 인식의 한 부분으로 격하되며, 자연에의 동화로 나아가는 과정에 예속된다.[42] 즉, 칸트에게서처럼 대상이 우리의 범주에 동화되는 것이 아니라 우리의 범주가 자연에 동화되는, 그러므로 이 범주도 진화의 산물로 처리된다. 그래서 콰인에게는 학 일반의 성립의 형식적 가능 근거를 마련하려는, 즉 정당화를 마련하려는 칸트의 일반 형이상학은 거부된다. 그는 이와 같은 입장의 연장선에서 칸트가 '학으로서의 형이상학'이 성립하기 위해서 요구하는 선험적 종합 판단도 거부한다.

물론 콰인이 이런 입장을 취한다고 그를 단순히 '소여의 신화'

---

41) W. V. O. Quine, *Ontological Relativity and Other Essays*, 126-127, 345쪽. 콰인은 자신의 다른 글에서도 이와 같은 주장을 보여주고 있다. "인식론 혹은 그것과 비슷한 어떤 것은 단순히 심리학의, 따라서 자연과학의 한 장으로 자리하게 된다"(W. V. Quine, 같은 책, 82쪽).

42) W. V. O. Quine, *Word and Object*, 39쪽.

에 빠져 있는 경험주의자와 동일시할 수는 없다. 그는 우리 주관의 이론 틀로부터 완전히 독립되어 있는 관찰에 의해서 진리를 가능하려는 '존재론적 속박(ontological commitment)'을 거부하고, 감각 자료에 바탕을 두고 있는 존재론적 빈민굴로부터 벗어나고자 한다. 이 점은 칸트가 인식 주관이 다가설 수 없는 물 자체의 절대성을 허용하는 입장을 비판한 부분과 일맥 상통하는 점이다. 적어도 콰인은 칸트와 마찬가지로 '지식이나 믿음들은 인간이 구축한 것이다.'[43] 그러나 콰인은 칸트와 달리 이론 틀이나 범주가 획일적으로 고정되어 있는 통일적인 것이 아니라 복수적이며, 언제든지 대상과의 연관성 속에서 변형될 수 있다. 이들 이론 틀이나 범주는 대상과 연관되어 실질적인 만남이 얼마나 성공적으로 이루어지는가에 따라 변형된다. 그러므로 콰인은 이론 선택의 과정이 기본적으로 실용주의적이다.[44] 따라서 그는 보편학으로서의 초월철학보다는 오히려 구체적인 대상과 관계하여 구체적 이론을 마련하는 개별 과학에 중심을 둔다. 인식 주관의 이론 틀은 대상 일반에 대한 무제한적 타당성이 아니라 관련 대상에 국한된 제한적 타당성에 관계한다. 그러므로 칸트처럼 이론 틀이 정형화된 범주에 갇혀 있는 것과는 달리 존재론적 개입을 통하여 실용주의적 관점에서 취사선택된다.

그러나 콰인의 이런 입장은 이론 틀이 실재를 온전히 번역하지 못하는 어려움이 뒤따르게 된다. 따라서 콰인에게는 칸트가 인식 주관의 범주와 물 자체의 일치의 불가능성을 주장하였던 문제가 여전히 남아 있게 된다. 결국 콰인이 이런 문제를 극복하기 위해서는 이론 틀이나 범주가 역사적 과정 속에서 진화한다는 입장을 취하지 않으면 안 된다. 콰인은 '소여의 신화'와 '범주의 신화'를

---

43) W. V. O. Quine, *From a logical Point of View*, 42쪽.
44) W. V. O. Quine, 같은 책, 19쪽.

벗어나기 위하여 칸트와 다른 전략에서, 즉 자연주의적이고 실용주의적 전략에서 출발하지만, 그 역시 존재를 온전히 번역하지 못하는 칸트의 문제를 고스란히 안고 있다.

이처럼 이론 중립적인 관찰 명제도 거부하고, 이론 고정적인 칸트적 선험주의도 거부하면서 이론과 실재를 합치시킨다는 것은, 대응설과 정합설이 오래 전부터 앓아왔던 질병만큼이나 어려운 일이다. 데이비슨, 퍼트남, 스트로슨, 셀라스, 로티 모두 이런 몸부림의 현장에 서 있다. 데이비슨도 오늘날 패러다임 과학 이론에 주목하여 이론 중립적인 진리 검증과 고정된 이론 틀이나 개념 틀을 거부한다. 그 역시 칸트처럼 인식은 이미 인식 주체의 개념 틀에 관련되어 있음을 지적하며, 동시에 경험이 이론의 사태 연관성에 증인임을 인정한다. 그러나 그도 감각 자료에 궁극적 근거를 두는 '소여의 신화'나 불변적인 개념 틀에 궁극적 근거를 두는 '범주의 신화'를 배격한다. 그도 콰인과 마찬가지로 이론 틀의 복수성을 주장하며, 이를 통하여 이론의 정형성이 안고 있는 칸트의 문제점을 극복하고자 한다. 그렇다고 그는 이론 틀들 사이의 통약 불가능성을 주장하는 상대주의자는 아니다. 그는 이론 틀들 사이에 통약 불가능하다고 하여 거기로부터 번역 불가능하다는 결론은 나오지 않는다고 보았다. 그는 쿤처럼 관찰이 이론 의존적이고, 이 이론은 패러다임 의존적임을 인정하지만, 그렇다고 이들 통약 불가능성이 번역 불가능성으로 이어지는 것은 허용하지 않으려고 한다. 그는 관용의 원칙, 자비의 원칙[45]에 입각하여 이들 사이의 계속적인 대화로 객관성에 이르고자 하였다.

한편, 퍼트남도 칸트의 기본 입장을 수용하여 '소여의 신화'와

---

45) "자비는 하나의 의견이 아니라 작업 가능한 이론을 가지는 조건이기 때문에, 이것을 인정함으로써 대단한 실수에 빠지게 될 것이라고 제한한다면 그것은 무의미하다"(D. Davidson, *Inquires into Truth & Interpretation*, 197쪽).

'범주의 신화'를 벗어나고자 하였다. 그는 우리 주관의 이론 틀이 담을 수 없는 '한계 개념(Grenzbegriff)'으로서의 물 자체를 요청한 칸트의 입장이 불필요한 형이상학적 세계를 요청한 것이 아니라, 진리대응설과 진리정합설의 한계를 극복할 수 있는 방안을 제시해주고 있다고 보았다.46) 그는 내적 실재론의 입장에서 독단적 형이상학이나 과학주의 및 상대주의를 비판하고 초월성과 일상성을 근거로 하여 철학의 존재 의미를 제시하고자 하였다.47) 그는 형이상학적 실재론자를 비판하면서 칸트의 초월적 관념론이자 경험적 실재론의 입장에서 개념적 틀 내에서 대상을 논의하였다.48) 이렇게 함으로써 자신이 초기에 취한 직접 지칭 이론의 문제점을 보완하고자 하였다. 그러나 그 역시 칸트의 입장을 그대로 따르는 것은 아니었다. 그는 진리를 '이상화된 합리적 수용 가능성'에서 찾았으며, 이때 합리성도 형식적 합리성이 아니라 역사적 상황 속에서 정립되는 구체적 합리성이다. 즉, 그의 진리와 합리성은 초월적 기준에 의거하여 이루어지는 것이 아니라 생물학적, 문화적, 시대적 흐름 속에서 이루어진다. 이런 의미에서 퍼트남의 범주도 역사 속에 자리하고 있고, 따라서 진리도 관심과 연관되어 있는 맥락 의존적 성격을 지니게 된다. 그는 어떤 고정된 초역사적 원칙도 거부하며, 동시에 "프랑스 철학자들처럼 문화적 상대주의와 구조주의를 이상하게 혼합시킨 것"도 거부한다.49) 그는 이와 같은 입장에서 칸트의 범주의 불변성을 비판한다. 그는 초월적 자아보다 언어적 지평 위에 자리하고 있는 복수적 자아를 추구하며, 의식 내에 자리하는 형식적인 선험적 범주보다는 생성하는 언어의

---

46) H. Putnam, *Reason, Truth and History*, 61-62쪽 참조.

47) H. Putnam, *Renewing Philosophy*, 141쪽.

48) H. Putnam, "Why There isn't a Ready-Made World", 210쪽.

49) H. Putnam, *Reason, Truth and History*, x쪽.

역사 속에 자리하고 있는 사회·문화적 범주를 중시하였다. 그는 자신의 '내적 실재론'을 '실용적 실재론'으로 칭하면서,[50] 넓은 의미에서 실용적 합리성을 추구하고자 하였다.

한편, 스트로슨도 비트겐슈타인 후기 철학의 언어적 선험성을 수용하여 칸트의 입장을 새롭게 재조명하고자 하였다. 그는 칸트가 경험의 한계와 그 가능성에 대한 선험적 근거를 물었다는 점에서 매우 중요한 의미를 지닌다고 평가하였다.[51] 그는 우리 인식 주관이 대상과 관계하는 근본 모습, 즉 세계에 관계 맺는 우리 사고의 구조를 밝혀내는 '기술적 형이상학(descriptive metaphysics)'[52]과 관련하여 칸트의 입장이 주관적 심리주의에 빠져 있음을 비판한다. 그에 의하면 칸트의 범주는 의식 주관에서 비롯되어 추상적으로 고정되어 있다고 보며, 이 범주는 그 고정성을 벗어나야 한다고 보았다. 그래서 그는 칸트의 범주의 초월적 연역에 해당하는 기술 형이상학을 넘어서 범주가 대상과 관계 속에서 변화 가능한 '수정적 형이상학(revisionary metaphysics)'으로 나아가고자 하였다. 그에 의하면 범주는 계속해서 세련화되고 수정되며, 과학의 진보와 삶의 발전과 더불어 확장될 수 있다.[53] 그리고 범주의 변화가 정당한지 부당한지는 실용적 검증을 통하여 결정되어야 한다. 그는 이와 같은 입장에서 칸트가 대상 인식의 정당한 가능 근거로서 범주의 선험성을 주장하는 것은 높이 사지만, 그것이 대상 인식의 현실 근거가 될 수 없다는 점에서 비판한다. 즉, 그는 칸트의 선험적 요소는 받아들이되 심리학적 잔재는 제거하고자 하였다.[54] 이처럼 스트로슨 역시 '소여의 신화'와 '범주의 신화'를 빠져

---

50) H. Putnam, *The Many Faces of Realism*, 17쪽.

51) P. F. Strawson, *The Bounds of Sense*, 19쪽.

52) P. F. Strawson, *Individuals*, 9쪽.

53) P. F. Strawson, *Individuals*, 44쪽.

54) 스트로슨은 칸트로부터 경험을 이해하기 위해서는 최소한의 구조가 요구된

나가려고 하는 점에서 칸트를 수용하지만, 범주의 비역사성과 관련해서는 그를 거부한다.

로티 역시 스트로슨의 입장을 수용하여 칸트의 초월철학에 주관적 심리주의와 범주의 절대성이 자리하고 있다고 지적한다.[55] 나아가 그는 스트로슨보다 한 단계 더 나아가 선험성마저도 거부하고 범주가 오히려 실재에 적응하기 위하여 계속해서 바뀌게 된다는 학문적 결과주의 내지는 실용주의에 집중한다. 그래서 그는 칸트의 객관성, 필연성, 규범성을 거부하고 오히려 연대성, 우연성, 실용성을 강조한다. 범주가 진리를 충분히 실현시키기 위해서는 칸트의 초월철학은 검증주의로 변형되어야 한다. 실재를 설명하는 데 반드시 하나의 개념 틀이 존재할 필요가 없으며 실용적 관점에서 여러 개의 틀이 가능할 수 있으며, 그것도 상황과 문맥에 따라 용이하게 변화될 수 있어야 한다. 이처럼 로티는 신실용주의적 입장에서 반보편주의, 비본질주의를 지향하고 있으며, 칸트의 '초월적 통각'뿐만 아니라 정언명법에 입각하고 있는 보편적 도덕도 거부한다.[56] 그의 입장에 입각하면 칸트도 도덕적 결의론자(sophistical casuist)에 불과하다. 그는 과학, 윤리, 문학 중 어느

다는 '경험의 형이상학'이나 그 구조 개념을 경험의 한계를 넘어서 사용하면 의미를 잃게 된다는 '초월적 형이상학'은 긍정적으로 수용하지만, 경험의 한계와 범위를 설정할 때 그곳으로부터 벗어나 있는 관점에서 시도해야 한다는 '초월적 관념론으로서의 형이상학'은 거부한다(P. T. F. Strawson, *The Bounds of Sense*, 11-12쪽).

55) "조화라는 것은 아무런 의미도 없고 불가능한 간섭이라고 생각한 점에서 칸트는 옳았으나, 불가능한 간섭임을 입증하기 위해서 지식의 주체에 의하여 본성이 '구성되었다'고 생각해야 한다는 점에서는 올바르지 않았다. 지식에 관해서 지각적인 견해가 아닌 명제적인 견해로 향한 칸트의 진전은 단지 절반의 성공에 지나지 않았다. 왜냐 하면 그의 진전은 ― '구성', '만들어냄', '형성', '종합' 등과 같은 ― 인과적인 비유의 틀 속에 담겨 있었기 때문이다"(리처드 로티 · 박지수 옮김, 『철학 그리고 자연의 거울』, 까치, 1998, 181쪽).

56) R. Rorty, *Philosophy and Mirror of Nature*, 383쪽.

것이 더 객관적이어야 할 이유가 없다.[57] 쿤의 입장을 긍정적으로 수용한 그에게는 과학도 문학의 한 장르에 불과하다.

그러나 칸트의 입장을 수용·비판하면서 과학적 실재주의를 추구하는 셀라스는 로티의 이런 입장과 다른 방향을 모색하였다. 그역시 칸트처럼 현상과 물 자체, 자연의 세계와 도덕의 세계, 이론이성과 실천 이성을 구별하지만, 칸트처럼 실천 이성의 우위 차원이 아니라 도덕·종교·예술 등이 포함되어 있는 일상적 세계를이상화한 현시적 이미지(manifestic image)[58]와 과학의 세계를이상화한 과학적 이미지(scientific image)[59]를 통관적으로 전망하는(synoptic image) 길을 모색하고자 하였다. 셀라스는 심적인것들을 신경생리학적 과정들로 환원할 수 있다는 과학주의에 빠지지 않으면서 과학적 합리성을 모색하고자 하였다.[60] 그는 도덕의영역이 과학의 영역에 환원될 수는 없지만, 도덕적 행위를 수행하는 주체의 심적 세계를 신경생리학적 과정들과 결부시켜 설명해볼수 있다고 보았다. 또한 그는 통관적으로 전망하는 관점에서 과학의 사실적 영역에 해당하는 것들과 도덕의 가치 영역에 해당하는것들이 실천적 노력을 통해서 통일될 것으로 기대하고 있다.

그의 지식론도 이런 맥락에서 낙관적으로 정립되고 있다. 그는

---

57) R. Rorty, *Objectivity, Relativism, and Truth*, 74-75쪽.

58) " '현시적 이미지'는 인간이 자기 자신을 세계-내-인간으로 알아차리게 되는 작업 틀이다. 그것은 … 인간이 자신이 인간이 되었을 때 최초로 만나는 작업 틀이다"(W. Sellars, "Philosophy and the Scientific Image of Man", 6쪽).

59) 경험적 과정과 범주를 통하여 세련된 형태가 되는 '현시적 이미지'는 지각되는 단계를 넘어선 원인성에 관계하게 될 때 온전한 의미에서 '과학적 이미지'가된다. 전자의 이미지는 개념적 사고가 출발하는 지점으로서 후자의 이미지를 가능하게 하는 것이다. 그리고 이 후자의 이미지는 전자의 근거를 설명해주는 역할을 수행한다. 그러므로 전자의 이미지가 방법론적으로 우선한다고 하더라도결과적으로 후자의 이미지에 존재론적 우위를 두지 않으면 안 된다(W. Sellars, "Empiricism and Philosophy of Mind", 173쪽).

60) W. Sellars, 같은 글, 173쪽.

비추론적인 지식에 근거하는 토대주의나 추론적 지식에 근거하는 정합주의의 문제점을 지적하면서 우리의 지식은 비추론적인 것이나 추론적인 것 중 어느 한쪽에만 의존할 수 없다는 입장을 견지하면서,[61] 동시에 자신이 주장하는 이상 과학을 통하여 언젠가는 우리의 범주 바깥에 있는 물 자체도 인식될 것을 확신한다. 칸트의 현상과 물 자체에 해당하는 셀라스의 '현시적 이미지'와 '과학적 이미지'는 칸트와 달리 융합된다.[62] 비록 인간은 철학, 종교, 도덕, 예술, 문학 등 다양한 가치와 의미가 자리하고 있는 현시적 이미지 안에 살 수밖에 없고, 또 그러한 영역을 과학적 이미지로 완전히 대치하는 것이 현실적으로 어렵다고 하더라도 궁극적으로는 이 두 이미지가 통합될 것임을 그는 의심하지 않았다. 그래서 그는 우리 과학 기술이 인류의 행복 실현에 기여하고, 도덕의 영역과 함께 할 수 있다고 보았다. 그 역시 이와 같은 관점에서 칸트와는 달리 범주는 역사 속에서 발전하며, 신경생리학으로 환원할 수 없다고 하는 도덕의 영역도 실용주의적 관점에서 접근될 수 있다고 보았다.

이상에서 보듯이 현대 과학철학과 영미 분석철학에서는 칸트와 마찬가지로 '소여의 신화'와 '범주의 신화'를 벗어나기 위한 노력을 하고 있으며, 따라서 소여와 범주의 상호 연관성 속에서 지식의 가능 조건과 현실 조건을 논의하고자 한다. 그렇지만 고전 역학 이후 새롭게 등장한 과학 이론들이 지닌 상대성과 불확정성의 영향으로 더 이상 칸트적 의미의 범주의 추상성과 고정성은 수용되지 않는 실정이다. 실용주의적 태도 위에서 범주의 복수성·역사성·발전성이 강조되며, 따라서 칸트의 현상과 물 자체의 이분

---

61) W. Sellars, 같은 글, 170쪽.
62) 결국 이런 측면에서 볼 때 셀라스가 이해한 칸트의 물 자체는 과학적 접근의 궁극적 대상이 될 수 있다. 그러나 칸트는 물 자체를 도덕의 영역, 목적의 왕국으로 바라보고 있다는 점에서 셀라스의 이런 입장을 수용하기 어려울 것이다.

법이나 탈역사적인 보편성과 필연성도 거부되고 있다. 이런 과정 속에서 한편에서는 칸트가 과학의 성립 가능성을 문제삼았던 정당화의 문제를 여전히 철학의 고유한 과제로 중시하려는 입장이 지속되기도 하고, 다른 한편에서는 이런 방향을 거부하고 철학을 개별 과학에 예속시키는 철학의 해체 작업도 전개되고 있다. 어느 쪽이든 더 이상 오늘날의 영미 분석철학은 칸트의 초월철학이 지향하는 일반 형이상학과 도덕 형이상학의 길을 따르지 않으려고 하는 경향을 보여주고 있다.

4. 나가는 말 — 정당화, 한계 그리고 도덕

그렇다면 이제 칸트가 학의 성립 요건의 권리 근거를 정당화하는 과정 속에서 물 자체의 요청과 더불어 자신이 추구하였던 과학의 한계 설정과 도덕 세계의 정립 및 이를 통하여 목적의 왕국을 지향하고자 하였던 것이 무의미한 작업일 뿐인가? 칸트가 학의 성립의 권리 근거를 정당화하는 작업과 관련하여 자연 형이상학을 정초하고자 한 것은, 즉 감성의 선험적인 직관 형식과 지성의 선험적인 개념 형식을 통하여 일반 형이상학을 정초하고자 한 것은, 당시에 사실적으로 존재하고 있었던 과학의 존재 의미와 가치를 확립하고 중시하려는 목적을 담고 있었다.

그는 과학이 기존의 형이상학, 즉 특수 형이상학에 짓눌려 제 역할을 하지 못하였던 부당한 인간 삶의 현실을 직시하고, 이성이 스스로 사유하는 계몽 정신에 입각하여 인간의 주체적인 삶의 기반을 마련하고자 하였다. 그러므로 학의 성립의 권리 근거를 정당화하는 작업은 곧 이성의 시대를 열어놓은 근대적 기획을 완수하는 것이며, 동시에 인간의 시대를 열어놓기 위함이다.

그러나 이미 앞에서 언급되었듯이, 칸트의 초월철학은 한편에서는 학의 성립의 권리 근거를 정당화하는 메타 과학이지만, 다른 한편에서는 이론 이성을 통해서 성립되는 학의 한계를 설정하는 비판 과학이다. 그러므로 칸트의 정당화 작업은 한계를 망각한 정당화 작업이 아니라 한계 내에서의 정당화 작업이다. 따라서 자연 형이상학의 정초 작업은 감성의 직관 형식을 통하여 '주어지는(gegeben)' 존재의 영역 내에서 성립되지, 우리에게 '부과된(aufgegeben)' 이념의 영역에까지 확장될 수 없다. 그래서 칸트는 감성의 직관 형식을 통하여 주어진 내용을 일정한 형태로 질서지우는 지성의 개념 틀, 즉 범주에 담을 수 없는 '한계' 개념(Grenzbegriff)으로서의 물 자체를 인정하였던 것이다.

칸트 초월철학의 이와 같은 태도는 기존의 특수 형이상학이 범한 이성의 독단적이고 변증적인 태도를 제어하고, 과학이 형이상학이 되거나 형이상학이 과학이 되는 것을 막기 위함이었다.[63] 더 이상 철학이 과거에 신학에 예속되듯이 과학에 예속되는 것을 그는 원치 않았다. 아울러 이런 태도는 과학의 역할보다 더 중요한 역할을 수행하는 도덕의 존재를 확립하기 위함이었다(KpV., 251-252쪽).[64] 그래서 칸트는 이성 자신에 대한 '비판'과 '한계' 설정은 한편에서는 물 자체로 나아가지 못하게 하는 소극적인 기능을 하지만, 다른 한편에서는 과학의 자연 필연성에서 벗어나 자유의 영

---

63) 칸트는 "자연과 관련해서는 경험이 우리에게 규칙을 제공해주고 진리의 원천이 되지만, 도덕 법칙과 관련해서는 경험은 허구의 어머니가 된다"고 주장하고 있다(KrV., B 375).

64) "그러므로 사변 이성의 사용을 제한하는 비판이 비록 **소극적이기는** 하지만, 그것으로 인해서 동시에 실천 이성의 사용을 제한하거나 완전히 없애버리려고 하는 방해는 제거할 수 있을 것이다. 따라서 우리는 이렇게 함으로써 유일하고도 필연적인 순수 이성의 실천적 사용이 가능하다는 것을 확신하게 되며, 그와 동시에 이러한 비판이 사실상 **적극적이고** 매우 중요한 유용성을 지니게 된다는 것을 알게 된다"(KrV., XXV쪽).

역이 자리할 수 있는 도덕의 세계로 나아가게 하는 적극적인 기능을 한다고 주장했던 것이다.

그러므로 칸트의 초월철학은 자연학을 절대화하는 것이 아니라 한편에서는 그것의 독자적인 존재 가치를 인정하되, 다른 한편에서는 그것에 한계를 설정함으로써 도덕 형이상학을 확립하려는 목적을 담고 있다. 자연의 인과 법칙의 세계와 자유의 양심 법칙의 세계를 모두 살리려는 칸트의 '경계 사유'가 그의 초월철학 안에 깊이 깔려 있다.[65] 칸트의 이와 같은 태도에는 존재와 당위, 주어진 것과 부과된 것 사이에 명백히 구별되어야 한다는 입장이 전제되어 있다(KrB., B 375. Pro., 217-218쪽). 물 자체는 이론 이성에게는 우리에게 부과된 규제적 이념으로서 실천 이성을 통해서만 비로소 실재성이 확보된다. 즉, 물 자체는 이론적으로 실재성이 확보되는 것이 아니라 실천적으로 실재성이 확보된다(*KrV.*, B 805. KpV., 107-108, 173쪽). 그의 이와 같은 태도에는 과학이 맡아야 할 역할과 도덕이 맡아야 할 역할이 구별되어야 한다는 데 근거하고 있다.[66] 이것은 인간과 인간의 삶이 인과 필연성만으로 설명되는 것이 아니라 자유를 통해서 접근되어야 함을 의미한다. 인간 주체의 자유는 자연 법칙(물리 법칙과 심리 법칙)으로 설명하는 데 한계가 있다.

따라서 오늘날 새로운 과학 이론의 등장과 더불어 고전 역학이나 유클리드 기하학에 바탕을 두고 있는 칸트의 과학철학이 일정 정도 문제를 안고 있다고 해서 칸트의 이런 철학적 입장이 근본적으로 부정될 수 있는 것은 아니다. 또한 오늘날 과학철학과 영미

65) 그러므로 칸트는 당연히 존재로부터 주어진 내용에 매몰되는 '소여의 신화'나 주관의 사유 형식이 존재의 모든 내용을 인식하고 소유하는 '범주의 신화'도 수용할 수 없다. 그것이 바로 '한계'를 생명으로 삼는 그의 초월철학의 특징이다.
66) 칸트는 인간의 지성은 '무엇이 있느냐'에만 관계할 수 있을 뿐이지, '무엇이 있어야 하느냐'에는 관여할 수 없다고 주장한다(*KrV.*, B 575).

철학에서 칸트의 범주가 지니고 있는 범주의 추상성에 대해서 비판하고 범주의 역사적 생성과 발전을 주장한다고 해서, 칸트가 범주의 한계 저편에 자리매김해두고 있는 자유와 도덕적 당위의 세계가 쉽게 극복되는 것도 아니다. 칸트에게는 인간의 외적·내적 세계가 자연 법칙으로 설명된다고 하더라도 그것은 어디까지나 인간의 내적·외적 '현상' 세계에 대한 다룸일 뿐이다. 아무리 인간의 지성적 사유 틀로서의 범주가 시간적 흐름의 과정 속에서 역사적으로 발전한다고 하더라도 자유의 세계는 이 범주에 온전히 담길 수 없다는 것이 칸트의 입장이다. 그러므로 칸트에게는 범주가 12개로 정형화되어 있든, 그 이상으로 확장되든 범주가 담을 수 없는 존재의 영역이 있을 수밖에 없다. 범주의 한계는 인간의 한계로서 이것은 인간의 존재론적 운명이기도 하다. 이 운명은 도덕적 사명을 당하는 자율적 존재가 영혼의 불멸과 신을 요청하는 형태 속에서만 극복될 수 있다. 칸트의 요청은 이런 자연주의적이고 실용적인 접근이나 헤겔의 변증법적인 지양의 형태로 극복될 수 있는 것이 아니다.

그러므로 범주의 역사적 생성, 진화 및 이론 틀의 실용주의적 선택을 통하여 칸트의 물 자체를 해소하려는 입장은 칸트가 범주의 한계를 상정한 기본 목적을 제대로 간파하고 있지 못하다. 적어도 칸트의 입장에서는 아무리 범주가 확장되어도 그것은 사실적인 자연의 영역이지 당위적인 도덕의 영역이 되지 못한다. 비트겐슈타인의 주장처럼 세계의 의미와 가치는 세계 바깥에 존재하며, 따라서 윤리학의 명제는 불가능하다.[67] 그러므로 만약에 사실의 자연의 영역과 당위의 도덕의 영역이 하나가 된다면, 인간의 자율적 자유는 소멸될 것이며, 인간의 존엄성도 막을 내리게 될 것이다.[68] 바로 이런 측면에서 볼 때 현대 영미 철학자들이 지식

---

67) L. Wittgenstein, *Tractatus Logico-Philosopicus*, 6, 41-42쪽.

의 정당화 문제를 거부하고 자연주의적으로 접근하거나, 우리의 이론 틀이나 개념 틀을 역사적 생성 과정 속에서 실용적으로 처리하여 존재-당위의 경계를 무너뜨리려는 시도는 결국 인간의 자율적인 도덕적 영역을 자연적인 과학적 영역에 넘기게 되는 상태를 초래할 것이다. 그러므로 칸트의 '한계'철학, '비판'철학으로서의 초월철학은, 우리가 도덕 법칙에 대한 존경에 근거하여 우리 자신의 자율성과 존엄성을 지키고자 하는 한, 여전히 유의미한 철학이 아닐 수 없다.

□ 참고 문헌

장회익, 「과학」, 우리사상연구소 엮음, 『우리말 철학사전 1』, 지식 산업사, 2001.

칸트 지음·이남원 옮김, 『칸트의 형이상학 강의(*Vorlesung über Metaphysik*)』, 울산대출판부, 1999.

토마스 쿤·포퍼·라카토스 외 지음 / 조승옥·김동식 옮김, 『현대 과학철학의 논쟁』, 아르케, 2002.

Arendt, H., *The Human Condition*, Chicago : Chicago University Press, 1958.

Buchdahl, G., "Science and God : The Topology of The Kantian World", P. Parrini(ed.), *Kant and Contemporary Epistemology*, Dodrecht / Boston / London : Kluwer Academic Publishers, 1994.

Davidson, D., *Inquires into Truth & Interpretation*, New York :

---

68) 그래서 칸트는 흄과 관련하여 그가 실천 이성의 적극적 길을 막아버린 점에 대해서 매우 비판적이었다(Pro., 116쪽).

Oxford University Press, 1984.

Friedman, M., "Kant and The Twentieth Century", P. Parrini(ed.), *Kant and Contemporary Epistemology*, Dodrecht / Boston / London : Kluwer Academic Publishers, 1994.

Grotius, H., De jure belli ac Pacis, Prolegomena, in Otto Bruner / Werner Conze / Reinhart Koselleck (Hrsg.) : *Geschichtliche Grundbegriffe*, Band 5, Klett-Cotta, 1990.

Horkheimer, M. und Adrno, Theodor W., *Dialektik der Aufklärung*, Frankfurt a.M. : S. Fischer Verlag GmbH, 1969.

Höffe, O., *Klassiker der Philosophie* 제2권, München : C. H. Beck, 1981.

Kant, I., *Allgemeine Naturgeschichte und Theorie des Himmels, oder Versuch von der Verfassung und dem mechanischen Ursprunge des ganzen Weltbäudes nach Newtonischen Grundsätzen abhandelt*, Königsberg und Leipzig, bez Johann Friedrich Petersen, in Kant's gesammelten Schriften, Bd. I, hg. v. der Königlich Preußischen Akademie der Wissenschaften, Berlin und Leibzig, 1902(*앞으로 AA로 표기).

Kant, I., *De mundi sensibilis atque intelligibilis forma et principiis* (1770) dissertation, Königsberg, in AA. Bd. II.

Kant, I., *Grundlegung zur Metaphysik der Sitten*, Bd. 6, in *Kant Werke*, hg. v. der Weischedel, W., Darmstadt : Wissen- schaftliche Buchgesellschaft, 1983(앞으로 W로 표기).

Kant, I., *Kritik der reinen Vernunft*, in W. Bd. 3, 4.

Kant, I., *Metaphysische Anfangsgründe der Naturwissenschaft*, in W. Bd. 8.

Kant, I., *Metaphysische Anfangsgründe der Naturwissenschaft*,

Riga, bez Johann Friedrich Hartknoch, in AA. Bd. IV.

Kant, I., *Principiorum primorum cognitionis metaphysichae nova dilucidatio* (1755), dissertation, Könisberg, J. H. Hartung, in AA. Bd. 1.

Kant, I., *Prolegomena zu einer jeden künftigen Metaphysik, die als Wissenschaft wird auftreten können*, in W. Bd. 5.

Kant, I., *Rezension zu Johann Gottfried Herder: Ideen zur Philosophie der Geschichte der Menschheit*, in W. Bd. 10.

Kant, I., *Untersuchungen über die Deutlichkeit der Grundsätze der natürlichen Theologie und Moral. Zur Beantwortung der Frage, welche die Königl Akad. d. Wiss. zu Berlin auf das Jahr 1763 aufgegeben hat* (1762년 완성, 1764년 출판), in AA. Bd. 2.

Kant, I., "Beantwortung der Frage: Was ist Aufklärung?", in W. Bd. 9.

Parrini, P.(ed.), *Kant and Contemporary Epistemology*, Dodrecht / Boston / London: Kluwer Academic Publishers, 1994.

Peacocke, C., "The Origins of The a priori", Paolo Parrini(ed.), *Kant and Contemporary Epistemology*, Dodrecht / Boston / London: Kluwer Academic Publishers, 1994.

Popper, Karl R., *Conjectures and Refutations: The Growth of Scientific Knowledge*, London and Henley: Routledge and Kegan Paul, 1978.

Putnam, H., *Reason, Truth and History*, Cambridge University Press, 1981.

Putnam, H., *Renewing Philosophy*, Havard University Press, 1992.

Putnam, H., *The Many Faces of Realism*, LaSalle, Illinois : Open Court, 1987.

Putnam, H., "Why There isn't a Ready-Made World", *Realism and Reason*, Cambridge : Cambridge University Press, 1983.

Quine, W. V. O., *From a logical Point of View*, Cambridge 1953.

Quine, W. V. O., *Ontological Relativity and Other Essays*, New York and London : Columbia University Press, 1969.

Quine, W. V. O., *Word and Object*, Cambridge 1960.

Ritter, J. · Gründer, K.(Hrsg.), *Historisches Wörterbuch der Philosophie*, Basel : Schwabe & Co. AG Verlag, 1998.

Rorty, R., *Objectivity, Relativism, and Truth*, Cambridge University Press, 1991.

Rorty, R., *Philosophy and Mirror of Nature*, Princeton Univ., Press, 1979.

Sellars, W., "Empiricism and Philosophy of Mind", *Science Perception and Reality*, Routledge & Kegan Paul, 1963.

Sellars, W., "Philosophy and the Scientific Image of Man", in *Science, Perception and Reality*, Routledge & Kegan Paul, 1963.

Stegmüller, W., "Gedanken über ein mögliche rationale Rekonstruktion von Kants Metaphysik der Erfahrung", In : *Ratio* 9, 1967.

Strawson, P. F., *Individuals. An Essay in Descriptive Metaphysics*, London 1959.

Strawson, P. F., *The Bounds of Sense. An Essay on Kant's Critique of Pure Reason*, London 1966.

Wittgenstein, L.(D. F. Pears & B. F. McGuiness, tr.), *Tractatus*

Logico-Philosopicus, London : Routledge & Kegan Paul, 1961.

칸트 이성 이념들의 "객관적 실재성" 문제
— 실천철학 속 이성 이념들의 "객관적 실재성"의 의미

정 성 관

1. 들어가는 말

칸트는『실천이성비판』에서 자신의 도덕적 의무론의 토대를 이루는 "이성 이념들(Vernunftideen)", 즉 "신", "자유", "(영혼)불멸"에 "객관적 실재성(objektive Realität)"을 부여하고, 이 이념들이 어떤 의미에서 객관적 실재성을 가지는지 논구한다. 칸트에 따르면 그 이념들은 "순수 이성 개념들일 뿐이므로, 그것들에 대응하는 직관이 존재하지 않고, 따라서 이론적인 방도로는"[1] 그것들의 객관적 실재성이 발견되지 않고, "그 이념들이 실천적인 것에 관계함에 의해서"[2] 객관적 실재성이 주어진다. 다시 말하자면, 위 이성 이념들의 객관적 실재성은 도덕적 문맥 속에서 이야기되어야 한다는 것이다. 그러면 그 이념들이 도덕적 문맥 속에서 객관적 실

---

1) I. Kant, *Kritik der praktischen Vernunft* (이하 : KpV), Akademie Ausgabe (이하 : AA) V권 134쪽.
2) 위의 책, 132쪽.

재성을 갖는다는 것은 정확히 무엇을 말하는 것일까?

"객관적 실재성" 문제는 칸트의 윤리학에서 뿐만 아니라 그의 국가·법론과 종교철학에서도 등장한다. 예를 들면 그의 국가·법론에서는 마찬가지로 이성 이념인 "근원적 계약"인 "사회 계약"이 역사적 사실이 아닐진대 어떤 의미에서 실재성을 가지는지 논구되고, 종교철학에서는 단지 사고 속에서만 존재하는 "참된 교회" 이념이 어떤 의미에서 객관적 실재성을 가지는지 논구된다. 이처럼 칸트가 자신의 실천철학 분과들 속에서 근본 개념들의 성격들을 반성하는 이유는 무엇일까? 단순한 우연일까? 아니면 그의 초월철학 방법일까? 이 질문에 답하기 위해 본 논고는 우선 아래에서 칸트의 초월철학 방법이 어떠한 것인가를 간단히 살펴보고, 그 다음으로 칸트 실천철학 속 이성 이념들이 어떤 의미에서 객관적 실재성을 갖는지 알아보고자 한다.

2. 초월철학적 관찰 방법

칸트가 자신의 실천철학 분과들 속에서 근본 개념들의 성격들을 반성하는 이유는 단순한 우연이 아니라 그의 초월철학적 관찰 방법 (transzendentalphilosophische Betrachtungsweise)에서 기인한다. 칸트에 따르면 다음과 같은 물음들이 "선험 / 초월적(transzendental)" 물음이다 : 어떻게 학문이 가능한가?(Wie ist Wissenschaft möglich?), 어떻게 선천적 종합 판단이 가능한가?(Wie sind synthetische Urteile a priori möglich?), 어떻게 경험(판단)이 가능한가?(Wie ist Erfahrung möglich?). 즉, '경험 및 인식을 가능하게 하는 조건들이 무엇이냐?' 하는 것이 칸트가 말하는 '초월적 물음'이고, 그 '가능하게 하는 조건들'을 해명하는 것이 초월철학의 과제다. 그러므로 칸트는 자신의 입장을 『순수이성비판』 서론에서 알다시피 다음과 같이 언명한다.

대상들을 다루는 것이 아니라 대상 일반에 대한 우리의 선천적인 개념들을 다루는 모든 인식을 나는 초월적이라고 한다. 그리고 이러한 개념들의 체계가 초월철학이라 불릴 것이다.[3]

초월적 물음이 초월적 관찰 방법을 결정짓고, 초월적 물음에 대한 대답은 하나의 이론 틀 속에서 얻어진다. 따라서 19세기 마아부룩 신칸트학파 코헨(Hermann Cohen)은 '경험의 원리들을 탐구(Prinzipienforschung von Erfahrung)하는 학문'으로서의 칸트의 『순수이성비판』을 하나의 "경험 이론(Theorie der Erfahrung)"이라 불렀다.[4]

초월적 인식론 혹은 경험 이론에서 문제가 되는 것은 '주체가 어떻게 자신의 인식 능력을 통해 인식 대상을 만들어낼까' 하는 물음이 아니라 '경험을 가능하게 하기 위해선 무엇이 전제되어야만 할까' 하는 물음이다. 이를 위해서 경험 이론은 먼저 경험을 분석한다. 분석의 출발점은 일상적이든 학문적이든 우리가 경험한다는 사실, 즉 객관적으로 타당한 것으로 주장되는 판단들이 있다는 사실이다. 이 사실을 설명하기 위해선 하나의 이론 틀이 필요하다. 칸트에 따르면 이 이론 틀은 직관 형식으로 이해되는 "시간"과 "공간" 개념, "원인"과 "실체" 등과 같은 오성 개념 그리고 이런 개념의 도움으로 형성되는 "인과의 원리"나 "질량 및 에너지 보존의 원리" 같은 순수 오성의 근본 원칙들을 포함하는데, 칸트는 언급된 이런 근본 개념들과 근본 원칙들을 "경험의 가능 조건

---

3) I. Kant, *Kritik der reinen Vernunft* (이하 : *KrV*) B 25, AA 43쪽.

4) H. Cohen, *Kants Theorie der Erfahrung*, 1871 참조.

들(Bedingungen der Möglichkeit von Erfahrung)"이라 부른다. 그런데 칸트는 경험 분석을 통해 경험의 가능 조건들을 밝혀내는 것에 머물지 않고 한 걸음 더 나아가 이론 틀을 구성하는 근본 개념들과 근본 원칙들의 성격과 그 이론 틀 자체에 대해 반성을 한다. 예를 들면 칸트는 시간과 공간 개념은 왜 선천적인 것으로 간주되어야 하는가?[5] "인과의 원리"가 왜 근본 원칙으로 간주되어야 하는가?[6] 그 이론 틀이 절대적인가 혹은 대체 안이 있는가?[7] 등의 물음을 던지고 해답을 찾는다.

요약하자면 칸트의 초월철학 방법은 두 가지가 중요하다. 하나는 경험의 가능 조건을 밝히기 위한 경험 분석이고 다른 하나는 그러한 경험 가능 조건들을 토대로 한 경험 이론에 대한 메타적 반성이다. 칸트는 시간이 흐름에 따라 이 초월철학적 관찰 방법을 경험 이론뿐만 아니라 윤리학, 미학, 종교철학, 법론과 국제정치론 등에도 적용한다.

윤리학 적용된 칸트의 초월철학적 관찰 방법을 간단히 알아보면, 칸트는 개개인은 도덕적 의무감(moralische Verpflichtung), 즉 자신의 결정과 행위에 책임져야 한다는 의식을 가지고 있다는 사실에서 출발한다. 그리고 그러한 보편타당한 도덕 명령이 어떻게 가능한가를 묻고, 이 물음에 답하기 위해 하나의 이론을 발전시킨다. 그 이론에 따르면 인간은 물질계의 구성원일 뿐이 아니라 예지계(intelligible Welt), 즉 신이 군주로 있는 도덕 왕국의 구성원으로서 자유로운 존재로 이해되는데, "최고선", "신", "자유로 인한 원인성(Kausalität aus Freiheit)", "영혼", "불멸" 등의 이념들(Ideen) 이 중요한 역할을 한다. 칸트의 경험 이론 속의 경험 가

---

5) *KrV* B 38f., 44, 52, 274 참조.

6) *KrV* B 247 ; I. Kant, *Prolegomena zu einer jeden künftigen Metaphysik*, AA IV 301쪽 각주 참조.

7) *KrV* B XXI 각주, B 518ff. 참조.

능 조건들로서의 근본 원칙들의 역할을 이제 윤리학 속에선 "순수 실천 이성의 요청들(Postulate der reinen praktischen Vernunft)" 이 한다. 즉, "자유로 인한 원인성", "신의 존재", "영혼 불멸"에 관련된 요청들은 보편타당한 도덕 명령을 가능하게 하는 조건들로 이해된다. 경험 이론에 대한 메타적 반성이 행해졌듯이 칸트는 윤리학에서도 메타적 반성을 한다. 예를 들면 칸트는 도덕적 의무론의 근본 개념들(이념들), 즉 신, 자유, 불멸은 어떤 의미에서 객관적 실재성을 가지는가 하는 물음을 던지고 해답을 찾는다. 칸트에 따르면 윤리적 문맥 속에서 위에 언급된 이념들의 객관적 실재성은 그 이념들의 도덕적 실천상의 기능과 그 이념들의 도덕 이론 속에서 차지하는 필수불가결한 역할에서 기인한다.

칸트가 종교철학에서의 사용한 방법도 자신의 경험 이론, 윤리학 속의 초월철학적 관찰 방법과 동일하다. 즉, 그는 후자들에서처럼 종교철학에서도 특정한 종류의 경험에서 출발한다. 그리고 그러한 경험이 어떻게 해서 가능한지 묻고, 이 물음에 답하기 위해 하나의 종교철학적 이론을 세운다. 그리고 끝으로 그 이론 틀을 형성하는 특정한 '경험의 가능 조건들'로서의 개념들과 명제들에 대한 메타적 반성이 이루어진다. 칸트의 윤리학은 도덕 명령이 어떻게 가능한가의 물음에서 출발한 반면, 그의 종교철학은 윤리학의 질문에 보충되는 질문, 즉 우리가 도덕적 명령에 반하여 행위할 수 있다는 사실, 인간의 본성 속에 놓여 있는 성향이 도덕법을 위반하도록 우리를 사도로 유인한다는 사실은 어떻게 가능한가 하는 물음에서 출발한다. 그런데 칸트에 따르면 이런 "악에의 성향(der Hang zum Bösen)"은 인간이 자연적 존재로서 충동을 가지고 있다는 데에서 기인하는 것이 아니라, 인간은 상황에 따라서는 도덕 명령을 위반해도 된다는 준칙을 따를 준비가 되어 있다는 데에서 기인한다. 그리고 인간에게 악에의 성향 있다는 사실을 설명하는 것이 바로 칸트의 종교철학의 과제다. 경험되는 악에의 성향의 사실을 설명하기 위해 칸트는 하나의 이론을 세우는데, 여기에선 "예지적 행위(intelligible Tat)", "참된 교회(wahre Kirche)", "신의 국민(Volk Gottes)" 등의 이념들이 중요한 역할을 한다. 성향들(Dispositionen)은 칸트에 따르면 인간이 그것들에 대한 책임이 있을 때만 도덕적 가치를 가진 성향들이 되기 때문에(예를 들면 마약중독자는 자신들의 고질병에 책임이 있지만, 도벽증을 가진 사람은 그렇지 않다), 악에의 성향은 어떤 자유의 행위를 전제해야만 한다. 악에의 성향에 기초가 되는 자유 행위, 즉 악에의 성향의 근원으로서의 행위는 칸트가 강조하듯이 "단지 이성을 통해서만 모든 시간 조건들 없이 인식되기 때문에"[8] 무시간적 행위, 즉 예지적 행위다. 참된 교회라는 이념은 칸트에 따르면 고립된 개개인이 할 수 있는 것보다 악에 더 효과적으로 저항할 목표를 가지고 유한한 이성적 존재들이 서로 연합해서 생기는 공동체인데, 그러한 도덕 공동체는 국가 공동체와는 달리 단지 사유 속에서만 존재하는 "비가시적 교회(unsichtbare Kirche)"[9]다. 경험 이론, 도덕적 의무론에 대한 메타적 반성이 행해졌듯이 칸트의 악에의 성향에 대한 이론에도 메타적 반성이 이루어진다. 칸트는 예지적 행위라는 이념에 대한 메타적 반성으로 그 이념을 모든 시간적 조건을 떠난 순수 이성 개념으로서의 규정했을 뿐 아니라, 단지 사고 속에서만 존재하는 참된 교회 이념이 어떻게 객관적 실재성을 가질 수 있을까 하는 질문을 던지고 그에 대한 해답을 찾으려고 노력한다. 참된 교회라는 이념은 칸트에 따르면 인간들의 도덕적 입장과 도덕적 행위들에 영향을 미치는 한 객관적 실재성을 갖

---

8) I. Kant, *Die Religion innerhalb der Grenzen der bloßen Vernunft* (이하 : *Religion*), AA VI 31쪽.
9) *Religion*, AA VI 101쪽.

는다.

국가·법론에 적용된 칸트의 초월철학적 관찰 방법을 간단히 살펴보면, 칸트는 개개인은 법질서와 법적 규범들에 구속감을 가지고 있다는 사실에서 출발한다. 그리고 그러한 보편타당한 법질서와 법적 규범들의 구속이 어떻게 가능한가를 묻고 이 물음에 답하기 위해 하나의 이론을 구상한다. 그 이론에 따르면 개개인의 법적 구속감은 사회 계약을 통한 모든 개개인의 합의, 즉 일반 의지의 통일(Einheit des allgemeinen Willens)에서 기인하는데, 여기에선 "자유", "일반 의지의 통일", "사회 계약" 등과 같은 이념들이 중심적 역할을 한다. 경험 이론과 도덕적 의무론에 대한 메타적 반성이 행해졌듯이 칸트의 국가·법론에도 메타적 반성이 이루어진다. 예를 들면 칸트는 "근원적 계약"인 사회 계약이 역사적 사실이 아닐진대 어떤 의미에서 실재성을 가지고 있는가 하는 물음을 던지고 해답을 찾는다. 칸트에 따르면 법적 문맥 속에서 사회 계약 이념의 실재성은 그 이념의 법적 실천상의 기능과 그 이념의 국가·법론 속에서 차지하는 필수불가결한 역할에서 기인한다.

칸트의 국제법원론 및 국제정치론도 초월철학적 성격을 지니고 있다.10) 이 이론도 그의 실천철학 내 다른 이론들과 마찬가지로 개개인은 어떤 특정한 종류의 구속감, 즉 국제 평화 질서에 구속감을 가지고 있다는 사실에서 시작된다. 칸트는 그러한 국제 평화 질서의 구속이 어떻게 가능한가를 묻고, 이 물음에 답하기 위해 자신이 "이념들(Ideen)"이라 불렀던(현대적 표현으로 하자면 theoretische Konstrukte인), "국가들간의 질서(internationale Staatenordnung)", "국민들간의 계약(Vertrag zwischen den Völkern)", "국가 연합

10) W. Röd, "Die Rolle transzendentaler Prinzipien in Moral und Politik", in : "Zum ewigen Frieden" Grundlagen, Aktualität und Aussichten einer Idee von Immanuel Kant, hrsg. von R. Merkel und R. Wittmann, Frankfurt a..M. 1996, pp.125-141 참조.

(Staatenverein)", "자유", "보편적 동의(allgemeine Zustimmung)", "영구 평화(der ewige Friede)" 등의 도움으로 하나의 이론을 구상한다. 그 이론에 따르면 개개인이 국제 평화 질서에 대해 갖는 구속감은 국가들간의 계약을 통한 국가들간의 합의, 즉 일반 의지의 통일에서 기인한다.11) 칸트는 자신의 국제법원론 및 국제정치론에 대한 메타적 반성으로 영구 평화 이념이 어떤 의미에서 "공허한 이념(leere Idee)"이 아닌지 논구한다.12)

3. 존재 술어 부여의 조건들

실천철학 속 이성 이념들의 객관적 실재성 문제를 다루기에 앞서 우리는 칸트가 어떤 상태나 사태에서 '존재하는(existent)' 혹은 '현존하는(daseiend)' 혹은 '현실적(wirklich)'이라는 술어를 사용하는지 살펴볼 필요가 있다.

알다시피 칸트는 『순수이성비판』의 서문에서 철학의 과제는 대상을 인식하는 데 있는 것이 아니라 대상의 인식 및 경험을 가능하게 하는 조건들을 탐구하는 것이라 규정짓고 자신의 이런 초월철학적 관찰 방법을 코페르니쿠스가 천문학에서 행했던 사고 혁명에 비유했다. 그리고 선험적 분석론에서는 초월철학적 관찰 방법에 따라 '어떤 조건들 아래에서 무엇이 존재하는 것으로 경험될 수 있는가?'라는 질문을 던지고,13) 대상에 존재 술어를 부여할 수 있는 조건들을 논구한다. 칸트는 "개념분석론"에선 "현존" 및 "존

---

11) I. Kant, *Zum ewigen Frieden* (이하 : Frieden), AA VIII 378, 356쪽 ; I. Kant, *Die Metaphysik der Sitten* (이하 : *MS*), AA VI 350, 344쪽 참조.

12) *MS*, AA VI 350쪽 ; Frieden, AA VIII 386쪽 참조.

13) W. Röd, *Der Gott der reinen Vernunft*, München 1992, 134, 163쪽 참조.

재"를 "범주"로 규정하고,14) 범주의 유효성을 경험 가능 조건들 아래, 즉 시간과 공간들 속으로 제한한다. 이에 의하면 "객관적 타당성"이 부여될 수 있는 판단들은 경험 가능한 대상 영역, 즉 "현상들"로 국한된다. 다른 말로 하면, 인식의 대상들은 항상 "관찰"을 바탕으로 하는 이론들에 의해 제약된다. 경험을 바탕으로 한 이론들과 독립해서는 아무것도 경험 및 인식의 실재 대상으로 간주될 수 없고, 아무것도 존재하는 것으로 주장될 수 없다. 존재 술어 부여와 경험적 조건들의 관계는 "원칙분석론"에서 분명이 나타난다. 칸트는 "경험적 사고 일반의 두 번째 요청"으로 "경험(감각)의 질료적 조건들과 관련하는 것은 현실적이다"15)는 원칙을 세우고, 다음과 같이 해명한다.

　　사물의 *현실성*을 인식하기 위한 요청은 *지각*을 요구하고, 따라서 의식된 감각을 요구한다 ; 물론 대상의 현존이 인식되어야 할 그런 대상 자신에 관해서 직접적으로 의식된 지각은 아니지만, 경험 일반에서 모든 실재적 연결을 나타내는 경험의 유추에 따른 현실적 지각과 대상의 현존과의 관련을 요구한다.16)

이에 의하면 첫째, 직접 관찰되지 않지만 법칙에 따르는 관찰들과 결합된 것도 현실적인 것으로 판단된다. 둘째, 고립된 관찰을 토대로 해서는 아무것에게도 존재의 주장이 제기되지 않는다. 왜냐 하면 이론의 테두리 속에서 해석된 관찰일 때야 비로소 존재 술어가 부여되기 때문이다. 그러니까 현실적인 것으로 간주되어야만 하는 것은 관찰되는 상태들이나 사건들에 지속적으로 기초

---

14) *KrV*, B 106f. 참조.

15) *KrV*, B 265 : "Was mit den materialen Bedingungen der Erfahrung (der Empfindung) zusammenhängt, ist wirklich."

16) *KrV*, B 272 ; 『순수이성비판』, 최재희 역, 박영사, 1989, 218쪽 참조.

가 되어 있는 것(실체 지속성의 원칙)과 인과 법칙이나 상호 작용 법칙에 따라 관찰되는 사건들과 연관된 것이다. 예를 들어 자석의 자장들(Magnetfelder)이 존재한다고 주장되기 위해선 그들과 (쇳가루의 특정한 배열과 같은) 관찰되는 사실들간에 인과 법칙의 관련이 있어야 한다. 비슷한 것이 관찰들과 법칙 가설들을 토대로 예측되거나 소급되는 사실들에 적용된다. 칸트에 따르면 우리가 경험을 진행시키면 달나라 사람(Mondmensch)을 만날 수도 있다는 것이 기대될 수 있다면 달나라 사람이 존재한다고 말해질 수 있다. "왜냐 하면 경험 진행의 법칙들에 좇아서 지각과 합치하는 것은 일체가 현실적이기 때문이다."17) 특히 자연 법칙들에 좇아서 혹은 과학 이론의 테두리 속에서 지각과 합치한다면 일체가 현실적이다. 이러한 칸트의 견해에 근거해서 현대적 예를 들자면, 받아들여지고 있는 우주 이론의 테두리 속 빅뱅 가설이 관찰들과 서로 관련되어 있는 한, 빅뱅이 존재한다고 주장될 수 있다. 또한 여기에 칸트가 과거 사실들 일반에 관해서 이야기하는 것이 적용된다. 칸트에 따르면 과거 사실의 존재가 주장될 수 있으려면 "가능한 지각들의 역진적 계열이 (역사를 길잡이로 하든, 인과의 발자취에 의하든 간에) 경험 법칙들에 좇아서 진행하는 것을, 약언하면, 세계 경과가 현재 시간 조건으로서 과거 시간 계열에 도달하는 것을"18) 우리가 표상해야 한다. 예를 들어 설명하자면, 환자 피 속에 특정 항체가 있다는 것을·토대로 이전의 시점에 특정 병원체로 말미암아 감염이 발생했다는 것이 의사에게 밝혀진다.

위에서 살펴보았듯이 칸트는 결코 '관찰되는 것'에만 존재 술어를 부여하려고 하지 않았고, 특정한 조건들 아래서는 '관찰될 수 있는 것'에도 존재 술어를 부여했다. 그는 여기에서 한 걸음 더 나

---

17) *KrV*, B 521 ; 최재희(1989), 386쪽.
18) *KrV*, B 523 ; 최재희(1989), 387쪽 참조.

아가, 상황에 따라서 '경험에서 얻어지지 않는 개념들'에도 존재 술어가 부여될 수 있다는 것을 인정했다. 이것은 법칙 가설들을 체계화하기 위해서 만들어지는 개념들에서 그렇다. 칸트는 보기로서 "원동력(Grundkraft)"이라는 이성 개념(Vernunftbegriff)을 선택한다. 이 이념의 도움으로 그는 특수한 종류의 힘들에 관한 이론들을 하나의 포괄적 이론 속에 끼워넣는다. 칸트에 따르면 "원동력 일반이라는 이 이념은 가설적 사용을 위한 문제적인 것으로만 규정되는 것이 아니라, 객관적 실재성을 자칭하고 그로 인해서 한 실체의 각종 힘의 체계적 통일이 요청되며, 절대 필연적 이성 원리가 마련된다. 왜냐 하면 우리가 각종 힘을 합일하려고 한 일이 없더라도, 그뿐더러 합일을 발견하는 시도들이 모두 실패로 돌아가더라도, 그런 힘의 합일이 발견될 것을 우리는 전제하기 때문이다."19) 이에 의하면 "원동력"은 관찰될 수 있는 사건들을 설명하기 위해서가 아니라 힘들의 작용 방식들에 관한 법칙들을 정리하기 위해서 가정된다. 뉴턴은 "중력"이라는 개념의 도움으로 갈릴레이의 자유 낙하 이론과 케플러의 행성 운동 법칙의 공식을 자신의 이론 속에 결합시킨다. 칸트는 "원동력"이나 "중력" 같은 개념의 도움으로 만들어지는 이론의 체계적 통일을 "기획된 통일(projektierte Einheit)"20)이라 표현하는데, 그에 따르면 "이러한 이성 개념은 자연에서 얻어질 수 없으며, 오히려 우리는 이 이념들에 의해서 자연을 탐구"21)한다.

칸트에 의하면 "원동력"과 같은 이념들에게 존재 술어가 부여된다면, 그 이념들이 속해 있는 이론은 경험과 관련을 가져야 한다. 왜냐 하면 "지각과 지각의 전진이 경험 법칙들에 의해서 달성

---

19) *KrV*, B 678.
20) *KrV*, B 675.
21) *KrV*, B 673.

될 때, 우리는 사물의 현존에 관한 인식에 도달한다. 만일 우리가 경험에서 시작하지 않거나 현상들의 경험적 연관의 법칙들에 의해서 전진하지 않는다면, 어떤 사물의 현존을 추측하려 하고 혹은 탐구하려고 하는 위의(威儀)는 헛된 것일 뿐"[22]이기 때문이다. 요약하자면, 칸트에 따르면 우리는 무엇이 존재하는 것으로 판단하는데, 왜냐 하면 그것이 우리가 받아들이는 경험적 이론들 중 하나 속에 자리를 차지하고, 결국엔 순수 오성 원칙들의 테두리 속에 끼워지기 때문이다. 그렇지 않으면 우리는 그것에 대한 존재 주장을 부당한 것으로 여긴다. 예를 들면 만약 우리가 가설 "쿼크(Quark)"가 필수불가결한 자리를 차지하는 현대 원자론을 받아들인다면, 우리는 쿼크를 존재하는 것으로 여기게 된다. 그러나 반면 우리는 "열소(熱素. Phlogiston)"에겐 존재 술어를 부여하지 않는다. 왜냐 하면 우리는 스탈(G. E. Stahl)과 프리슬리(J. Priestley) 식의 연소 이론을 더 이상 받아들이지 않기 때문이다.[23]

칸트에 의하면 대상은 "존재상으로는 경험 전체의 맥락 속에 포함되어 있는 것이라고 생각"[24]된다. 여기서 "경험 전체"를 모든 특수 이론들을 포함하는 하나의 이론 테두리라고 본다면, 존재 술어 부여의 조건들에 대한 칸트의 견해는 간단히 요약될 수 있다. 즉, 무엇이 하나의 이론 테두리 안에서 해석될 수 있다면, 그것은 존재한다고 판단된다는 것이다. 이러한 의미로 칸트는 "온갖 존재에 관한 우리의 의식은 […] 전적으로 경험의 통일에 귀속"[25]한다고 말한다.

---

22) *KrV*, B 273 ; 최재희(1989), 219쪽 참조.
23) 열소 이론과 라보아지에(A. Lavoisier) 산소 이론에 대한 자세한 설명은 E. P. Fischer, *Aristoteles, Einstein & Co., Eine kleine Geschichte der Wissenschaft in Porträts*, München / Zürich 2000, pp.174-188 참조.
24) *KrV*, B 628 ; 최재희(1989), 445쪽 참조.
25) *KrV*, B 629 ; 최재희(1989), 445쪽.

4. 실천철학 속 이성 이념들의 "객관적 실재성" 문제

1) 도덕적 문맥 속의 이성 이념들의 객관적 실재성

칸트는 『실천이성비판』에서 자신의 도덕적 의무론의 토대를 이루는 이성 이념들, 즉 "신", "자유", "(영혼)불멸"에 객관적 실재성을 부여하고, 이 이념들이 어떤 의미에서 객관적 실재성을 가지는지 논구한다. 칸트에 의하면 그 이념들은 순수 이성 개념들일 뿐이므로, 그것들에 대응하는 직관이 존재하지 않고, 따라서 이론적인 방도로는 그것들의 객관적 실재성이 발견되지 않고, 오직 도덕적 문맥 속에서 객관적 실재성이 주어진다. 칸트에 따르면 비록 우리가 도덕적 관심상 그 이념들을 만들어야만 한다 할지라도, 우리는 그것들을 실재적 존재의 개념으로 파악해서는 안 된다. 왜냐 하면 칸트의 윤리학에서도 『순수이성비판』에서 그어졌던 인식 한계선이 포기되지 않기 때문이다. 『실천이성비판』 속의 요청들, 즉 "자유로 인한 원인성", "신의 현존", "영혼 불멸"은 칸트에 의하면 이성적 신앙의 내용물이다. 그리고 그런 "이성 신앙(vernunftglaube)"은 "순수 이성의 요구에서 하는 승인"이고, 그 요청들은 절대적으로 타당한 도덕법을 따르기 위한 이론적으로는 증명될 수 없는 "필연적 가정들(notwendige Annahmen)"이다.[26]

칸트의 말대로, 도덕적 문맥 속에서 세 이념들, 신, 자유, 영혼 불멸의 객관적 실재성이 이야기되어야 한다면, 그 객관적 실재성은 단지 그 이념들의 도덕적 실천상의 기능과 그 이념들의 도덕 이론 속에서 담당하는 필수불가결한 역할을 의미한다. 칸트에 의하면 "순수 이성의 원인성"으로서의 자유 이념에다 "오직 실천적이면서도 의심할 나위 없는 **객관적 실재성**"[27]을 주어야 한다. 왜냐 하

---

26) *KpV*, AA V 142, 146, 122, 132쪽 참조.

면 그러한 원인성의 가정이 없이는 칸트 자신이 상정한 도덕법의 근본 전제, 즉 도덕 명령의 보편성과 필연성이 유지될 수 없기 때문이다. 도덕법은 도덕적 행위에 대해 자유로이 스스로 결정할 수 있는 능력을 전제로 한다. 그러니까 의지의 자유는 도덕법 실현의 가능 조건이다. 칸트에 따르면 우리는 마치 자연 인과성과 본질적으로 다른 종류의 인과성이 있는 **것처럼(als ob)** 행동해야 한다. 왜냐 하면 그렇게 함으로써만이 "순수 이성의 사실(Faktum der reinen Vernunft)"로서의 '도덕적 삶의 구성(sittliche Lebensgestaltung)을 위한 의무'가 설명될 수 있기 때문이다.28)

신의 이념은 칸트에 의하면 그것 없이는 완전한 도덕 의무론이 불가능하기 때문에 실재적이고 타당한 것으로 간주된다. 덕과 행복이 지속적으로 서로 갈라져 있다면, 인간이 도덕적 존재로서 자신을 실현시킬 의무가 있다는 사실이 이해되지 않는다. 왜냐 하면 그럴 경우 도덕적으로 행동하는 사람은 언젠가 불행할 것이며, 그 반면 도덕에 어긋난 행위를 하는 사람은 행복할 것이기 때문이다. 따라서 현실은 도덕법을 따르는 자는 또한 행복해질 것이라고 믿어도 좋도록 생각되어야 한다. 덕과 행복의 통일은 그러나 도덕법과 행복의 조화, 도덕과 자연의 조화를 돌보는 주무 관청이 가정될 때만이 가능한 것으로서 이해된다. 그리고 그러한 주무 관청으로서 인간 정신과 자연의 창조자인 신만이 고려된다. 신이 없이는 도덕과 행복의 결합으로서의 최고선의 이념과 그로 말미암은 도덕적 삶을 구성토록 하는 요구는 없어질 것이기 때문에 신 존재가 가정되어야 한다. 그래서 칸트는 "최고선의 촉진이 우리의 의무였다. 따라서 최고선의 가능성을 전제하는 일은, 단지 정당한 권한일 뿐 아니라 요구로서의 의무와 결합된 필연성이다. 최고선은 신이

---

27) *KpV*, AA V 49 ; 48, 134쪽 참조.
28) *KpV*, AA V 46f, 97, 105쪽 참조.

현존한다는 조건 아래서만 발생하는 것이기 때문에, 그것은 신 현존의 전제를 의무와 불가분적으로 결합한다. 즉, 신의 현존을 가정하는 것은 도덕적으로 필연이다"29)고 말한다.

칸트에 따르면 도덕법에 대한 의지의 완전한 상응으로서의 신성(Heiligkeit)이 최고선에 속하기 때문에, 감각계에서는 이 목표에 도달될 수 없다. 따라서 칸트에 의하면 끝없는 도덕적 진보가 요구된다. "그러나 이 끝없는 진보는", 칸트가 말하듯이, "동일한 이성 존재자의 *끝없이* 지속되는 *생존*과 인격성을 (이런 생존과 인격성을 사람들은 영혼 불멸이라고 하는데) 전제해서만 가능하다. 그러므로 최고선은 영혼 불멸의 전제 아래서만 실천적으로 가능하다. 따라서 영혼 불멸은 도덕법과 불가분으로 결합된 것이요, 순수한 실천 이성의 **요청**이다."30) 우리는 세계의 창조자이자 도덕계의 입법자로서의 최고의 존재자가 있는 것**처럼(als ob)**, 그리고 인간의 영혼이 불사의 실체인 것**처럼(als ob)** 행동해야 한다. 이와 연관하여 칸트는 "도덕적-실천적 실재성"에 대해 이야기하고, 이념들에게 실재성을 부여한다는 말은 "우리가 마치 그것들의 대상들(신 그리고 불멸)이 있었던 것처럼 행동하는 것"31)이라고 말한다. 달리 표현하자면, 인간은 신, 자유, 불멸의 이념을 만들지 못하면 그는 도덕적 존재로서 이해될 수 없다.

2) 사회 계약 이념의 객관적 실재성

일반 의지의 통일을 낳는 사회 계약(Sozialkontrakt)은 루소(J.-J.

---

29) *KpV*, AA V 125쪽 ; 『실천이성비판』, 최재희 역, 박영사, 1997, 137쪽 참조.
30) *KpV*, AA V 122쪽 ; 최재희(1997), 134쪽 참조.
31) I. Kant, *Verkündigung des nahen Abschlusses eines Traktats zum ewigen Friedens in der Philosophie* ; AA VIII 416쪽 : "uns so zu verhalten, als ob ihre Gegenstände (Gott und Unsterblichkeit) … gegeben wären."

Rousseau)에게서와 마찬가지로 칸트에게서도 비역사적 사실로 이해된다. 사회 계약 관념은, 칸트가 분명히 말하듯이 "하나의 이성 이념일 뿐"[32]이다. 현대적 표현하자면, 그것은 하나의 '이론적 가설(theoretische Konstrukt)'인데, 칸트는 이것의 도움으로 법질서의 구속성을 설명하려고 했다. 그에 의하면 개개인이 법질서와 법적 규범들에 법적 구속감을 갖는 이유는 "근원적 계약(ursprünglicher Vertrag)"인 사회 계약을 통한 모든 개개인의 합의, 즉 일반 의지의 통일에서 기인한다. 그런데 칸트는 그 이성 이념에 자신의 윤리학에서 신, 자유, 불멸의 이념들에게 했던 것처럼, "의심할 나위 없는 (실천적) 실재성"[33]을 부여한다. 근원적 계약인 사회 계약이 역사적 사실이 아닐진대 어떤 의미에서 실재성을 가지고 있을까? 칸트는 해답을 법적 문맥 속에서 찾는다. 그에 의하면 사회 계약 이념의 실재성은 그 이념의 법적 실천상의 기능과 그 이념의 국가·법론 속에서 차지하는 필수불가결한 역할에서 기인한다.

칸트에 의하면 우리는 마치 우리가 도덕적 행위자로서 신, 자유로 인한 원인성, 불멸이 있는 것처럼 행동해야 하듯이, 법의 주체로서 법질서가 계약에 의해 생겨난 것**처럼(als ob)**, 혹은 법질서가 보편적 동의에서 기인하는 것**처럼(als ob)** 행동해야 한다. 칸트와 함께 우리는 법질서가 개개인 모두의 의지에서 생겨난 것처럼 법질서를 관찰함으로써, 법에 대한 복종이 타율적 강제가 아니라 스스로 만든 법에 복종하는 것으로 파악할 수 있게 된다.[34]

칸트가 이념들이라 불렀던 이론적 가설들, 즉 자유, 사회 계약,

---

32) I. Kant, *Über den Gemeinspruch : Das mag in der Theorie richtig sein, taugt aber nicht für die Praxis* (이하 : *Gemeinspruch*) , AA VIII 297쪽 ; MS, AA VI 315쪽 참조.

33) *Gemeinspruch*, AA VIII 297쪽.

34) *Gemeinspruch*, AA VIII 289쪽 ; *MS*, AA VI 315f.쪽 참조.

일반 의지의 통일 등은 관찰을 토대로 한 추상 작용에 의해서 만들어지는 것이 아니다. 오히려 그것들은 특정한 사실, 즉 우리가 법에서 나오는 강제를 객관적으로 바라볼 때 원칙적으로 인가한다는 사실을 설명하기 위해서 주체에 의해 창작된 것이다.[35] 칸트에 의하면 마치 "중력", "원동력", "쿼크", "열소" 같은 이념들이 자신들이 귀속되어 있는 이론의 테두리 밖에서 의미와 실재성을 잃듯이, "사회 계약"이나 "일반 의지의 통일" 같은 이념들은 국가·법론 밖에서는 의미와 실재성을 잃는다.

3) 참된 교회 이념의 객관적 실재성

칸트는 자신의 종교철학에서 단지 사고 속에서만 존재하는 "참된 교회"[36] 이념이 어떤 의미에서 객관적 실재성을 가지는지 논구한다. 그에 따르면 참된 교회라는 이념은 인간들의 도덕적 입장과 도덕적 행위들에 영향을 미치는 한 객관적 실재성을 갖는다. 즉, 참된 교회 이념은 인간들로 하여금 자신들이 하나의 도덕 공동체의 구성들인 것처럼 행동하도록 부추긴다는 것이다. "신의 직접적, 도덕적 세계 통치 밑에 있는 모든 의로운 인간들의 연합체의 단순한 이념으로서"[37]의 비가시적 교회는 가시적 교회들의 "원형(Vorbild)"으로 봉사하며, 인간들에게 통일로 향하는, 미신으로부터 독립하도록 하는, 교권적(hierarchische) 구조들로부터 해방되는 방향을 제시하고 그들의 근본법에 불변성을 제공한다.

참된 교회 이념은 이와 같은 실천적 기능으로 말미암아 객관적

---

35) 칸트는 때때로 "Konstruktion"이라고 표현하기도 한다(*MS*, AA VI 232f.쪽 참조).

36) *Religion*, AA VI 101쪽.

37) 같은 곳.

실재성을 얻을 뿐 아니라, 그것은 선과 악의 갈등 및 그 극복 가능성을 하나의 이론 틀 속에서 설명하려는 시도에서 빼놓을 수 없는 역할을 한다. 이 목적을 위해 칸트는 교회론을 자신의 국가론과 비교한다. 국가론에서 칸트는 법적 구속이 없어 서로 싸울 준비가 된 사람들이 대항하는 상태로서 자연 상태를 가정했듯이, 교회론에서도 일종의 자연 상태를 상정하고 그 자연 상태를 선과 악의 전투로 표현한다. 사회적 자연 상태가 무법적 상태이듯이, 칸트에 따르면 도덕적 자연 상태는 "내면적 윤리 상실의 상태이므로 자연적 인간은 가능한 속히 이러한 상태에서 벗어나고자 힘쓰지 않으면 안 된다."38) 사회적 자연 상태가 법질서가 창조됨으로써만이 극복될 수 있듯이, 도덕적 자연 상태도 법률들 아래 예속됨으로써 극복된다. 물론 이 법률들은 공동체 구성원들의 동의에 근거하거나 모든 구성원들의 동의가 이루어지는 실정법들이 아니라, 어떤 동의에 의존하지 않는 순수 실천 이성의 법률이다. 왜냐 하면 그러한 동의로 얻어진 법률들은 도덕법의 본질적 특성인 엄격한 보편타당성을 잃기 때문이다. 도덕 공동체는 인간적 제정으로 이해되지 않는 법률에 근거하기 때문에 더 높은 관청, 즉 최고 입법자로서의 신을 상정해야 한다. 달리 말하자면 도덕 공동체가 근거하는 법률들은 그것들이 신의 명령인 것처럼(als ob) 간주되어야 하고, 악한 원칙들에 대항하여 싸우는 이성적 존재들의 공동체는 그것이 신의 지배 하에 있는 공동체인 것처럼(als ob) 간주되어야 한다.39) 칸트에 따르면 도덕적 자연 상태를 끝내야 하는 의무는 인간이 다른 인간에게 갖는 의무가 아니라 "인간 종족의" 의무다.40) 왜냐 하면 악에의 성향은 개개인의 우연적 소질에 근거하는

---

38) *Religion*, AA VI, 97쪽.

39) Der Begriff eines ethischen gemeinen Wesen ist der Begriff von einem **Volke Gottes** unter ethischen Gesetzen (*Religion*, AA VI, 98쪽).

40) *Religion*, AA VI 97쪽.

것이 아니라 인간의 본질에 근거하기 때문이다. "최고의 윤리적 선은 개개인이 자신의 도덕적 완성을 위해 노력하는 것만을 통해서 실현될 수 있는 것이 아니라", 그와 같은 목적을 위해서는 "개개인들이 하나의 전체 안에서 결합하여 선한 심성을 가진 인간들의 체계를 형성하는 것이 요청된다." 최고의 윤리적 선은 "다만 이러한 체계 안에서만, 그리고 그 체계의 통일에 의해서만 성취될 수 있는 것이다."[41] 따라서 칸트는 도덕적 토대 위에서 건립된 공동체, 즉 참된 교회를 "덕법들에 따른 공화국(Republick nach Tugendgesetzen)"[42]이라 부른다.

5. 맺음말

칸트는 존재 문제에 대해 많은 고민을 했다. 이것은 "객관적 실재성" 문제가 자신의 윤리학에서 뿐만 아니라 국가·법론과 종교철학에서도 등장한다는 사실에서도 알 수 있다. 칸트가 자신의 실천철학 분과들 속에서 근본 개념들의 성격들을 반성하는 이유는 단순한 우연이 아니라 그의 초월철학적 관찰 방법에서 기인한다. 이 방법은 특정한 종류의 경험에서 출발해서 그러한 경험이 어떻게 해서 가능한지 묻고, 이 물음에 답하기 위해 하나의 이론을 세우고, 끝으로 그 이론 틀을 형성하는 특정한 '경험의 가능 조건들'로서의 개념들과 명제들에 대한 메타적 반성을 하는 것이다. 칸트는 시간이 흐름에 따라 이 방법을 경험 이론뿐만 아니라 윤리학, 미학, 종교철학, 법론과 국제정치론 등에도 적용했다. 그는 또한 존재 문제도 초월철학적 관찰 방법에 따라 논구했다. '어떤 조건들

---

41) *Religion*, AA VI 97f.쪽.
42) *Religion*, AA VI, 98쪽.

아래에서 무엇이 존재하는 것으로 경험될 수 있는가?'라는 질문을
던짐으로써 칸트는 존재 문제 접근 방식에 새로운 장을 열었다.
즉, 그의 이런 질문은 더 이상 주관의 표상과 객관의 지각이 어떻게
구별되는가를 묻는 인식론적 관찰 방식도 아니고, 본질 자체와 현
실화된 본질(aktualisierte)의 관계 및 이상의 사태와 실현된 사태의
관계를 묻는 존재론적 관찰 방식도 아니다. 칸트는 존재 문제를 객
관적 가능성(objektive Möglichkeiten)들에 관련시키지도 않고, 관
념들과 그것들의 대응체들(Ideaten)의 관계들에 관련시키지도 않
고 논구했다. 그는 오히려 어떤 조건들 아래서 개념이 현실적인
것에 관련되는지 물었다. 존재 문제에 대한 그의 답변에 따르면,
오직 경험의 연관 속에서만(즉, 경험적 이론들과의, 결국엔 순수
오성의 원칙들과의 연관 속에서만) 무엇이 존재하는 것으로 경험
될 수 있다. 달리 표현하면, 무엇이 하나의 이론 테두리 안에서 해
석될 수 있다면, 그것은 존재한다고 판단된다는 것이다. 마치 "중
력", "원동력", "쿼크", "열소" 같은 이념들이 자신들이 귀속되어
있는 이론의 테두리 밖에서 의미와 실재성을 잃듯이, "신", "불멸"
같은 이념들은 도덕론 밖에서는 의미와 실재성을 잃고, "사회 계
약"이나 "일반 의지의 통일" 같은 이념들은 국가·법론 밖에서는
의미와 실재성을 잃는다.

칸트에 따르면 실천철학 속, 즉 윤리학, 국가·법론 속 이성 이
념들의 "객관적 실재성"은 각각 도덕적, 법적 문맥 속에서 이야기
되어야 하며, 그 이념들의 실재성은 한편으론 각각 그것들이 수행
하는 도덕적, 법적 실천상의 기능에서, 다른 한편으론 각각 그것들
이 도덕론, 법론 속에서 담당하는 필수불가결한 역할에서 기인한
다. 종교철학 속의 "참된 교회"라는 이념은 인간들의 도덕적 입장
과 도덕적 행위들에 영향을 미치는 한 객관적 실재성을 갖고, 선
과 악의 갈등 및 그 극복 가능성을 하나의 이론 틀 속에서 설명하

려는 시도, 즉 그의 종교론에서 빼놓을 수 없는 역할을 한다.

□ 참고 문헌

최재희(역), 『순수이성비판』, 박영사, 1989.

최재희(역), 『실천이성비판』, 박영사, 1997.

I. Kant, *Kritik der praktischen Vernunft*, Akademie Ausgabe (이하 : AA) V권.

I. Kant, *Kritik der reinen Vernunft*, AA III.

I. Kant, *Prolegomena zu einer jeden künftigen Metaphysik*, AA IV.

I. Kant, *Die Religion innerhalb der Grenzen der bloßen Vernunft*, AA VI 31쪽.

I. Kant, *Zum ewigen Frieden*, AA VIII.

I. Kant, *Die Metaphysik der Sitten*, AA VI.

I. Kant, *Verkündigung des nahen Abschlusses eines Traktats zum ewigen Friedens in der Philosophie*, AA VIII.

I. Kant, *Über den Gemeinspruch: Das mag in der Theorie richtig sein, taugt aber nicht für die Praxis*, AA VIII.

W. Röd, "Die Rolle transzendentaler Prinzipien in Moral und Politik", in : *"Zum ewigen Frieden" Grundlagen, Aktualität und Aussichten einer Idee von Immanuel Kant*, hrsg. von R. Merkel und R. Wittmann, Frankfurt a..M. 1996, PP.125-141.

W. Röd, *Der Gott der reinen Vernunft*, München 1992.

판단과 판단력의 의미*
— 칸트의 『판단력 비판』을 중심으로

김 광 명

1. 들어가는 말

칸트철학에서 '판단'의 의미가 무엇인지 그리고 이러한 판단에 근거한 능력으로서의 '판단력'은 어떤 역할을 수행하는지를 그의 『판단력 비판』을 중심으로 살펴보는 일이 이 글의 의도다. 판단하는 힘으로서의 '판단력'을 칸트철학의 체계 안에서 조망해보는 문제는 무엇보다도 건축술적인 칸트의 철학 체계를 온전하게 이해하기 위해서도 반드시 필요한 일이 될 것이다.

판단의 사전적 의미를 보면, 개개의 사실이나 사상(事象) 또는 의문에 대하여 단정하는 작용을 일컫는다. 대체로 앞뒤의 사정과 맥락을 종합하여 사물에 대한 자기의 생각을 마음속으로 정함을 뜻하거나, 또는 그렇게 정한 내용을 가리켜 판단이라 한다. 판단(Urteil)[1]이란 자기와 대상이 맺는 관계에서, 대상의 단순한 표상

* 본 연구는 숭실대학교 교내 연구비 지원으로 이루어졌음.

이 아니라 어떤 동일성의 지평에서 규정하는 것을 뜻한다. 개념은 대상이 동일성 속에서 규정되는가의 여부를 따지고, 개념과 개념이 결합될 때 이는 판단의 형태로 나타난다. 그리하여 흔히 판단은 명제의 형태로서 언어적으로 표현된다. 판단력이란 그렇게 하여 개개의 사실이나 사물을 정확히 판단하고 판정하는 힘 또는 능력을 말한다. 이렇게 보면, 판단 및 이에 근거한 판단력은 외적 사물 혹은 대상과 자기 자신과의 상호 관계에서 필연적으로 설정된 개념이라 하겠으며, 어떤 매개적인 기능을 암시해놓고 있다. 여기에 근원적으로 주관과 객관, 주체와 대상의 관계가 설정되기에 이른다.

이러한 관계 설정은 칸트 인식론의 근본 문제가 되며, 그의 미학 이론의 핵심이 되기도 한다. 특히 판단력은 영국에서 취미의 개념 속에 포섭되어 비평 혹은 비평론의 중심을 이루게 되었다.[2] 따라서 오늘날 미학적 내용의 중요한 부분을 이루게 되는 비평적 문맥을 이해하기 위해서도 판단력에 대한 고찰은 필요하다. 이와 같은 논의를 토대로 먼저 사유 활동 혹은 오성의 작용으로서의 판단의 의미를 살펴보는 가운데, 분석 판단과 종합 판단, 이것의 상호 연결로서의 선천적 종합 판단의 가능성, 그리고 미적인 판단과 판단력을 고찰해보기로 하겠다.

2. 사유 활동으로서의 판단

칸트에 의하면, 오성은 개념들을 판단하는 데에만 사용할 수 있

---

1) 여기서 독일어로 판단의 의미는 Urteil이다. Beurteiliung은 평가를 겸한 판정의 의미로 쓰이며, 판단 일반은 가치를 대상으로 삼는 경향을 지닌다. 그리스어에서 krinein은 비평(critique)의 의미로, 라틴어 judicare는 판단(judge)의 의미로 쓰인다.

2) 사사키 겡이치, 『미학사전』(민주식 역), 동문선, 2002, 283쪽.

다. 여기서 판단은 대상의 간접적인 인식이며 대상에 대한 표상 개념이 된다. 직관은 그 자체 안에 규정 가능성을 가질 뿐이며 그 것이 구체적으로 무엇으로 규정되는가의 문제는 직관 자체만에 의해 결정되지 않고 판단에서 비로소 그것의 술어적 규정을 통해 결정된다. 이처럼 개념에 의한 직관의 규정으로서의 판단이 곧 인식이 된다. 모든 판단들은 우리가 표상하는 다양한 것을 통일시켜 주는 기능을 한다. 그래서 우리는 오성의 모든 작용을 판단들로 환원할 수 있는 바, 그로 인해 오성은 일반적으로 판단하는 능력이라고 말할 수 있게 되는 것이다. 우리가 판단하는 데에서 이러한 통일 기능을 완전히 표시할 수 있다면, 오성의 기능들은 다 밝혀질 수 있을 것으로 생각된다.[3] 말하자면, 오성은 개념에 의한 인식 능력이며, 개념에 의한 인식 능력은 판단하는 작용이기 때문이다. 그리고 판단 작용은 표상들 간의 결합 기능이기에 오성은 개념에 의한 인식 능력으로서 표상들을 결합하는 판단 능력이 된다.

따라서 판단은 오성의 기능이요 활동으로서, 그것은 서로 다른 표상들을 하나의 공통된 표상으로 귀착시키는 통일 작용을 한다. 칸트에게서 사유 활동은 본질적으로 판단에 이르는 과정일 수밖에 없으며, 그것은 표상하는 내용과 의식이 통일을 이루어내는 결합이다. 오성 일반은 사유 규칙의 능력이며, 규정적 판단력은 그와 같은 오성의 규칙 아래에 포섭하는 능력이다. 즉, 어떤 것이 오성으로부터 부여된 규칙에 잘 적용되는가 그렇지 않은가를 결정하는 능력인 것이다. 그래서 오성은 교육으로도 잘 가르칠 수 있으나, 판단력은 오성에 비해 타고난 능력이라 하겠다. 판단력은 오성 개념을 현상, 즉 직관에 잘 적용시키는 능력이다. 이 판단력은 그 것에 의해 인식이 가능해지는 그와 같은 작용에 바탕을 두기에 선

---

3) I. Kant, *Kritik der reinen Vernunft* (이하 *KrV*로 표시), Hamburg : Felix Meiner, 1971, 107(통례대로 초판은 A, 재판은 B로 표시함).

험적 판단력이 된다.

칸트에 의하면, 우리는 판단이란 말을 사실의 인식과 명제에 대한 믿음을 포괄하는 의미로 사용한다. 선천적으로 인식되거나 인식될 수 있는 사실과 명제는 어떤 것이든 필연적이라는 결론이 나온다. 그러나 특정한 시간에 특정한 사람에 의해서 선천적으로 인식되지 않는 여타의 다른 필연적인 사실 또는 명제들이 있을 수 있다. 판단은 칸트적인 오성 작업으로서, 주어진 인식을 통각의 객관적 통일로 이끈다.[4] 칸트의 견해에 따르면, 보편적이고 필연적인 앎은 단지 판단의 형태로만 존재할 수 있다. 그는 논리적(이론적), 미적, 실천적(도덕적) 판단을 서로 구분하고 있으며,[5] 규정적 판단과 반성적 판단, 주관적 판단과 객관적 판단, 분석 판단과 종합 판단을 나누기도 한다. 특히 『순수이성비판』에서의 중심 문제는 어떻게 선천적 종합 판단이 가능한가에 대한 답의 모색이었다. 여기서는 특별히 중요하다고 생각되는 상이한 분석 판단과 종합 판단을 토대로 어떻게 선천적 종합 판단이 가능한가를 살펴보며, 나아가 이것이 어떻게 미적인 판단과 연결되는가를 보기로 한다.

1) 분석 판단과 종합 판단

술어가 주어 중에 포함되어 있는 것으로서 주어의 개념에 속하는 경우의 판단이 분석 판단이요, 술어가 주어에 결합해 있기는 하지만 술어가 주어의 밖에 있는 경우의 판단이 종합 판단이다.[6] 분석 판단은 오성 개념의 내용을 분석할 뿐이다. 이미 주어 개념

---

4) R. Eisler, *Kant Lexikon*, Georg OlmsVerlag, 1984, 558쪽.

5) I. Kant, *Kritik der Urteilskraft* (이하 *KdU*로 표시함), Hamburg : Felix Meiner, 1974, E32, E60. 때로는 본문에 병기하기도 함.

6) I. Kant, *KrV*, B10.

에 존재하는 개념이 분해되어 주어 개념과 결합한다. 술어가 주어를 되풀이하거나 주어를 여러 요소로 나눠주어 안의 모호한 요소들을 분명하게 드러내는 판단이다. 대체로 분석 판단은 경험의 모든 인식과 독립해 있는, 즉 경험과는 무관한 그리고 경험 이전의 판단으로서 선천적(a priori) 인식이며, 새로운 앎을 보태거나 전해주지는 못한다. 이에 비해 종합 판단은 경험에 원천을 둔, 즉 경험과의 관계 속에서 이루어진 후천적(a posteriori) 인식이며, 새로운 앎을 포함한다.

분석적인 어떤 판단도 전통적인 의미에서 선천적일 것이라는 사실은 분명하지만, 역으로 선천적인 모든 판단이 분석적일 것이라는 결론이 나오는 것은 아니다. 어떤 사물에도 그 사물에 모순되는 술어가 귀속되지 않는다는 모순율의 명제는 모든 분석적 인식의 보편적이요 충분한 원리다. 또한 종합 판단을 위해서 우리는 주어진 개념의 바깥에 나올 필요가 있다. 여기서 안의 주어와 밖의 객어를 종합하는 제삼자가 내감이다. 칸트에 따르면, 내감의 선천적인 형식이 시간이다.

앞서 살펴본 바와 같이, 종합 판단은 경험에 의해, 경험과 더불어 비로소 형성된다. 이 판단은 일정하게 부여된 경우에만 타당하다. 종합 판단의 가능성은 내감, 구상력, 통각을 통해 주어진다. 모든 종합 판단의 최상 원리는 가능한 경험에서 모든 대상이 직관의 다양을 종합적으로 통일할 무렵의 필연적 조건에 종속한다는 것이다.

2) 선천적 종합 판단의 가능성

칸트의 인식론적 물음은 선천적 종합 판단의 가능성, 즉 보편타당하면서도 동시에 새로운 앎을 전달하는 판단이 가능한가의 여부다. 경험은 그 구체성으로 인해 진정한 보편성을 담보하지 못한다. 내적 필연성이라는 특성을 지니는 이성의 보편적 인식은 따라서 경험에서 독립해야 하고 그 자신에게서 명석하고 판명해야 한다. 그래서 보편적 인식은 선천적 인식이어야 한다. 선천적 인식이란 어떤 경험으로부터 독립해 있는 인식이 아니라 모든 경험에서 단적으로 독립해 있는 인식을 뜻한다.[7] 독립해 있는 인식이기에 모든 경험의 가능적 조건이 되는 것이다.

우리의 사변적인 선천적 인식이 궁극적으로 의도하는 바는 종합적인 원칙, 즉 확장의 원칙에 근거하고 있는 것이다. 분석적 원칙에 의한 판단은 물론 중요하고 유용하기는 하지만, 사고 내용이 판단하는 주체의 범위를 벗어나지 못한다. 그리하여 이는 단지 새로운 획득으로서의 확장된 종합에 필요한 개념의 판명성에 도달하기 위한 것이다.[8] 인식의 획득은 종합 판단을 통해 이루어진다. 이를 통해 하나의 개념이 논리적으로 도출될 수 없는 다른 개념에 결합된다. 그리하여 이제까지 그 개념에 속하지 않던 내용이 덧붙여진다.

선천적 종합 판단이란 개념들의 결합을 모든 경험에 앞서 산출하는 그러한 판단이다. 이성에 기본을 둔 전체 이론학은 선천적 종합 판단이 원리로서 포함되어 있다. 선천적인 종합 판단들은 확실한 원리들이 있을 때만 가능하다. 이런 원리의 하나가 공간의 원리인데, 공간 그 자체는 하나의 순수한 직관 형식이다. 공간은 선천적 종합 판단을 가능하게 하는 하나의 가능성의 조건이다. 공간에 관한 물음은 하나의 선천적인 물음이다. 이는 인식을 가능하게 하는 조건들에 관한 물음이기도 하다. 선험적 감성론에서 칸트는 공간과 시간이 원래부터 우리들의 감각 안에 포함되어 있는 그

---

7) I. Kant, *KrV* A2.

8) I. Kant, *KrV* B14.

런 원리들이라고 말한다. 감성론은 그것 없이는 감각이 불가능한 그런 두 가지의 내적인 조건들을 발견해낸다. 공간과 시간은 경험에서 나오는 것이 아니라 경험의 선천적 근거가 되는 조건이 되는 셈이다.9)

선천적 종합 판단은 공간적으로 그리고 시간적으로 경험에 앞서 주어진 요소들을 개념적 종합으로 작업한 내용이다. 순수 시·공간은 선천적인 직관에 상응하고, 종합의 작업은 순수한 오성이 해내는 역할이다. 이들에 대한 논의는 선험적 감성론에 이어 선험적 논리학에서 계속된다.10) 선천적, 종합적 인식은 지각 가능한 대상에 관한 것인 한에서 가능하다.

3. 미적인 판단과 판단력

칸트에게서의 오성 일반을 규칙의 능력이라고 한다면, 판단력은 그런 규칙 아래로 포섭하는 능력이며, 무엇이 주어진 규칙의 적용을 받는가의 여부를 식별하는 능력이다. 오성은 규칙들에 의해 가르침을 받을 수 있고 보강될 수 있으나, 판단력은 하나의 특이한 능력에 속하는 것이어서 가르칠 수 없고 연마될 뿐이다. 판단력은 이른바 건전한 오성으로서, 특수한 것과 보편적인 것의 관계에 대한 성찰이요 모색이며, 상급의 인식 능력으로서 오성과 이성의 중간에 위치하는 중간 항이다.11) 판단력은 자연 개념과 자유 개념을 매개하는 자연의 합목적성의 개념을 제공하고, 쾌와 불쾌

---

9) N. 하르트만, 『철학의 흐름과 문제들』(강성위 역), 서광사, 1987, 62-64쪽.
10) F. 카울바하, 『칸트 비판철학의 형성 과정과 체계』(백종현 역), 서광사, 1992, 121-127쪽.
11) I. Kant, *KdU*, XXI LVIII E7 E59.

의 감정에 대해서 선천적 구성적 원리를 내포한다. 판단력은 구상력을 오성에 순응시키는 능력으로서, 경험적 직관을 개념 아래에 포섭한다. 판단력이 수행하는 일은 개념의 현시, 즉 개념에 그것과 대응하는 직관을 병치시키는 것이다. 여기서 판단력은 철학 체계의 한 부분에만 머물지 않고 각각의 심성 능력이 지니는 가능성과 한계를 지적하는 비판의 역할을 수행한다.

칸트에 의하면 판단력이란 "특수한 것을 보편적인 것에 속해 있는 것으로 생각하는 능력"[12]이다. 그런데 앞서 언급한 바와 같이, 규정적 판단력은 보편자가 이미 주어져 있는 경우에 특수자를 이 보편자에 포섭하는 경우다. 이 판단력은 경험적 대상을 오성 개념에 소속시키고, 경험적 인식 판단에서 활동한다.[13] 오성 개념은 경험의 일반적인 가능성에만 관계하므로 오성 단독으로는 개별적이고 구체적인 경험의 사례들에 대해 선천적이고 일반적인 개념들을 다 제공할 수 없다. 이 경우에 판단력은 스스로 보편자를 찾아내려고 노력해야 한다. 현상의 총체로서의 자연 세계 안에서 경험들이 구체적이며 다양하고 무한하다. 그런 까닭에 판단력은 경험 세계 안에서 객관적인 보편자를 발견하기란 어렵다. 그래서 판단력은 경험적 법칙들의 다양성과 관련하여 보편자를 반성적으로 산출해내지 않으면 안 된다.[14]

칸트 인식론의 주된 과제는 감성계와 오성계라는 두 세계를 필연적이고 논리적으로 어떻게 결합하느냐에 달려 있다. 특히 칸트

---

12) I. Kant, *KdU*, B XXV.

13) I. Kant, *KrV* B.169f., 특히 원칙들의 분석 및 *KdU*, B 348f.

14) 반성적 판단력을 통해 우리가 말하고자 하는 것은 바로 비트겐슈타인이 의도했던 '말할 수 없는 것' 자체라고 말할 수도 있겠다. 물론 칸트의 인식의 한계 문제와 비트겐슈타인의 언어의 범위 문제가 아주 중요하다고 보는 것은 다소 무리가 따른다. 비트겐슈타인의 논점은 이 세계 안에 제시된 것에 대해서만 말할 수 있다는 데에 있기 때문이다.

는『판단력 비판』의 서론에서 두 세계의 융합 내지는 화해를 위한 필요성을 강조한다. 사실상 자연과 자유 사이에는 서로 해후할 수 없는 심연이 가로놓여 있어 이 양자 사이에는 가능한 통로가 전혀 없어보인다. 칸트는 이처럼 통행할 길이 없는 것으로 보이는 두 영역간에 다리를 놓으면서 자신의 철학의 체계적 완성을 위해 그 연결 관계를 매우 미묘하게 유지하고 있다.15) 주지하는 바와 같이 『판단력 비판』의 서론에서 칸트는 철학의 구분에 관하여 논한다. 우리는 서론을 크게 세 부분으로 나누어볼 수 있다. 제1부(I~III) 에선『판단력 비판』이 다른 두 비판서들과 맺고 있는 관계가 다루어지고, 제2부(IV~VIII)에서는 특히 반성적 판단력의 특성과 형식적 합목적성 및 실질적 합목적성의 관계가 다루어진다. 제3부 (IX)에서는 비판적으로 근거지어진 반성적 판단력의 능력이 순수 오성 이외에도 실천철학의 순수 이론 이성을 가능하게 할 뿐 아니라 이 양자를 결합하는 방식을 다루고 있다. 철학의 두 부분을 하나의 전체로 결합시켜주는 매개로서의 판단력, 특히 반성적 판단력이 등장하게 되고, 이것이야말로 칸트철학의 '미학으로의 전환'16)을 알리는 역동적인 서곡이 아닐 수 없다.

원래 칸트에서 인식 능력들의 비판이란 이 능력이 선천적으로 수행할 수 있는 일이 무엇인가를 묻고, 그 한계와 아울러 가능성을 지적하고 탐구하는 일이다. 모든 선천적이며, 이론적인 인식을 위한 근거를 내포하고 있는 자연 개념들은 오성의 입법 능력 위에

---

15) K. Gilbert & H. Kuhn, *A History of Esthetics*, Indiana Univ. Press, 1954, 328-329쪽.

16) O. Marguard, Kant und die Wende zur Ästhetik, in : *Zur Kantforschung der Gegenwart* (P. Heintel과 L. Nagel이 편집), Darmstadt, 1981. 18세기 중반 이후 철학적 미학은 세계를 인식하기 위해 예술을 설명하고, 인간을 이해하기 위해 예술가를 해명하기 시작한다. 미학으로의 전환을 통해 철학은 비합리적인 것을 해명하고 이성으로부터의 전통적인 속박을 부인하게 되니, 이는 다양한 문화를 수용하는 현대로의 이행에도 직결된다고 하겠다.

기초를 둔 것이다. 감성적으로 제약받지 않은 모든 선천적, 실천적 준칙을 위한 근거를 내포하고 있는 자유 개념들은 이성의 법칙 부여 내지는 법칙 정립 능력 위에서만 가능하다. 이렇듯 상이한 두 가지 입법 능력은 철학을 이론철학과 실천철학으로 정당하게 구분해준다. 오성과 이성이라는 상급의 인식 능력의 계보 안에는 하나의 중간 항(Mittelglied)이 있는 바, 이것이 곧 판단력이다. 나뉘어 있는 철학의 두 부분을 하나의 전체로 결합하는 중간 항으로서의 『판단력 비판』이 어떻게 체계적으로 가능한가라는 물음은 선천적 능력으로서의 반성적 판단력이 수행하는 특수한 업적으로부터 비롯된다고 하겠다.[17)]

칸트에 의하면, 판단력 일반은 특수를 보편 아래에 포함된 것으로 사유하는 능력이다. 그런데 "보편(규칙, 원칙, 법칙)이 주어져 있는 경우, 특수를 보편 아래에 포섭하는 능력"이 규정적 판단력이요, 오직 "특수만이 주어져 있고, 판단력이 특수에 대하여 보편을 찾아내야 하는 경우"에 이는 반성적 판단력이다. 그러나 특수로부터 보편으로 거슬러 올라가야 할 반성적 판단력은 하나의 원리가 필요하다. 그리고 그 원리를 반성적 판단력은 경험으로부터만 이끌어낼 수 없다.[18)] 경험과의 관계 속에서 가능한 경험의 지평을 넓히는 칸트의 시도를 읽을 수 있다.

보편과 특수는 서로 독립되어 있어서는 각각의 의미를 잘 드러낼 수 없으며, 서로 관계를 맺을 때만 정당한 의미를 지닐 수 있다. 규정적 판단력과 반성적 판단력의 경우에서 우리는 그 관계를 살펴볼 수 있다. 보편이 주어져 있는 경우에, 특수를 보편 아래에 포섭하는 판단력은 규정적이며, 특수만이 주어져 있고 이 특수에 대

---

17) W. Bartuschat, *Zum systematischen Ort von Kants Kritik der Urteilskraft*, Frankfurt a.M., Vittorio Klostermann, 1972, 246쪽.

18) I. Kant, *KdU*, XXVII.

하여 보편을 찾아내야 하는 경우에는 반성적이다. 그러므로 판단력은 개념을 찾기 위해 주어진 표상을 반성하는 능력이거나, 주어진 표상에 의하여 개념을 규정하는 능력이거나다. 규정적 판단력은 주어진 법칙이나 개념 아래에 포섭하는 데 지나지 않는다. 무엇이 주어져 있는 상황에서 나중에 발생하는 것과의 관계를 고려할 때 규정적이냐 반성적이냐의 문제는 특히 미적 판단과 관련해 볼 때 매우 중요한 문제라 하겠다.

반성적 판단력은 특수에서 보편으로 거슬러 올라가야 한다. 반성적 판단력은 자연을 반성하기 위하여 자기 자신에게 법칙을 지정한다. 따라서 반성적 판단력은 자연의 기계적 조직의 원리와는 다른 원리를 자연 형식을 가능케 하는 근거로서 생각하지 않을 수 없다.[19]

인식 판단은 객체의 표상을 오성을 통하여 객체에 관계시키고, 취미 판단은 객체의 표상을 주관과 주관의 쾌와 불쾌의 감정에 관계시킨다.[20] 인식 판단은 논리적이며 취미 판단은 미적이다. 즉, 직관적이며 감성적이다. 물론 논리적인 것과 감성적인 것은 미적 판단을 통해 서로 유비적 관계에 서게 되며, 세계에 대한 우리의 인식 영역을 보완하며 확장해준다. 칸트에게서 미의 판단은 미에 대한 설명으로부터 시작된다. 이럴 때 문제가 되는 것은 미에 관한 판단이란 과연 어떤 판단이냐 하는 것이다. 대상의 미적 가치, 즉 대상이 지니고 있는 미적 성질을 판별하는 것이 미적 판단이다. 대상이 아름다운가 그렇지 않은가에 대해 판정을 내리는 것이 곧 미적 판단이며 취미 판단이다. 미적 기술로서의 예술을 판정하는 데에 가장 중요한 것이 취미다. 이를테면, 미를 위해서 필연적으로 요구되는 것은 이념이 풍부하다거나 독창적이어야 한다는

---

19) I. Kant, *KdU*, 316.
20) I. Kant, *KdU*, B3f.

것보다는 오히려 구상력이 자유롭게 활동하는 가운데 오성의 합법칙성에 합치하는가의 문제다. 하지만 구상력이 아무리 풍부하다 하더라도 그것이 무법칙적인 자유 가운데에 있다면 무의미할 것이다. 판단력은 구상력을 오성에 순응시키는 능력이다.[21] 미적 기술에서 자기 자신의 원리들에 의해 판정을 내리는 판단력은 구상력의 자유와 풍부함보다는 오성에 더 기울어져 있으니 이는 미적 이성의 문제와도 연결된다고 하겠다.

『순수이성비판』에서의 판단표[22]에 포함된 술어들로써 취미 판단을 분석해보고자 하는 칸트의 의도는, 그가 미의 분석론에서 다루는 네 계기, 즉 성질, 분량, 관계, 양상이다. 각 부분에서 취미 판단의 무관심성, 주관적 보편성, 목적 없는 목적으로서의 합목적성, 공통감이 논의된다. 미적 보편성은 미라는 술어를 논리적 범위 전체에서의 객체의 개념과 결부시키는 것이 아니라 판단자들의 범위 전체에 확장시킨다. 논리적 양에서 보면, 모든 취미 판단은 단칭 판단이다. 취미 판단에서는 대상을 쾌와 불쾌의 감정에서 직접 파악해야 하고 개념에 의하여 판단해서는 안 된다. 그리고 취미 판단은 주관적이지만 보편성의 미적 양, 즉 모든 사람들에 대한 타당성이라는 양적 판단의 계기를 지닌다. 이를테면 쾌적한 것에 관한 판단은 그 자체로 보편성의 양을 가질 수 없다. 선에 관한 판단은 보편성의 양을 지니지만, 객체의 인식으로서 객체에 관하여 타당하므로 미적 보편성이 아니라 논리적 보편성을 지닌다고 하겠다. 취미 판단은 논리적 전칭 판단이 아니기에 모든 사람들의 동의를 요청하는 것이 아니라 이러한 동의를 규칙의 한 범례로서 모든 사람들에게 요구하여 전칭 판단의 효과를 거둔다. 이러한 범례에 관한 확증은 개념에서가 아니라 찬동에서 나온다.

---

21) I. Kant, *KdU*, §50.
22) I. Kant, *KrV*, B 95.

다시 말하자면, 취미 판단이 보편적 전칭 판단의 형식을 취하고 있지 않음에도 불구하고 전칭 판단의 힘을 가지고 있다. 마치 대상이 그런 성질을 지니고 있는 것처럼, 단칭이 아니라 전칭적으로 누구나 그 대상을 아름답다고 보아야 한다는 말이다.[23] 대상은 객관적으로 거기에 있지만 대상이 지닌 성질, 곧 대상성은 주관이 거기에 부여한 것으로서 상호 주관적 계기를 담고 있다. 이러할 때, 취미 판단의 주체는 대상에 대해 단칭 판단을 내리지만, 그 대상성으로 인해 주·객의 연결을 보며, 여기서 우리는 보편적인 요청을 하게 된다.

따라서 무엇이 즐겁기 때문에 미적인 것이 아니라 오히려 우리가 그것을 미적이라고 판단을 내리기 때문에 즐거운 것이다. 그리고 그것은 별다른 이의 제기 없이 동의할 수 있는 판단이 된다. 미적인 판단은 보편적이고 필연적이다. 이는 다른 사람들이 그렇게 판단하는 우리와 동의하도록 기대하게 하는 판단의 본질적인 부분이 된다. 미적인 판단에 연루된 논쟁이나 논의가 진정으로 마치 어떤 대상의 물리적인 속성이나 화학적인 성질인 것처럼 보편적이고 필연적이라는 말이다. 물론 여기서 말하는 보편성이나 필연성이 지닌 특성은 어떤 논리적인 귀결에서 나온 것이 아니라 칸트의 말을 빌리면 공통감(Gemeinsinn, sensus communis)에 그 근거를 두고 있는 것으로 보인다. 따라서 이는 보편적인 동의나 필연적인 찬동을 요구하는 공동체적인 판단에서 우러나온다고 하겠다. 공동체적인 판단은 공동체가 지향하는 이념으로서, 모든 사람들이 공유하는 판단이며 그 구성원들에게 보편적인 만족을 준다.

미적 판단력은 형식적이고 주관적인 합목적성을 쾌와 불쾌의 감정에 의하여 판정하는 능력이다. 미적 판단력은 개념을 떠나서

---

23) Donald W.Crawford, *Kant's Aesthetic Theory*, The University Press of Wisconsin Press, 1974 (『칸트 미학 이론』, 김문환 역), 서광사, 1995, 38-39쪽.

형식을 판정하는 데에서 만족을 발견하는 능력이다. 미적 판단력은 자유로운 유희를 통해 구상력과 오성과의 상호 연결과 합치를 요구한다. 그래서 미적 판단력은 주관적 근거에 기인하는 판단이지만 사적인 판단에 머무르지 않고 여기에서 한 걸음 나아가 타자(他者)에 대해 보편적 동의를 요구한다.24) 일면적인 주관적 근거에 기인한 주체의 설정이 아니라 타자에 대한 보편적 동의의 형태로 타자와의 관계를 전제했다는 점은 시사하는 바가 크다.25)

인간의 판단력으로 자연을 파악할 때, 자연을 접해 얻은 특수한 경험들을 결합하여 자연이 하나의 체계를 이룰 정도의 충분한 근거를 가지고 있다고 칸트는 본다. 그런데 우연히도 우리의 판단력에 꼭 맞는 형식들을 자연이 지니고 있는 것처럼 보인다. 이런 형식들은 그 다양성과 통일성에 의해 심의 능력들을 강화하고 즐겁게 해주는 데 이바지한다. 하지만 우리는 이런 근거를 감관의 대상들의 총괄로서의 자연 속에서는 찾을 길이 없고 어떤 목적론적 근거를 전제할 수밖에 없다.26) 목적론적 판단력은 자연의 실재적이고 객관적인 합목적성을 오성과 이성에 의하여 판정하는 능력이다. 목적론적 판단력은 반성적인 판단력의 원리들에 따라 활동하는 반성적 판단력 일반이다. 목적론적 판단력은 철학의 이론적 부문에 속하지만,27) 미적 판단력과의 관계를 통해 실천적인 부문과 연결된다.

미적 판단으로서의 취미는 판단력 일반의 주관적인 원리에 의

---

24) I. Kant, *KdU*, 151A, 152.
25) 칸트의 이런 논변은 주체의 해체와 탈중심화라는 맥락에서, 서양 문화 전반에 깔려 있는 자아 중심적 사고를 반성하게 하는 점에서 거리가 있지만, 임마누엘 레비나스(Emmanuel Levinas : 1906~1995)의 '타자성의 철학'에 이르는 어떤 암시를 주고 있다고 하겠다.
26) I. Kant, *KdU*, 267-268.
27) I. Kant, *KdU*, L-LIII.

존한다. 하지만 취미가 주관성에 근거한다고 하여 개인적인 것만은 아니다. 취미는 일종의 "공통감"[28]으로서 사회적 교양과 문명화된 인간성의 지반 위에서 내려지는 판단이다. 취미의 주관성과 이것의 사회적 보편성의 요구 사이의 대립은 취미의 최종 근거, 즉 모든 개인에 보편하는 인간의 초감성적 기체에 기반함으로써 해소된다. 반성적 판단력은 "모든 다른 사람의 위치에서 사고하는 것"[29]을 격률로 지니며 이를 통해 인간은 사적 판단의 주관적인 조건들을 넘어 서게 된다. 오성은 일반적인 것의 인식이며, 판단력은 일반적인 것을 특수한 것에 적용하는 능력이다. 이성은 일반적인 것과 특수한 것의 결합을 통찰하는 능력이다.

미적 판단을 통해 아름다운 대상들은 어떤 설정된 목적이 따로 없지만 목적이 있는 것처럼 나타난다. 어떤 대상의 목적이란 그에 따라 만들어지는 최종적인 개념이다. 이는 우리가 애초에 머리 속에 무엇을 만들겠다고 구상했던 어떤 최초의 개념인 것이다. 어떤 대상이 그러한 목적을 갖는다면 그것은 목적적이라고 할 만하다. 만약 어떤 특별한 목적이 발견되지 않는다고 하더라도 마치 어떤 목적을 갖는 것처럼 보인다면 그것은 또한 목적적이다.

칸트는 미적 판단이 어떻게 가능한가 그리고 어떻게 타당한가를 묻는다. 칸트의 미학에 대한 논의는 그의 인식론이나 윤리학과 깊은 연관을 맺고 있다. 예술과 미에 관한 영국 경험론자들, 쉐프츠베리(Shaftesbury), 허치슨(Hutcheson), 흄(Hume) 그리고 버크(Burke)와 대륙의 합리주의 철학자들, 특히 바움가르텐(Baumgarten) 간의 논쟁을 비판적으로 종합한 칸트의 논의에서 더욱 그러하다.

영국 경험론자들에게서 주된 개념은 미에 대한 연구가 그 규모에서 보편적일 수 있는가와 같은 유한한 인간 본성의 개념, 미적

---

28) I. Kant, *KdU*, 64.
29) I. Kant, *KdU*, B 159.

인 대상 및 그것에 대한 우리의 반응이 본질적으로 감각이나 감정에 연루되어 있는가 하는 주장, 미에 대한 자연스런 반응이 대체로 개별적인 경험이나 공동체적 경험, 습관, 관행에 의해 덮여 있는가다. 이러한 문제들에서 경험론자들이 보이는 합리주의자들과의 주된 불일치는 감각이나 감정의 문제와 연관된 미의 문제다. 라이프니츠(Leibniz)를 뒤이은 바움가르텐은 모든 감관의 지각이란 혼연한 인식이며 감각적 이미지에 의한 인식이라고 주장한 바 있다. 비록 미가 우리의 감각에 나타난다 하더라도 비인식적이라고는 더 이상 말할 수 없다. 바움가르텐에게서 미란 생리학적인 개념이라기보다는 조화와 같은 합리적인 개념과 더 많은 연관을 맺고 있기 때문이요, 그가 제출한 유사 이성의 개념이 미적 감성에서 가능하기 때문이다.

칸트는 직관적 또는 감각적 표상과 개념적 또는 합리적 표상을 구분하고 있다. 판단을 결정해주는 자연 경험과 마찬가지로 미적 경험은 직관적 및 개념적 표상의 차원 없이는 설명할 수 없다. 따라서 미란 영국 경험론의 전통에서처럼 결코 비인식적이지 않다. 미에 관한 판단이 가능한가라는 물음과 더불어 칸트는 미의 경험을 분석한다. 칸트의 주된 초점은 꽃이나 일몰 등과 같은 자연 대상에서의 미의 판단이다. 그때 판단이란 무엇이며 그것은 정신의 활동으로서 행해지는가? 칸트는 미적 판단의 네 가지 독특한 특징을 논의하고 있다. 종종 애매하긴 하지만 칸트가 분류한 범주표에 따르고 있다.

미적 판단은 무관심적이다. 감각에 의한 관심은 쾌적하며, 개념에 의한 관심은 선하다. 미적 판단은 이들 관심들로부터 자유롭다. 관심이란 실재의 욕망이나 욕구 또는 행위와 연결되어 있다. 그래서 어떤 대상의 실재 현존과 관련되어 있다. 미적 판단 그 자체에서는 미적 대상의 실재 현존은 연관되어 있지 않다. 내가 어떤 그림으로부터 즐거움을 맛보고자 그것을 소유하려 할 때, 그 즐거움은 미적 판단과는 구분된다. 판단이 즐거움으로 귀착되지, 즐거움이 판단으로 귀착되는 것은 아니다. 칸트에 따르면, 미적 판단이란 그 대상에 제시된 형식에 관련되는 것이지 내용과 관련되는 것이 아니다. 왜냐 하면 내용은 늘 이론적이거나 실천적 관심과 연관되어 있기 때문이다. 그리하여 칸트의 논의는 근대 미학의 모든 형식주의의 근거가 된다.

미적 판단은 그것이 마치 객관적으로 판단된 대상의 성질인 것처럼 다른 사람의 동의를 보편적으로 요구한다. 보편성은 판단의 주관성이나 객관성과는 다른, 이를테면 개념으로부터 떨어진 보편적인 그 무엇이다. 반성적 판단이기 때문에 취미에 관한 미적 판단은 적합한 개념이 없고, 단지 객관적인 것처럼 처신한다. 또한 미적 판단은 범례적 필연성을 갖는다. 미에 관한 판단이 미에 관한 어떤 결정적인 개념을 따르거나 산출하지 못하기 때문에 범례가 필요하게 된다. 범례는 한 번 지나쳐버리는 단순한 사례가 아니라 모범적 실례로서 시간적 지속성을 지닌다고 보아야 할 것이다.

공통감이야말로 미에 대한 우리의 감정이며 취미의 선천적인 원리다. 자연에 대한 이론적 인식에서는 표상의 보편적 전달 가능성, 그것의 객관성, 선천적 원리 안에 있는 그것의 토대는 서로 관련을 맺고 있다. 따라서 보편적 전달 가능성, 범례적 필연성, 선천적 원리 안의 토대는 미적 판단에 대한 주관적 조건 가능성을 이해하는 서로 다른 방식들이라 하겠다. 미적 대상의 측면에서 보면, 이러한 주관적 원리는 자연의 합목적성의 원리와 일치한다. 칸트가 말하는 미적 판단의 네 계기는 공통감의 이념[30]으로 수렴된다. 공통감은 일상적인 인식 능력과 같은 능력을 지니게 된다. 이는 자연적 경험을 가능케 하는 인간성의 특징이기도 하다. 이 능력은

---

30) I. Kant, *KdU*, §22.

규정적 인식을 이루기보다는 조화를 이루는 데에 있다.

미적 혹은 미감적[31] 판단은 비규정적 판단으로서의 반성적 판단이며, 이론과 실천의 두 영역에서의 규정적 판단력의 활동을 들여다볼 수 있다. 그리고 이 두 영역을 매개하는 반성적 판단의 가능 근거를 해명한다. 또한 반성적 판단의 기본 원칙으로서 합목적성과 공통감을 들고 있다. 특히 이론의 영역에서의 '자연'은 감성적이고 지각 가능한 것이며, 그 자체로 존재하는 실재(實在)가 아니라 물리적이고 심리적인 현상들의 체계적인 연관이다.[32] 실천 이성이 지배하는 도덕 법칙에선 자연은 실천의 장(場)이 되며, 구체적 현실이 된다. 그렇다고 할 때 구체적 현실과 자연 현상이 동일시된다.

자유와 자연의 관계에서 볼 때 규정되지 않은, 열린 판단으로서의 반성적 판단의 가능성은 판단자 자신의 무규정성, 즉 자유에 근거한다. 반성적 판단력에서 개별적 자연은 일반 원리에 의해 규정된 것으로 간주되지 않고 그 자체 무규정적인 것으로 간주된다.[33] 이러한 무규정적 판단은 그러므로 현상학적 지향성으로, 나아가 인간학적 열린 지평의 계기가 된다고 하겠다. 자연과 자유가 서로 관계를 맺을 수 있는 유일한 길은 자유가 자연 안에서 자신을 실현하는 것으로서만 가능하다. 이러한 실현을 위해 판단력은 자연의 합

---

31) 아마도 ästhetisch 혹은 aesthetic의 우리말 번역에서 미적, 미감적, 감성적 또는 미학적 등의 의미로 옮기나 샤프츠베리(Shaftesbury)나 흄(Hume)은 '감정의 일종(a sort of feeling)'이나 '마음의 상태(a state of mind)'로 본다. 바움가르텐과 칸트는 기능 면에서 판단의 한 유형으로 삼는다. 특히 바움가르텐은 '지각의 한 양태'로도 본다. 어떻든 칸트에서는 감성에 속하며 객체를 표상하는 데에 순수하게 주관에만 관계하는 것으로, 혹은 직관에 수반하는 감정에 관계되는 것으로 본다.

32) R. Eisler, Kant-Lexikon, 378쪽 이하.

33) '규정이 아니다'라는 의미의 비규정과 '규정되어 있지 않다'는 무규정의 의미를 구분할 필요가 있겠다. 말하자면 비규정은 규정의 부정적 의미인 반면에, 무규정은 규정을 위한 잠재태(潛在態)로 보아야 할 것이다.

목적성의 개념을 끌어들여 자연 개념과 자유 개념을 매개하거니와, 특히 반성적 판단력은 자유로운 유희 중에 있는 구상력을 보편적인 성질을 지니는 오성과 매개시키며 미적 조화의 감정을 유발시킨다. 따라서 미적 조화는 구상력과 오성의 매개에서 이루어진다.

전통적으로 이성적 사유가 주·객의 대립을 극복하는 원리로 사용되어 왔으며, 반성적 판단력이 의거하는 주·객 합치의 합목적성의 원리는 개념적이고 합리적인 차원 이전의 것이다. 칸트에게서 우리는 주·객의 합치라는 직접적인 연결보다는 주·객 합일을 위한 '보편적인 찬동이나 관여의 감정'을 보아야 할 것이다. 관여 혹은 관계의 의미에 우리는 주목할 필요가 있으니, 여기에 바로 칸트 미학 이론의 사교적 혹은 사회적 성격이 아울러 있기 때문이다.

칸트에게서는 오성과 구상력의 조화로운 유희(遊戱)로부터 취미 판단이 가능하다. 그에 의하면 미적인 쾌는 누구에게나 공통인, 동일한 조건에 근거해야 한다. 왜냐 하면 그것은 인식 일반의 가능성에 대한 주관적 조건이며, 모든 사람에게 전제된 취미를 요구하는 인식 능력의 비례 관계이기 때문이다. 그리고 앞서 언급한 조화로운 유희는 일종의 유비(類比) 혹은 유추(類推)요, 비례 관계다. 플레스너(H. Plessner)는 「인식론적 철학의 관점에서의 칸트 체계」라는 글에서 판단력의 특수한 기능을 시사하면서, 이러한 비례 관계를 정확하게 지적하고 있다. 특히 플레스너는 판단력의 이행과 매개 기능에다 초점을 맞추어 네 가지의 비례 관계를 이야기한다.[34] 여기에서의 비례 관계란 뒤이어 언급하듯이, 바움가르텐의 맥락에서 보면 이성을 근간으로 하되 이성과의 유비적 관계를

---

34) H. Plessner, *Kants System unter dem Gesichtspunkt einer Erkenntnistheorie der Philosophie*, Frankfurt a.M. : Suhrkamp, 1981, 317-321쪽. 이에 대한 자세한 논의는 졸고, 「칸트에 있어 감정과 미적 판단의 문제」, 『미학』 제11집, 한국미학회, 1986, 114-115쪽 참고.

일컫는다고 하겠다. 이는 물론 칸트 자신이 미적 감정의 보편적 전달 가능성을 구상력과 이론 이성, 곧 오성의 비례 관계, 즉 양 능력이 어느 한쪽에 치우침이 없이 서로간의 적절한 균형에 근거 지우고자 했기 때문이다.

숭고의 판단 또한 주·객 합일의 상태에서 가능한 판단이다. 숭고함은 단적으로 큰 것으로서 절대적이며, 다른 것과 비교할 수 있는 크기가 아니다. 숭고함은 감각의 모든 기준을 넘어서는 심성의 능력이다. 이러한 감각의 모든 기준을 넘어선 절대적 크기는 결국 자연에 있는 것이 아니라 인간의 심성 안에 있다. 그리고 여기에서 주목해야 할 점은 칸트 미학과 윤리학의 연계 경향이다. 이러한 일이 가능한 것은 미적 판단에서는 특수한 것과 보편적인 것, 개념과 감각들이 서로 화해할 수 없이 분리되어 있는 것이 아니라 내적으로 함께 결합되어 있다는 생각이 있기 때문이다. 그리고 이것들을 주관하는 것이 미적 이념이다. 다시 말하자면, 칸트가 왜 미의 판단 능력에서 숭고의 판단 능력으로의 이행을 다루지 않으면 안 되었는가 하는 문제에 대한 해답의 모색은 칸트의 제3비판서의 올바른 이해를 위해, 나아가 칸트철학 전체의 체계적 매개와 연결을 위해 필요한 일이다. 왜냐 하면 그는 이론 이성에 대한 실천 이성의 우위를 강조하고자 했기 때문이다.

자연이 본질에서 자유라는 것은 곧 자유가 자연 안에서 자신을 발견한다는 말이다. 물론 자연과 자유를 단적으로 동일선상에 놓는 것은 아니다. 그러나 칸트는 예술로서의 자연 개념을 확장하고 또한 자연의 형식을 가능하게 하기 위해 '자연의 기교'라는 개념을 끌어들인다. 큰 틀에서 보면 칸트의 미학 이론을 따르고 있는 쉴러는 이 말을 바꾸어, '현상(現象)에서의 자유(Freiheit in der Erscheinung)'라 명명한 바 있다. 현상이란 우리가 자연에서 접하고 경험하는 대상으로서 한마디로 자연 현상이라 말할 수 있을 것이다. 그러므로 여기서 우리는 자연 현상과 연결된 자유의 의도를 엿볼 수 있다. 왜냐 하면 자유가 현상하는 장소가 곧 자연이기 때문이다.

우리가 세계와 만나는 가장 원초적인 방식은 이론적 인식이나 실천적 의지이기에 앞서 미적 느낌이요 이에 대한 판단이다. 실로 우리가 감정을 파악하거나 이해하는 일은 인간이 세계를 현재화하는 것이며, 현재라고 하는 시간 안에서 세계를 보는 독립적인 방식인 것이다.[35] 느낌 또는 감각이란 세계를 현재화하여 살아 있게 하는 것이며, 세계에 대한 이러한 파악이 곧 감성적 인식(cognitio sensitiva)인 바, 바움가르텐(A.G.Baumgarten) 예술 이론의 중심 개념이 되었던 유사이성(analogon rationis)이다. 이는 반성적 판단력으로 이어져 칸트에게서 되살아나게 된다.

4. 맺음말

칸트에게서 판단 및 판단력의 문제는 인식 능력의 매개와 확장으로 이어진다. 칸트는 『순수이성비판』과 이것을 쉽게 풀어 설명하기 위해 저술된 『프로레고메나(*Prolegomena*)』(1783)에서 보편적이고 필연적인 인식이 도대체 가능한지의 여부와 또한 어떻게 가능한지의 여부를 묻는 물음에 대한 해답을 모색한 바 있다.[36]

---

35) A. Baeumler, *Das Irrationalitätsproblem in der Ästhetik und Logik des 18. Jh. bis zur Kritik der Urteilskraft*, 1923, 18-64쪽 참고.

36) 칸트는 『프로레고메나』에서 형이상학의 일반 과제는 어떻게 선천적 종합 명제가 가능한가며, 이를 해결하기 위해 네 가지 기본 과제, 즉 순수 수학, 순수 자연과학, 형이상학 일반, 학으로서의 형이상학이 어떻게 가능한가를 물었다. 그리고 『순수이성비판』의 "선험적 감성론"에서 순수 수학은 감관의 한낱 대상들 이외의 다른 어떤 대상들과도 관계하지 않는 데서만 선천적 종합 인식으로 가능하다고 보았다.

그러나 이미 인간의 본질인 주관과 객관의 상호 연관과 그 일치가 아직 실현되지 않고 있다는 역설이 바로 『판단력 비판』에서 반성적 판단력을 도입하지 않으면 안 되게 된 배경이다. 그것은 본질로서 주어지되 그 실현을 향해 나아가야 할 과제로서 부과된 이념인 것이다. 더욱이 미적 이념은 취미의 최고의 전형(典型)이요 원형(原型)이다.37) 이념은 "미적 판단력의 변증론"에서 등장한 이율배반의 해소의 결과 얻게 된 미적 이념인 것이다. 미적 이념의 표현은 형식적 성질에 주목함으로써 이루어진다. 칸트의 미적 이념은 이념의 규제적 사용 원리와 아주 가깝게 연결되어 있다. 변증론적 가상은 외관상 구성적으로 보이는 듯하지만, 실제로 규제적 원리에 의해 해결되기 때문이다.38)

취미 판단의 주관적 조건으로서 취미 판단의 기초가 되는 것은 주어진 표상에 의하여 일어나는 심적 상태의 보편적 전달 가능성이다. 표상의 이러한 보편적 전달 가능성에 관한 판단의 규정 근거가 단지 주관적인 것으로, 즉 대상의 개념과 무관한 것으로 생각된다면, 표상력들이 주어진 표상을 인식 일반에 관계시키는 한에서 이 규정 근거는 이러한 표상력들의 상호 관계에서 나타나는 심적 상태일 수밖에 없다. 표상은 대상에 의해 주어지는데, 일반적으로 이 표상으로부터 인식이 성립되기 위해서는 직관의 다양을 결합하는 구상력과 그 다양의 표상들을 개념에 의하여 통일하는 오성이 필요하게 된다. 취미 판단에서 표상 방식이 갖는 주관적인 보편적 전달 가능성은 일정한 개념을 전제함이 없이 성립되어야 하므로, 그것은 곧 구상력과 오성과의 자유로운 유희에서 나타나는 심적 상태인 것이다.

---

37) I. Kant, *KdU*, 54, 207.
38) Francis X. J. Coleman, *The Harmony of Reason. A Study in Kant's Aesthetics*, Univ. of Pittsburgh Press, 1974, 160쪽 및 W. Röd, *Dialektische Philosophie der Neuzeit I. Von Kant bis Hegel*, München ; C. H. Beck, 1974, 27쪽.

오성이 부여하는 보편적인 법칙들 아래에 있는 규정적 판단력은 포섭만 할 뿐이다. 규정적 판단력에 대해서는 법칙은 선천적으로 제시되어 있다. 따라서 규정적 판단력은 자연에서의 특수를 보편에 예속시키기 위해 스스로 법칙을 고안해낼 필요가 없다. 자연에서 특수로부터 보편으로 거슬러 올라가야 할 임무를 띠고 있는 반성적 판단력은 하나의 원리를 필요로 한다. 반성적 판단력은 이 원리를 경험으로부터 이끌어낼 수 없다. 판단력의 원리는 경험적 법칙들의 일반 아래에 있는 자연 사물들의 형식에 관해서는 다양한 자연의 합목적성인 것이다. 자연은 이 합목적성에 의해 마치 어떤 하나의 오성이 다양한 자연의 경험 법칙들을 통일시키는 근거를 포함하고 있는 것처럼 표상된다.

개념과 원칙을 사용하여 특정한 경우와 법칙을 해석하고 판정하는 일은 규정적 판단력이 수행한다. 자연의 현실적 체계는 무수히 많은 단일한 사실과 특정한 인과 법칙을 포함하기 때문에 이들 가운데 어떤 것도 선험적 논증에 의해 확립될 수 없다. 칸트에 따르면, 자아와 대상의 경험이 가능하기 위해서는 어떤 가능한 비직관적인 오성도 자신의 감관에 주어진 질료를 어떤 법칙에 따라서 종합해야 한다. 인과의 법칙이나 실체의 지속성의 원칙과 같은 자연과학의 선천적 원칙들은 현실적으로 종합의 규준이 되는 이런 법칙들이라 하겠다. 자연은 그 세부 사항에서 그것의 특수한 법칙들을 체계적 구성의 요청 안에 놓는다.

판단력의 판단들간에 가로놓인 대립이 변증론의 내용을 이룬다. 대립된 판단들이 자기의 판단을 보편적 규칙으로 삼으려 할 때 변증론이 성립된다. 따라서 미의 변증론이 아니라 미적 판단에 관한 변증론인 것이다. 모든 미학 이론들이 미적인 판단에 근거하고 있음에도 불구하고, 결국 모든 미적인 문제는 개인적인 취미의 문제임에 틀림없다. 어떤 미적 이론도 일반적 타당성을 가질 수 없다는 주장은 성급한 것일지도 모른다.[39] 판단력에 근거한 판단은 단지 현상을 파악하는 데에 그치지는 않는다. 칸트는 주관적이지만 보편성을 요구하는 판단 능력을 취미라고 한다. 취미는 원래 보편성을 띤 것이 아니라 본질적으로 개인적이고 특수한 성격을 지니고 있다. 하지만 취미는 자신이 내린 판단이 보편적일 것을 요구한다. 특히 반성적 판단 능력으로서의 취미 판단은 공통감을 전제하고 있기 때문이다.

□ 참고 문헌

김광명, 『칸트 판단력 비판 연구』, 이론과 실천, 1992.

김광명, 『삶의 해석과 미학』, 문화사랑, 1996.

사사키 겡이치, 『미학사전』(민주식 역), 동문선, 2002.

카울바하, F., 『칸트 비판철학의 형성 과정과 체계』(백종현 역), 서광사, 1992.

하르트만, N., 『철학의 흐름과 문제들』(강성위 역), 서광사, 1987쪽.

Baeumler, A., *Das Irrationalitätsproblem in der Ästhetik und Logik des 18. Jh. bis zur Kritik der Urteilskraft*, 1923.

Bartuschat, W., *Zum systematischen Ort von Kants Kritik der Urteilskraft*, Frankfurt a.M., Vittorio Klostermann, 1972.

Bell, Clive, The Aesthetic Hypothesis : Significant Form and Aesthetic Emotion, in : Philip Alperson, *The Philosophy of the Visual Arts*, Oxford Univ. Press, 1992.

---

39) Clive Bell, The Aesthetic Hypothesis : Significant Form and Aesthetic Emotion, in : Philip Alperson, *The Philosophy of the Visual Arts*, Oxford Univ. Press, 120쪽.

Coleman, Francis X.J., *The Harmony of Reason. A Study in Kant's Aesthetics*, Univ. of Pittsburgh Press, 1974.

Crawford, Donald W., *Kant's Aesthetic Theory*, The University Press of Wisconsin Press, 1974(『칸트 미학 이론』, 김문환 역), 서광사, 1995.

Eisler, R., *Kant Lexikon*, Georg OlmsVerlag, 1984.

Gilbert, K., & H. Kuhn, *A History of Esthetics*, Indiana Univ. Press, 1953.

Kant, I., *Kritik der reinen Vernunft*, Hamburg : Felix Meiner, 1971.

Kant, I., *Kritik der Urteilskraft*, Hamburg : Felix Meiner, 1974, E32.

Kant, I., *Prolegomena*, Kants Werke, IV Akademie Ausgabe, Berlin : Walter de Grutter & Co., 1968.

Marguard, O., Kant und die Wende zur Ästhetik, in : *Zur Kantforschung der Gegenwart* (P. Heintel과 L. Nagel이 편집), Darmstadt, 1981.

Plessner, H., *Kants System unter dem Gesichtspunkt einer Erkenntnistheorie der Philosophie*, Frankfurt a.M. : Suhrkamp, 1981.

Röd, W., *Dialektische Philosophie der Neuzeit I.Von Kant bis Hegel*, München : C. H. Beck, 1974.

칸트의 유기체론*

맹 주 만

1. 선험철학과 생물학

생명이란 무엇인가? 생명 현상을 설명하는 것은 과학적 탐구의
대상이다. 그러나 생명이 무엇인지를 묻는 것은 그 자체가 이미
철학적 물음이다. 하지만 생명의 본성을 규명하는 작업이 생물학
과 철학 각각에 어느 정도까지 어떻게 관련을 맺고 있는지는 또
다른 문제다.[1] 분명한 것은 생명의 문제는 과학자(생물학자)와 철
학자 모두에 의해서 탐구되어 왔다는 것이다.[2] 이런 점에서 "생물

---

* 이 논문은 2002년도 중앙대학교 학술연구비 지원에 의한 것임.
1) 나흐티갈의 견해에 따르면, "생물학은 생명 체계의 특성에 관한 학이다. 그것
은 생명에 관한 학이 아니다. 생명 개념은 하나의 형이상학적 개념이다." W.
Nachtigall, *Einführung in biologisches Denken und Arbeiten*, Heidelberg :
Quelle & Meyer, 1972, 13쪽.
2) 생물철학(Biophilosophie)의 간략한 역사적 개관에 대해서는 Franz M. Wuketits,
Zustand und Bewußtsein. Leben als biophilosophische Synthese, Hamburg :
Hoffmann und Campe, 1985, 22-39쪽.

철학과 이론생물학을 구별하고 실제로 그 경계선을 긋기란 쉽지 않다."[3] 역사적 사실을 미루어 보더라도 우선 근대 과학의 시기에도, 특히 16세기 이래로 생명 현상과 생명 과정에 대한 설명과 이해의 문제는 과학과 철학이 현재와 같이 분업화되지는 않았지만 양 진영 모두에서 이미 논란의 대상이 되기에 충분했다.

칸트는 자연과학과 자연철학, 생물학과 생물철학이 분명하게 구분되지 않았던 시기에 누구보다도 이들 학문의 주제와 방법 그리고 원리가 갖는 특성과 근거에 대한 반성과 성찰을 개념적으로 분명히 하면서 철학적 사유를 수행한 대표적인 철학자였다. 또한 칸트는 생물학의 핵심적 연구 대상인 생명체 또는 유기체에 관한 문제를 생물학자로서가 아니라 철저하게 철학적 관점에서 접근했다. 그러나 칸트가 처음부터 철학적 관점에만 머물러 있었던 것은 아니다. 칸트는 분명히 당시의 생물학적 연구 성과들을 예의주시하고 있었으며, 특히 자연사와 생식 이론에서 거둔 중요한 발전들을 추적하고 반성해나갔다. 그리고 과학자로서 또는 생물학자의 입장에서 자신의 견해를 피력하기도 했다. 이러한 과정을 거치면서 훗날 칸트는 자신만의 독특한 철학적 입장을 정립하면서 유기체를 둘러싸고 벌어졌던 당대의 논의들의 갈등을 중재하고 나름의 해결책을 제시했다. 당대의 유기체 이론들에 대해서 취했던 칸트의 태도가 그의 철학 체계를 수립, 완성하는 데 지속적으로 영향을 끼쳤다는 점을 부인하기 어렵다.

그렇다면 칸트의 시대에 유기체 문제를 둘러싸고 전개된 생물학적 논의들에 대해서 칸트는 어떠한 태도를 취했으며, 이것이 그의 철학적 사유와 체계 형성에 어떤 영향을 미쳤는가? 칸트가 유기체 문제를 적극적으로 개진하고 있는『판단력 비판』의 제2부「목적론적 판단력 비판」은 생명에 관한 학, 즉 생물학이 등장하면서 생

---

3) Franz M. Wuketits, *Zustand und Bewußtsein*, 41-42쪽.

겨난 철학적, 특히 방법론적 문제들에 대한 성찰로 해석된다.[4] 칸트는 이 「목적론적 판단력 비판」에서도 자연 사물들에 대한 기계론적 설명은 그것이 가능할 경우에는 언제든지 옳다는 근본 원칙을 유지하고 있다. 그러나 실제로 유기체에서 발견되는 특수한 경험적 법칙들은 단순히 기계론이든 아니면 형이상학적 내지는 신학적 목적론이든 그 어느 쪽도 이를 원리적으로 증명할 수 없는 이론적 한계를 안고 있다고 보고, 이를 반성적 판단력에 기초한 자연 목적의 개념을 상정함으로써 해결하게 된다. 이는 기본적으로 당시에 유기체의 발생과 전개 및 존재 방식과 그 원리 등의 문제를 놓고 벌어진 기계론과 생기론의 대립과 문제들에 대한 비판과 해결책을 제시한 것이며, 궁극적으로는 그의 철학 체계의 체계적 통일이라는 원대한 기획을 완결짓는 데 기여하게 된다.

현대 생물학의 일반적 관점에서 보면, 유전 프로그램에 대한 지식이 전무했던 시절의 칸트가 보여준 유기체에 관한 통찰은 생물학적 설명으로서는 몇 가지 오류를 포함해서 근본적인 문제를 안고 있다. 이런 문제를 오늘에 와서 상대화시키면서 평가하는 것은 옳지 못하다. 오히려 칸트의 철학적 사유를 객관적으로 평가하기 위해서는 우선 칸트가 당시에 유기체에 대해서 어떤 견해를 갖고 있었으며, 또 유기체의 과학적 설명에 수반되는 문제들에 대한 칸트의 평가와 반응은 무엇이었는지에 대한 기본적인 이해가 요구된다. 이를 통해서 비로소 우리는 칸트의 유기체론이 그의 선험적 철학 체계에서 어떤 위상을 갖고 어떤 역할을 하고 있는지 좀더 구체적으로 이해할 수 있는 기회를 갖게 되리라 생각된다. 이것이 본 논문의 목적이다. 이를 위해 칸트가 자연과 자유의 통일 기획

---

4) P. McLaughlin, *Kants Kritik der teleologischen Urteilskraft*, Bonn : Bouvier, 1989, 3쪽. 이 저서는 이러한 해석의 대표적인 경우다. 여기서 매크로린은 칸트의 「목적론적 판단력 비판」을 "생물학의 철학"으로 해석하고 있다.

의 완성을 시도하면서 유기체에 대한 일정한 견해를 제시하고 있는
『판단력 비판』(1790)을 중심으로 그리고 그 밖에 이와 관련된 논의
들을 개진하고 있는 일련의 저술들, 즉『보편적 자연사』(1755),『신
존재 증명』(1763),『다양한 인종에 대하여』(1775),『순수이성비판』
(1781 / 1787),『헤르더의 인류 역사의 철학에 대한 이념들(서평)』
(1784 / 1785),『인종의 개념 규정』(1785),『철학에서의 목적론적
원리의 사용에 대하여』(1788) 등을 검토하면서 칸트의 유기체에
관한 사유의 궤적을 추적해볼 것이다.

2. 물질과 생명

칸트가 본격적인 철학적 연구 활동을 시작한 초기에 주로 관심
을 갖고 있었던 영역이 자연철학이었다는 것은 주지의 사실이다. 특
히 칸트는 1756년에 쾨니히스베르크대학에서 동물과 식물의 분류학
과 계통학을 포함하는 자연지리학(die physische Geographie) 과목
을 개설하고 그 후 1797년에 은퇴하기 전 해까지 40년 동안 48회
에 걸쳐 정기적으로 이 과목을 강의했다.[5] 자연지리학 강의에 이
용한 문헌들을 통해 알 수 있듯이[6] 칸트가 자연사와 생식 이론에
서 이루어진 가장 중요한 발전을 추적했으며, 또 이에 대해서 성
찰했다는 것은 확실해보인다. 실제로『순수이성비판』의 출간을
전후해서 그리고『판단력 비판』이전에 발표한『다양한 인종에
대하여』,『인종의 개념 규정』,『철학에서의 목적론적 원리의 사용

---

5) J. A. May, *Kant's concept of geography and Its relation to recent geogra-
phical thought*, Toronto and Buffalo : University of Toronto Press, 1970, 3쪽.
6) 칸트가 자연지리학 강의를 위해 이용한 문헌들에 관한 자세한 연구에 대해서
는 다음을 보라. Erich Adickes, *Kant als Naturforscher*, 2Bde., Berlin : W. de
Gruyter, 1925.

에 대하여』 등은 생물학적으로 중요한 문제들을 다룬 글들인데, 이 논문들도 자연지리학 강의와 관련해서 작성된 것들이다.[7] 이로 미루어보건대 칸트는 이미 본격적인 철학적 사유를 시작한 초기부터 생물학적 문제에 상당히 몰두했던 것 같다.

이러한 연구가 이루어지던 초기부터 생명체를 기계적 법칙에 의해서 설명하는 가능성에 대해서 칸트는 언제나 회의적인 견해를 취한다. 이 같은 사실은 예전부터 칸트가 자연사를 비롯한 당시의 생물학적 연구 동향과 결과들에 대해서 예의주시하고 있었고, 비록 명확한 형태는 아닐지라도 이미 그 나름의 생물학적 입장을 견지해가고 있었다는 추측을 가능케 한다. 실제로도 초기에 이루어진 생물학 관련 언급들은 대부분은 자연사 연구에 대한 방법론적 성찰들을 위주로 한 것이긴 하지만, 그럼에도 이 시기의 칸트는 경험적 자연 현상으로서 유기체가 보여주는 독특함과 신비로움을 인정하면서 또 생명의 기원에 대한 전적인 설명 불가능성을 지지하면서 생명을 비유기체, 즉 물질로부터 분명히 구분짓는 태도를 견지하는 것은 물론,[8] 또 한편으로는 인간을 다른 유기체와 구별하는 입장도 고수하고 있다.[9] 이 같은 흔적은 1755년에 발표한 태양계의 기원과 발전을 물질(Materie)의 일반 법칙과 속성에 의거해서 설명하려고 시도하고 있는 『보편적 자연사』에서도 분명하게 나타난다. 이 저술에는 거시적인 자연 세계에 대한 진술

---

7) P. McLaughlin, *Kants Kritik der teleologischen Urteilskraft*, 28쪽.

8) K. Roretz, *Zur Analyse von Kants Philosohpie des Organischen*, Vienna : Akademie der Wissenschafter in Wien, 1922, 112-150쪽 ; E. Ungerer, *Die Teleologie Kants und ihre Bedeutung für die Logik der Biologie*, Berlin : Borntraeger, 1922, 64-132쪽 ; R. Löw, *Philosophie des Lebendigen. Der Begriff des Organischen bei Kant, sein Grund und seine Aktualität*, Frankfurt / M : Suhrkamp, 1980, 138쪽 이하.

9) John H. Zammito, *The Genesis of Kant's Critique of Judgment*, Chicago & London : The University of Chicago Press, 1992, 189쪽.

들로 가득 차 있지만 유기체에 대한 소견도 곁들여지고 있다. 말년의 철학적 사유에 이르러서까지도 유기체를 놓고 끝없는 줄다리기를 하고 있는 칸트의 고민 또한 이미 『보편적 자연사』에서 극적인 형식으로 대비해놓은 다음과 같은 구절에 예시되어 있다.10)

나에게 물질을 주면 나는 그것을 갖고 세계를 건설할 것이다. 즉, 나에게 물질을 주면 나는 너희들에게 어떻게 해서 세계가 생겨났는지 보여줄 것이다.

우리는 '나에게 물질을 주면 나는 너희들에게 하나의 유충이 어떻게 해서 생길 수 있는지 보여줄 것이다'라고 말할 수 있는가? … [그것은 불가능하다.]

이 두 구절이 시사하듯이 물질과 생명은 현상적으로 전혀 다른 특성들을 갖는 대상들이다. 이처럼 생명과 물질을 차별화하는 기조는 전체적으로 칸트의 생물학적 고찰의 핵심을 이루고 있다. 칸트는 물질의 원리에 대해서는 확신하고 있지만, 생명의 원리를 기계적 법칙에 따라서 설명할 수 있는 가능성에 대해서는 회의적이었다. 즉, 칸트는 전자에 대해서는 가장 단순한 기계적 원인에 따라 세계 체계의 성립을 설명할 수 있다는 확신에 차 있지만, 후자에 대해서는 그 가능성을 부인하고 있다. 그럼에도 불구하고 물질과 생명을 하나의 통일적 원리에 입각하여 설명해야 하는 문제는 자연과 자유의 조화와 통일적 체계를 기획하고 있는 칸트의 선험철학의 목표와 궤를 같이 한다.

---

10) I. Kant, *Allgemeine Naturgeschichte und Theorie des Himmels, oder Versuch von der Verfassung und dem mechanischen Ursprunge des ganzen Weltgebaüdes nach Newtonischen Grundsätzen abgehandelt*, 바이셰델판 I권, 237쪽. 이하 *Allgemeine Naturgeschichte und Theorie des Himmels*.

신의 존재와 자연 법칙의 양립 가능성에 대한 관심을 보여주고 있는『보편적 자연사』에서 칸트는 자연을 뉴턴처럼 "신의 직접적인 손",[11] "신의 직접적인 의지의 통솔"[12] 또는 "신의 선택"[13]에 의해서 조정되고 간섭받고 지배되는 그런 존재가 아니라 자연 자체의 자족적인 운동 법칙에 따라서 움직이는 하나의 거대한 건축물로 이해한다. 그런데 여기서 칸트는 유기체든 비유기체든 기본적으로 기계론에 의거하여 일체의 자연 현상을 설명하려는 태도를 견지하면서도, 동시에 기계적 법칙을 단순한 기계적 작용이 아니라 사물들의 내부적 힘들의 작동에 근거하여 이해하려 하고 있다. 때문에 칸트는 자연의 역사를 자연의 내면적 법칙에 따라 발생·소멸하는 과정으로 설명하기도 한다. 이러한 자연 법칙의 필연성이 곧 물질에 내재되어 있는 힘을 움직이고 지배하는 원리로 파악되고 있다. 그리고 신을 바로 기계론적 운동 법칙 및 이에 따라서 스스로 발전해가는 물질을 창조한 자로 상정함으로써 신 존재와 자연 법칙의 양립 가능성을 옹호하고 있다.

그런데『보편적 자연사』에 앞서 발표한『활력측정론』[14]에서도 칸트는 물질에 내재하는 살아 있는 힘, 즉 "활력(lebendige Kraft)"에 대해서 말하고 있다. 이 개념이 당시에 생명력(Lebenskraft) 개

---

11) *Allgemeine Naturgeschichte und Theorie des Himmels*, 274쪽.

12) *Allgemeine Naturgeschichte und Theorie des Himmels*, 363쪽.

13) *Allgemeine Naturgeschichte und Theorie des Himmels*, 371쪽.

14) I. Kant, *Gedanken von der wahren Schätzung der lebendigen Kräfte und Beurteilung der Beweise, derer sich Herr von Leibniz und andere Mechaniker in dieser Streitsache bedienet haben, nebst einigen vorhergehenden Betrachtungen, welche die Kraft der Körper überhaupt betreffen* (활력의 참된 측정에 관한 견해들과 이 문제에 관한 라이프니츠와 여타 역학자들이 사용한 증명에 대한 평가, 그리고 물체의 힘 일반과 관련한 몇 가지 선행하는 고찰들). 바이셰델판 I권, 15-218쪽. 이하 *Gedanken von der wahren Schätzung der lebendigen Kräfte*.

넘을 도입한 생기론, 특히 18세기 후반 생명 현상의 물질적 속성으로의 환원 불가능성을 확립한 생기론자들의 입장을 예견하고 있는지는 분명하지 않다. 적어도 이『활력측정론』에서는 칸트는 유기체나 생명체에 대해서는 전혀 언급하고 있지 않기 때문이다. 여기서는 데카르트와 라이프니츠의 역학 이론이 집중적으로 검토되고 있지만, 이미 데카르트는 인간의 신체 구조에 대한 의학적 저술들을 포함한 자연철학에서 인간의 영혼을 제외한 살아 있는 생명체들, 즉 유기체를 죽어 있는 것으로 환원하려는 태도를 취하고 있었으며, 라이프니츠의 모나드 형이상학은 데카르트와는 정반대로 전 자연은 생명으로 충만해 있으며, 유기적 구조로 이루어져 있는 것으로 보려고 했다.15) 그럼에도 불구하고 칸트는『활력측정론』과『보편적 자연사』에서 이들에 대한 직접적인 평가는 물론이고 유기체 문제에 대한 구체적인 언급을 극히 자제하고 있다.

하지만『활력측정론』에서 주목할 것은 유기체를 포함해서 물질 일반이 갖는 있는 본질적 힘, 즉 운동하는 물체에 작용하는 힘으로서의 활력은 물리학적 내지는 수학적 개념으로 완전히 규정될 수 없는 형이상학적 대상으로 파악되고 있다는 점이다. 즉,『활력측정론』의 칸트에 따르면, 활력 내지는 살아 있는 힘은 기하학적 설명이든 물리학적 설명이든 기계적 법칙의 일방적 적용으로는 해결되지 않는다. 한마디로 활력은 "계산될 수도 없고, 어떤 인과관계에서 파악될 수도, 규정될 수도 없다."16) 그것은 기본적으로 "물체의 내부에 있는 자유로운 운동",17) 물체의 "필연적 속성이 아니라 가정적인 것이자 우연적인 것"으로서 물체의 "자유로운

---

15) A. Model, *Metaphysik und reflektierende Urteilskraft bei Kant*, 290쪽.

16) F. 카울바하,『칸트 비판철학의 형성 과정과 체계』, 백종현 옮김, 서광사, 1992, 36쪽.

17) *Gedanken von der wahren Schätzung der lebendigen Kräfte.* §120, 174쪽 ; §126, 180쪽.

운동의 전제"18)로 상정되고 있다. 그런데 천체의 생성과 운동을 뉴턴을 따라 보편적 자연 법칙에 기초하여 이해하고 있는 『보편적 자연사』에서 칸트는 직접 유기체에 대해서 거론하고 있으면서도 분명한 언급은 유보하고 있다. 아마 그 이유는 이미 당시의 생물학적 관찰 결과들이 보여주고 있듯이 유기체는 단지 움직이는 힘만을 갖는 것이 아니라 자신 속에 물질을 유기화하는 힘, 즉 자신을 번식시키고 형성하는 힘도 갖고 있는데, 이에 대해서 아직 어떤 분명한 입장을 갖지 않고 있거나 고민하고 있는 중이기 때문이라고 추정해볼 수 있을 것이다.

칸트는 『보편적 자연사』에서 모든 자연 사물들의 기원을 기계적 법칙에 근거하여 설명할 수 있는 원칙적인 가능성을 유지하면서도 유기체의 설명에 따른 어려움을 토로하고 있다. 칸트는 수사학적인 표현을 빌려 다음과 같이 묻는다.

우리는 '나에게 물질을 주면 나는 너희들에게 하나의 유충이 어떻게 해서 생길 수 있는지 보여줄 것이다'라고 말할 수 있는가? 우리는 여기서 이 대상들의 참된 내적 성질과 그것이 드러내고 있는 다양성과의 관련에 대해서 무지하기 때문에 첫 걸음부터 난관에 봉착하고 있지 않은가? 단 하나의 풀이나 하나의 유충이 생겨났다는 것이 기계적 근거에 입각해서 명백히 그리고 완전히 알려지기 이전에 모든 천체의 물체들의 형성, 그 운동의 원인, 즉 우주의 현재의 전체 구조의 근원이 더 먼저 이해될 수 있을 것이라고 내가 감히 말한다고 이상하게 여겨서는 안 된다.19)

칸트는 이 같은 어려움이 태양계의 복잡성으로 인해서 야기된 단순히 기술적 문제인지, 아니면 근본적 특성 때문인지에 대해서

---

18) *Gedanken von der wahren Schätzung der lebendigen Kräfte*. §129, 183-184쪽.
19) *Allgemeine Naturgeschichte und Theorie des Himmels*, 237쪽.

는 분명하게 밝히지 않고서 태양계를 설명하는 것보다 유기체를 설명하는 것이 훨씬 더 어렵다고 말하고 있다. 그리고 칸트는 물질로부터 유기체(풀이나 유충)의 생성의 설명 가능성에 대해서 주저 없이 아니라고 답한다. 칸트가 여기서 느끼고 있는 어려움은 그가 태양계의 설명이 유기체의 설명보다 더 쉬울 거라고 말하고 있는 점을 미루어보아 단순히 기술적인 어려움을 말하는 것처럼 보인다. 다시 말해 칸트는 그 어려움에도 불구하고 유기체의 기계적 산출의 설명 가능성을 포기하지 않고 있다. 오히려 유기체의 기원을 원자들의 "맹목적인 응집(Zusammenlauf)"에서 유래하는 것으로 설명했던 그리스 원자론자들의 견해가 불합리하다고 지적하면서 "나의 이론 체계에서 나는 물질이 어떤 필연적 법칙에 결합되어 있다고 생각한다"[20]는 것을 강조하고 있다. 이처럼 칸트는 유충에 대해서 기계적 설명을 제시할 수 있는 가능성에 대한 회의에도 불구하고, 그의 우주 생성의 기계적 법칙을 유기체 산출의 근원으로 상정하는 입장을 고수하고 있다.

이와 같은 기본적인 입장 아래서 칸트는 유기체의 산출 가능성에 대해서 기계적 법칙에 따라서 행성들이 처음에 점차적으로 생겨나고 시간이 경과하면서 일정한 조건이 갖추어지게 되면 그 결과 생명이 출현하게 된다고 보면서도 물질로부터 생명이 어떻게 생겨날 수 있는지에 대해서는 함구하고 있다. 반면에 훗날 『판단력 비판』에서는 더욱 분명한 어조로 유기체에 대한 기계론적 설명의 불가능성과 부적절함, 좀더 정확하게 말한다면 그 '한계'를 토로한다.

우리가 유기체와 그 내적 가능성을 단순히 기계적 원리들에 따라서는 결코 충분히 알 수 없으며, 설명할 수는 더더욱 없다는 것은 아주

---

20) *Allgemeine Naturgeschichte und Theorie des Himmels*, 234쪽.

확실하다.21)

칸트가 이처럼 『보편적 자연사』에서 보여준 유보적이고 회의적인 태도로부터 『판단력 비판』에서 피력하고 있는 "확신"은 그의 유기체에 관한 사고에 중요한 변화가 있다는 것을 의미하며, 그러한 변화의 단초에 주목할 필요가 있다. 『판단력 비판』의 확정적 견해에 따르면, 이러한 유기체의 생성 과정에 대한 이해는 인식의 한계를 넘어서는 것으로서 과학적 설명의 대상이 아니다. 만일 과학적 설명을 시도한다면 그것은 곧 사변적 형이상학, 즉 독단적 형이상학에 빠지게 된다. 또한 『판단력 비판』에서 칸트는 아주 분명하게 "살아 있는 물질", "생명 있는 물질", "생명을 가진 물질"의 개념적 모순을 지적하고 있다.22) 칸트에 따르면 물질의 본질적 특성은 무생명(Leblosigkeit) 또는 비활동성(inertia)이다. 따라서 생명 있는 물질의 가능성은 생각조차 할 수 없는 것이다. 물질과 생명은 오직 유기체를 매개로 해서만 상호 관계가 추론될 수 있다. 즉, 물질로부터 유기체가 그리고 유기체로부터 생명 현상이 나타나지만, 그럼에도 불구하고 생명은 물질이 아니며, 물질로부터 유기체가 어떻게 생겨하는지에 대해서는 설명할 수 없다.

3. 신의 존재와 유기체

칸트는 『보편적 자연사』에서 "천체의 형성과 운동의 근원을 최초의 자연 상태로부터 기계적 법칙에 의해서 도출할 수 있는 체계의 발견"23)을 시도한다. 이에 따르면, 물질적 조건들로부터 행성

---

21) I. Kant, *Kritik der Urteilskraft*, 바이셰델판 X권, 352쪽.

22) *Kritik der Urteilskraft*, 345쪽.

들이 출현하고 다시 이로부터 생명체가 산출된다면, 물질로부터 생명의 출현 가능성을 설명할 수 있는 가능한 대안은 두 가지다. 하나는 물질이 생명을 산출하는 능력을 갖고 있는 경우며, 다른 하나는 신이 이미 현존하는 세계에 개입함으로써 생명이 기적처럼 출현하는 경우다. 칸트는 우주 생성의 기계적 근원을 수용하기 때문에, 두 번째 대안은 비과학적 설명으로 배제한다. 왜냐 하면 이러한 신학적 설명은 당장에 모든 것을 설명할 수는 있지만 생명체의 출현을 위해서 신이 언제나 다시 세계에 개입해야 하는 등 비과학적인 임시 방편적 가설 이상의 것을 제공하지는 못하기 때문이다.

칸트는 그의 천체 이론을 마무리하는 "천체의 거주자들에 대하여"[24]라는 주제 아래에서 수많은 다양한 천체의 행성들 위에 생명들이 존재할 수도 있다는 조심스런 추측을 해보고 있다. 칸트는 여기서 어떤 행성들에는 지구에 생명체가 존재하듯이 적절한 조건들이 갖추어지면 생명이 존재할 수 있다는 것을 부정하는 것은 합리적이지 못하다고 말하고 있다. 이런 추정은 그 정당성을 떠나 그리고 어떻게 그것이 가능한지에 대한 구체적인 언급은 없지만, 칸트가 가정한 기계론적 원리를 일관되게 적용함으로써 시간의 진행 속에서 필연적인 물리적 조건들이 나타나게 되면 생명의 발생이 자연적으로 이루어질 것이라고 생각했다는 것을 의미한다.

그러나 『보편적 자연사』 이후 7년이 지나서 발표한 『신 존재 증명』(1762)에서는 사정이 달라진다. 여기서 유기체는 정식으로 과학적 설명이 필요한 근본적인 문제로서 부각된다. 하지만 동시에 칸트는 "식물이나 동물의 최초의 산출이 보편적인 자연 법칙으로부터 따라나오는 기계적 부산물로 간주된다는 것은 불합리한 것이 될

---

23) *Allgemeine Naturgeschichte und Theorie des Himmels*, 227쪽.

24) *Allgemeine Naturgeschichte und Theorie des Himmels*, 377-393쪽.

것이다"25)라고 하여 기계적 법칙은 식물과 동물의 구조(Bau)를 설명하기에는 불충분하다고 주장한다. 그렇다면 유기체를 설명하기 위해서는 기계적 법칙 이외의 다른 무엇이 필요하다고 주장하는 것은 자연스럽다. 그러나 여기서도 칸트는 유기체에 관한 하나의 이론을 개진하고 있지는 않다. 칸트가 주로 관심을 갖고 있는 것은 대체로 두 가지로 모아진다. 하나는 비록 유기체를 설명하는 데 기계론적인 자연 법칙이 불충분하지만, 그렇다고 해서 자연 사물의 과학적 설명에서 초자연적 것을 끌어들이는 것을 최소화하려는 태도를 유지하고 있다는 것이며, 때문에 여기서도 여전히 『보편적 자연사』에서 보여준 천체 이론을 되풀이하고 있다.26) 다른 하나는 자연 사물에 대한 기계적 법칙만으로는 충분치 않은 부분, 즉 유기체가 과연 신의 현존을 증명하는 데 어떤 기여를 하는지를 검토하는 데 있으며, 이로부터 유기체에 관한 기계론적 설명이 갖는 근본적인 난점을 더욱 분명히 인식하고 있다는 것이다. 칸트는 다음과 같이 밝히고 있다.

> 나의 현재의 의도는 보편적 법칙에 따라서 그러한 결과들을 산출할 수 있는 좀더 큰 가능성을 자연 사물에 허용해야 한다는 것을 보여주려는 것뿐이다.27)

칸트는 이 저술에서 유기체를 기계적 법칙에 따른 산물로 설명할 수 없다는 점을 분명히 한 후 소위 전성설과 후성설로 대표되는 두 가지 가능성들에 대해서 검토한다.28) 칸트는 이곳에서 아주

---

25) I. Kant, *Der einzig mögliche Beweisgrund zu einer Demonstartion des Daseins Gottes*, 바이셰델판 II권, 680쪽. 이하 *Der einzig mögliche Beweisgrund*.
26) *Der einzig mögliche Beweisgrund*, 708, 725쪽.
27) *Der einzig mögliche Beweisgrund*, 681쪽.
28) *Der einzig mögliche Beweisgrund*, 680쪽 이하.

명백하게 두 번째 대안을 선택하는데, 그것은 그것이 설득력이 있기 때문이 아니라 오히려 첫 번째 대안이 결함이 있기 때문이다. 왜냐 하면 전성설을 받아들일 경우, 그것은 곧 신이 갑자기 모든 배를 직접적으로 창조하여 최초의 유기체를 만들었다고 가정하거나 신이 세계 속의 모든 생식에 개입했다고 보아야 하는데, 그것은 너무 초자연적인 것을 가정하는 것이기 때문이다. 전성설에 대한 대안으로 후성설을 칸트는 원칙적으로 찬성한다. 왜냐 하면 후성설은 유기체의 산출을 직접적인 신적인 행위로 환원시키려 하는 대신에 최소한 과학적으로 설명하려고 시도하기 때문이다.

비록 『신 존재 증명』에서도 유기체에 대한 사고를 좀더 깊이 있게 천착해나가고 있지는 못하지만, 매크로린이 지적하듯이, 칸트가 어떤 경우든 유기체에 관한 기계론적 설명에서 근본적인 난점들을 보기 시작했다는 것은 분명하지만 무엇에서 유기체가 그 밖의 사물들과 구분되는지에 대한 개념적 파악은 아주 확실히 하고 있지는 않다.29) 여기에서도 칸트에게 유기체는 여전히 경탄(Bewunderung)의 대상이다.30) 칸트의 이 "경탄"이라는 표현은 그가 아직까지 개념적 이해에 도달하지 못한 유기체를 놓고 얼마나 고민하고 있는지, 즉 유기체를 대하는 칸트의 태도를 상징적으로 대변하고 있다. 후에 칸트가 『판단력 비판』에서 이 표현을 다시 등장시키고 있는데, 여기서도 유기체는 여전히 경탄을 자아내는 대상이다. 하지만 거기서 칸트는 "목적론적 판단력의 분석론"이라는 이름 아래 이같은 고민을 해소할 수 있는 해결책을 제시하기에 이른다.31) 그러나 『판단력 비판』에서 보여준 해결책에도 불구하고 "경탄"의 대

---

29) P. McLaughlin, *Kants Kritik der teleologischen Urteilskraft*, 28쪽.

30) 칸트는 『신존재 증명』에서 다음과 같이 쓰고 있다 : "내가 모든 깃털과 갈대, 모든 신경 혈관, 지레와 그 기계적 조직을 통찰할 수 있다 하더라도, 여전히 경탄은 남는다." *Der einzig mögliche Beweisgrund*, 725쪽.

31) *Kritik der Urteilskraft*, §62, 307-312쪽.

상으로서의 유기체에 대한 사유는 말년에도 계속된다.

4. 인간 이성의 발생적 기원과 목적론적 원리

자연 개념에 대한 최초의 확정적인 규정이 등장하는『순수이성비판』에서의 입장과 비교할 때, 전 비판기, 특히 1740년대 중반부터 1750년대 중반까지 칸트가 견지하고 있던 자연에 대한 그의 사고의 가장 중요한 측면은『순수이성비판』은 물론이고 그의 말년에까지 완전히 사라지지 않고 보존되고 있다. 그것은 1755년에 발표한『보편적 자연사』에 그대로 나타나 있듯이 유기체를 포함한 자연은 그에 대한 체계적 인식 이상의 것이라는 생각이다. 선험철학적 토대 위에서 그리고 인간 이성의 한계 내에서 발견하고 또 근거짓고자 했음에도 불구하고 칸트에게 자연은 항상 완전히 규정되지 않고 남아 있는 그 이상의 무엇이었다. 이러한 사고와 태도의 근저에 놓여 있는 가장 큰 걸림돌이 바로 유기체 문제였다고 할 수 있다.

자연 개념을 이성의 한계 안에서 근거짓고자 한『순수이성비판』에서의 칸트는 유기체를 포함한 자연의 모든 사물들은 선험적 관념론에 입각하여 이해된 합법칙성으로서의 기계론적 법칙에 따른다고 말하고 있다. 따라서 이러한 대전제에 의하면, 유기체에 대한 어떠한 설명도 기계론과 상호 모순되어서는 안 된다. 그런데 문제는 유기체가 보여주는 합목적적 특성은 이에 대한 기계론적 설명만으로는 만족스럽지 못하다는 데에 있다. 즉, 생명 현상은 비유기체와 판이한 특성을 갖고 있으며, 또 인간이 이러한 유기체들 내부에서 일어나는 복잡한 기계적 관계를 통찰하는 것은 불가능하기 때문이다.[32]

심지어 『순수이성비판』의 핵심적 논의에 해당하는 '직관과 개념의 종합이 어떻게 이루어지는가?' 하는 문제에도 유기체에 대한 사고가 전제되어 있다. 이 문제를 칸트는 인식의 두 이질적인 형식이 선험적 구상력의 매개를 통해 실제적인 결합을 가능케 한다는 설명을 통해 해결한다. 칸트에 의하면 "구상력은 지적 종합의 통일성을 위해 오성에 의존하고, 그 각자의 다양성을 위해 감성에 의존한다."[33] 그러면서도 이 구상력은 양자 어디에도 속하지 않는 심성의 독립적인 근본 능력이다. 구상력을 통해서 감성과 오성이 서로 동화되어감으로써 소위 종합이 이루어진다고 볼 수 있다. 바로 이런 일이 가능한 것도 이성 자신의 유기체적 성격에 기인한다. 칸트는 이성의 이런 성격을 "오성 측에 들어 있는 범주가 모든 경험 일반의 가능성의 근거를 가지고 있다는 주장"으로서의 "순수 이성의 후성(Epigenesis) 체계"라 부른다.[34] 경험과 이 경험의 대상에 관한 개념의 필연적 일치, 즉 개념이 경험을 가능하게 하는 것도 이성의 이러한 성격 때문이라 할 수 있다.

이와 함께 칸트는 이성의 이 같은 소질에 대해서 "자연발생설"은 "범주의 경험적 근원을 주장한다"는 점에서, 그리고 인간의 "사고하는 주관적 소질의 사용이 자연의 법칙과 꼭 일치하도록 조물주에 의해서 마련되어 있다고 생각하는 (순수 이성의) 전성설"은 "범주가 그 개념에 본질적으로 속하고 있는 필연성을 갖지 못한다는 치명적인 결함"을 갖기 때문에 모두 물리친다.[35] 따라서 인간 인식의 자발적 사고물로서의 범주의 선천성의 기원과 관련하여 유기체로서의 인간의 발생적 기원과 그 근원적 능력과 소질

---

32) *Kritik der Urteilskraft*, 393쪽 참조.
33) I. Kant, *Kritik der reinen Vernunft*, B164.
34) *Kritik der reinen Vernunft*, B167.
35) *Kritik der reinen Vernunft*, B167.

의 사용을 허용한다는 점에서 순수 이성의 후성설을 수용하고 있긴 하지만 그것도 추정해본 일종의 형이상학적 가설 이상의 것이 아니다. 다시 말해서 여기서 칸트는 인간 이성의 생물학적 기원에 대한 과학적 설명 가능성을 가능한 인식의 한계를 넘어서는 것으로서 전혀 시도하지 않고 있다.36) 왜냐 하면 "범주의 발생적 기원"에 대한 문제는 적어도 칸트에게는 사실 근거의 문제이지 선험철학이 의도하는 권리 근거의 문제가 아니기 때문이다.37) 칸트는 죽어 있는 물질에 한정하지 않고 유기체를 포함해서 범주의 선천적 획득의 발생적 기원과 관련해서도 일종의 진화론적 사고 경향을 보여주고 또 언급하기도 하지만 이를 과학적 설명으로 인정하지는 않는다. 칸트는 유기체의 진화에 대한 사고를 매혹적인 것으로는 보지만 경험적으로는 정당화될 수 없다는 것, 즉 "경험으로는 유기체의 계통 발생적 과정을 증명할 수 없다는 것을 분명히 하고 있다."38) 하지만 폴머 같은 진화적 인식론자들은 생물학적 차원에서 범주의 선천적 획득의 발생적 기원에 대한 규명이 체계적 인식 이론에 필수적이라고 보고 있다.39)

---

36) 칸트의 선천성(Apriorität)과 인과성 범주의 개념을 중점적으로 고찰하면서 인간 이성의 발생적 기원에 대한 칸트의 제한된 시각을 탈피하고 인간의 이성을 생물학적 시각에서 보려고 함으로써 현대 진화론적 인식론의 기초를 다져놓은 기념비적 저술로는 다음을 참조. K. Lorenz, "Kants Lehre vom Apriorischen im Lichte gegenwärtiger Biologie"(1941) in *Das Wirkungsgefüge der Natur und das Schicksal des Menschen*, 2 Aufl., München / Zürich : R. Piper & Co. Verlag, 1983.

37) G. Vollmer, "Kant und die Evolutionäre Erkenntnistheorie"(1984) in *Was können wir wissen?*, Band 1, *Die Natur der Erkenntnis. Beiträge zur Evolutionären Erkenntnistheorie. Mit einem Geleitwort von Konrad Lorenz, 2. Aufl.*, Stuttgart : Hirzel, 1988, 183쪽 참조.

38) G. Vollmer, "Kant und die Evolutionäre Erkenntnistheorie", 188쪽 참조.

39) 칸트의 선험적 인식론과 대결하는 진화적 인식론의 전개에 대해서는 김진, 「선험철학과 진화적 인식론」, 『칸트와 생태 사상』, 철학과현실사, 2003, 130-153

실제로 『순수이성비판』에서 생물학과 관련된 직접적인 언급들은 별로 없다. 그러나 유기체의 특이성에 대한 언급은 여러 곳에서 발견된다.[40] 특히 유기적 조직의 전체성이 갖는 특이성과 관련하여 자연에서 발견되는 종들은 현실적으로 구분되어 있고, 따라서 그 자체가 본래 하나의 불연속량(quantum discretum)을 이루고 있기 때문에 유기적 형식들의 연속성을 위해서는 불가불 종의 연속성(continui specierum), 즉 "자연에서의 연속성의 법칙(lex continui in natura)"이라는 선험적 법칙을 전제해야 한다고 설명하고 있다.[41] 그러나 칸트 스스로 밝히고 있듯이 이러한 형식들의 연속성이란 하나의 이념에 불과한 것이고, 따라서 이 이념에 합치하는 대상이 경험 중에서는 전혀 발견되지 않지만, 그럼에도 경험에 적합한 오성적 인식의 체계적 통일을 위해서는 필요한 것으로 간주한다. 결국 유기체적 종들 사이에서 발견되는 형식들의 연속성이라는 이념은 경험적으로 사용될 수 없는 것이다.

이와 같은 칸트의 논변은 무한 분할 가능성을 유기체에 적용할 수 있다는 것을 부정함으로써 라이프니츠의 주장을 반대하고 있다. 따라서 칸트는 불연속량을 전제하는 범생기론을 거부하고 있다. 이는 곧 칸트가 번식을 통한 새로운 생물종의 발생을 인정하지 않으며, 또 물활론은 물론 생기론에 대한 우호적인 태도에도 불구하고 이를 모두 물리치는 이유가 된다. 이와 같은 유기체를 바라보는 칸트의 태도는 『판단력 비판』에서 그대로 이어진다. 다만 달라진 것은 유기체에 관한 확정적 견해를 제시함으로써 당시 르네상스를 맞이한 스피노자주의와 범신론 그리고 헤르더가 유포

쪽 ; 원승룡, 「진화론적 인식론 대 초월론적 인식론」, 『대동철학』 창간호, 1998, 297-324쪽 ; 손동현, 「선험적 이성의 생물학적 연원 ― 진화론적 인식론의 인식론적 의의」, 『철학 연구』 제54집, 철학연구회, 2001, 221-237쪽.

40) *Kritik der reinen Vernunft*, A317-318 / B374, A384, A526-527 / B554-555.
41) *Kritik der reinen Vernunft*, A526 / B554, A661 / B689.

시킨 물활론 등과 직접적으로 대결하면서 이들을 물리칠 수 있는 분명한 논거를 제시함으로써 비판적 목적론과 도덕신학을 선험철학적 체계 연관 속에 위치시키면서 체계 통일의 기획을 완성해가고자 한 점이다.[42]

칸트는 1784년에 발표한 헤르더의 글에 대한 서평에서 유기체의 구조를 통해 "물질의 자연적 형성 과정에 비유해서" "인간 영혼의 정신적 본성과 그 영속성 및 완전을 향한 진보 과정을 증명하려고 하는" 헤르더의 시도를[43] "물질에 생기를 넣어주는 보이지 않는 일반적 본성", 즉 "유기체에 작용하는 보이지 않는 [정신적] 힘"을 가정함으로써 "우리가 이해하지 못하는 것을 설명하기 위해서 더 잘 모르는 것을 사용하려는 시도"라고 비판하고 있다.[44] 이 서평에서 칸트는 유기체에서 발견되는 유기적 힘을 "경험적인 자연과학 밖에 있는 이념"으로 규정하면서, 물질 속에 들어 있으면서 모든 것을 유기화하는 생명력을 포함하고 있는 정신적 힘의 가정으로부터 인간의 두뇌와 직립 보행의 필연적 관계, 직립 보행으로부터 이성적 능력의 획득 등에 대한 의문에 답하려는 것은 "인간 이성의 한계를 초월하는 물음"이라고 결론을 내리고 있다.[45] 여기서 칸트는 "유기적 힘"을 사변철학에 속하는 "이념"으로 파악함으로써 유기체 문제를 바라보는 자신의 시각의 일단을 보여주고 있다.

---

42) 헤르더에 대한 칸트의 비판은 『판단력 비판』에 앞서 1785년에 발표되었다. 이에 대해서는 I. Kant, *Rezensionen zu Johann Gottfried Herder ; Ideen zur Philosophie der Geschichte der Menschheit* (1784 / 1785), 바이셰델판 XII권(이하 *Rezensionen zu Johann Gottfried Herder*). 스피노자주의 및 범신론과의 대결과 비판에 대해서는 『판단력 비판』 중의 「목적론적 판단력의 변증론」, 특히 §72-73 참조.

43) *Rezensionen zu Johann Gottfried Herder*, 790쪽.

44) *Rezensionen zu Johann Gottfried Herder*, 791-792쪽.

45) *Rezensionen zu Johann Gottfried Herder*, 792-793쪽.

또한『순수이성비판』의 출간을 전후해서 생물학적 문제들을 다룬 논문들이 발표되었는데,『다양한 인종에 대하여』,『인종의 개념 규정』,『철학에서의 목적론적 원리의 사용에 대하여』가 그것이다. 이 논문들은 일차적으로 인류의 공통의 기원에 대한 물음과 인종 분류의 경험적 결정 기준에 대해서 다루고 있지만, 특별히 주목할 만한 것은 유기체의 기관과 구조의 합목적성에 대한 물음에 관심을 보여주고 있다는 점이다. 칸트는 이들 저술에서 환경 조건에 적응하면서도 이와는 독립적으로 이러한 적응을 계속해서 유전시키는 유기체의 능력에 주목하고 있다.

『다양한 인종에 대하여』가 암시하고 있듯이, 이 시기에 이미 칸트는 리나에우스, 뷔퐁, 모페르튀의 저작들을 잘 알고 있었던 것으로 보인다. 러브조이에 따르면, "칸트는 동물학적 사실들 대부분은 물론 과학적 방법에 대한 개념들 일부도 뷔퐁으로부터 물려받았다."[46] 특히 칸트가 당시 뷔퐁에게서 넘겨받은 종(Rasse) 개념은 자연사에서는 전에 없던 것으로서 새로운 문제를 제기하게 만들었다. 그것은 생식력이 있는 잡종의 존재와 관계가 있다. 즉, 그 특징이 변함 없이 유전되면서도 그것들이 다른 변종들과 짝을 이루지 않으면서 생식력 있는 후손들을 낳을 수 있을 때 아주 서로 다른 종으로 간주될 수도 있는 확연히 구분되는 변종들이 존재한다는 사실이다. 그런 변종들은 뷔퐁에 따르면 그것들이 서로 다른 유전적 특징을 소유하고 있다 해도 공통의 기원을 가져야 했다. 그리고 최초의 종으로부터 그와는 구분되는 특징을 물려받은 계통이나 아종이 파생되고, 그런 아종에서는 유전 가능한 새로운 특징이 발생하게 된다. 게다가 그렇게 유전된 특징들 또한 환경에 명백히 합목적적으로 적응하고 있는 것으로 보인다.

---

46) A. Lovejoy, "Kant and Evolution", in B. Glass (ed.), *Forerunners of Darwin 1745~1859*, Baltimore : John Hopkins University Press, 1959, 179쪽.

그렇다면 이와 같은 새로운 합목적적 성질의 유전은 어떻게 해서 가능한가? 이에 대해서는 다음과 같은 경우를 생각해볼 수 있다.[47] 아프리카 흑인과 유럽 백인은 짝짓기를 할 수 있으며, 양쪽의 속성을 갖고 이를 계속 물려줄 수 있는 후손을 낳을 수 있다. 그러므로 두 종은 동일한 생물학적 종에 속하게 된다. 이미 200년을 아프리카에서 산 유럽 백인(포르투갈인)은 피부가 태양 빛에 검게 타 갈색이 되었지만 어린아이는 출생시에 유럽인과 아주 똑같이 희다. 즉, 검은 피부색은 유전되지 않는다. 유럽으로 끌려간 흑인은 유럽의 기후에 의해서 피부색이 바래지지 않고 그들의 피부색을 변함 없이 계속 물려준다. 두 종은 공통의 기원을 갖기 때문에 흑인은 과거 어느 시기엔가 흑인이 되어 있었으며, 그 이후로 종적 특성을 유지해오고 있다. 또한 칸트는 흑인의 피부색은 열대 기후에 합목적적으로 적응해왔다고 가정한다. 그러므로 다음과 같이 물을 수 있다 : 어떻게 흑인은 열대 지방에 적응할 수 있었는가? 그리고 어떤 이유에서 그들은 유럽에서는 희어지지 않는가? 어떻게 환경은 합목적적인 유전 가능한 적응을 만들어낼 수 있었는가? 그리고 어떤 이유에서 환경은 적응을 취소시킬 수 없는가?[48]

칸트는 역학의 법칙이 유기적 구조의 최초의 발생을 설명할 수 있다는 것을 의심했기 때문에, 근원적인 유기적 조직을 가정한다. 우리가 환경이 기계적 작용에 의해서 (유전되는) 유기적 조직을 변화시킬 수 있다고 가정한다면, 환경이 시간이 흘러가면서 임의적으로 계속해서 유기적 조직을 변화시킬 수 없었던 이유, 즉 환경이 유기적 조직 형태를 기계적 법칙에 의해서 산출할 수 있었던

---

47) I. Knat, *Bestimmung des Begriffs einer Menschenrasse*, 바이셰델판 XI권, 65-82쪽.

48) P. McLaughlin, *Kants Kritik der teleologischen Urteilskraft*, 29쪽 참조.

이유 역시 존재하지 않는다. 그러나 환경이, 예를 들어 추위와 같은 기후가 어떻게 유기체에 변화를 가져왔는지를 통찰할 수 없다. 그러므로 칸트는 유기체에 합목적적인 모든 변화는 근원적인 합목적적인 유기적 조직에 소질로서 존재해야만 하며, 또한 환경에의 적응은 근원적인 계통 속에 있는 "배" 또는 "자연적 소질"로서 이미 전개되도록 갖추어져 있어야 한다고 결론을 내린다. 이것들은 그에 상응하는 환경 조건들에 의해서 드러나게 되지만 이미 소질로 주어져 있는 속성들만이 환경으로부터 산출될 수 있다. 이미 소질로서 주어져 있는 미리 적용된 변화들만이 계속해서 유전될 수 있다.49) 그러므로 칸트는 스스로 물려받은 것만이 유전될 수 있다고 생각한다.

우연 혹은 일반적인 기계적 법칙은 그와 같은 조화를 산출할 수 없다. 그러므로 우리는 이와 같이 적시에 이루어지는 발현을 미리 갖추고 있는 것으로 간주해야 한다. 그러나 어떤 합목적적인 것도 보여주지 않는 경우에도 단순한 능력은 그 자신이 갖고 있는 특수한 형질을 번식시킬 수 있다는 것은 이미 하나의 특수한 배나 자연적 소질을 유기체 속에서 발견할 수 있다는 증거로 충분하다.50)

이처럼 소질이 하나의 혈통으로부터 현재와 같은 인종으로 발전해왔다는 예는 칸트를 "정해진 소질의 발현은 또 다른 발전 가능성을 배제한다"는 부차적인 가정으로 이끈다. 인간성의 근원적인 완성에 따라서 인간은 유럽 또는 아프리카 또는 아메리카의 기후에 적응하면서 그리고 자신의 소질을 발현시키면서 피부색을

---

49) 칸트는 『순수이성비판』에서는 이처럼 유기체에서 합목적적으로 고찰되어 유전될 수 있는 것 일체를 "발견적 준칙"으로 제안한다.

50) I. Kant, *Von den verschiedenen Rassen der Menschen*, 바이셰델판 XI권, 18쪽.

확립해왔다는 것이다.[51]

그와 같은 배와 소질의 전개는 다양한 인종들의 현재의 속성들을 단지 역사적으로 설명할 수 있으며, 따라서 칸트가 단순한 분류적 자연 기술과 설명적 자연사를 구분짓는 결과를 낳았다. 그러나 그것은 생물학적 종의 발달사 및 계통 속에 포함된 가능성의 발현과 관계한다. 이들 논문에서 칸트는 하나의 근원적 유기적 조직을 가정하는데, 그는 유기적 조직이 어디에서 유래했으며, 이런 가정이 과학적 설명에 대한 그 밖의 관점과 어떻게 일치할 수 있는지를 더 이상 묻지 않는다. 또한 『판단력 비판』에 앞서 간략하게 『철학에서의 목적론적 원리의 사용에 대해서』(1788) 라는 논문에서도 칸트는 이러한 입장에 머물러 있다. 여기서도 칸트는 "배"가 어떻게 작용하고 또는 배가 어떻게 유전되는지에 대해 기계론을 적용하려는 시도는 결코 하지 않고 있다. 다시 말해서 칸트는 유기체를 기계론에 의거해서 설명할 수 있는 가능성을 처음부터 계속해서 배제하고 있다.

나로서는 모든 유기적 조직을 (생식을 통해서 이루어지는) 유기체에서 이끌어냈다. 그리고 점차적인 발달의 법칙에 따르는 (자연물들과 같은 종류들인) 이후의 형태들을 유기적 조직에서 이러한 계통을 드러내는 근원적인 소질들로부터 이끌어냈다. 이러한 계통 자체가 어떻게 생겨났는가 하는 과제는 전적으로 인간에게 가능한 모든 물리학의 한계를 넘어선다. 나는 그러한 한계를 지켜야 한다고 생각했다.[52]

이 같은 칸트의 확언은 중요한 메시지를 담고 있다. 이 글이 『순수이성비판』 이후에 발표되었다는 점도 그렇지만 무엇보다도 『판

---

51) P. McLaughlin, *Kants Kritik der teleologischen Urteilskraft*, 30-31쪽.
52) I. Kant, *Über den Gebrauch teleologischer Prinzipien in der Philosophie*, 바이셰델판 IX권, 164쪽. 이하 *Über den Gebrauch teleologischer Prinzipien.*

단력 비판』의 출간을 앞둔 시점에서 이루어졌기 때문이다. 이 논문에서 칸트는 물리학 내지는 역학의 한계를 분명히 하면서 또 한편으로 유기체를 유기체 자체의 조직 원리에 의해서 설명해야 하며, 따라서 이를 위한 목적론적 원리의 사용의 불가피성을 역설하고 있다. 칸트가 이 글에서 특히 강조하고 있는 것도 자연과 자유를 축으로 해서 통일되는 철학 체계의 구성에서 목적론적 원리를 도입해야 하는 필요성이다.

이와 더불어 이 글에서 눈에 띠는 것은 『판단력 비판』에서 언급하고 있는 유기체 개념을 예고하고 있다는 점이다. 칸트는 여기서 유기체를 "그 안에 포함하고 있는 모든 것들의 관계에 의해서만 상호간 목적과 수단으로 가능한 물질적 존재자"로 정의한다.[53] 동시에 이런 작용을 가능하게 하는 것으로 가정되는 근본력(Grundkraft)이 무엇인지를 "인간 이성은 절대로 선천적으로 알아낼 수 없고 알아내려고 해서도 안 되며", 그렇지 않을 경우 "형이상학은 오직 공허한 개념들만을 날조할 것"이라고 한다.[54] 칸트는 이 자리에서 "참된 형이상학은 인간 이성의 한계를 인지하며", 따라서 "경험이 가르쳐주는 이상의 것을 할 수 없기에" 물리학도 형이상학도 이 근본력에 대해서 다른 개념이나 명칭을 찾아낼 수 없다는 것을 강조한다.[55] 이 말은 곧 칸트가 자연과학의 학문성, 과학적 인식의 보편성과 필연성의 확증을 통해 과학적 인식을 정초하고자 했지만 유기체에 대한 과학적 인식은 불가능하다는 것을 분명히 한다는 것을 의미한다. 이는 또 이 시기까지 확언을 미루면서 유보적 자세를 취해온 칸트가 유기체 문제에 대해서 분명한 입장 정리를 했다

---

53) *Über den Gebrauch teleologischer Prinzipien*, 166쪽. 이것이 『판단력 비판』에서는 다음과 같이 표현된다 : "자연의 유기적 산물은 그 안에서는 모든 것이 목적이면서 또한 서로가 수단이다." *Kritik der Urteilskraft*, 324쪽.

54) *Über den Gebrauch teleologischer Prinzipien*, 165쪽.

55) *Über den Gebrauch teleologischer Prinzipien*, 165쪽.

고 볼 수 있다.

하지만 무엇보다도 칸트는 이 글에서 매우 중요한 견해를 전개하고 있다. 비록 유기체에 대한 과학적 설명은 불가능하지만 유기체의 개념에 함축되어 있듯이 유기적 조직을 일으키는 근본력이 목적에 따라서 작용하는 원인으로 생각되어야 하며, 더욱이 이러한 목적은 가능한 결과의 근저에 있지 않으면 안 된다고 본 점이다. 칸트에 따르면 "오성과 의지는 우리가 소유하고 있는 근본력들이다."[56] 그리고 의지는 목적에 따라서 생겨난 산물들의 원인이 될 수 있으므로 근본력이 이러한 능력에 의해서 규정될 경우 그것은 목적이라 불리는 이념에 적합한 것을 산출할 수 있다. 칸트는 이 목적을 의지 또는 이성과 관계하는 것으로 파악함으로써 중요한 결론에 도달한다. 칸트는 다음과 같이 쓰고 있다.

목적은 다름아닌 이성과 관계한다. 그런데 이성은 미지의 이성일 수도 우리 자신의 이성일 수도 있다. 그러나 목적을 미지의 이성에서 정립하기 위해서 우리는 적어도 미지의 이성과의 유비로서 우리 자신의 이성을 근저에 놓지 않으면 안 된다. 왜냐 하면 우리 자신의 이성 없이는 목적은 결코 표상될 수 없기 때문이다. 그런데 목적은 자연의 목적이거나 자유의 목적이다. 자연 속에 목적이 존재한다는 것을 인간은 선천적으로 통찰할 수 없다. 반면에 자연 속에 원인과 결과의 결합이라는 것이 존재한다는 것을 인간은 아주 잘 통찰할 수 있다. 따라서 목적론적 원리의 사용은 자연에 관해서는 언제나 경험적으로 제약되어 있다. 마찬가지로 이 원리가 본성에 의해서 (욕구와 경향성에서) 의욕의 대상에 앞서 미리 규정 근거로서 주어져 있어야만 한다면, 목적론적 원리는 자유의 목적에 적용될 수 있을 것이다. … 그러나 순수한 실천적 원리를 부여하는 실천 이성 비판은 이성이 선천적으로 규정된다는 것을, 따라서 선천적으로 그와 같은 목적을 제시한다는 것을

---

56) *Über den Gebrauch teleologischer Prinzipien*, 166쪽.

보여준다. 그러므로 자연을 설명하기 위해서 목적론적 원리를 사용하는 것은, 그것이 경험적 조건들에 제한을 받기 때문에, 합목적적 결합의 근원적 근거를 결코 완전히 그리고 모든 목적에 대해서 아주 만족스럽게 제시할 수 없다면, 그 대신에 우리는 이것을 (자유의 목적론 이외의 다른 것일 수 없는) 순수 목적론(reine Zwecklehre)에서 기대해야 한다. 이 순수 목적론의 선천적 원리는 이성 일반의 모든 목적들 전체와의 관계를 포함하면서도 실천적일 수 있다. 그러나 순수 실천적 목적론, 즉 도덕은 자신의 목적을 세계에서 실현할 것을 규정하기 때문에 그것은 거기에 부여된 궁극 원인과 관계되는 것뿐만 아니라 최상의 세계 원인이 모든 목적들 전체에 적합하게 되는 것, 즉 결과에서도 그러한 목적의 실현 가능성을, 따라서 객관의 실행 가능성, 즉 세계에서 실현할 것을 지시하는 목적의 실행 가능성에 관해서 순수한 실천적 목적론의 객관적 실재성을 보증하기 위해서 자연 목적론뿐만 아니라 자연 일반의 가능성, 즉 선험철학도 도외시해서는 안 될 것이다.[57]

이 길게 인용한 구절에서 칸트는 목적론적 원리의 사용의 정당성과 한계에 대해서 언급하면서 중요한 견해를 밝히고 있다. 즉, 목적론적 원리의 사용이 필요하지만 자연의 목적과 관련해서 자연 자체로부터 목적론의 통찰 불가능성을 지적하고 대신 자유의 목적에 한해서 정당성을 인정하고 있다. 그것이 여기서는 순수 실천적 목적론으로 표현되고 있다. 그런데 더 중요한 것은 이러한 자유의 목적론 내지는 순수 목적론의 가능성으로부터 가일층 요구되는 것이 그것이 자연과의 관계에서도 가능한 것으로 입증되어야 할 필요성이다. 칸트는 여기서 더 이상 논의를 확대하지 않고 있지만, 이 대목은 칸트가 2년 후에 출간한 『판단력 비판』의 「목적론적 판단력 비판」에서 유기체 문제를 다루면서 자연의 합목적성

---

57) *Über den Gebrauch teleologischer Prinzipien*, 167-168쪽.

과 자연 목적의 개념을 끌어들이는 근본 이유를 예고하고 있다. 순수 목적론의 정당성을 위해서는 두 가지 상호 연관된 작업이 요구된다. 자연과 자유의 통일성 및 자유의 목적의 자연에서의 실현 가능성, 즉 자유의 목적론(도덕적 목적론)이 자연과의 조화 통일을 매개할 수 있는 가능 근거를 하나는 자연에서 다른 하나는 인간에서 발견하고 확립하는 일이다. 필자가 보기에 이러한 과제를 떠맡고 있는 것이 『판단력 비판』이다. 즉, 반성적 판단력과 유기체를 실마리로 하는 반성적 판단력의 선험적 원리로서의 자연의 (내적) 합목적성이 그것이다.

5. 반성적 판단력과 목적론적 유기체론

1) 유기체에 대한 과학적 인식의 불가능성

유기체에 관한 칸트의 사고의 진행 과정을 추적하면서 지금까지 살펴본 저술들의 공통점들 중에 가장 두드러진 것은 칸트가 유기체를 무엇보다도 사실과학적 관점에서 특별한 어려움을 안고 있는 과학의 대상으로 간주해왔다는 점이다. 이제 칸트는 『판단력 비판』의 「목적론적 판단력 비판」에서 과학적 설명의 대상으로서의 유기체에 대해서는 더 이상 관심을 갖지 않는다. 여기서 이미 유기체는 칸트가 유일한 과학적 설명으로 인정하는 기계론적 원리의 적용 대상이 아니다. 뉴턴의 추종자로서 출발한 학문적 탐구의 여정에서 끊임없이 칸트를 고민케 했던 유기체 문제에 대해서 지금까지 취했던 입장을 칸트는 이제 전과는 달리 확신에 찬 어조로 다음과 같이 적고 있다.

자연의 단순한 기계적 원리들에 따라서는 유기체와 그 내적 가능성
을 결코 충분히 알 수 없으며 설명할 수 없다는 것은 확실하다.[58]

아마 언젠가는 뉴턴과 같은 사람이 나타나서, 한 그루의 풀줄기의
산출을 단지 자연 법칙에 따라서, 즉 어떤 의도가 질서를 세워준 것이
아닌 자연 법칙에 따라서 설명하리라고 예측한다거나 기대하는 것만
도 인간에게는 불합리한 일이요, 오히려 우리는 이러한 통찰을 인간에
게는 절대로 거부하지 않으면 안 된다.[59]

이제 더 이상 의심의 여지없이 『판단력 비판』에서 자연 존재자,
특히 유기체는 일정한 속성과 구조를 가진 특정한 대상이 아니라
오히려 우리에게 특정한 설명의 어려움을 안겨주는 대상으로 전
제되고 있다. 칸트가 이 어려움을 해결하기 위해서 끌어들이고 있
는 것이 다름아닌 합목적성과 자연 목적의 개념이다.

그러나 칸트는 실제로 『판단력 비판』의 출간을 기획하면서 당
시의 유기체에 대한 과학적 설명들 및 유행하던 학설들을 충분히
검토했던 것으로 보인다.[60] 특히 칸트가 블루멘바하의 생물학에
상당히 기울어져 있었던 것만은 분명하다. 하지만 우리가 관심을
가져야 할 것은 이런 당시의 생물학적 지식에 대한 이해에도 불구
하고 칸트는 철학자로서 이 문제에 직접 뛰어들지 않고 있으며,
오히려 그런 유기체에 대한 과학적 설명의 한계에 분명한 선을 긋
고 있다는 사실이다.

가령, 18세기 후반에 확립된 생기론은 유기체가 물질의 속성과
법칙에 의해서 엄격하게 결정되어 있다 하더라도, 최소한 유기체
의 본질적인 속성은 기계론적인 것이 아니라고 보았으며, 따라서

---

58) *Kritik der Urteilskraft*, 352쪽.
59) *Kritik der Urteilskraft*, 352쪽.
60) John H. Zammito, *The Genesis of Kant's Critique of Judgment*, 189쪽 이하.

역학으로 환원시킬 수 없는 유기체에 고유한 설명 영역을 인정했다. 칸트 역시 과학적 탐구 대상으로서의 유기체에 대해서는 이와 유사한 입장을 취하고 있다. 이와 관련된 자료들을 칸트는 주로 리나에우스, 라이프니츠, 뷔퐁, 블루멘바하 등으로부터 얻었다. 특히 칸트의 이런 태도는 블루멘바하에 대한 평가에 잘 나타나 있다. 칸트는 『판단력 비판』에서 그를 높이 평가하고 있다.

> 블루멘바하는 이러한 형성 작용에 대한 일체의 자연학적(physische) 설명 방식을 유기적 물질로부터 시작하고 있다. 왜냐 하면, 자연 그대로의 물질이 기계적 법칙에 따라서 최초에 자기 자신을 형성했다든가, 무생물의 본성에서 생명이 나왔으며 물질이 자기 자신을 보존하는 합목적성의 형식에 저절로 적응할 수 있었다든가 하는 것을 그는 정당하게 이성에 반하는 것이라고 단언하고 있기 때문이다. 그러나 동시에 그는 이와 같이 우리가 탐지할 수 없는 근원적인 유기적 조직의 원리 아래에서 자연기계론으로는 규정할 수 없지만 동시에 오인해서도 안 되는 몫을 남겨놓고 있다.[61]

그럼에도 불구하고 칸트는 블루멘바하를 비롯한 생기론자들과 거리를 두고 있다. 실제로 칸트는 블루멘바하에게 보낸 편지에서 그가 자신에게 그의 저서 『형성 충동에 관하여』[62]를 보내준 것에 감사를 표하고 있지만 그의 형성 충동 개념에 아주 큰 의의를 부여하지는 않는다.[63] 이는 단순히 칸트가 철학자의 시각에서만 이 문제에 접하고 있기 때문은 아니다. 더 중요한 이유는 생기론자들의 이론이 갖는 설득력과 매력에도 불구하고, 인과기계론만을 유일한 과학적 설명 방식으로 간주하는 칸트로서는 생기론을 과학

61) *Kritik der teleologischen Urteilskraft*, 381쪽.

62) J. F. Blumenbach, *Über den Bildungstrieb*, Göttingen, 1789.

63) A. Model, *Metaphysik und reflektierende Urteilskraft bei Kant*, 305쪽 각주.

적 설명 방식으로 인정할 수 없으며 유기체를 설명하기 위해서는 그 이상의 설명 원리가 필요하다고 보기 때문이다. 오히려 칸트가 『판단력 비판』에서 특별히 생리학자요 발생학자인 블루멘바하를 거론하면서 그를 높이 사고 있는 진정한 이유도 그가 유기체의 체세포 조직 내에서 이루어지는 형성 충동(Bildungstrieb), 즉 유기화하는 물질의 능력으로서 "물질에 내재하는 단순한 기계적 형성력(Bildungskraft)과 구별되는 형성 충동"을 도입함과 동시에 형성 충동 역시 더욱 근원적인 "유기적 조직의 원리의 지도와 지시 아래 예속되어 있다"는 것을 보여주고 있다고 생각하기 때문이다. 블루멘바하는 실제로 이와 관련한 생물학적 자료들을 뷔퐁으로부터 얻었지만, 이러한 설명 개념들은 라이프니츠로부터 빌려 썼다.[64] 칸트가 라이프니츠의 생기론에 반대하는 것과 마찬가지로 블루멘바하 자신이 이 원리를 명시적으로 규명하는 데까지는 도달하지 못했다고 평가하고 있다. 이에 앞서 칸트는 이러한 유기체에 고유한 설명 방식으로서 목적론적 원리를 이미 그 대안으로 제시해놓고 있었다.

이러한 변화에 주목할 경우, 『판단력 비판』에서 근본적인 전환을 맞이하게 되는 칸트의 유기체론이 처음 출발점에서 대단원에 이르게 되는 일련의 과정은 매크로린이 지적한 것처럼 다음과 같은 양상을 보이고 있다고 말할 수 있다. 즉, "유기체적 자연에 대한 칸트의 사고의 발전은 비유기체적 자연에 대한 그의 사고의 발전과 나란히 진행된다. 물리학에서 칸트는 순전히 물리학적 물음에 대한 해명(비록 부분적으로는 방법론을 강조하고 있지만)을 시작했지만, 시간이 감에 따라 오히려 그의 관심은 점점 더 물리학적 물음의 과학 이론적 측면에 기울어졌다. 생물학에서 칸트는 먼저 유기체들에 대한 물리학적 물음에 몰두했으며, 나중에는 점점

---

64) John H. Zammito, *The Genesis of Kant's Critique of Judgment*, 202쪽.

더 생물학적 설명의 고유한 특징에 대한 분석으로 기울어졌다."[65]

이와 같은 칸트의 사고의 진행은 이제 칸트가 유기체에 대한 과학적 인식의 정초 가능성에 대해서 분명한 입장을 취할 수 있는 논거를 갖추었다는 것을 시사한다. 「목적론적 판단력의 분석론」이 집중적으로 고찰하고 있는 것이 바로 유기체에 대한 생물학적 설명 가능성이다. 이런 점에 주목하여 마치 『순수이성비판』이 신칸트학파에 의해서 비판철학의 이론적 부분으로서 자연과학의 방법론적 정초에의 시도로 취급되었던 것처럼, 「목적론적 판단력 비판」을 유기체에 대한 과학적 인식의 정초를 시도한 것으로 그리고 그것이 비판철학의 체계에서 차지하는 위치를 연역적-법칙 발견적(nomologisch) 과학 이론을 분류학적-기술적 과학 이론을 갖고 보충하는 것으로 간주하기도 한다. 이런 해석에 따르면 「목적론적 판단력 비판」에서의 자연과 자유의 결합 가능성에 대한 물음 및 해결은 "부수적인 성과"로 간주된다.[66] 하지만 이런 해석은 칸트의 「목적론적 판단력 비판」을 지나치게, 이를테면 그것을 "제4비판"으로 읽고 싶어하는 매크로린의 입장처럼,[67] 하나의 독립적인 작업으로 보려는 데서 생겨난 것이라고 생각된다.

2) 반성적 판단력과 이성의 규제적 원리

칸트의 유기체론의 위상과 역할에 대해서는 칸트가 『판단력 비판』에서 합목적성의 개념에 기초하여 미와 숭고 그리고 유기체 문제를 다룬 이유를 전체적으로 고려해야만 올바른 평가가 가능

---

65) P. McLaughlin, *Kants Kritik der teleologischen Urteilskraft*, 24-25쪽.

66) G. Krämling, *Die systembildende Rolle von Aesthetik und Kulturphilosophie bei Kant*, Freiburg / München : Karl Alber Verlag, 1985, 145-146쪽.

67) P. McLaughlin, *Kants Kritik der teleologischen Urteilskraft*, 38쪽.

할 것이다. 칸트는 유기체의 생물학적 설명 가능성을 과학적 설명의 한계를 넘어서는 대상으로 전제하고, 그에 적합한 설명 방식으로서 목적론적 원리를 도입하고 있다. 그리고 그가 이러한 시도를 감행하는 이유를 찾아냄으로써 최종적으로 정립된 칸트의 유기체론의 위상과 역할을 규명할 수가 있다.

『판단력 비판』에서 칸트는 본격적으로 유기체가 보여주는 합목적적 구조와 적응의 과학적 근거가 아니라 그에 따른 우리의 개념적 이해, 즉 합목적성 개념 및 유기체가 다른 무엇을 위해 합목적적으로 존재할 수 있는 그 무엇이라는 주장의 정당성을 분석한다. 그렇다면 칸트는 왜 이런 시도를 하고 있는가? 이에 대한 규명은 칸트의 철학과 또한 『판단력 비판』에서 그의 유기체론이 차지하는 비중과 위상에 대해서 시사하는 바가 상당히 크다. 우선 가장 분명하게 지적할 수 있는 것은 유기체에 대한 과학적 인식은 불가능하다는 결론이다. 그 근거로 과학적 설명 원리가 아닌 목적론적 원리를 적극적으로 도입한다는 것과 이를 기초로 수립되는 목적론에 비판적 목적론이라는 한계를 설정한다는 점을 들 수 있다. 만일 그렇다면 이보다 더 중요한 의문점이 해결되어야 한다. 즉, 그것은 그러면 칸트는 왜 유기체 문제를 하필 『판단력 비판』에 와서야 적극적으로 다루고 있는가 하는 것이다. 이것이 앞으로 살펴볼 주제다.

『판단력 비판』의 「목적론적 판단력 비판」에서 칸트는 유기체의 목적론적 산출 방식이 갖는 특징들을 규명하는 차원에서 유기체의 생식 능력과 외관상의 합목적성을 설명하려고 시도한다. 이러한 작업에서 첫 번째로 관건이 되는 것이 칸트가 유기체를 설명하기 위한 일환으로서 "반성적 판단력"을 위한 "규제적 원리"라 부르는 "합목적성의 요청"이다. 이를 위해 칸트가 말하는 규제적 원리가 무엇인지 그리고 반성적 판단력이 어떤 종류의 능력인지가 설명될 필요가 있다. 왜냐 하면 반성적 판단력이 최우선적으로 고려되는 이유는 그것이 『판단력 비판』이 겨냥하고 있는 목적, 자연목적, 합목적성 개념을 발견하는 원천이기 때문이다.

칸트가 『순수이성비판』에서 제시했었던 판단력은 특수를 보편아래 포섭할 수 있는 능력이었다. 보편은 오성에 의해서 미리 주어져 있는 것으로, 그리고 판단력은 특수를 단지 그 아래 포섭하는 것으로 암묵적으로 전제되어 있다. 판단력이 이렇게 미리 주어진 보편에 따라서 특수를 규정하는 것이 바로 규정적 판단력이다. 『판단력 비판』에서는 판단력 개념이 훨씬 더 넓게 규정된다. 여기서도 판단력은 "특수를 보편 아래 포함하는 것으로 생각할 수 있는 능력"이지만 이제 두 종류의 판단력이 구분된다. 규정적 판단력과 반성적 판단력이 그것이다. 반성적 판단력은 규정적 판단력과 반대로 특수는 경험 중에 주어져 있지만, 이를 포섭하고 판단할 보편자가 없기 때문에 판단력 스스로 그에 해당하는 보편자를 발견해내는 능력이다. 유기체가 바로 이 같은 특수한 경험적 대상에 속한다. 이러한 반성적 판단력에 대한 규제적 원리의 주요 기능은 경험적 자연 연구에서 개념 구성(Begriffsbildung) 및 가설구성(Hypothesenbildung)이다. 이 반성적 판단력은 이 경험적 특수자로서의 유기체에 적합한 설명 방식을 목적론적 원리에서 찾는다.

규제적 원리의 개념을 칸트는 『순수이성비판』에서 「선험적 변증론의 부록」에서 체계적으로 논구하고 있다. 거기서 "규제적 원리"는 이를테면 12범주들처럼 경험의 대상의 가능성의 조건들인 "구성적 원리"와 대조를 이룬다. 이에 반해서 규제적 원리는 우리가 우리 자신에게 부여하는 준칙 혹은 지침이다. 『순수이성비판』에서 칸트는 오성을 위한 규제적 원리만을 논구한다. 그러한 원리의 가장 중요한 예는 자연의 체계적 통일의 원리다. 이와 같은 단순히 발견적 연구 준칙을 칸트는 하나의 "선험적 전제"를 가능하게 하는 "논리적 원리"라고 부른다. 우리가 이를테면 자연의 체계적 통일성의 개념을 규제적으로 사용할 경우 우리는 여러 상이한 사건들에서 공통의 합법칙성을 찾아냄으로써 비로소 자연을 그렇게 규정할 수 있는 것이 아니라 이를 위해서 먼저 자연이 실제로 통일성을 갖는다고 전제하고 있는 것이다.

그와 같은 체계적 통일성이 객관 자체에 속한다는 것을 선천적 및 필연적으로 가정하는 하나의 선험적 원리를 전제하지 않는다면, 어떻게 규칙의 이성 통일의 논리적 원리가 성립할 수 있는지 알 도리가 없다.[68]

칸트에 따르면, 비록 그러한 규제적 원리가 선험적 원리인 것처럼 보일지라도 그것은 어떠한 객관적 타당성도 갖지 않으며, 따라서 우리는 그것에 선험적 연역을 제공할 수 없다.[69] 그것은 다만 경험적 연구를 위해서 유용할 뿐이다. 칸트는 「선험적 변증론의 부록」에서 자연 전체를 규제적 원리를 따르는 이신론적 체계로 간주한다.

오성을 위한 이성의 규제적 원리는 비판철학 안에서 비판받고 전복되는 근대 형이상학을 해체하기 위한 칸트의 주요 수단이다. 이에 의지해서 칸트는 자신이 더 이상 타당한 형이상학적 진술들이 아닌 것으로 배척한 합리적 심리학, 우주론 및 사변신학의 근본 원리들을 경험적 연구를 위한 발견적 준칙들로 대체한다. 여기서는 규정적 판단력이 문제였다. 하지만『판단력 비판』에서 결정적인 역할을 하는 반성적 판단력은『순수이성비판』에서는 한 번

---

68) *Kritik der reinen Vernunft*, B 678-679.
69) *Kritik der reinen Vernunft*, B 691.

도 언급되지 않는다. 칸트가 『순수이성비판』에서 이미 반성적 판단력을 구별하고 있었는지 여부에 대해서 우리는 그저 추측만 할 수 있을 뿐이다. 『순수이성비판』의 일차적인 목적을 고려할 때, 칸트는 그 개념을 아직 필요로 하지 않았다고 할 수 있다.

『판단력 비판』의 서론에서 칸트는 규제적 원리를 다시 다룬다. 이제 반성적 판단력과 관계하는 규제적 원리는 자연 일반과 관계하던 『순수이성비판』과 달리 결정적인 차이, 즉 경험적으로 주어진 개별적인 것과도 관계한다. 전체로서의 자연이 아니라, 즉 인과.기계론적 원리로는 설명이 불가능한 특수한 개별 대상들을 합법칙성이라는 관점 아래서도 고찰할 필요성이 정식으로 논구되고 있다. 칸트는 유기체에서 발견되는 특수한 경험적 법칙들을 하나의 통일적 관점에서 고찰하고 해명하기 위해서 반성적 판단력의 선험적 원리로서 "자연의 합목적성(Zweckmäßigkeit der Natur)"이라는 개념을 도입한다.

3) 자연의 합목적성과 자연 목적

칸트는 자연의 합목적성을 미감적 판단력이 관여하는 미와 숭고의 주관적 합목적성과 목적론적 판단력이 관여하는 객관적 합목적성으로 구분한다. 그리고 후자를 형식적 합목적성과 실질적 합목적성으로, 다시 후자, 즉 실질적 합목적성을 상대적(외적) 합목적성과 내적(절대적) 합목적성으로 구분하여 논의를 이끌어간다.70) 이 가운데서 유기체 문제에 대한 칸트의 해결책이 제시되는

---

70) 자연의 합목적성의 구분과 설명에 대한 이해를 위해서는 다음의 글들이 유익하다. 김진, 「칸트의 목적론적 유기체론」, 『칸트와 생태 사상』, 73-88쪽 ; 김양현, 「칸트의 목적론적 자연관에 나타난 인간중심주의」, 105-110쪽. 그리고 "목적론적 판단력 비판" 일반에 대한 체계적 해명에 대해서는 김광명, 『칸트 판단력 비판 연구』, 이론과실천, 1992, 129-177쪽.

경우는 자연의 내적 합목적성이다. 칸트는 유기체의 경우에서 자연 존재자의 내적 합목적성의 원리를 적용할 수 있는 예를 찾아냄으로써 이제 그가 지금까지 고민해온 유기체 문제는 결정적인 국면을 맞게 된다. 「목적론적 판단력의 분석론」에서 칸트는 객관적 합목적성의 개념을 도입함으로써 유기체의 재생이라는 일반적 개념을 생물학에 도입하는 데 따른 방법론적 귀결을 밝히려고 한다.

우선 합목적성은 목적 개념과 관계한다. 하지만 합목적성은 하나의 목적 활동적인 주체에서 기인한다는 것이 아니라 주체가 갖는 반성적 판단력이 고안해낸 산물이다. 즉, "자연의 합목적성은 단지 반성적 판단력에만 그 근원을 두고 있는 하나의 특수한 선천적 개념이며", "자연이 마치 어떤 하나의 오성이 다양한 자연의 경험적 법칙들을 통일하는 근거를 포함하고 있는 것처럼 표상하는" 것을 가능하게 하는 반성적 판단력이 자기 자신에게 하나의 법칙처럼 부여한 선험적 원리다.71) 그러면 칸트가 유기체를 포함해서 자연의 다양한 특수한 경험 법칙들을 하나로 통일하는 근거를 마련하기 위해서 자연의 합목적성이라는 선천적 개념을 반성적 판단력의 선험적 원리로 가정할 수는 있는 권리 근거는 어디에 있는가?72)

우선 자연의 합목적성이라는 개념은 자연 개념도 자유 개념도 아니다. 이 개념이 선험적 원리에 속하는 이유를 칸트는 "판단력의 준칙"에서 충분히 알 수 있다고 본다. 판단력의 준칙이란 이를테면 "자연은 최단 행로를 취한다(lex parsimoniae)"와 같은 특수한 경험적인 자연 법칙들이 자연 탐구에서 선천적인 기초가 되는 원칙들이지만 이것이 논리적인 객관적 필연성을 가지려면 선험적

71) *Kritik der Urteilskraft*, 89쪽.
72) 자연의 합목적성의 선험적 연역의 필요성에 대해서는 *Kritik der Urteilskraft*, 90-96쪽.

원리로서의 자연의 합목적성은 선험적 연역, 즉 선천적 인식의 원천에서 탐구되어야 한다. 자연의 경험적 법칙들은 오성의 범주적 규정에 따라 보편적 자연 법칙에 포섭하기만 하면 된다. 그러나 무한히 다양한 보편 법칙들의 연관과 통일은 오성적 규정으로는 불가능하지만 그럼에도 이러한 법칙들이 자연의 질서 아래 통일적 연관, 즉 법칙적 통일을 갖는 것으로 파악하기 위해서 반성적 판단력의 발견적 준칙으로서의 선험적 합목적성이 상정되어야 한다는 것이다. 칸트는 이러한 합목적성 개념의 연역의 정당성을 "무한히 다양한 경험적 법칙들을 포함하고 있는 자연의 주어진 지각들을 종합하여 하나의 경험을 구성하는 과제가 갖는 중대함"을 고려해보는 것만으로도 충분히 확신할 수 있다고 말한다.[73] 『순수이성비판』에서 주제화된 자연의 통일도 판단력의 이런 발견적 준칙 위에 서 있다. 그러므로 반성적 판단력과 그것의 선험적 원리인 자연의 합목적성은 칸트철학 전체를 떠받치고 있는 근본 원리인 셈이다.

그런데 칸트가 자연의 합목적성을 선험적 원리로 전제할 수 있는 권리 근거로 삼고 있는 일차적 요소는 자연에 관한 모든 반성의 기초로 삼는 "자연의 (주관적인) 형식적 합목적성"이다. 이로부터 출발해서 칸트는 유기체와 관계하는 자연의 (객관적인) 내적 합목적성을 비롯해서 여타의 모든 합목적성에 대한 논의로 나아간다. 칸트는 이 주관적인 형식적 합목적성이라는 선험적 원리를 「미감적 판단력 비판」에서 정초하는데, 왜냐 하면 "이 형식적 합목적성이 아니면 오성은 자연을 이해할 수가 없기 때문이며", 또 "자연이 우리의 인식 능력에 대해서 가지는 형식적 합목적성의 원리를 포함하고 있는 것은 미감적 판단력뿐이기 때문이다."[74] 이를

---

73) *Kritik der Urteilskraft*, 90~96쪽.
74) *Kritik der Urteilskraft*, 104쪽.

통해서 칸트가 왜 「목적론적 판단력 비판」에 앞서서 「미감적 판단력 비판」을 먼저 다루어야 했는지에 대한 중요한 이유를 알 수 있다. 즉, 자연의 객관적 목적의 존재, 즉 자연 목적으로서만 가능한 사물들이 있지 않으면 안 된다는 것을 선천적으로 지적할 근거가 없는데, 오직 판단력만이 이러한 사물에 대해서 이성을 위하여 오성으로 하여금 목적의 개념을 자연에 적용할 수 있도록 할 수 있기 때문이다. 이와 같이 주관적인 형식적 합목적성의 선험적 원리를 포함하고 있는 것이 미감적 판단력이다. 칸트가 "판단력 비판에 본질적으로 속하는 것이 미감적 판단력을 포함하고 있는 부문이다"[75]라고 말하고 있는 이유, 즉 반성적 판단력의 선험적 원리에 대한 규명이 미감적 판단력에서 일차적으로 이루어지고 있는 이유도 여기에 있다. 이와 달리 만일 합목적성 개념이 먼저 도덕적 주체에서 직접적으로 발견하거나 정당화할 수 있었다면『판단력 비판』은 굳이 쓸 필요가 없었을지도 모른다. 이와 함께 칸트의 유기체론의 성격을 규명하기 위해서는 칸트 자신이 수행했던 방식을 좇아 자연의 합목적성 개념은 물론이고 이에 내포되어 있는 "목적", 특히 "자연 목적"의 개념을 정확히 고찰하지 않으면 안 된다.

자연의 합목적성은 칸트의 선험철학에서 자연과 자유의 통일 근거가 되는 개념이다. 그러나 그것이 단순히 논리적 근거가 아니라 실제적 연관을 갖는다면 그러한 통일도 정당성을 확보할 수 있다. 칸트가 유기체에 주목하고 있는 이유도 여기에 있다. 이 합목적성은 인간의 (반성적) 판단력의 선천적 원리면서 동시에 유기체인 인간에게 그러한 자연의 합목적성을 적용할 수 있기 때문이다. 하지만 아직 자연 목적과 유기체 사이에는 뛰어넘을 수 없는 "개념적 거리"가 존재한다. 이 간극을 메울 수 있는 유일한 방도를 칸

---

75) *Kritik der Urteilskraft*, 104쪽.

트는 도덕적-실천적 목적에서 찾고자 한다. 이때도 실마리가 되는 것도 유기체로서의 인간이다.

또한 「목적론적 판단력 비판」에서 목적에 대해서 말할 때 칸트가 염두에 두고 있는 것은 일차적으로 제품을 만들 때의 제작자의 목적이지 권리를 행사할 때의 도덕적 행위자의 목적이 아니다. 여기서는 도덕이 아닌 기술이, "도덕적-실천적 목적"이 아니라 "기술적-실천적 목적"이 문제가 된다. 그것은 도덕적-실천적 지침과 관계하는 것이 아니라 반성적 판단력의 기술적-실천적 지침에 따른다. 따라서 유기체에 대한 칸트의 생물학적 설명 방식을 이해하기 위해서는 목적 개념에 대한 추가적인 이해가 필요하다.

칸트는 정의하기를 "목적이란 어떤 개념이 대상의 원인(그 대상의 가능성의 실재적 근거)으로 간주되는 한에서 그 개념의 대상이다. 그리고 어떤 개념이 그 객체에 대해서 가지는 인과성이 합목적성이다."[76] 하지만 이때의 (목적)인과성은 기계적 원인과 그 결과의 인과성이 아니라, 어떤 대상이 그 결과의 표상에 의해서만 가능하면서 또 이에 의거해서 결과의 원인을 규정하는 근거로서 결과가 그 원인에 선행하는 관계 속에서 이루어지는 인과성이다. 이에 따르면 칸트에게 "목적"은 "하나의 객체의 개념이 동시에 이 객체의 현실성의 근거를 포함하고 있는 것"[77]으로서 그 자체는 객체 속에 있는 것이 아니라 "주관의 반성하는 능력"[78] 속에 세워지는 것이다. 따라서 "합목적적"이란 "어떤 것의 현존재가 바로 그에 해당하는 표상을 전제하는 것처럼 보일 때"를 이른다.[79] 다시 말해 어떤 것(이를테면, 객체, 심적 상태, 행위 등)이 가능하기

---

76) *Kritik der Urteilskraft*, 134-135쪽.

77) *Kritik der Urteilskraft*, 89쪽.

78) *Kritik der Urteilskraft*, 29쪽.

79) *Kritik der Urteilskraft*, 29쪽.

위해서 반드시 어떤 목적의 표상을 전제하지 않더라도 목적에 의한 인과성을 그 근저에 상정함으로써만 그 가능성을 설명할 수 있고 이해할 수 있을 때, 그 어떤 것을 합목적적이라 말할 수 있다. 즉, "합목적적"이란 어떤 목적을 필연적으로 전제하지 않을 수 있으며, "합목적성" 역시 목적 없이도 존재할 수 있는 것이다. 그리고 칸트는 이런 합목적성을 반성을 통해서 형식상으로 관찰할 수 있으며 또 대상들에게서 발견할 수 있다고 본다.

그런데 칸트는 특히 이 목적 개념이 갖는 상식적 의미가 아니라 형식적 의미에 주목한다. 가령 작품을 만드는 제작자의 목적을 고려할 때 우리는 그 작품을 제작자의 의도 및 그 효과나 결과의 예견에 의거해서 평가한다. 반면에 칸트는 이보다는 그러한 의도가 무엇인지에 관심을 갖는 것이 아니라 그 의도가 무엇이든 결과적으로 드러난 작품 자체에 주목한다. 이처럼 하나의 작품의 성립에서 발견할 수 있는 두 종류의 인과성으로 칸트는 각각 목적인(causa finalis)과 형상인(causa formalis)을 말하고 있다. 이 두 가지 의미의 목적인과성은 모든 목적론을 특징짓는 중요한 두 요소다.

통상 우리는 목적인만을 "목적"이라 부른다. 그런데 칸트의 경우에 이것이 분명히 역전되고 있는 것 같다. 따라서 칸트의 텍스트를 분석할 경우 칸트가 목적이라고 할 때 염두에 두고 있는 것이 어떤 종류의 목적론인지를 묻는 것은 필요하다. 형상인은 이신론적 체계의 본질적인 요소다. 반면 목적인은 이러한 이신론적 체계 속에서는 물리학적 설명으로서 어떠한 자리도 차지하지 못한다. 목적, 즉 개념의 인과성을 해명해야 하는 이러한 예에 따르면 예술가의 의도에 따라 제작된 예술 작품이 아니라 그런 의도 없이도 "마치 그런 의도가 있는 것 것처럼(als-ob)" 순전히 목적으로만 생각할 수 있는 자연 사물이 존재할 수 있는지 여부가 문제가 된다. 칸트는 그런 자연 사물을 자연 목적(Naturzweck)이라 부르는데, 바로 유기체가 그 경우에 해당한다. 결국 칸트가 목적 개념을 형상인의 관점에서 접근하는 이유도 이 때문이다. 즉, 유기체도 자연 사물이라는 점에서 자연과학적 탐구 대상이므로 일단 목적인은 배제되어야 하기 때문이다. 하지만 칸트는 이미 유기체에 대한 생물학적 지식이 객관적인 과학적 설명의 한계를 넘어서는 것으로 간주하고 있기 때문에 칸트 스스로 그렇게 믿고 있는 마지막 남아 있는 가능성은 형상인이다.

자연 목적 개념에 대해서 칸트는 「목적론적 판단력의 분석론」의 핵심 부분(65절)에서 본격적으로 상세한 설명을 시도한다. 자연 목적의 개념에 대한 다분히 형식적이면서도 논리적인 규정은 다음과 같다. 즉, 자연 산물로 인식하는 것을 또한 자연 목적으로도 판정하기 위해서는,

> 하나의 사물이 (비록 이중적 의미에서이긴 하지만) 그 자체로서 원인이자 결과인 경우에 그 사물은 자연 목적으로 존재한다.[80]

> 자연 산물이면서 동시에 단지 자연 목적으로서만 가능한 것으로 인식되어야 하는 사물이란 자기 자신에 대해서 원인이면서 결과로서 상관적으로 관계하지 않으면 안 된다.[81]

칸트는 이에 해당하는 자연 사물을 유기체로 파악한다. 따라서 이 자연 목적은 기계론적 유기체론과 대결하는 칸트의 생물철학을 특징짓는 목적론적 유기체론의 핵심 개념으로 등장한다. 하지만 칸트의 자연 목적의 개념 자체는 그의 합목적성 개념에 드러나 있듯이 순수한 개념적 분석에 의해서 얻어진다. 다시 말해 자연 목적은 유기체의 경험으로부터 획득한 개념이 아니다. 이 유기체

---

80) *Kritik der Urteilskraft*, 318쪽.
81) *Kritik der Urteilskraft*, 319-320쪽.

에 대한 경험은 다만 칸트가 분석적으로 획득한 개념, 즉 자연 목적을 이해할 수 있도록 해주는 예증에 불과하다. 개념적으로 자연 목적과 유기체의 선후 관계는 「목적론적 판단력 비판」의 체계 내적 위상을 단적으로 보여준다.

상술한 자연 목적 개념에 따르면, 칸트는 유기체를 일반적으로 "자기 보존이라는 정해진 목표를 갖는 원인과 결과와 상관하는 자기 관계(Selbstverhältnis)"[82)로 기술하고 있다고 할 수 있다. 칸트는 유기체에 대한 일반 개념으로서의 이 "자기 관계"를 좀더 상세하게 기술하고 있는데, "번식(Fortpflanzung), 성장, 부분들의 상호간 및 전체와의 상호 의존성"이라는 유기체의 세 가지 특징이 그것이다. 예를 들면, 나무는 1) 자기 자신을 유에 따라서 (동일한 유에 속하는 다른 개체의 생산에 의해서) 산출하며, 2) 개체로서의 자기 자신을 성장에 의해서 산출하며, 3) 하나의 부분의 양육과 부양이 다른 부분에 의해서 보장되는 한에서 자기 자신의 원인이자 결과다. 여기서 유기체와 관계하는 세 가지 종류의 재생이 각각 대응한다. 즉, 새로운 체계의 산출, 성장을 통한 확대 재생산, 양육과 특별한 경우에는 회복에 의한 동일한 것의 재생과 조절 등이 그것이다.[83) 이를 통해 칸트는 유기체가 자연 목적에 부합하는 존재라는 것을 증명하고 있다.

칸트의 설명에 따르면, 이러한 특징을 갖고 있는 유기체는 기계적 인과성과 어떠한 유사한 요소도 갖고 있지 않은 자연 산물이면서 동시에 자연 목적이다. 하지만 자연 목적이 순수한 개념인 데 반해서 유기체는 동물과 식물처럼 감성적 직관에 사실적으로 부합하는 경험의 대상으로서 객관적 실재성을 갖는다. 말하자면, 자연 목적에 부합하는 실재적 존재, 즉 유기체가 존재하면 이 자연

---

82) A. Model, *Metaphysik und reflektierende Urteilskraft bei Kant*, 300쪽.
83) 이에 대한 칸트의 설명은 *Kritik der Urteilskraft*, §64, 316-319쪽.

목적 개념 역시 객관적 실재성을 갖는다. 그러나 칸트의 논리에 의하면, 우리는 유기체가 실제로 자연 목적에 부합하는지 여부를 결코 확신할 수 없다. 왜냐 하면 체계적인 근거에 입각해서 자연 목적의 개념이 유기체와 동의어로 도입된 것은 아니었으며, 또 유기체의 적합성 여부를 통찰할 수도 없기 때문이다.

결국 칸트의 유기체론을 이해하는 열쇠는 칸트 스스로가 "자연과학의 이방인(Fremdling in der Naturwissenschaft)"[84]이라 부르고 있는 자연 목적 개념이다. 때문에 칸트 스스로 이상과 같은 규정이 아직 "정확하지 못한 막연한 표현"에 그치고 있다는 판단 아래 이어서 자연 목적의 개념을 명확하게 개념으로부터 도출하려는 작업에 착수한다. 칸트의 분석적 해명은 네 가지로 구분된다. 자연 목적 개념이 칸트의 유기체론에서 차지하는 비중을 고려할 때 이에 대한 세밀한 검토가 필요하다.[85]

첫째, 단지 오성에 의해서 사유되는 인과 결합은 언제나 원인과 결과의 하향적 계열로 이루어지는 연결 방식인데, 이러한 결합은 다른 사물을 그 원인으로 전제하고 있는 결과로서의 사물 자신은 동시에 그 사물들의 원인이 될 수 없다. 칸트는 이와 같은 인과 결합을 동력인적 결합(nexus effectivus)이라 부른다.

둘째, 이와 반대로 (목적의) 이성 개념에 따르는 인과 결합도 사유될 수 있는데, 만일 이 인과 결합이 하향적으로나 상향적으로나 의존성(sowohl abwärts als aufwärts Abhängigkeit)을 갖는 계열로 간주된다면, 일단 어떤 것의 결과로 불린 사물이라도 그것은 상향적으로 그 어떤 것의 원인이 될 수 있다.

셋째, 기술과 같이 실천적인 것에서는 이와 같은 연결이 쉽게 발견된다. 예를 들면, 집은 임대료로 벌어들이는 돈의 원인이지만

---

84) *Kritik der Urteilskraft*, 340쪽.
85) 이에 대해서는 *Kritik der Urteilskraft*, §65, 319-324쪽.

또한 역으로 이러한 가능한 수입의 표상은 집을 짓게 한 원인이었던 것이다. 이와 같은 인과 연결을 목적인적 결합(nexus finalis)이라고 부른다.

넷째, 우리는 동력인적 결합을 실재적 원인의 연결, 목적인적 결합을 관념적 원인의 연결이라고 부르는 편이 더 적절할 수도 있다. 왜냐 하면 그렇게 명명하면 이와 같은 두 종류의 인과성 이외에는 더 이상 없다는 것이 동시에 이해되기 때문이다.

여기서 주목할 것은 무엇보다도 유기체와 관계하는 인과성은 부분과 전체의 상호 작용이라는 것이다. 칸트가 제시한 자연 목적에 대한 일체의 규정은 부분과 전체의 관계와 관련이 있다. 여기서 분명해지는 것은 하향적이면서 상향적인 인과적 의존성은 부분과 전체의 관계와 관련이 있다는 것이다. 즉, "하향"이란 전체의 특성은 부분의 특성으로 환원될 수 있다는 것이며, "상향"이란 부분의 전체의, 즉 다른 부분에의 의존성을 가리킨다.[86] 이와 같은 특성을 지니고 있다고 상정되는 유기체를 칸트는 명시적으로 단지 "운동하는 힘"만을 지니고 있는 기계와는 달리 그리고 기계적 조직이 갖고 있는 운동 능력만으로는 설명할 수 없는 "자신 속에 형성하는 힘"을 소유하면서 그러한 힘을 물질에게 나누어주는 존재자로서, 한마디로 "스스로 번식하면서 형성하는 힘(eine sich fortpflanzende bildende Kraft)"의 소유자로 규정한다.[87]

칸트는 이상과 같은 논의를 마무리하면서 마지막으로 자신이 도입한 유기체의 산출에 관한 목적론적 원리에 따를 경우, 유기체의 내적 합목적적 형식의 원인의 기초로서 기회원인론(Okkasionalism)이나 예정설(Prästabilism)의 수용 가능성을 점검한다.[88] 여기서 칸트

---

86) P. McLaughlin, *Kants Kritik der teleologischen Urteilskraft*, 47쪽.

87) *Kritik der Urteilskraft*, 322쪽.

88) *Kritik der Urteilskraft*, §81, 378-381쪽.

는 생식이 이루어질 때마다 세계의 최고 원인의 개입을 허용하는 기회원인론은 일체의 이성 사용을 불가능하게 한다는 점에서 거부한다. 그리고 예정설에 포함시킨 개체적 전성설(또는 개전설)과 후성설(또는 종적 전성설) 중에서 유기체를 자기와 같은 것의 "추출물(Edukt)"로 보는 전성설보다는 자기와 같은 것의 "산출물(Produkt)"로 보는 후성설을 긍정적으로 평가하는데, 이 견해는 유기체의 "번식을 스스로 산출하는 것으로 고찰하며, 최초의 시원을 규정하지 않으면서도 초자연적인 것을 되도록 최소한으로 사용하여 최초의 시원에서 나오는 모든 결과를 자연에 맡기기 때문이다."[89] 그럼에도 불구하고 이 모두가 칸트에게는 결코 과학적 설명이 아니다. 칸트에게 유기체에 적합한 생물학적 설명이란 과학적 인식과 증명의 한계를 넘어선다.

6. 맺음말 — 비판적 목적론의 의의와 한계

칸트에게 유기체는 "단순한" 기계가 아니다. 사물을 기계론적 인과성에 따라서 인식하고 설명할 수 있는 한계 밖에 놓여 있는 것이 칸트가 말하는 유기체다. 칸트의 유기체론의 핵심 개념, 즉 자연 목적 개념은 유기체에 고유한 인과 관계를 개념적으로 파악하기 위해서 도입된 것이었다. 유기체가 문제가 되는 것은 철학이 아니라 생물학이다. 그러나 생물학이 유기체를 적절하게 설명하는 방식과 방법은, 철학이 그것을 보편타당한 것으로 간주하는 설명 방식과 일치하지 않을 경우, 철학에서 하나의 문제로 제기된다. 칸트가 유기체에 대한 설명에서 발견한 첫 번째 문제는 기계론적 설명 원리가 의존하는 것처럼 부분의 특성을 갖고서는 모든 유기

---

89) *Kritik der Urteilskraft*, 381쪽.

체의 구조를 제대로 규정할 수 없다는 것이었다. 따라서 칸트는 부분들로부터 유기체가 갖는 구조의 산출 및 부분에 새로운 특성을 부여하는 전체성의 능력을 개념적으로 파악하기 위해서 목적에 따른 인과성을 가정해야 했다. 이를 위해 칸트가 시도한 전략은 인과성에 대한 새로운 규정, 즉 기계론적 인과성 이외에 목적론적 인과성을 도입하는 것이었다. 그러나 목적론적 인과성의 원리는 그것이 아무리 유용하다 하더라도 자연과학의 내적 원리가 아니라 외적 원리로 차용된 것이다. 이러한 목적론적 원리는 규제적 원리에 불과하며, 설명에 도움은 줄 수 있어도 과학적 설명으로서의 가치를 갖는 것은 아니다. 칸트에게는 기계론적 설명 방식만이 그러한 가치를 갖는다. 따라서 자연 목적에 근거를 둔 목적론적 원리는 어떠한 구속력이나 필연성도 없는 목적론적 준칙, 즉 실용적 준칙에 지나지 않는다.

칸트는 기계론을 인과성의 한 종류로 파악한다. 경험의 대상과 관련해서는 인과성 자체는 언제나 오성 개념으로서 구성적이다. 하지만 기계론은 주관적 타당성만을 갖는다. 왜냐 하면 기계론은 자연에 대한 우리의 오성의 구성적 특성에서 기인하지 않기 때문이다. 그 때문에 유기체의 경우처럼 전체가 그의 부분의 특성에 작용하는 인과 관계를 우리는 개념적으로 파악할 수도 사유할 수 없었던 것이다. 이 문제를 해결하기 위해서 칸트는 근대 자연과학에서 기계론적-환원론적 설명이 갖는 독점적인 지위를 인정하면서도 부분과 전체의 인과성에 지배되는 유기체 문제를 해결하기 위해서 목적 인과성을 도입했다. 그러나 이 같은 인과성은 기계론의 한계를 보충하고 보완하기 위해 도입된 잠정적인 것이었다. 이러한 이유에서 칸트 스스로 목적 인과성에 기초한 설명 방식의 지위에 비판적 목적론이라는 제한적 의미를 부여하였다.

이런 점들로 미루어볼 때, 칸트는 "생명체도 오로지 원인 진술을 통해 완전히 파악될 수 있다고 본 보편적 기계론"과 "전 자연이 합목적적으로 조직화되어 있다고 하는 아리스토텔레스주의의 보편적 목적론"을 동시에 배척한다.90) 또한 이와 함께 칸트가 도입한 목적론적 원리는 『순수이성비판』과 『실천이성비판』으로 대표되는 칸트 자신의 이원적인 철학을 하나의 전체로 통일하는 "체계적 매개 기능"과 기계론적 원리를 보완하는 발견술적인 "사태 분석적 기능"을 수행한다.91) 그러나 이것으로 목적론적 원리를 도입한 근본 목적이 모두 다 충족된 것으로 보이지는 않는다. 왜냐하면 필자가 보기에 칸트가 자연 목적의 개념을 도입해서 유기체 문제를 해명한 이른바 그의 비판적 자연목적론은 그 자체만으로는 아무것도 해결한 것이 없기 때문이다. 오히려 지금까지 그의 유기체에 관한 사고를 추적해본 결과 인과기계론적 사고와 원리에 의해서는 유기체에 대한 근본적인 이해에는 도달하지 못할 것이라는 칸트의 확신은 유기체에서 나타나는 특수한 경험 법칙을 우리가 이해할 수 있는 가능한 한 가지 설명 방식을 보여준 것뿐이지, 유기체가 어떻게 생겨났는지 그리고 왜 우리가 그 같은 방식을 받아들여야 하는지, 한마디로 유기체에 대한 과학적 설명이 아니며, 더욱이 목적론의 도입의 객관적 필연성에 대해서는 조금도 우리의 이해를 진척시켜주지 못하고 있다. 그렇다면 우리는 칸트 스스로도 이런 사정을 인식하고 있으면서도 왜 유기체 문제를 해결하기 위해서 자연 목적이라는 개념을 도입했는지 철저하게 반성해보지 않으면 안 된다. 그 답을 우리는 『판단력 비판』을 『실천이성비판』 및 『철학에서의 목적론적 원리의 사용에 대하여』와 연관지어봄으로써 찾아볼 수 있다.

---

90) 오트프리트 회페, 『임마누엘 칸트』, 이상헌 옮김, 문예출판사, 1997, 324쪽.
91) 김양현, 「칸트의 목적론적 자연관에 나타난 인간중심주의」, 101-102쪽 ; 오트프리트 회페, 『임마누엘 칸트』, 309쪽 이하.

생물학적 존재로서의 인간은 동시에 하나의 유기체다. 그리고 그 유기체는 자연의 산물이다. 따라서 유기체로서의 인간이 갖는 존재 특성과 그 실천적 소산들은 자연과 모순되어서는 안 된다. 다시 말해 그것은 어떤 식으로든 자연과의 일치 속에서 실현되어야 한다. 이것이 칸트가 유기체 문제를 다루면서 자연 목적의 개념을 도입해야만 했던 근본 이유다. 칸트는 다음과 같이 적고 있다.

기계론의 원리에 따르는 자연 연구가 우리의 이론적 이성 사용에 대해서 갖는 중요성으로 말미암아 자연의 모든 산물들과 사건들은, 가장 합목적적인 것조차도, 우리의 능력이 미치는 한 기계적으로 설명해야 할 사명이 있지만, 우리가 오직 이성의 개념 아래서만 연구 자체를 위해서 제시할 수 있는 자연의 모든 산물들과 사건들은, 그 기계적 원인에도 불구하고, 우리 이성의 본질적 성질에 맞게 결국에는 목적에 따르는 인과성에 종속시키지 않으면 안 된다는 것을 결코 잊어서는 안 된다.92)

인간은 이 지구상에서 창조의 최종 목적이다. 왜냐 하면 인간은 목적을 이해할 수 있고, 합목적적으로 형성된 사물들의 집합을 자기의 이성에 의하여 목적의 체계로 만들 수 있는 지상 유일의 존재자이기 때문이다.93)

결국 최종적으로 칸트의 유기체론이 그의 철학 체계에서 차지하는 위상과 역할도 여기에서 찾을 수 있다. 그러나 다른 한편으로 자연 목적에 근거해서도 목적론적 자연 이해는 한계를 갖는다. 즉, 이론철학은 비판적 목적론의 정당성을 객관적으로는 그 어떤 무엇으로도 확증할 수 없다. 그러나 칸트가 믿고 있는 유일한 가

---

92) *Kritik der Urteilskraft*, 370-371쪽.
93) *Kritik der Urteilskraft*, 384쪽.

능성은 실천적으로 자기목적성을 갖는 오성적 존재자로서의 인간이다. 도덕적 존재로서의 인간이 동시에 하나의 유기체적 존재며, 또한 그러한 존재가 자연 속에 존재한다는 것이야말로 자연과 자유의 통일 및 자연 속에서의 도덕적 목적의 실현 가능성을 체계적으로 결합시킬 수 있는 단서라 할 수 있으며, 칸트가 『판단력 비판』에서 유기체 문제를 적극적으로 도입한 결정적인 이유 또한 여기에 있었다고 생각된다.

실제로 「목적론적 판단력 비판」에서 전개하고 있는 칸트의 유기체론은 엄밀하게 말해서 그가 기회원인론과 예정설에 대해서 언급하고 있는 81절에서 종결된다. 이 이후의 논의의 주제는 오히려 자연의 최종 목적과 창조의 궁극 목적으로서의 인간 그리고 자연과 자유의 통일 가능성에 대한 문제가 「목적론적 판단력의 방법론」이라는 주제 아래 집중적인 논의의 대상이 되고 있다. 따라서 체계 통일이라는 관점에서 볼 때, 칸트가 「목적론적 판단력 비판」을 『판단력 비판』에서 자세히 논구한 근본 의도는 결코 유기체의 과학적 인식의 정초에 있었던 것도, 생물학의 철학을 전개하려고 한 것도 아니다. 왜냐 하면 "과학 이론으로서의 유기체론의 정초의 불가능성"은 칸트가 유기체 문제를 자연 목적의 개념, 즉 "자연에 대한 목적론적 개념의 도입과 전개"를 통해서 해결하려고 했다는 것으로 이미 분명해졌다고 보아야 하기 때문이다.[94] 오히려 칸트가 목적론적 원리를 도입해서 유기체에 적합한 설명 방식을 확립한 이유는 이로써 체계 통일을 꾀함과 동시에 실천 이성의 도덕적-실천적 목적의 자연(현상계)에서의 실현 가능성의 정당성을 확보하려는 데 있었다고 보는 것이 옳다고 생각된다.

칸트의 유기체론은 시대적 배경과 제약 속에서 형성된 것이었

---

94) G. Krämling, *Die systembildende Rolle von Aesthetik und Kulturphilosophie bei Kant*, 146쪽 참조.

다. 그 중에서 가장 중요한 요인으로 기계론을 들 수 있다. 칸트는 "복잡한 기계적 과정들"로 이루어진 유기체의 내적 구조를 관찰할 수 없으며, 따라서 그 특성상 기계론적 원리로는 설명이 불가능하다고 보았다. 그리고 그것은 칸트가 살고 있던 시대의 생물학의 수준이기도 하다. 이런 이유에서 필자는 칸트의 유기체론은 물론이고 비판적 목적론을 정당하게 평가하기 위해서는 그의 기계론에 대한 이해에 대한 객관적인 평가가 더 철저하게 논구되어야 한다고 생각한다. 칸트의 시대에 공유되었던 기계론에 대한 맹신과 이와 함께 그로 인해 무비판적으로 승인된 기계론의 한계에 대한 성급한 예단에 쉽게 동화되지 않았던 칸트의 비판적 태도가 유기체를 독특한 시각에서 바라보게 만들었고, 결과적으로 비판적 목적론이라는 결실을 맺게 한 주요 원인들 중의 하나가 되었다.

　학문적 연구에 종사하기 시작한 이래로 자신의 발목을 잡았던 "경탄"의 대상인 유기체에 대해서 칸트가 최종적으로 도달한 귀결은 유기체에 대한 과학적 설명, 즉 기계론적 설명 가능성을 결코 허용하지 않았다는 것이다. 다시 말해서 칸트의 목적론적 유기체론은 유기체에 대한 과학적 설명으로 제시된 것이 아니라 유기체를 설명하는 과학적 이론들의 대립을 중재하고, 가능한 해결책을 제시함으로써 이론철학의 체계적 통일과 완성을 위해 기획된 것이었다. 비록 유기체의 설명 원리로 적용할 수는 없었지만 칸트에게 유일한 과학적 설명 방식은 인과기계론적 원리였다. 따라서 우리가 칸트의 유기체론을 그의 비판적 목적론의 체계 의도와는 독립적으로 평가하기 위해서는 그의 기계론 이해에 대한 엄정한 평가가 병행되어야 한다. 그 이유는 칸트의 유기체론은 유기체를 기계론적 원리로는 설명될 수 없는 "경탄"의 대상으로 보는 사고, 즉 기계론에 대한 "일정한 이해"에 절대적으로 의존하고 있기 때문이다.

그런데 칸트에게 유기체 문제는 그가 철학적 사유를 본격적으로 시작할 때부터 말년에 이를 때까지 그를 지속적으로 고민하게 만들었던 것들 중의 하나였다. 『판단력 비판』에서 보여준 칸트의 유기체론은 유기체 문제와 직접적으로 대결하면서 이를 해결했다 기보다는 오히려 (잠정적으로) 체계 기획과 완성을 위해 활용한 흔적이 짙다. 이러한 사실은 칸트의 『유고』에서도 간접적으로 엿볼 수 있다.

유기체의 가능성은 증명될 수도 요청될 수도 없지만, 그럼에도 이 것은 하나의 근본 사실(Factum)이다.[95]

이 『유고』에서 유기체는 『실천이성비판』에서 정립한 이성의 근본 사실로서의 도덕 법칙처럼 부인할 수 없는 사실로 사유되고 있다. 그럼에도 불구하고 『유고』에서 칸트가 보여주고 있는 유기체론은 여전히 명료하지 않다. 그런데 만일 유기체를 하나의 근본 사실로 받아들이게 되면 생명체 자체는 우리의 오성적 이해의 한계를 넘어서면서도, 또한 더 이상 반성적 판단력의 선험적 원리에 따라서 존재하는 것도 설명할 수 있는 것도 아니게 된다. 더 나아가 이렇게 되면 칸트가 『순수이성비판』에서 확립한 이른바 "객관 인식의 가능성의 조건들은 동시에 객관의 존재의 조건들이다"라는 대원칙은 더 이상 유지될 수 없기 때문에 비판론 전체가 붕괴되고 만다.[96] 그러나 단편적인 사유들로 채워져 있는 『유고』에서의 실제 의도가 무엇인지는 단정짓기 힘들다. 하지만 칸트가 『판

---

95) I. Kant, *Opus postumum*, in *Kant's gesammelte Schriften* nach der Ausgabe der Königlich Preußischen Akademie der Wissenschaften, Berlin, 1910ff, Band XXII. 481, 8.

96) V. Mathieu, *Kants Opus postumum*, Frankfurt / M : Klostermann, 1989, 212쪽 참조.

단력 비판』에 이르러 체계적으로 확립한 유기체론을 넘어서 이 문제에 대해서 계속 사유하면서 또 다른 방식의 설명 가능성을 놓고 고민했던 것만은 분명한 것 같다.

□ 참고 문헌

김광명, 『칸트 판단력 비판 연구』, 이론과실천, 1992.

김양현, 「칸트의 목적론적 자연관에 나타난 인간중심주의」, 『철학』 제55집, 한국철학회, 1998.

김 진, 『칸트와 생태 사상』, 철학과현실사, 2003.

맹주만, 「칸트와 헤겔의 자연 개념」, 『칸트와 독일이상주의』, 『칸트 연구』 제6집, 한국칸트학회 편, 철학과현실사, 2000.

손동현, 「선험적 이성의 생물학적 연원 — 진화론적 인식론의 인식론적 의의」, 『철학 연구』 제54집, 철학연구회, 2001.

오트프리트 회페, 『임마누엘 칸트』, 이상헌 옮김, 문예출판사, 1997.

원승룡, 「진화론적 인식론 대 초월론적 인식론」, 『대동철학』 창간호, 1998.

카울바하, F., 『칸트 비판철학의 형성 과정과 체계』, 백종현 옮김, 서광사, 1992.

Adickes, E., *Kant als Naturforscher*, 2Bde., Berlin : W. de Gruyter, 1925.

Glass, B. (ed.), *Forerunners of Darwin 1745~1859*, Baltimore : John Hopkins University Press, 1959,

Kant, I., *Immanuel Kant Werkausgabe in zwölf Bänden*, Herausgegeben von Wilhelm Weischedel, Frankfurt / M : Suhrkamp,

1968.

Kant, I., *Gedanken von der wahren Schätzung der lebendigen Kräfte und Beurteilung der Beweise, derer sich Herr von Leibniz und andere Mechaniker in dieser Streitsache bedienet haben, nebst einigen vorhergehenden Betrachtungen, welche die Kraft der Körper überhaupt betreffen* (1746), Band I.

Kant, I., *Allgemeine Naturgeschichte und Theorie des Himmels, oder Versuch von der Verfassung und dem mechanischen Ursprunge des ganzen Weltgebaüdes nach Newtonischen Grundsätzen abgehandelt* (1755), Band I.

Kant, I., *Der einzig mögliche Beweisgrund zu einer Demonstartion des Daseins Gottes* (1763), Band II.

Kant, I., *Von den verschiedenen Rassen der Menschen* (1775), Band XI.

Kant, I., *Kritik der reinen Vernunft* (1781 / 1787), Band III / IV.

Kant, I., *Rezensionen zu Johann Gottfried Herder ; Ideen zur Philosophie der Geschichte der Menschheit* (1784 / 1785), Band XII.

Kant, I., *Bestimmung des Begriffs einer Menschenrasse* (1785), Band XI.

Kant, I., *Über den Gebrauch teleologischer Prinzipien in der Philosophie* (1788), Band IX.

Kant, I., *Kritik der Urteilskraft* (1790), Band X.

Kant, I., *Opus postumum, in Kant's gesammelte Schriften* nach der Ausgabe der Königlich Preußischen Akademie der Wissenschaften, Berlin, 1910ff, Band XXI / XXII.

Krämling, G., *Die systembildende Rolle von Aesthetik und*

Kulturphilosophie bei Kant, Freiburg / München : Karl Alber Verlag, 1985.

Lehmann, G., "Kant und der Evolutionismus. Zur Thematik der Kantforschung Paul Menzers", in *Kant-Studien* 53 (1961 / 1962).

Lieber, H.-J., "Kants Philosophie des Organischen und die Biologie seiner Zeit", in *Philosophia Naturalis* 1 (1950 / 1952).

Lorenz, K., "Kants Lehre vom Apriorischen im Lichte gegen-wärtiger Biologie"(1941), in *Das Wirkungsgefüge der Natur und das Schicksal des Menschen*, 2 Aufl., München / Zürich : R. Piper & Co. Verlag, 1983.

Löw, R., *Philosophie des Lebendigen. Der Begriff des Organischen bei Kant, sein Grund und seine Aktualität*, Frankfurt / M : Suhrkamp, 1980.

Mathieu, V., *Kants Opus postumum*, Frankfurt / M : Klostermann, 1989.

May, J. A., *Kant's concept of geography and Its relation to recent geographical thought*, Toronto and Buffalo : University of Toronto Press, 1970.

McLaughlin, P., *Kants Kritik der teleologischen Urteilskraft*, Bonn : Bouvier, 1989.

Model, A., *Metaphysik und reflektierende Urteilskraft bei Kant : Untersuchungen zur Transformierung des leibnizschen Monadenbegriffs in der "Kritik der Urteilskraft"*, Athenäum : Hain Verlag, 1986.

Roretz, K., *Zur Analyse von Kants Philosohpie des Organischen*, Vienna : Akademie der Wissenschafter in Wien, 1922.

Vollmer, G., *Was können wir wissen?*, Band 1, *Die Natur der Erkenntnis. Beiträge zur Evolutionären Erkenntnistheorie. Mit einem Geleitwort von Konrad Lorenz, 2. Aufl.*, Stuttgart : Hirzel, 1988.

Wuketits, Franz M., *Zustand und Bewußtsein. Leben als biophilosophische Synthese*, Hamburg : Hoffmann und Campe, 1985.

Ungerer, E., *Die Teleologie Kants und ihre Bedeutung für die Logik der Biologie*, Berlin : Borntraeger, 1922.

Zammito, John H., *The Genesis of Kant's Critique of Judgment*, Chicago & London : The University of Chicago Press, 1992.

생명 윤리의 인격 논쟁

김 종 국

1. 들어가는 말 — 생명공학 시대의 인격

전통적으로, 최소한 근대 이래, 특히 서양에서, 인간의 생명권은 인격 개념에 의해 정당화되어 왔다.[1] 인간을 죽여서는 안 되는 '근거'는 '자연적, 생물학적 인간이라는 사실의 차원'에 있는 것이 아니라 '권리 주체로서의 인격이라고 하는 법적, 도덕적 차원'에 있는 것이다. 권리의 주체인 인격인 한에서 인간은 생명권을 지닌다. 전통적으로 이 인격의 외연이 생물학적, 자연적 인간과 일치한다고 여겨졌기 때문에 자연적 인간은 생명권의 담지자를 판정하는 (근거가 아니라) '기준'으로 받아들여져 왔다.

그러나 오늘날 '권리의 주체로서의 인격'과 '생물학적 존재로서의 인간'의 관계는 과학 기술의 인간에 대한 적용을 통해 생긴 복

[1] 인격의 개념사에 대해서는 *Person Philosophische Texte von der Antike bis zur Gegenwart*, hrg. M. Brasser, Stuttgart, 1999 참조. 특히 편자의 서문 9-28 참조.

잡한 문제로 인하여 윤리학의 관심사가 되고 있다. 이 문제란 수정란이나 배아와 같은 발생의 초기 단계와 뇌사 상태와 같은 소멸 단계에서 인간이 '권리의 주체로서의 인간', 즉 인격인가 하는 것이다. 이러한 문제 제기의 조건을 더 자세히 고찰해보면 첫째, '과학 기술의 인체에 대한 적용으로 인해 인간 생명이 (특히 초기와 말기 단계에서) 탈자연화될 수 있다, 즉 기술적 조작의 대상이 될 수 있다'는 사태이고 둘째, 이러한 '탈자연화가 종종 윤리적 요구를 지니고 제안된다'는 사태다. 다시 말해, 현대의 생명 의료 기술의 발전이 전통적으로 자연적 과정에 맡겨졌던 수정란, 배아, 태아의 발생 과정에 그리고 죽음의 과정에 기술적으로 개입할 수 있는 가능성을 열어놓았기 때문에, 다음으로 이러한 개입이 종종 윤리적 목적(예를 들어 인공 수정을 통한 불임 해결, 배아 세포 연구를 통한 난치병 치료술 개발, 장기 기증에 동의한 뇌사자로부터의 장기 적출을 통한 장기 확보)을 가지고 제안되기 때문에 수정란, 배아, 비가역적 혼수 상태의 인간 등의 권리상의 지위 문제가 등장하는 것이다.

만일 배아나 비가역적 혼수 상태의 인간이 인격이 아니라면, 즉 생명권의 담지자가 아니라면, 이들 생명에 대한 개입은 규범적 문제를 야기하지 않을 것이다. 인격의 기준으로 '발생 및 소멸의 모든 단계에서의 인간'을 받아들이기를 거부하는 이러한 소위 '인격과 인간의 비등가설(Nicht Äquivalenz-Doktrin)'의 입장에서면 '인격 없는 인간'도 가능할 것이다.

다른 한편, 발생과 소멸에서 모든 단계의 인간을 인격의 기준으로 보는 등가설은 인격을 특정의 자연 속성으로 환원하는 데 반대한다. 그런데 이 중 한 입장은 인격 개념을 '자연적 속성들의 근저에 놓인 본질' 개념과 결합으로서 전통적인 아리스토텔레스의 형이상학에 기댄다.

인격 논쟁에서 이러한 두 입장이 일정한 한계를 지닌다고 보는 본고는 이 두 입장을 ① 유전자 치료, 안락사 그리고 뇌사자 장기 기증이라고 하는 생의 윤리상의 전형적 문제들과 관련하여, ② '인격의 존엄' 개념을 척도로 해서 비판적으로 검토하고(III), 대안적인 인격관을 모색한다(맺음말). 이를 위해 먼저 비판의 대상이 되는 두 입장, 즉 인격의 기준을 특정의 자연적 속성으로 환원하는 입장(I)과 인격을 '인간의 제 속성들을 관통하는 본성'으로 보는 입장(II)이 간략히 정리될 것이다.

2. 인격과 '자기 의식'

인격 논쟁에서 비등가설의 효시는 로크의 인격 동일성에 관한 이론이다. 그는 인격을 법적 책임의 주체로 정의하고 자연적 인간과 구별한다.[2] 그런데 그가 보기에 책임의 주체가 되기 위한 필수 전제는 '시간 내에서의 인격의 동일성'인데 그는 이 동일성의 근거를 전통적 존재론의 언어인 '실체' 개념에서 찾는 대신 의식에서 찾는다. "의식만이 분리된 실존들을 하나이자 동일한 인격으로 통일한다. 실체의 동일성은 그럴 능력이 없다."[3] '의식의 연속성 내에 존재하는 통일'을 인격의 동일성의 기준으로 봄으로써 로크는 인격의 동일성의 심리적 기준을 제시한다. "사람의 인격의 동일성의 범위는 지나간 행위나 생각에 그의 의식이 미치는 범위다."[4] 이렇게 인격의 동일성은 기억에 의해 유지되는 심리적 자기동일

---

2) J. Locke, *Über den menschlichen Verstand. II*, Hamburg, 1988 (Orig. *An essay concerning human understanding*) 429 참조.

3) J. Locke (1988), II, 432.

4) J. Locke(1988), II. 420.

성의 의식으로 환원된다. 아리스토텔레스의 실체 개념과 결합한 전통적, 기독교적 인격 개념에서는 인격의 부분 집합이 의식이었지만 로크에 이르러 이 관계가 역전될 가능성이 생긴 것이다. 결국 로크는 인격 개념을 존재론의 언어가 아니라 법의 언어로부터 취했지만 인격의 기준을 심리적인 의식으로 둠으로써 인격의 자연화에 첫 발을 내디딘 것이다.[5] 이 기준에 입각하면 명료한 자기의식을 가지지 못한 중증 정신장애자는 인격이 아니다.[6] '생명에 대한 바람 혹은 바랄 수 있는 능력의 현존이 결여된 유아는 생명권이 없다'고 보는 툴리(Tooley)도 이러한 로크적 노선상에 있다.[7] 마찬가지로 싱어(Singer)도 오로지 자신의 행위에 대한 의식을 가지고 있는 존재만이 책임의 주체일 수 있고 그런 한 권리의 주체일 수 있다고 본다. 그에 따르면 유아는 '인격 없는 인간'이며 이에 비해 자기 의식을 지닌 성숙한 유인원은 '인간 아닌 인격'이다.[8] 더 나아가 해리스(Harris)는 설령 자기 의식을 가진 인간이라 할지라도 그가 죽기를 원하는 경우에는 생명권이 없다고 본다. 그에 따르면 자신의 생명을 가치 있게 여기는 인간만이 인격이다. 이렇게 되면 생명의 포기가 환자의 자기 결정에 입각

---

5) 집(L. Siep)은 로크가 인격에 대한 형이상학적 근거 지음을 피한 대가가 바로 문제 많은 '인격과 인간의 분리'라고 보고 있다. 로크의 인격관에 대한 그의 비판적 평가로는 L. Siep, *Praktische Philosophie im deutschen Idealismus*, Frankfurt am Main, 1992, 81f. 참조. 그리고 집의 인격관에 대해서는 L. Siep, *Identität der Person*, Basel, 1983, 참조.

6) 그래서 로크에게서 '미성숙한 정신 단계에 처한 인간의 생명 보호'는 인격의 생명권과는 다른 방식으로 정당화된다. 그가 제시하는 것은 '이성 사용 능력이 없는 정신장애자도 신의 피조물이라는 점에서 보호되어야 한다'는 신학적 정당화다. 이에 대해서는 J. Locke(1988), IV, 12f. 참조.

7) M. Tooley, "Abortion and Infanticide", in: *Philosophy & Public Affairs*, 1972. 37-65.

8) P. Singer, *Praktische Ethik*, Stuttgart, 1994 (Orig. *Practical Ethics*, Cambridge, 1993), 177-224 참조.

할 경우 이를 돕는 것은 의사의 의무다.9) 이러한 비등가설의 주장은 현대에서는 파핏에 의해 심리철학적으로 지지된다. 파핏의 다발성 이론에 의하면 의식의 연속은 '사건의 심리적 다발'로 환원된다.10)

이처럼 현대의 비등가설은 인격의 기준을 '자기 의식'이라는 심리적 사태의 유무에 둠으로써 비가역적 혼수 상태의 인간이나 아직 자기 의식을 지니기 전의 상태인 수정란, 배아, 태아(혹은 더 나아가 유아)를 인격의 범주에서 제외하고 따라서 생명권의 담지자로 보지 않는다. 말하자면 이 입장은 인격의 불가침성을 고수하되 인격의 외연을 새로이 규정함으로써 대처하고 있는 것이다.

이러한 비등가설의 입장에 대해 제기될 수 있는 반론은 그들의 인격 기준이 상당 부분 일상의 도덕적 직관과 모순된다는 것, 그리하여 종종 (특히 유아 살해 허용 주장과 관련하여) 실정법과 충돌한다는 것이다. 삶의 변화된 상황과 그것이 제기하는 전형적 문제들에 민감해야 하는 것이 윤리학의 주요 임무라는 것은 의심될 수 없으며 비등가설이 이러한 변화를 고려하고 있음은 분명하다. 그러나 이러한 '도덕 규범의 기능화'와 관련해서 비등가설에 대해 제기될 수 있는 의문은 '뇌사 판정이나 안락사 허용 그리고 인간 배아에 대한 개입이 오로지 인격 개념의 외연을 변경함에 의해서만 정당화되어야만 하는가' 하는 것이다.

---

9) 이상 J. Harris, *Der Wert des Lebens. Eine Einführung in die medizinische Ethik*, Berlin, 1995 (Orig. *The Value of Life An introduction to ethics*, 1985, London) 86-104. 참조.

10) D. Parfit, *Reasons and Persons*, Oxford, 1989. 321-347. 참조. 파핏에 의하면 로크의 '가능적 기억'이 지니는 난점을 피하는 유일한 방식이 바로 의식을 '묶음 가능한 심리적 사건들'로 환원하는 것이다.

3. 인격과 '인간 본성'

인격의 기준을 '발생의 모든 단계에서의 생물학적 인간'과 동일시하는 (인격 기준에서) 등가설은 비등가설에 대한 반론으로 제기된다. 그런데 전형적 등가설 이전에 다루어져야 할 것은 등가설과 비등가설의 중간 지점에 위치한다고 보이는 소위 '가능적 인격설'이다. 가능적 인격설은 성인 단계의 인격을 인격의 기준으로 받아들이면서도 그 외의 단계의 인간에 대해 비등가설과 다른 주장을 제기한다. 태아나 배아는 아직 인격이 아니지만 장차 인격이 될 '가능적 인격'이라는 것이다.[11] 어린이는 '의사 소통 공동체의 구성원이 될 수 있는 한에서'(하버마스)[12] 혹은 '성숙한 인격들의 상호 협력 공동체의 구성원이 될 수 있는 한에서'(투겐트하트)[13] 도덕적 요구를 지닌다고 보는 입장도 여기에 속한다. 그러나 엄밀히 말하자면 이들 입장에서 태아가 보호되어야 하는 이유는 태아가 인격이 될 것이라는 데 있는 것이지 태아 자체가 인격이기 때문은 아니다. 다시 말해 태아의 가치는 태아 자체에 있다기보다는 '장차 가질 속성'에 있는 것이다. 이 점에서 가능적 인격설은 비등가설에 더 가깝다.

슈패만은 '모든 인간은 인격이다'라고 주장함으로써 이러한 가능적 인격설을 비판한다. 그에 따르면 "그 어떤 속성도", 그것이 의식이든 의사 소통 능력이든 간에, "인격 존재로 불릴 수 없으며",[14] "인격이라는 단어는" 인간의 특정 속성들을 지시하는 것이

---

11) 헤어의 입장이 이에 속한다. 이에 대해서는 R. M. Hare, "Possible People", in : Bioethics, 1988, 279-293. 참조. 그리고 E. T. Olson, "Was I Ever a Fetus?", in : *Philosopy and Phenomenological Research*, 1997. 95-110도 참조.

12) J. Habermas, *Faktizität und Geltung*, Frankfurt am Main, 1992, 137f.

13) E. Tugendhat, *Vorlesungen über Ethik*, Frankfurt am. Main, 1991, 57f. 참조.

14) R. Spaemann, *Personen. Versuche über den Unterschied zwischen "etwas"*

아니라 이러한 "속성들의 담지자를 지시한다."[15] 인격이란 '임의로 가질 수도 있고 아니 가질 수도 있는 그러한 속성'이 아니라 인간의 본성(Natur),[16] 말하자면 인간의 가능성의 "선험적 조건"[17]이라는 것이다. 인격을 인간의 본성으로 봄으로써 그의 논의는 '실체로서의 인간 생명'이라고 하는 아리스토텔레스의 주장과 연결된다. 이러한 입장에 서면 비가역적 혼수 상태의 인간은 아픈 인격이지 비인격적 인간이 아니며 태아도 가능적 인격이 아니라 현실적 인격이다.[18] 마찬가지로 코라디니(Corradini)도 이러한 '인격에 대한 존재론적 규정'을 고수한다. "어떤 인간에게 사실상으로 (de facto) 합리성과 같은 본질적 특성이 결여되어 있는 경우(배아, 태아, 신생아)라 할지라도 ― 그리고 특정의 발전 단계에서의 결여가 아니라 단적으로 결여된 경우라 할지라도 (중증 정신장애자) ― 이들 인간은 그럼에도 불구하고 자신의 존재의 전체성에서 합리적 행위에의 자질을 획득하는 것에 정향되어 있으며"[19] 따라서 인격이라는 것이다. 그에게서 인격의 가치는 각 개인의 특정 속성들의 고유한 조합, 즉 "일회성(Einmaligkeit)"[20]에 있다.

---

und "jemand", Stuttgart, 1996, 14. 참조.

15) R. Spaemann (1996), 15.

16) R. Spaemann (1996), 212, 254 참조.

17) R. Spaemann (1996), 261.

18) R. Spaemann (1996), 262. 참조.

19) (괄호 안은 필자) A. Corradini, "Goldene Regel, Abtreibung und Pflicht gegenüber möglichen Individuen", in : *Zeitschrift für philosophische Forschung*, Bd. 48, 1994, 37. 코라디니는 이 글에서 '황금률을 통해 낙태 금지를 정당화하는 헤어가 '경험주의적 인격 개념'에 근거하고 있음을 비판하고 있다. 그의 인격 개념에 대해서는 이 글 외에도 A. Corradini "Intersubjektivität und Objektivität der moralischen Werte", in : *Freiburger Zeitschschrift für Philosophie und Theologie*, 1993, 참조.

20) A. Corradini (1994), 39. 한편, 슈패만은 이러한 인격의 특성을 '존재 방식의 유일성(Einzigartigkeit)'이 아니라 '존재의 유일성(Einzigkeit)'으로 표현한다.

이러한 존재론적 등가설은 일단 유아나 장애아의 생명권 소유 여부 문제에서 상식적 도덕적 직관과 부합하며 이에 근거한 실정법과도 충돌하지 않는다. 그러나 이 입장은 다른 한편 존재론적 형이상학으로부터 도덕의 영역을 차별화해내지 못할 위험에 처하는 것 같다. 이러한 존재론적 근거지움은 만일 그것이 구체적, 사회 윤리적 문제 상황에 독립적으로 전개될 경우 '옳을지는 모르지만 무능하다'는 비판에 직면할 수 있다. 뿐만 아니라 이 '인간 본성으로서의 인격'의 개념이 '도덕적 근거에서 인간 생명에 개입하는 (불가피한) 경우'를 옹호할 수 있을 것인지 분명치 않다. 예를 들어 유전적 결함을 가진 태아의 유전자를 교정하는 것을 허용할 것인가 하는 문제, 혹은 강간에 의한 임신의 경우에 낙태를 허용할 것인가 하는 문제에 대해 '실체로서의 인간 생명 개념' 자체는 말해주는 것이 없다.21)

4. 인격의 존엄과 생명권

만일 우리가 유전자 변형, 안락사 그리고 '장기 기증을 위한 뇌사 판정' 등 현대 생의 윤리의 인격 논쟁을 촉발하는 전형적 문제를 인간 생명의 불가침성이라는 규범의 타당성 자체를 부정함을

Spaemann (1996), 175 참조.

21) 이와 관련해서는 슈패만의 입장에 대해 '비판적으로 지지'하고 있는 T. Rehbock, "Zur Gegenwärtigen Renaissance und Krise des Personbegriffs in der Ethik", in : *Allgemeine Zeitschrift für Philosophie*, 1998. 79-80. 참조. 그리고 존재론적 등가설의 입장에서면 '희생 행위로서의 장기 이식을 위한 뇌사 판정'도 거부될 가능성이 높다. 존재론적 인격관에 입각한 '뇌사 반대' 입장으로 분류될 만한 글로서는 H. Jonas, "Gehirntod und menschliche Organbank : Zur pragmatischen Umdefinierung des Todes", in : ders, *Technik, Medizin und Ethik. Praxis des Prinzips Verantwortung.* Frankfurt am. Main, 1987, 219-241 참조.

통해 '회피'하거나[22] 살인 금지 규범에서 인격의 외연을 재해석함을 통해 '비켜가지' 않는다면, 관건은 사회 윤리의 차원에서[23] 정당화 가능한 '생명권의 상대화'를 모색하는 일인 것으로 보인다.[24]

생명의 가치가 인격의 가치의 주요 규정인 것은 분명하다. 그러나 생명의 가치와 인격의 가치는 동의어가 아니며 생명권은 기본적 인권에 속할 뿐이다. 인권에는 이러한 기본적 권리 외에도 온전한 인간으로 양육 받을 권리 혹은 명예를 손상받지 않을 권리 등의 자연권이 속할 수 있다. 뿐만 아니라 인격의 가치를 이루는 것에는 단지 인권의 요구로 나타나는 가치들뿐만 아니라 순수한 도덕성의 표현인 가치들도 있다. 예를 들어 내면적 진실성이라든지 타인을 위해 자기 생명을 포기하는 희생 같은 것이 이에 속한다. 이렇게 도덕성 자체에서 비롯되는 인간의 가치는 전통적으로 '존엄'의 개념을 통해 표현되어 왔다.[25]

---

22) 회르스터는 이러한 불가침성의 일반적 타당성을 부정한다. 불가침성 주장은 종교적 세계관의 잔재로서 근대 이후의 과학적 세계관과 양립 불가능하다는 것이다. N. Hoerster, *Abtreibung in säkularen Staat. Argument gegen den §218*, Frankfurt a. Main, 1991, 14 참조. 더 나아가 그는 생명권을 인권으로 파악하는 것도 반대한다. N. Hoerster, "Menschenrechte auf Leben und Tötungsverbot", in : *Merkur 50*, 1996, 883 참조. 내가 보기에 회르스터는 '의료 윤리에서 법실증주의적 접근의 위험성의 실례'를 보여주고 있는 것 같다. 실정법적으로 사실상의 살인 허용이 있을 수 있다는 것으로부터 살인 금지 규범의 보편적(혹은 자연법적) 구속력 일반의 부정으로 나가고 있기 때문이다.

23) 인격의 시작과 끝과 관련한 이들 '전형적' 사례들은 '개인 윤리적 사례'가 아니라 '사회 윤리적 사례'들이다. 다시 말해 뇌사 판정, 안락사, 배아 발생 단계의 유전자 개입 등의 행위는 전적으로 환자나 의사 개인의 결단의 차원이 아니라 공적 관심과 판단의 차원의 행위다. 즉, 이 행위들은 제도적 행위다. 뇌사 판정, 안락사 기준, 배아 연구와 관련한 사회적 합의는 개인의 도덕적 선호나 결단과 다를 수 있는 것이다.

24) 이 점에서 안락사, 뇌사, 배아 연구 등의 인격 논쟁에서 전형적 사례들은 규범의 구체화를 요구하는 '규범 형성적 사례들'이다. 추상적 원칙은 사례들의 요구에 적합하게 구체화될 수 있을 경우에만 적용될 수 있다.

먼저, 손상된 온전성을 복구하려는 치료 목적을 가지고 수정란이나 배아 단계의 유전자에 개입하는 것은 '인격의 가치' 개념에 의해, 인격의 외연을 축소하는 비등가설에 기대지 않고서도 정당화될 수 있을 것으로 보인다. 이에 비해 만일 존재론적 논증 혹은 종종 '생명의 신성함'이라는 주장과 더불어 등장하는 형이상학적 논변26)이 인간의 유전자에 대한 그 어떤 종류의 개입도 거부하는 것으로 귀결된다면 이는 인권에 충돌할 수 있다. 왜냐 하면 초기 단계에서의 인간을 '도덕적 능력을 갖춘 인격'으로 자라나도록 만드는 것, 그리하여 이를테면 유전적 결함 때문에 이러한 성숙한 인격으로 자라나는 것이 방해받을 위기에 처해진 초기 단계의 인간에게, 이러한 결함을 수정하기 위해 개입하는 것은 '인간의 가치' 자체가 명령하는 것으로 보이기 때문이다. 따라서 수정란, 배아를 인격으로 인정하는 것과 이 단계들에서 당사자의 유전적 결함의 치유가 목적일 경우 그들의 생명에 개입하는 것은 양립 가능할 수 있는 것이다. 물론 유전적 결함의 극복을 목적으로 하는 '소극적 우생(優生)'과 이를 넘어 소질의 개선을 목적으로 하는 '적극적 우생'을 면밀히 구별하는 ('미끄러운 언덕길'의) 문제가 있긴 하지만27) 최소한 이 구별의 모호함 때문에 '직접적 치료 목적의 유

---

25) 서양의 '존엄' 개념에 기독교의 영향이 각인되어 있다는 점은 분명하다. 그러나 이 개념은 기독교적 기원을 갖는 '인격' 개념에 선행하여 이미 스토아 철학자 시세로에게서 사용되었다. 그렇기 때문에 인격 개념에 대한 신학적 모티브가 탈락되어도 (인격의) 존엄 개념은 남는다. 이에 대해서는 H. M. Baumgartner, "Einleitung", in : *Beginn, Personalität und Würde des Menschen*, hrg. Günter Rager, Freiburg, 1997, 174 참조.

26) 이에 대해서는 D. Mieth, "Genomanalyse-Pränatanaldiagnostik, ethische Grenzen?", in : *Humangenetik-Segen für die Menschheit oder unkalkulierbares Risiko?*, hrg. D. Beckmann, Frankfurt a. Main, 1991, 127 참조.

27) 이에 대해서는 K. Bayertz, "Gen und Ethik : Zur Struktur des moralischen Diskurs über die Gentechnologie", in : Gentechnik, *Ethik und Gesellschaft*, hrg. M. Elstner, Berlin, 1997, 113 / D. King, "Eugenic Tendencies in Modern

전자 개입의 원칙적 정당성'이 부정될 수는 없을 것 같다. 마찬가지로 유전자 치료 기술의 불확실성, 예를 들어 유전자 변형이 원하지 않은 부작용을 낳을 가능성 등이 이러한 치료의 '원칙적' 정당성을 부정하지는 못하는 것이다.

안락사의 문제도 생명권과 인격의 가치 간의 질서화가 요구되는 경우로 볼 수 있다. (극단적 비등가설의 주장처럼) 생에의 바람을 포기한 사람으로부터 인격의 지위를 박탈함으로써 그에 대한 죽임을 무차별적으로 정당화하거나 (존재론적 등가설의 주장처럼) 어떤 경우에도 생명에 대한 본질적 개입을 금지함으로써 문제에 접근하는 것은 인격의 가치 개념의 정당한 적용이라 보기 어렵다. 명예를 위한 죽음에서 보이는 것과 같은 '생명의 가치에 대한 인격 가치의 우위'가 안락사에 적용될 수 있을 것이기 때문이다. 물론 '인격의 가치'를 위해, 즉 '명예를 위해 생명을 포기할 수도 있는 긴급한 조건', 말하자면 '존엄사의 조건'을 명확히 하는 것(예를 들어 감내 불가능성에 대한 규정)이 여기서는 중요하다.

마지막으로, 확실히 '뇌사 상태에 빠질 경우 장기를 기증하기로 동의한 사람으로부터 장기를 적출하여 타인에게 이식하는 일'은 인격의 존엄의 표현으로서의 희생에 부합하는 측면이 있다. 이에 비해 인간의 죽음에 대한 전통적 존재론적 정의인 심폐사를 무차별적으로 옹호하여 어떤 경우에도 죽어가는 인간 생명에 개입하는 것을 금지한다면 이러한 자발적 희생의 기회는 봉쇄된다. 그리고 이러한 희생의 제도적 수용으로서의 '(뇌사자라는) 인격의 생명에 대한 개입'은 비등가설이 주장하는 '(인격 없는, 따라서 생명권을 가지지 않는) 인간의 생명에 대한 개입'과는 질적으로 구별되는 의미 차원에 있는 것이다. 중요한 것은 희생에서 보이는 자발성이다. 희생은 그 본질적 의미 규정으로 자발성을 가지기 때문

Genetics", in : *Ethics & Medicine*, 1998, 14. 3, 84-89 참조.

에 사회는 이러한 희생을 강요할 수 없다. 그러므로 뇌사자의 장기 기증에서 핵심 문제는 장기 기증에 대한 동의를 객관적으로 확증하는 일이다.[28]

5. 맺음말

. 요약하자면 다음과 같다. 인격의 외연과 관련하여 '(자기) 의식의 소유자만이 인격이다'라는 비등가설의 주장은 도덕적 직관에 위배되므로 생명권 혹은 살인 금지 규범의 적용 규칙이 될 수 없다. 따라서 '모든 발생과 소멸의 단계에서 인간은 인격이다'라는 등가설의 주장은 여전히 유효하다. 그러나 인간 본성으로서의 인격을 고수하는 '존재론적 등가설'이 사회 윤리적 적용 능력을 지니는지는 의문이다. 배아 조작, 안락사 뇌사 등의 문제에서 생명에 대한 '본질적 개입'은, 인격의 외연을 축소하지 않고서도 그리고 존재론적 등가설에서와는 달리 인격의 가치의 표현인 '온전한 인격으로 자랄 권리', 명예권, '자발적 희생' 등의 개념을 적절히 적용함에 의해 정당화될 수 있다.

필자가 보기에 인격의 존엄과 관련한 이러한 도덕의 사태들과 양립 가능한 등가설의 가장 유력한 후보 중의 하나는 칸트의 인격설이다. 잘 알려진 대로 칸트는 그의 이론철학에서 실체로서의 영혼 개념을 비판한다. 오늘날의 인격 논쟁과 관련해보자면 그는 존재론적 등가설과 거리를 두는 셈이다. 대신 그는 그의 실천철학에서 자유 개념 위에 인격을 기초하며 이러한 논의는 '인격의 존엄'

28) 장기 적출에서 동의 해법은 당사자나 가족의 동의가 있는 경우에만, 반대 해법은 당사자가 명백한 반대를 하지 않은 한 뇌사 당사자로부터 장기를 적출할 수 있다고 본다.

개념으로 집약되어 나타난다. 그런데 그는 자유와 자연의 관계를 논하는 『판단력 비판』에서 인간 신체를 도덕성의 상징으로 봄으로써 인격의 기준과 관련하여 우리의 관심을 끈다.[29] 3비판서를 일관하는 그의 인격관을 고찰하는 일은 하나의 독립된 고찰을 요한다. 여기서는 다만 그의 이러한 인격관, 특히 인격의 기준이 '인권에 기초한 연대성'으로 압축될 수 있는 그의 『도덕 형이상학』에서 '사회 윤리적으로' 이미 적용되고 있다는 점을 지적하고 싶다. 우리의 논의와 관련해볼 때, 예를 들어 도덕 형이상학의 법론에는 '인격으로서의 어린이', '어린이의 양육받을 권리 및 성인의 양육할 의무'가 명시적으로 언급되고 있으며,[30] 덕론에는 '공동체를 위한 자살의 정당성'이 암시되고 있는 것이다.[31] 요컨대 칸트의 인격관은 '경험주의적 인격관'과 '존재론적 인격관' 양자의 난점을 회피할 수 있는 '도덕 형이상학적 인격관'인 것이다. 다시 말해 인격 개념의 적용과 관련해서는 '존재론적 형이상학'에 대해 '도덕 형이상학'이, 인격의 정당화와 관련해서는 '도덕의 경험주의'에 대해 '도덕 형이상학이' 장점을 지니는 것으로 보인다.

□ 참고 문헌

Baumgartner H. M., "Einleitung", in : Beginn, *Personalität und Würde des Menschen*, hrg. Günter Rager, Freiburg, 1997.
Bayertz, K., "Gen und Ethik : Zur Struktur des moralischen Diskurs über die Gentechnologie", in : *Gentechnik, Ethik*

---

29) I. Kant, *Kritik der Urteilskraft*, Akademie Ausgabe, Bd. V. §§17, 59. 참조.
30) I. Kant, *Metaphysik der Sitten*, Akademie Ausgabe, Bd. VI. 280 참조.
31) Ebd. 421 참조.

und Gesellschaft, hrg. M. Elstner, Berlin. 1997.

Brasser M., hrg. *Person Philosophische Texte von der Antike bis zur Gegenwart*, 1999.

Corradini A., "Goldene Regel, Abtreibung und Pflicht gegenüber möglichen Individuen", in : *Zeitschrift für philosophische Forschung*, Bd. 48, 1994.

Corradini A., "Intersubjektivität und Objektivität der moralischen Werte", in : *Freiburger Zeitschschrift für Philosophie und Theologie*, 1993.

Locke J., *Über den menschlichen Verstand. II*, Hamburg, 1988 (Orig. *An essay concerning human understanding*).

Habermas J., *Faktizität und Geltung*, Frankfurt am Main, 1992.

Hare R. M., "Possible People", in : *Bioethics*, 1988.

Harris J., *Der Wert des Lebens. Eine Einführung in die medizinische Ethik*, Berlin, 1995 (Orig. *The Value of Life An introduction to ethics*, 1985, London).

Hoerster N., *Abtreibung in säkularen Staat. Argument gegen den §218*, Frankfurt am Main, 1991.

Hoerster N., "Menschenrechte auf Leben und Tötungsverbot", in : *Merkur 50*, 1996.

Jonas H., "Gehirntod und menschliche Organbank : Zur prag-matischen Umdefinierung des Todes", in : ders, *Technik, Medizin und Ethik. Praxis des Prinzips Verantwortung.* Frankfurt am Main, 1987.

Kant I., *Kritik der Urteilskraft*, Akademie Ausgabe, Bd. V.

Kant I., *Metaphysik der Sitten.* Akademie Ausgabe, Bd. VI.

King D., "Eugenic Tendencies in Modern Genetics", in : *Ethics*

& *Medicine*, 1998.

Mieth D., "Genomanalyse-Pränatanaldiagnostik, ethische Grenzen?", in : *Humangenetik-Segen für die Menschheit oder unkalkulierbares Risiko?*, hrg. D. Beckmann, Frankfurt am Main, 1991.

Olson, E. T., "Was I Ever a Fetus?", in : *Philosopy and Phenomenological Research*, 1997.

Parfit D., *Reasons and Persons*, Oxford, 1989.

Rehbock T., "Zur Gegenwärtigen Renaissance und Krise des Personbegriffs in der Ethik", in : *Allgemeine Zeitschrift für Philosophie*, 1998.

Siep L., *Praktische Philosophie im deutschen Idealismus*, Frankfurt am Main, 1992.

Siep L., *Identität der Person*, Basel, 1983.

Singer P., *Praktische Ethik*, Stuttgart, 1994 (Orig. *Practical Ethics*, Cambridge, 1993).

Spaemann R., *Personen. Versuche über den Unterschied zwischen "etwas" und "jemand"*, Stuttgart, 1996.

Tooley M., "Abortion and Infanticide", in : *Philosophy & Public Affairs*, 1972.

Tugendhat E., *Vorlesungen über Ethik*, Frankfurt am. Main, 1991.

칸트, 비트겐슈타인의 철학과
료따르의 포스트모더니즘 연구*
— 칸트, 비트겐슈타인과 료따르의
철학과 미학에서 통일성과 이질성

이영철 · 이성훈 · 이상룡 · 박종식

1. 서 론

료따르(J. F. Lyotard)[1]는 현대 사회에서 일상화된 억압과 통제, 정의와 가치의 왜곡 원인을 서구의 이성중심주의에서 파악하며, 이것을 극복하기 위해서는 이성중심주의에서 벗어나야 한다고 본다. 억압과 통제, 왜곡된 보편주의 상황은 사실상 총체성과 통일성의 이데올로기를 맹신하고 있는 '근대(모던)'라는 서구의 계몽주의적 전통, 이성중심주의적 태도에 뿌리를 두고 있다는 것이다.

근대의 이성적 사고는 철저하게 각각의 국가, 민족, 개인들의

---

* 이 논문은 2002년도 한국학술진흥재단의 지원에 의하여 연구되었음(KRF-2002-074-AS1036).

1) 이 논문에서는 'Lyotard'를 한글로 표기할 때 '료따르'로 표기할 것이다. 'Lyotard'에 대한 한글 표기가 아직 통일되어 있지 않기 때문에, '료따르', '리오타르', '리오따르', '리요따르', '리요타르' 등으로 표기하고 있다. 이 논문에서는 한국학술진흥재단에 제출한 연구 과제의 명칭에 표기한 그대로 '료따르'로 표기할 것이다.

차이와 이질성을 부정하고 그것을 하나의 총체성 속으로 통일하고자 한다. 이렇게 전체성과 통일성을 강조한 결과 인류는 각각의 존재가 지닌 다양성과 차이성을 부정하고 말살하려는 전체주의적 경향, 즉 아우슈비츠와 스탈린주의의 비극을 초래하게 되었다.

료따르는 헤겔의 전체성과 동일성을 거부하고, 각각의 존재가 지닌 개성과 독특성을 적극적으로 인정할 수 있는 단초를 칸트의 철학과 미학 그리고 비트겐슈타인의 언어 놀이 개념에서 발견하고 있다. 이성중심주의를 벗어날 수 있는 길을 칸트의 숭고미와 비트겐슈타인의 언어 놀이 개념을 분석하면서 제시한다. 이런 측면은 포스트모더니즘을 주장한 다른 철학자들과 구별된다. 능력 비판(칸트)과 언어 비판(비트겐슈타인)은 료따르 자신의 계몽적, 총체적 이성 비판과 연결되고 있다.

료따르는 전체성의 상실로 야기된 다원성을 단순히 확인하는 데 그치지 않고 바로 이 다원성을 이성의 새로운 패러다임을 창출할 수 있는 긍정적 계기로 파악한다. 이성의 혼란은 다원성에서 비롯되는 것이 아니라 오히려 이를 간과하는 데서 비롯되는 것으로 간주된다. 이성의 혼란은 다양한 이성을 총체적 통일성 하에 두고자 하는, 하나의 이성을 추구하는 근대적인 기획에서 비롯된다는 것이다. 료따르는 다양한 언어 놀이를 서술함으로써 다원성을 정당화하는 새로운 형식을 발견한다.

그런데 칸트에 따르면 이성의 차이는 비판철학의 시작 단계며, 다양성은 하나의 원리일 뿐이고, 이것은 유사성과 통일성 원리에 의해서 보완된다. 반면에 료따르는 칸트의 이런 시도가 바로 오늘날의 분열의 사건을 심하게 약화시킨다고 본다. 료따르는 칸트철학에서 이성의 체계성이 아니라 이질적인 이성의 다수성에 주목한다. 이런 측면에서 료따르가 칸트에게서 이성의 다수성을 목격한 것은 부분적 진리에 불과하다. 그리고 이러한 사실은 잘 알려져 있으며 료따르 자신도 이미 인정하고 있다.

이 점은 비트겐슈타인에 대해서도 마찬가지다. 료따르는 자신이 비트겐슈타인의 이론을 그대로 수용했다고 주장하지 않으며, 비트겐슈타인이 언어를 인간의 사용과 연관지어 생각하는 인간중심주의를 고집하고 있으며 그것은 극복되어야 할 유산이라고 본다. 이 글의 목적은 그러므로 료따르의 칸트, 비트겐슈타인 해석의 올바름 여부가 아니다. 칸트, 비트겐슈타인의 입장에서 료따르를 비판적으로 검토하는 것이 이 글의 목적이다.

2. 료따르의 포스트모더니즘

료따르의 포스트모더니즘에서 가장 핵심적인 것은 큰 이야기의 거부다. 큰 이야기는 사변적 이야기 또는 해방 이야기처럼 어떤 하나의 이념으로부터 모든 인식의 총체를 체계화할 수 있다고 하는 이야기를 의미한다. 근대적 지식은 통일성의 형식을 가지고 있으며, 이 통일성은 큰 이야기들에 의해 정당화된다. 따라서 료따르가 말하는 포스트모던적 조건은 큰 이야기 또는 메타 이야기에 대한 불신으로 규정되는 탈정당화가 된다.

큰 이야기의 거부는 언어 형식들의 이질성과 공약 불가능성에 근거하고 있다. 이를 위해 료따르는 칸트의 능력들(감성, 오성, 판단력, 이성)의 분리와 비트겐슈타인의 언어 놀이 개념을 이용한다. 료따르는 "전체에 대항해서 전쟁을 하자"[2]고 하는데 이 전쟁에서 사용되는 무기는 말하자면 언어 놀이의 다양성이 되는 셈이다.

료따르는 다양한 언어 놀이들의 분리를 강조하고, 모든 언어 놀

---

2) 료따르, 「포스트모던니즘이란 무엇인가라는 물음에 대한 답변」, 『지식인의 종언』, 이현복 역, 문예출판사, 1999(이하 "「답변」"으로 표기함) 43쪽.

이에 공통된 메타 규범들을 규정할 수 있다는 생각을 거부한다. "문이 닫혀 있다"와 "문을 여시오" 사이에는 어떤 추론도 존재하지 않는다. 이 두 진술은 두 가지 자율적 규칙들의 집단에 종속된다.[3] 언어 놀이는 각자 나름대로 독자적인 규칙을 가지고 있기 때문에 어떠한 특정한 언어 놀이도 특권적인 위치를 요구할 수 없다. 과학적 담론 역시 어떤 특정한 목적을 위해 개발된 수많은 언어 놀이 가운데 하나에 불과하다. 이렇게 해서 계몽주의에서 핵심적 역할을 담당했던 과학적 담론은 다른 담론들과 동등하게 설정된다.

그렇기 때문에 어떤 하나의 기준을 이질적인 모든 언어 놀이에 적용시킬 수 없다. 그런데도 요소들의 공약 가능성과 전체의 결정 가능성을 함축하는 논리에 따라 그 기준을 적용할 때 반드시 테러가 동반된다.[4] 료따르에서 이질성은 단순히 다원성의 토대에 그치는 것이 아니라 다원성을 실현하고 테러에 저항하는 적극적인 성격을 부여받고 있다.

료따르는 칸트와 비트겐슈타인의 철학이 자신의 사유에 결정적인 역할을 했다고 말한다. 보편주의적 담론 그리고 이들 담론들이 분쟁[5]을 해소할 수 있다고 생각하는 용어들(실재, 주체, 공동체,

---

3) 료따르, 『포스트모던적 조건』, 이현복 역, 서광사, 1992(이하 "『조건』"으로 표기함) 93쪽.

4) 『조건』, 15쪽.

5) "분쟁"이란 용어는 "différend"의 번역어다. "소송(litige)"과는 달리, 분쟁은 두 당파 사이의, 양쪽 주장들 모두에 적용될 수 있는 판단 규칙이 없기 때문에 공평하게 해결될 수 없는 그런 갈등의 한 경우다. 이것을 마치 소송인 듯이 하나의 판단 규칙을 양쪽에 적용하는 일은 적어도 그들 중 한쪽에 "부당(tort)"을 행하는 일이다. 반면 "피해(dommage)"는 한 담론 장르의 규칙에 가해진, 그러나 그런 규칙들에 따라 배상할 수 있는, "침해(injure)"에서 나온다. 『분쟁』이란 책 제목은 이질적인 장르들 사이에는 보편적인 판단 규칙이 일반적으로 없다는 것을 암시한다. 이런 용어들에 관해서는 『분쟁』 서문 참조.

궁극성)에 의문을 제기하고 있다는 점에서 제3비판과 역사-정치적 텍스트들의 칸트와 『철학적 탐구』와 유고집들의 비트겐슈타인을 모더니티의 에필로그이자 포스트 모더니티의 프롤로그라고 말한다.6) 그는 하나의 이성(메타 이성, 초월적 이성, 사변적 이성) 혹은 하나의 언어 놀이만을 고집하는 것은 '초월적 환상' 혹은 '문법적 환상'7)에 근거한 이데올로기에 불과하다고 말하고, 자기 고유의 규칙 체계를 따르는 다양한 담론들이 존재한다는 것을 칸트와 비트겐슈타인으로부터 차용한다.

료따르는 비트겐슈타인의 '언어 놀이'란 개념에서 모든 진술을 게임에서 행해진 활동으로 간주해야 한다는 점에 주목하고, 이로부터 포스트모더니즘의 기초가 되는 두 가지 원리를 이끌어낸다. (1) 말함은 게임이라는 의미에서 전투함이며 언술 활동은 일반적 투기에 속한다. (2) 관찰 가능한 사회적 유대는 언술적 활동으로 이루어진다.8)

여기서 보듯이 료따르는 비트겐슈타인의 언어 놀이의 다양성이란 생각을 받아들일 뿐 아니라, 언어 놀이들간의 경쟁적 차원에 주목한다. 이러한 생각은 『분쟁』에 가면 더 심화되는데, 이제 '언어 놀이'라는 개념은 '어구 규칙 체계(regimes of phrases)'라는 개념으로 바뀐다.

어구는 규칙 체계에 따라 형성된다. 그리고 추론함, 앎, 기술함, 자세히 말함, 물음, 보여줌, 명령함 등의 무수한 규칙 체계들이 있다. "이질적 체계에서 나온 어구들은 하나의 체계에서 다른 체계로 번역될 수 없다. 그것들은 하나의 담론 유형에 의해 고정된 하

---

6) Lyotard, J. F., *The Differend*, Minnesota Univ. Press, 1988.(이하 *"Differend"* 으로 표기) xⅲ.

7) 료따르, 「비트겐슈타인, 이후」, 『지식인의 종언』(이하 "「비트겐슈타인, 이후」" 로 표기) 73-74쪽.

8) 『조건』, 32-33쪽.

나의 목적에 따라 하나에서 다른 하나로 연결될 수 있다."9) 어구들은 담론을 형성하기 위해서 연결되는데, 연결은 필연적이지만 연결 방법은 정해져 있지 않다. "연결하는 일은 필연적이다. 어떻게 연결하느냐 하는 것은 우연적이다."10) 이 필연성은 의무가 아니며,11) 논리적인 것이 아니라 존재론적이다.12) 그것이 무엇이건, 적어도 하나의 어구가 있다는 것, 그것은 의심될 수 없다. 하나의 어구가 보편적 시험의 의심에 살아남는 것은 그것이 실재한다거나 그것이 참이라는 점에서 나오는 것이 아니라 그것이 단순히 일어난 것, 발생하고 있는 것이라는 점에서 나온다.13) 그렇기 때문에 하나의 어구가 있다는 것이 놀라운 것이다.14)

어떤 하나의 어구가 발생하는 규칙은 '보편적' 규칙이 아니라 개별적이고 임의적인 규칙이며, 이질적인 규칙 체계를 따르는 어구들은 담론 유형에서 서로 연결될 뿐이다. 대화하기, 광고하기, 강의하기 등과 같은 것이 담론 유형이며, 이것들은 각각 자기 고유의 목적을 갖고 있다. 이질적인 규칙 체계의 어구들은 담론 유형들이 갖고 있는 목적의 도달을 위해서 연결된다. "담론 유형과 밀접한 관계가 있는 목적이 어구들간의 연결을 확정한다."15) 이처럼 하나의 담론 유형 속에서 연결들은 그 목적들을 결정하는 규칙들에 복종하지만, 하나의 유형과 다른 유형 사이에서는 어떠한 그런 규칙들이나 어떠한 일반화된 목적도 알려져 있지 않다.16)

---

9) *Differend*, xii.
10) *Differend*, 40.
11) *Differend*, 102.
12) *Differend*, 103.
13) *Differend*, 104.
14) *Differend*, 99.
15) *Differend*, 148.
16) *Differend*, 43.

오직 하나의 올바른 연결을 확정할 보편적 유형이란 없다. 그리고 연결의 우연성을 극복하기 위해 '현실'을 내세울 수도 없다. 현실 역시 가능한 여러 유형 가운데 하나일 뿐이기 때문이다. 현실은 특정한 연결 유형의 효과에 지나지 않으며, 어구가 판단될 수 있는 근거도, 연결의 적합성을 결정하는 것도 아니다.

어구는 항상 '하나의' 어구, '이' 어구, 단일한 발생이거나 사건이다. 어구는 '지금' 생긴다. 다수의 연결이 가능하지만 특정한 시간에 오직 하나만이 일어날 수 있다. '한번에' 오직 하나의 어구만이 있다.17) 그렇기 때문에 하나의 어구에 어떤 어구가 연결된다면 다른 어구는 배제되는 것이고, 이때 이 배제된 어구에 상처를 주는 것이다. 하나의 어구에 연결하는 방식은 많으며 그것들 가운데 한 번에 오직 하나만 발생할 수 있기 때문에 분쟁이 발생한다.18)

각각의 담론 유형에는 나름의 특수성이 있으므로 하나의 담론 유형은 그것에 고유한 규칙들에만 상응할 수 있고, 다양한 담론 유형에 공통적으로 적용될 수 있는 규칙들은 없다. 따라서 서로 다른 담론 유형들이 갈등을 일으키는 상황에서 어떤 하나의 규칙을 적용한다면 이는 필연적으로 부당을 유발한다. 그리고 분쟁을 해소할 수 있는 보편적인 판단 규칙이 존재하지 않기 때문에 분쟁은 방지될 수 없다. 메타 언어의 형태로든 담론들의 체계적 연관이라는 형태로든 언어 일반이라는 것은 존재하지 않는다. 통일성을 확보하고 통제할 수 있는 가능성은 언어 구조에 의해서 원칙적으로 배제된다. 언어 자체라는 것은 존재하지 않으며 이질성이 언어의 근본을 이룬다. 언어는 다양한 규칙 체계에 종속되는 어구의 섬들로 형성된 복잡한 군도며 어떤 규칙 체계를 따르는 어구를 다

---

17) *Differend*, 184.
18) *Differend*, 40.

른 규칙 체계에 종속되는 어구로 번역하는 것은 불가능하다. 어구의 규칙 체계들간에는 공약 불가능성이 있다.[19] "모든 다른 언어들이 이 언어로 번역되고 그 언어에 의해서 평가되는 언어는 과학에 존재하지 않는다. 바로 이런 사실이 체계와의 동일화 및 마침내 폭력을 방지하는 것이다."[20]

이처럼 료따르는 이질성과 공약 불가능성이란 생각을 언어의 근본 구조에서 발견한다. 이질성이 언어의 근본을 이루기 때문에 분쟁은 필연적으로 등장한다. 분쟁을 해소할 수 없다는 것도 언어의 근본 구조에서 생기는 결과다. 이 때문에 합의는 언어 놀이의 이질성을 침해한다. 합의와 통일성은 언어의 구조에 의해 배제된다. 지배적인 언어 놀이가 없기 때문에 차이성을 인정하는 것 외에 달리 대안이 없다. 통일성의 욕망은 근대의 산물이며, 우리는 "차이에 대한 우리의 감수성을 세련시키고 공약 불가능한 것에 대한 우리의 인내력을 강화"해야 한다.[21]

결국 료따르가 요구하는 것은 분쟁을 확인하고 이것을 존중하도록 하는 것이다. 료따르는 이질성을 인정함으로써 폭력의 개입 가능성을 방지하는 것이 최선이라 생각한다. 분쟁의 논리를 인식하고 구체적인 분쟁을 그 자체로 인지해야 한다. 철학자의 의무는 분쟁을 추적하고 그 증인이 되는 것이다. 철학자는 진리를 말하고 세계를 구하는 것이 아니라 분쟁을 폭로하고 그것들을 어구화할 어구를 발견하는 일에 종사한다.[22] 철학의 목표는 이질적인, 불가 공약적인 이야기를 듣고 말하는 것, 우리를 전체성의 유혹에 굴복하지 않게 하는 것이다.

---

19) 료따르, 「포스트모던에 관한 짧은 설명」, 『지식인의 종언』(이하 "「설명」"으로 표기) 52쪽.
20) 『조건』, 140쪽.
21) 『조건』, 15쪽.
22) *Differend*, 202.

료따르는 이처럼 분쟁과 이질성 개념을 비트겐슈타인의 언어게임 이론을 차용해서 정당화한다. 그러나 그는 아방가르드 이론을 재해석하면서 분쟁과 이질성을 더욱 잘 드러내고 있다. 이런 측면에서 『분쟁』은 아방가르드 이론을 철학적으로 체계화시킨 화용론이다. 그는 아방가르드 이론을 통해서 개념적 사유를 거부하고 새롭게 미적 사유를 도입한다. 료따르에게 아방가르드의 실험은 이제는 단순한 미술 이론이 아니라 분쟁이라는 철학적 특징을 드러내는 방편이다.

포스트모던적 아방가르드는 기존의 규칙이나 범주들을 사용하지 않고, 자신의 작품을 통해서 새로운 규칙과 범주들을 만들어간다. 그들이 문제삼는 것은 앞으로 만들어질 규칙과 범주들이다. 이런 역할을 수행하는 것은 규정적 판단력이 아니라 반성적 판단력이다. 료따르는 칸트의 반성적 판단력이 서구 전체주의를 벗어날 수 있는 중요한 틀을 제공할 수 있다고 본다. 그는 과학적 이성 또는 칸트적 오성에 근거한 동일성 철학으로는 파악할 수 없는 차이와 이질성을 강조한다. 특히 그는 오성의 형식과 한계를 넘어서 있기에 개념적 사유로서는 파악할 수 없는 숭고 감정을 도입하여 자신의 입장을 정당화한다. 숭고는 미와는 달리 무형식의 미며, 미를 초월할 때 오는 놀라움의 감정이다. 이러한 숭고 미학은 재현 가능성에 근거한 모더니즘 미학과는 다르다. 료따르의 숭고 미학은 개념적 사유로는 파악 불가능한 무한한 실재를 느끼지만 이것을 표현할 수 없다는 고통의 감정을 드러내고자 한다.

따라서 아방가르드 예술은 표현 대상을 단지 감각적 대상으로만 파악하는 것이 아니라 동시에 정신과 사유의 대상으로 파악한다. 아방가르드 예술은 '서술할 수 없는 것을 서술해야만 한다'는 사실을 발견한 것이다. 숭고에서는 무제약자에 대한 이념과 그것을 현시할 수 없는 구상력 그 둘 사이의 간격을 화해시킬 수 없다.

표현할 수도 이해할 수도 없는 것은 합리적 이성에게는 당혹감을 느끼게 하는 낯선 타자다. 따라서 이런 타자를 배제하고자 한다. 숭고함을 표현, 서술하고자 하는 포스트모던 미학은 이성에 의해서 배제된 차이와 타자에 대한 감수성을 전제한다. 료따르가 아방가르드 예술을 분석하면서 숭고를 도입하는 것은 이런 이유 때문이다.

료따르는 아방가르드 예술가 뉴먼(Newman)으로부터 '숭고는 지금'이라는 테제를 포스트모던의 철학적 명제로 삼는다. 숭고함을 경험할 수 있는 대상이 지금, 여기에 존재한다는 것은 표현할 수 없는 어떤 것이 발생하고 있다는 것이다. 료따르는 표현할 수 없는 비규정적인 것이 존재한다는 것을 증언한다. 이러한 구상력과 이성 이념 사이의 분쟁과 불일치는 숭고 감정의 특징인 긴장과 동요를 유발시킨다. 여기서 이념의 무한성은 '부정적 현시'를 통해서 드러난다. 칸트는 부정적 현시의 예로서 유대인의 형상금지법을 든다. 특정한 형상이 없을 때 오히려 무한에 대한 사고가 열리게 된다.

료따르는 숭고의 감정에서 본질적인 것은 보일 수 없는 것, 표현될 수 없는 것에 대한 암시라고 한다.[23] 뉴먼은 '지금'이란 의식에 알려지지 않은 것이며, 또한 의식에 의해 구성, 정립될 수도 없는 것이라고 한다. 그것은 '무엇인가 일어나고 있다' 또는 '일어나고 있다'는 것이다. 그것은 단지 '발생'이다. 여기서는 '무엇' 이전에, 일어나고 있다는 '사태'가 선행된다. '무엇'은 이미 사유에 의해 규정된 것이다. 사유에 의해 규정되기 이전에 '발생', '순간', '지금'을 느껴야 한다. "사유는 무장 해제되어야 한다."[24] 따라서 '일어

---

23) 료따르, 「숭고와 아방가르드」, 『지식인의 종언』(이하 "「숭고와 아방가르드」"로 표기) 154쪽.

24) 「숭고와 아방가르드」, 159쪽.

나고 있다'는 것은 무엇이 일어나고 있는가라는 질문보다 항상 앞선다.[25] 뉴먼의 작업은 느끼고 지각할 수 있는 '지금'을, 그러나 표현할 수 없는 '지금'을 표현하려는 것이다. 따라서 '무엇'이 일어나고 있는가가 아니라, '일어나고 있다'는 놀라운 사실에 관심을 두기 때문에 아방가르드 미학이 진정한 숭고의 미학에 속하게 된다. 따라서 비현시적인 것의 암시는 숭고 미학의 작품에 필수적인 표현법이다.

료따르는 아방가르드와 숭고 미학을 통해서 분쟁과 이질성을 정당화한다. 그는 합리적 이성과 개념적 사유를 통해서 파악할 수도, 규정할 수도 없는 어떤 것이 지금 여기 발생하고 있다는 놀라움과 충격을 증언하면서 이 표현할 수 없는 것을 표현하고자 시도하는 것이 예술가의 임무라고 말한다. 료따르는 이제 규정적 판단이 아니라 반성적 판단력을 통한 미적 판단, 즉 숭고 감정에 대한 판단을 정치적, 사회적 영역으로 확대 적용시킨다. 모든 영역에서 이질성과 차이를 인정하고 포용해야 한다고 주장한다. 이런 작업은 곧 합리적 이성과 메타 담론이 필연적으로 발생시킨 전체주의에 대한 가장 큰 저항이라고 한다. 따라서 료따르철학의 궁극 목적은 이질성과 차이에 대한 인정을 통해서 모든 형태의 전체주의에 대항하는 것이다.

3. 료따르와 비트겐슈타인

료따르는 언어 놀이가 자신의 고유한 규칙을 갖고 있다는 사실로부터 보편적 기준에 의해 통일될 수 없는 차이가 있음, 즉 이질성이 필연적으로 존재한다고 본다. 그런데 이질적이라 해서 통일

---

25) 「숭고와 아방가르드」, 157쪽.

하려는 모든 시도가 폭력이 되는 것은 아니다. 언어 놀이 또는 어구 규칙 체계들과 담론 종류들의 이질성은 료따르가 생각한 만큼 절대적이지 않다. 비트겐슈타인은 다양한 언어 형식(언어 놀이)들이 단 하나의 언어 형식의 변형이라고 생각지 않지만,26) 그렇다고 료따르가 말하듯이 절대적으로 이질적인 것으로 생각지는 않는다.

차이와 동일성은 그때 그때의 특정한 기준에 의해 결정될 것이다. 만일 내가 어떤 사람에게 "내가 지금 내 앞에서 보고 있는 것은 복합적이다"라고 말한다면, 그는 정당하게 "당신은 '복합적'으로 무엇을 뜻하고 있는가" 하고 물을 것이다. '복합적이다'는 '단순하지 않다'는 뜻이다. 그리고 여기서 문제가 되는 것은 어떤 뜻에서 '복합적'인가 하는 것이다. "'복합적'이란 낱말(그리고 따라서 '단순한'이란 낱말)은 무수히 상이한, 서로 다양한 방식으로 근친 관계를 맺고 있는 방식으로 우리에 의해 이용된다."27) 마찬가지의 이야기를 '동일한', '이질적인'에 대해서도 할 수 있다. "날마다 '내일 나는 너를 방문하려고 한다'고 말하는 사람 — 그는 매일 같은 것을 말하고 있는가, 아니면 매일 다른 어떤 것을 말하고 있는가?"28) 이 물음에 대해서 올바른 대답은 "그것은 '같은 것'이란 말로 당신이 무엇을 이해하고 있느냐에 달려 있다"며, 이것은 대답이 아니라 사실은 물음의 거부다. '동일한 것'과 '이질적인 것'은 채택된 기준에 달려 있다. 그것은 담론의 결과다.

언어 놀이들은 서로 연관되어 있고 서로 차이를 유지하는 가운데 연관되어 있다. 하나의 언어 놀이는 다른 언어 놀이와 연결되어 있으며 그 언어 놀이는 이러한 연결 속에서만 파악된다. 그리고 그러한 연결 속에서만 우리는 하나의 언어 놀이를 습득할 수

---

26) 비트겐슈타인, 『철학적 탐구』, 이영철 역, 서광사, 2001(이하 "『탐구』"로 표기) 24, 110 참조.
27) 『탐구』, 47.
28) 『탐구』, 226.

있다. 하나의 언어 놀이는 다른 언어 놀이와의 관계 속에서 성립하고 파악되기 때문에 언어 놀이들간의 이질성이 절대화되면 이 가능성이 봉쇄된다.

언어 놀이는 다양하지만 그 경계는 명료하지 않다. 비트겐슈타인은 동일성과 이질성으로 이루어진 명료한 세계가 아니라 복잡한 유사성의 그물을 본다. 이질성의 절대화는 "수정체 같은 순수성"29)의 추구다. 동일성과 이질성은 추상적으로 생각할 때만 뚜렷하게 구분된다. 료따르는 비트겐슈타인의 '풍경 스케치'30)를 인용하지만 그것들은 절대적으로 이질적인 것이고 아무런 연관 없이 독립된 것이 아니다. 그것들은 복잡한 방식으로 얽히고 설킨다.31) 그리고 료따르는 "어구 섬" 또는 "언어 섬"32)을 말하는데 이 섬들이 존립하려면 바다가 있어야 한다. 바다라는 전체 관계망 하에서 우리는 섬들을 말할 수 있다.

물론 이것은 분쟁이 일어나기 전에 공통성이 먼저 존재해야 한다고 말하는 것이 아니다. 즉, 서로 다른 규칙 체계 또는 유형들에 속하는 어구들이 만나기 위해서는 그것들이 어떤 속성을 공유해야 하고 그들의 만남은 하나의 우주에서 이루어져야 한다고 말하는 것이 아니다. 그렇게 되면 이 우주가 어구에 선행해서 실재하는 것으로 주장하는 것이 되기 때문이다.33) 말하고 싶은 것은 모든 언어 놀이들이 이질성만 갖는 것은 아니며, 차이성과 동일성이

---

29) 『탐구』, 107 또 97, 108.

30) 비트겐슈타인은 자신이 몰두해왔던 사고들, 철학적 탐구의 침전물을 하나의 전체 속에 모두 용접해 붙이는 것이 아니라 짧은 단락들로 적어놓고는 이 철학적 소견들을 풍경 스케치라고 말한다(『탐구』, 머리말). 료따르는 자신의 철학적 저서인 『분쟁』을 이러한 방식에 따라 구성하고 있다.

31) 『탐구』, 머리말 참조.

32) 「설명」, 52쪽. 「비트겐슈타인, 이후」, 73쪽.

33) Differend, 39.

라고 하는 것이 상대적인 개념이라는 점이다.

료따르가 공약 불가능성에 의해 의미한 것은 다양한 언어 놀이들을 하나의 체계로 환원하고자 하는 생각의 거부였다. 료따르는 공약 불가능성을 어구 규칙 체계들의 이질성이라는 의미로, 그리고 어구 규칙 체계들을 하나의 법칙에 종속시키는 것이 불가능하다는 의미로 사용한다.[34] 비트겐슈타인 역시 다양한 언어 놀이들을 하나의 체계로 환원하고자 하는 생각을 거부한다. 그도 료따르처럼 가령, 질문의 언어 놀이가 명령의 언어 놀이로 번역될 수 있다고 말하지는 않는다. 그런데 언어 놀이들간의 공약 불가능성을 인정한다고 해서 언어 놀이들간의 어떠한 관계 맺음도 거부하는 것은 아니다.

료따르가 주장하듯이 어떤 것들이 이질적이라면 그것들을 어떤 단일한 체계로 환원하는 것은 불가능할 것이다. 두 언어 놀이가 서로 이질적이라고 하기 위해서는 두 언어 놀이가 서로 달라야 한다. 그러나 이것만으로는 이들을 이질적이라 할 수 없다. 두 언어 놀이가 서로 다르지만 어떤 단 하나의 언어 형식의 변형이거나 또는 제3의 언어 놀이에 의해 통일될 수 있기 때문이다. 일반성, 보편성의 관점에서 본 차이, 특수성은 진정한 이질성이라 할 수 없다. 따라서 두 언어 놀이가 이질적이기 위해서는 서로 다를 뿐 아니라 서로 관계를 맺지 않아야 한다. 두 언어 놀이가 필연적으로 관계를 맺어야 한다면 이들을 진정으로 이질적이라 할 수 없기 때문이다.

이런 점에서 이질성을 강조하는 료따르는 언어 놀이들간의 관계 맺음을 부정한다. 서로 다른 언어 놀이들이 필연적으로 내적인 어떤 관계를 지니고 있다면 그것들은 하나의 체계로 전체화될 수 있을 것이다. 전체화를 반대하는 료따르로서는 이 때문에 언어 놀

---

34) *Differend*, 178.

이들간의 관계 맺음을 전면적으로 부정하고 있는 것이다. 그러나 전체화를 반대하기 위해 모든 형태의 관계 맺음을 부정할 필요는 없다. 관계 맺음을 필연적인 것이 아니라 우연적인 것으로 간주한 다면, 그리고 한 언어 놀이가 다른 언어 놀이와 관계 맺는다는 것이 한 언어 놀이의 본성이라고 보지 않는다면 전체화를 인정하지 않으면서도 관계 맺음을 인정할 수 있을 것이다.

두 언어 놀이는 이질적이지만 서로 관계를 맺을 수도 있고 아닐 수도 있다. 그 관계 맺음(연결)은 실로 우연이다. 그 연결은 필연적인 것이 아니며, 객관적인 원리나 법칙을 따른 것도 아니다. 도구 상자 속의 도구들을 우리는 분류해서 정돈한다. 그렇다고 우리가 어떤 객관적인 원리를 따라 그렇게 한 것은 아니다. 도구 상자속에 도구를 분류하는 절대적인, 유일한 기준은 없다. 도구들이 자체 속에 분류 기준을 갖고 있는 것도 아니다. 그렇다고 모든 분류가 거부될 이유는 없다. 한 언어 놀이는 다른 언어 놀이와 어떤 방식으로든 반드시 관계 맺어야 한다는 것을 자체 속에 내재하고 있지 않다. 가족 유사성이 있다 하더라도 그것은 순전히 우연적인 연결일 뿐이다. 그것들은 유기체적인 전체로서의 관계를 맺고 있지 않다. 그렇기 때문에 언어 놀이들이 서로 관계 맺을 수 있음을 인정하는 것이 곧바로 다양한 언어 놀이들이 하나의 언어 놀이로 통일될 수 있다거나, 어떤 하나의 원리에 의해 조화될 수 있다는 것을, 어떤 하나의 언어 놀이가 더 우월하다는 것을 의미하는 것은 아니다. 그렇다면 우리는 전체화에 반대하면서도 언어 놀이들간의 관계 맺음을 전면적으로 부정할 필요는 없다. 그리고 이러한 관계 맺음이 가능할 때만 비트겐슈타인이 말하는 '일목요연한 조망'이 나올 수 있다.

비트겐슈타인은 '일목요연한 조망'을 말한다. 철학은 언어의 실제 사용의 기초를 놓는 것도, 숨어 있는 어떤 것을 드러내주는 것도 아니다. 철학은 모든 것을 있는 그대로 놓아둔다.[35) 비트겐슈타인은 우리의 사유를 인도하는 숨겨진 어떤 것, 수정과 같은 어떤 것, 분석에 의해 드러나는 그 무엇이 있다는 생각에 집착하지 않는다. 모든 것은 우리 눈앞에 명백하게 드러나 있기 때문이다.[36) 공공연하게 드러나 있으므로 설명할 것은 없다.

그렇지만 드러나 있다고 해서 모든 것이 명료한 것은 아니다. "우리에게 가장 중요한 사물들의 측면들은 그 단순성과 일상성으로 인하여 숨겨져 있다."[37) "철학적 문제는 우리의 개념들에서 혼란을 의식하는 것이고, 이는 그것들을 질서 있게 함으로써 해결될 수 있다."[38) 우리를 불안하게 하는 문제의 해결 이전의 상태를 일목요연하게 볼 수 있도록 만드는 것이 철학의 일이다.[39) "일목요연한 묘사가 이해를 성립시키며, 이해란 다름아니라 우리가 '연관들을 보는' 데에 존립한다. 그런 까닭에 중간 고리들의 발견과 발명이 중요한 것이다."[40) 전체의 조망을 위해 중간 고리들을 발견할 수도 있고 우리가 만들 수도 있다. "우리는 언어 사용에 관한 우리의 지식 속에서 어떤 하나의 질서를 세우고자 한다. 어떤 특정한 목적을 위한 어떤 하나의 질서 ; 유일한 하나의 질서가 아니라 많은 가능한 질서들 중의 한 질서를."[41)

철학적 문제들은 "언어가 일하고 있을 때가 아니라 헛돌고 있을 때",[42) "언어가 하는 일 없이 놀고 있을 때"[43) 발생하는 것이고,

---

35) 『탐구』, 124.

36) 『탐구』, 126, 303.

37) 『탐구』, 129.

38) Wittgenstein, L., "Philosophie", *Philosophical Occasions 1912~1951*, Hackett Publishing Campany, 1993. S.421.

39) 『탐구』, 125.

40) 『탐구』, 122.

41) 『탐구』, 132.

"철학자의 작업은 어떤 특정한 목적을 위해서 기억들을 수집"[44]하여 전체적인 맥락 속에서 파악하고 맥락화하여 언어를 자신의 고향으로, "일상적인 사용으로 돌려보내는 것"[45]이다. 그러나 전체성에 대한 전면적인 거부 때문에 료따르에게는 이러한 전체적인 사고 양식이 원칙상 불가능하다. 료따르가 통일성, 전체성을 반대할 때 의미하는 통일성은 일상적 삶과 사고의 모든 요소들의 자리가 하나의 유기적 전체처럼 설정되어 있는 통일성, 또는 역사의 단일한 목적 및 주체의 이념을 통한 상호 이질적인 언어 놀이들간의 종합이다.[46] 비트겐슈타인 또한 이러한 통일성이 가능하다고 생각지 않는다. 그런데 비트겐슈타인은 료따르처럼 '전체화의 이론'을 거부하지만 모든 형태의 전체적인 사고 양식을 거부하고 있지는 않다.

이 지점에서 우리는 이질성, 불가 공약성에 대한 료따르의 강조를 '작은 이야기'에 대한 존중으로 해석할 수 있다. 료따르는 큰 이야기를 거부하고 작은 이야기들이 공존하는 체계를 제시한다. 그가 말하는 작은 이야기들은 보편적 원리에 따라 구성되지 않으며 그 정당성을 자체의 임의적 규칙에서 찾는다. 작은 이야기들은 자신의 존재를 위해 어떠한 토대도 필요로 하지 않는다. "이야기적 지식은 자신의 정당화 문제에 특별한 가치를 부여하지 않으며, 논증이나 증거 제시에 의존하지 않고 전달의 화용론에 의해 스스로 신뢰를 획득한다."[47] 작은 이야기를 지배하는 보편적인 규칙은 없다. 이야기는 스스로 정당화된다.[48]

---

42) 『탐구』, 132.

43) 『탐구』, 38.

44) 『탐구』, 127.

45) 『탐구』, 116.

46) 「답변」, 21쪽.

47) 『조건』, 67쪽.

료따르는 비트겐슈타인과 마찬가지로 규칙이 선험적으로 주어져 있는 것이 아니라 언어 행위를 통해서 형성된다고 본다. 화용론은 합의된 규칙을 갖고 있지만 그 규칙은 변할 수 있다. 이야기에 합법성을 주는 것은 이야기의 반복이다. 비트겐슈타인에게서 규칙 따르기를 정당화하는 것이 실천이듯이, 이야기는 그것이 행하는 것을 행한다는 단순한 사실에 의해 합법화된다. 그런데 료따르는 이야기가 스스로 정당화된다는 생각에서 '어구중심주의'라 부를 수 있는 생각으로 밀고 나간다.

료따르는 언어 놀이란 개념에 기초한 사회적 유대라는 생각을 전개한다. 사회적 유대는 상이한 담론의 주체가 수행하는 다양하고 이질적이며 상호 투기적인 언술 활동에 의해 이루어진다. 사회적 유대는 상이한 규칙에 복종하는 무수히 많은 종류의 언어 놀이들이 교차하는 조직망이다. 료따르는 이러한 요지를 이끌어내기 위해 비트겐슈타인을 인용한다.[49] "우리의 언어는 하나의 오래된 도시로서 간주될 수 있다. 즉, 골목길들과 광장들, 오래된 집들과 새 집들 그리고 상이한 시기에 증축된 부분들을 가진 집들로 이루어진 하나의 미로 ; 그리고 이것을 둘러싼, 곧고 규칙적인 거리들과 획일적인 집들을 가진 다수의 새로운 변두리들."[50] 그리고 단일 전체성의 원리 혹은 지식의 메타 담론에 의거하는 종합의 원리가 적용될 수 없다. "얼마나 많은 집 또는 거리들이 있어야 하나의 도시는 하나의 도시이기 시작하는가?"[51] 사회는 무수히 많은 이질적인 언어 놀이들로 이루어지고 사회적 유대조차도 이질성에 의해 형성된다. 이질성은 사회적 유대의 분열을 낳는 것이 아니라

---

48) 『조건』, 59쪽.
49) 『조건』, 94쪽.
50) 『탐구』, 18.
51) 『탐구』, 18.

오히려 사회적 유대를 실현하는 것으로 간주된다.

이러한 생각에 따르면 어구는 현실을 있는 그대로 옮겨놓은 것이 아니며 오히려 현실은 어구에 의해 구성된다. 료따르는 더 나아가서 주체도 어구에 의해 위치지워진다고 본다.[52] 나는 고립되어 있지 않으며 복합적이고 유동적인 관계 조직망 속에 놓여 있다. 나는 의사 소통 회로의 교차점들에 위치해 있다.[53] 언어 놀이의 분산 속에서 주체도 분산된다. 하나의 어구는 적어도 하나의 우주를 나타내는데 지시체, 뜻, 발신인, 수신인을 제시한다. 한 어구 우주의 성질은 이 사례들을 서로에 대한 관계 속에 위치지우는 데서 성립한다.[54]

우리는 우리 자신이 설득하기를, 유혹하기를, 확신하기를, 올바르기를, 믿도록 하기를, 질문하도록 하기를 바란다고 믿는다. 그러나 이것은 담론 유형이 연결 방식을 '우리의' 어구와 '우리'에게 강요하기 때문이다.[55] '우리'는 목적들을 의도하지 않으며, '우리'가 우리의 의도 또는 의지에 따라서 어구들을 연결하는 것이 아니다. 따라서 발화의 주체면서 동시에 자아의 영속인 주체-실체를 가정하는 것은 초월적 환상에 불과하다.[56] "주체는 그 또는 그녀의 경험의 통일체가 아니다."[57] 료따르는 어구 우주에 선행하는 또는 그 바깥에 존재하는 초월적 주체를 인정하지 않는다.

료따르는 이제 '인간중심주의'를 반대하고 언어의 우선성과 자율성을 강조한다. 언어 놀이를 분산시킴으로써 비트겐슈타인이 새로운 사유 방식의 기초를 놓았지만 그의 유산은 인간중심주의

---

52) *Differend*, 119.
53) 『조건』, 45쪽.
54) *Differend*, 25.
55) *Differend*, 183.
56) *Differend*, 155.
57) *Differend*, 72.

에서 해방되어야 한다고 주장한다. 비트겐슈타인이 언어를 인간의 사용과 연관지어 생각한다는 점에서 인간중심주의에 빠져 있다는 것이다.[58] 이 때문에 그는 '언어 놀이'란 용어를 버리고[59] '어구 규칙 체계'를 말하며 '비트겐슈타인 이후'의 첫 번째 과제가 철학을 비인간적으로 만드는 것이라고 주장한다.

료따르가 '인간중심주의'를 말할 때 그가 염두에 두고 있는 것은 언어도구주의다. 그것은 언어를 의사 소통의 수단으로 보는, 즉 인간이 먼저 의사 소통할 어떤 것(사유, 메시지)을 갖고 있고, 의사 소통은 바로 그것들의 교환이고, 언어가 바로 그 도구라고 보는 관점이다.[60] 료따르는 이러한 관점을 "인류학적 편견", "인간학적 장애물"[61]이라 부른다. 비트겐슈타인에게서 나는 언어를 '사용'하고 '타인'과 또는 '타인'과 더불어서 언어를 '가지고 논다'고 생각되는데, 료따르는 이것은 인간중심주의의 성공이며 사유의 패배라고 말한다.[62]

인간은 단지 발생하는 어구에 의해 나타난 우주 안에서의 출현일 뿐이다. 어구는 인간을 기다리지 않았으며 인간은 어구가 도착했을 때 올 뿐이다.[63] 인간은 무엇인가(메시지)를 전달해야만 하는 존재가 아니며 어구가 인간에 선행한다. "인간은 언어의 사용자도 아니고 언어의 목자도 아니다. 하나의 언어가 존재하지 않듯이 하나의 주체도 존재하지 않는다."[64] 우리가 현실이니 주체니

---

58) *Differend*, x ⅲ.
59) "우리는 언어와 더불어서 놀지 않는다. 그리고 이런 의미에서 언어 놀이란 없다." *Differend*, 188.
60) *Differend*, 20.
61) 「비트겐슈타인, 이후」, 77쪽.
62) *Differend*, 91.
63) *Differend*, 173.
64) 「비트겐슈타인, 이후」, 77쪽.

하고 부르는 것들은 어구들의 연결이 낳은 결과다.

비트겐슈타인에 의하면 규칙 따르기는 사회적 성격을 갖는다. 이것은 규칙이 단순히 개인이 아니라 공동체적이라는 것, 즉 규칙이 어딘가에 있고 우리가 그 규칙을 따른다는 것을 의미하는 것이 아니다. 규칙 따르기의 사회적 성격은 '규칙'이 아니라 '따르기'에 있다. 비트겐슈타인이 규칙 따르기를 '실천'[65]이라고 했을 때 그가 의미한 것은 규칙 따르기가 행위의 산물이라는 점, 규칙이 미리 주어진 것이 아니라는 점이다.

한 낱말의 적용이 언제 어디서나 규칙들에 의해서 경계지어져 있지는 않다.[66] 우리는 놀이를 해가면서 규칙을 만들어나가기도 하고 바꾸기도 한다.[67] 실천을 통해 규칙이 만들어지는 것이지 (선험적인) 규칙이 먼저 있고 그에 따라 우리의 실천이 있는 것이 아니다. 언어 놀이는 규칙 지배적이긴 하지만 고정된 선험적인 규칙들을 갖고 있지 않으며, 언어 놀이 안에서의 수(move)가 미리 결정되어 있는 것이 아니라 그것들은 계속해서 만들어진다. 따른다는 실천 속에서 그 따르는 방식이 결정된다. 그렇기 때문에 규칙은 타인에게 받아들여질 때 비로소 규칙일 수 있다. 이런 점에서 규칙은 화자와 청자(발신자와 수신자) 외부에 초월적으로 주어져 있지 않다. 규칙 따르기는 우리의 행동, 실천에 의해 형성되는 것이다. 사적 언어 논증이 보여주는 것도 의미가 나의 내적 경험에 의해 형성되는 것이 아니라 나와 타자의 관계의 산물이라는 것이다. 규칙은 선험적으로 주어져 있는 것이 아니라 우리의 의미하는 행위, 사회적 실천 속에서 만들어진다.

분명 나, 주체는 언어 놀이에 의해 형성된다. 료따르가 말하듯

---

65) 『탐구』, 202.

66) 『탐구』, 84.

67) 『탐구』, 83.

이 초월적이고 보편적인 주체는 없다. 그런데 주체가 복잡하고 유동적인 관계 망에 의해 형성된다는 사실이 주체가 어구 우주의 한 사례에 불과한 것임을 의미하지는 않는다. 료따르는 인간을 다양한 어구-우주를 생성시키는 주체로 보는 것이 아니라 어떤 한 어구-우주에 속한 사례로만 간주하고 있다.[68] 어구가 인간의 자리를 차지하고 있다. 그러나 비트겐슈타인은 규칙을 따르는 '활동'을 강조함으로써 '어구중심주의'에 빠지지 않는다. 규칙 자체에 그 따르는 방식이 내재되어 있는 것이 아니다. 주체는 언어 놀이와 독립된 것은 아니지만 동시에 언어적 실천 속에 있는, 언어 놀이를 구성하는 자이기도 하다. 나는 규칙을 따르는 자이면서 동시에 그럼으로써 삶의 형태의 형성에 참여하는 자이기도 하다.

비트겐슈타인을 인간중심주의에 머물러 있다고 비판하는 것은 바로 이 점을 놓치는 것이다. 료따르는 이렇게 생각함으로써 오히려 '어구중심주의'에 빠지고 있다. 비트겐슈타인을 인간중심주의라고 비판함으로써 오히려 비트겐슈타인이 규칙 따르기 논의에서 비판한 논지, 즉 우리의 실천과 독립된 규칙이 있다는 생각, 규칙을 따른다는 것은 일련의 규칙을 적용하는 것이라는 생각으로 되돌아가고 있다. 비트겐슈타인의 관점에서 볼 때 료따르의 어구중심주의는 오히려 비트겐슈타인이 언어 놀이, 규칙 따르기를 통해 거부하고 싶어했던 언어의 신비화를 되풀이하는 것이다.

4. 료따르와 칸트

료따르는 칸트가 행한 능력들의 분리로부터 자신의 철학적 입장을 형성한다.[69] 그는 칸트의 능력 비판을 통해서 이질성과 차이

---

68) *Differend*, 91.

를 정당화하려고 한다. 인식, 윤리, 미학은 이질적인 규칙들이 지배하는 담론 영역들이다. 인식을 위한 구성적인 선천적 원리를 가진 오성은 『순수이성비판』에서 자신의 고유한 영역을 지닌다. 반면 여기서 단지 규제적 원칙에 불과한 이성의 이념은 『실천이성비판』에서 욕구에 대해 구성적인 선천적 원리를 지니며, 자기 고유의 영역을 확보한다. 자연과 자유 개념에 근거한 오성과 이성은 자신의 고유한 영역을 지니고 있기 때문에 서로를 침해할 필요가 없다. 칸트는 도덕적 믿음에 자리를 마련하기 위해서 지식을 제한한다.[70] 따라서 칸트는 "자연 개념의 감성적 영역과 자유 개념의 초감성적 영역과의 사이에는 커다란 심연이 가로놓여 있기 때문에 전자로부터 후자로의 이행은 불가능하다"고 한다.[71]

료따르는 이처럼 칸트가 분리시킨 이성 능력들간의 이행 불가능성으로부터 각 담론 장르들의 이질성을 정당화시킨다. 료따르는 이성의 조화와 통일보다는 차이와 갈등을 수용한다. 료따르의 이런 입장은 어떻게 분리된 능력들을 하나로 통일시킬 것인가 하는 칸트의 문제 의식을 제거해버린다. 칸트는 "우리의 모든 심적 능력은 세 능력, 곧 인식 능력, 쾌·불쾌 능력, 욕구 능력으로 환원"[72]될 수 있지만, 이 세 능력은 어느 하나로 환원될 수는 없다고 한다. 그러나 오성과 이성 사이에 판단력이 들어가 있는 것과 마찬가지로 "인식 능력과 욕구 능력 사이에는 쾌의 감정이 들어가 있다. 욕구 능력에는 필연적으로 쾌·불쾌가 결부되어 있다."[73] 판단력은 "자연 개념의 영역으로부터 자유 개념의 영역으로 이행할 수 있다고 생각할 수 있다."[74]

---

69) *Differend*, xiii.

70) Kant, I., *Kritik der reinen Vernunft*, Felix Meiner, 1956. BXXX.

71) Kant, I., *Kritik der Urteilskraft*, Felix Meiner, 1974(이하 *KU* 로 표기) XIX.

72) *KU*, XXII.

73) *KU*, XXIV.

이와 같이 칸트의 출발점은 이성의 각 영역들 사이를 연결할 다리를 부정한다. 칸트는 이런 작업을 통해서 과학의 영역으로부터 윤리와 미학의 영역을 구제한다. 따라서 우리는 칸트에게서 "총체화에 저항하는 결정적인 기본 모티브를 포착할 수 있다."[75] 이런 측면에서 료따르는 참과 거짓을 문제삼는 인지적 담론, 정의와 불의의 문제인 정치적 담론, 선악의 문제인 윤리적 담론, 미와 추의 문제인 미학적 담론은 각각 상이한 규칙 체계에 종속되며, 상호 이질적이라고 한다.[76]

그러나 칸트는 료따르와는 반대 방향으로 나아간다. 칸트는『순수이성비판』의 규정적 판단력과는 달리, 반성적 판단력은 감성적인 것과 초감성적인 것, 자연 개념과 자유개념 간의 매개적 개념이다. 이를 통해서 이론적 합법칙성이 실천적 합목적성으로 이행한다. 칸트에게 이성 능력들간의 분리는 시작 단계일 뿐이다. 칸트는 이성 능력들간의 차이나 이행 불가능성을 주장하지만 궁극적으로는 인간 이성의 통일을 추구한다. 분리된 이성 능력들은 결국 각자의 영역들을 확보하면서도 상호 이행이 가능하다. 칸트는 비록 주관적 통일에 불과할지라도 분리된 이성 영역을 통일적으로 파악하고자 한다. "자연 영역과 자유 영역은 영향을 끼칠 수 없는 상이한 세계처럼 보이지만, 후자는 전자에 대하여 어떤 영향을 미쳐야만 한다."[77] 왜냐 하면 자유 개념은 법칙에 의해 부과된 목적을 감성계에 실현해야만 하며, 자연의 합법칙성이 자유의 법칙에 따라 자연에 실현될 목적성과 합치하는 것으로 생각되어야만 하기 때문이다. 그러므로 자연의 근저에 놓여 있는 초감성적인 것

---

74) *KU*, XXV.

75) Welsch, W., *Unsere postmoderne Moderne*, Berlin : Akademie Verlag, 1977. S.175.

76)『조건』, 14, 30쪽.

77) *KU*, XX.

과 자유 개념이 실천적으로 함유하는 것 이 둘을 통일시킬 근거가 되는 개념이 판단력이며, 이 판단력이 "한 사유 방식으로부터 다른 사유 방식으로 이행을 가능하게 한다."[78] 이렇게 볼 때 료따르는 이질성을 정당화시키기 위해서 칸트철학의 출발점만 수용할 뿐이다.

료따르는 나아가 이질성을 강조하기 위해 반성적 판단력을 매개로 아방가르드와 숭고를 자신의 미학과 철학의 핵심 개념으로 삼는다. 료따르는 칸트의 반성적 판단력이 지닌 비규정성과 아방가르드의 실험 정신을 연결시킨다. 칸트는 숭고를 엄청난 크기나 힘을 지닌 자연 대상에 한정하지만, 료따르는 오히려 예술 작품으로 한정한다. 료따르에게는 기존의 예술 규칙을 거부하고 새로운 규칙을 찾으려고 시도하는 작품에서 느끼는 놀라움과 당혹감이 숭고 체험이다. 이런 숭고 체험은 이질적인 영역들 사이의 분쟁으로부터 오는 미적 감정이다. 따라서 숭고는 근대의 개념적 사유 형식을 넘어서 새로운 사유 형식을 지향한다. 왜냐 하면 숭고는 근대적인 재현적 사유에서는 표현할 수 없는 분쟁이나 이질성을 드러내기 때문이다. 따라서 그는 이질적인 미적 사유 형식을 철학의 중심에 둔다.

아방가르드의 실험은 전통을 부정하고 새로움을 추구한다. 예를 들어 기존의 예술 규칙을 문제삼은 세잔느, 피카소, 뒤샹 등의 예술이 진정한 실험 예술이다. 고유한 예술 관념을 깨뜨리는 작품만이 아방가르드 작품이다. "회화 대상의 형식적 정의는 머지 않아 미니멀 운동에 의해 짓밟혔다. 최소한 캔버스의 액자는 필요한가? 아니다. 색은? 이 물음에는 이미 1915년 말레비치의 하얀 사각형을 검게 칠한 것이 답해준다. 대상이 꼭 필요한가? 육체 예술과 해프닝은 대상들이 없어도 됨을 보여준다. 뒤샹이 「샘」으로 의

---

78) *KU*, XX.

도했던 대로 최소한 전시할 장소는? 다니엘 뷔랑의 작업은 이런 점조차도 의심될 수 있음을 보여준다."[79]

료따르는 숭고 예술의 대표자로서 뉴먼을 든다. 바넷 뉴먼의 대표작 「누가 빨강, 노랑, 파랑을 두려워하랴」(1969~1970)에는 사각형 모양의 빨강, 노랑, 파랑의 색면만 있을 뿐, 어떤 대상도 형체도 아름다운 형식도 없다. 그러나 274×603센티미터 크기의 이 거대한 작품 앞에 서면 아름답다는 느낌보다는 당혹감을 느낀다.[80] 이러한 불편한 감정, 불쾌감을 서술하는 데는 숭고 개념이 적절하다. 아무리 파악하고자 해도 파악할 수 없는 대상과 마주할 때 느끼는 불편함, 그것이 숭고 체험이다.

뉴먼은 다른 화가들과는 달리 자신의 작품의 주제는 숭고라고 한다. 그러나 그의 작품이 숭고를 상징하는 것은 아니다. 그의 작품은 그리지도, 지시하지도, 상징하지도 않는다. 그는 외부의 숭고를 그리지 않는다. 그저 화면 위에서 숭고가 발생하게 한다. 이런 사건성을 그의 작품에서 드러내고자 한다.[81] 그의 작품은 관찰자로 하여금 숭고함이 발생하도록, 그래서 느끼도록 만든다. 우리를 평범한 공간이 아니라 특별히 성스런 장소에 세우고자 한다. 즉, 작품을 통해서 관찰자가 숭고함을 느끼게 되고 이곳이 바로 성스런 장소가 된다.[82]

뉴먼은 숭고 대상을 묘사하려고 하지 않고 캔버스에서 모든 이미지를 제거함으로써 숭고를 드러내고자 했다. 이것이 바로 숭고가 발생하는 곳이며, 숭고가 사건화되는 곳이다. 뉴먼은 재현을 포기할 뿐만 아니라 형태와 색채를 거의 사용하지 않는다.[83] 즉, "거

---

79) 「숭고와 아방가르드」, 181-183쪽.

80) 진중권, 『현대 미학 강의』, 아트북스, 2003, 231쪽.

81) 진중권, 233-234쪽.

82) 진중권, 234쪽.

83) 진중권, 243쪽.

의 무로 환원된 시각적 기쁨은 무한한 것에 대해서 무한하게 사고하게 한다."[84] 료따르는 숭고를 드러내기 위한 이러한 미니멀리즘의 수행을 숭고에 대한 "부정적 묘사"라고 부른다. 현대 예술은 숭고를 묘사하기 위해 숭고한 대상을 굳이 재현하려고 하지 않는다. 오직 표현 불가능한 것에 대한 증언을 해야 한다는 임무에 충실하고자 한다. 무언가 일어나고 있다는 것, 아무것도 일어나지 않는 것이 아니고 어떤 것이 일어나고 있다는 것은 훌륭한 충격이다.[85]

료따르는 뉴먼의 「숭고는 지금」을 "숭고는 '지금 여기에서 무엇인가 일어나고 있다'로 해석"[86]하면서, 숭고한 것은 "그림 그 자체며, 이 그림이 여기 지금 존재한다는 것"[87]이라고 한다. "뉴먼의 그림은 아무것도 알려주지 않는다 ; 뉴먼의 그림 자체가 본질적으로 하나의 알려줌이다."[88] "표현될 수 없는 것은 저편에, 다른 세계에, 다른 시간에 존재하는 것이 아니라 일어나고 있다는 순간에, 어떤 것이 일어나고 있다는 순간에 존재한다. 회화 예술에서 비규정적인 것, 일어나고 있다는 것은 색채와 그림 그 자체다. 색채와 그림은 현시할 수 없는 발생, 사건 자체를 증언해야 한다."[89] 따라서 뉴먼은 사유의 규정 능력과 분쟁을 일으키는 '지금'을 작품화한다. '지금'은 사유 규정 이전의 사건으로서, '일어나는가'라는 물음만이 가능하기 때문에, 뉴먼은 '지금'을 숭고라고 부른다. "뉴먼이 그린 그림의 목적은 의식 너머까지 지속이 계속된다는 것을 보여주려는 것이 아니라 발생, 막 다가온 순간 그 자체다."[90]

---

84) 「숭고와 아방가르드」, 172쪽.

85) 「숭고와 아방가르드」, 176쪽.

86) 「숭고와 아방가르드」, 163쪽.

87) 「숭고와 아방가르드」, 163쪽.

88) Lyotard, "Newman : The instant", in *Lyotard Reader*, Basil Blackwell, 1991(이하 "Newman : The instant"로 표기) p.241.

89) 「숭고와 아방가르드」, 162-163쪽.

현대 아방가르드는 숭고한 대상에 대한 묘사까지도 포기함으로써 숭고를 '사건'으로 제시하려고 한다. "엄밀한 의미에서 뉴먼의 그림에서는 주제-내용이 제거된다."[91] 그림 그리는 행위 자체가 바로 하나의 사건으로서 발생하는 것이며, 여기서 우리는 숭고를 느낀다. 이것이 바로 뉴먼이 추구한 것이다. 형태와 색채를 최소화하는 뉴먼의 미니멀리즘은 화폭에 그려진 모든 것들을 지움으로써 모든 그림이 탄생하는 바탕을 이루는 근원적 사건을 드러내고자 한다.[92] 따라서 료따르는 현대 예술은 대상과 그 재현으로부터 해방과 또한 대중의 취미로부터 해방되어야 한다고 주장한다. 서술할 수 없는 것을 암시하는 것은 "취미의 공감적 합의를 거부"[93]한다. 그는 예술가들만큼 감상자들도 노력하지 않으면 작품을 이해할 수 없다고 한다.[94] 아방가르드 예술은 "작품이 지금까지 수신자 집단에 대해서 수행해온 동일화의 역할을 거부"[95]하며, 칸트의 "공통감"도 거부한다.[96] 이제 대중과의 분리를 추구하는 것이 새로운 예술이며, 아방가르드 예술은 이처럼 새로움에 대한 추구를 예술의 존재 이유로 간주한다.

그러나 료따르가 주장하는 대중과의 거리감은 예술과 취미의 보편성과 어긋난다. 칸트는 미적 판단은 주관적이면서도 보편적이라고 말한다. 료따르의 예술론은 대중의 취미와 관련된 예술이

90) "Newman : instant", p.241.

91) "Newman : instant", p.243.

92) 진중권, 246쪽.

93) 료따르, 「포스트모던이란 무엇인가라는 물음에 대한 답변」, 『포스트모더니즘의 철학적 이해』, 이진우 역, 서광사, 1993(이하 "「답변」, 이진우 역"으로 표기) 78쪽.

94) 「숭고와 아방가르드」, 180쪽.

95) 「숭고와 아방가르드」, 184쪽.

96) 「숭고와 아방가르드」, 176쪽.

아니라 예술가를 위한 예술론에 불과하다. 이런 귀결은 미적 판단보다는 숭고 판단을 모든 현실을 표현하는 방법론으로 수용했기 때문에 발생한다. 나아가 예술뿐만 아니라 사회, 정치, 자본주의, 진보에 관한 담론에서도 마찬가지 상황이 발생한다. 이해, 표현할 수 없는 것을 기존의 규칙으로 파악하는 대중의 판단은 숭고 대상을 제대로 표현할 수 없다고 한다. 따라서 료따르는 사회적 현실에 대한 참된 인식적 판단을 부정한다. 여기서 현실은 더 이상 인식 대상이 아닌 숭고한 대상으로 되기 때문이다. "무엇이 일어나고 있다 또는 그것의 의미는 무엇인가라는 '현실'과 '의미'가 문제가 아니라"[97] 일어난 사건, 발생이 문제며, 이것이 숭고이기 때문이다. 따라서 현실에 대한 이해 불가능성으로 이어진다. 현실에 대한 인식적 판단의 정당성을 확보할 수 없게 된다. 이런 측면은 현실에 대한 옳고 그름을 판단할 기준이 없다는 것을 의미한다.

칸트는 주관적인 이성 능력과 그것의 치환인 자연으로부터 숭고를 느끼는 반면, 료따르는 표현할 수 없는 것을 표현하고자 하는 객관적인 예술 작품에서 숭고를 느낀다. 오직 인간의 표현 행위와 그 대상에서만 숭고를 느낄 수 있다. 이런 점에서 료따르는 칸트의 숭고 개념을 아방가르드 운동에 근거한 예술 행위와 그 대상에 제한시킨다. 료따르의 목적은 처음부터 현대의 예술에서 이질적인 것에 대한 인정과 수용에 초점을 맞추었기 때문이다. 반면 칸트는 비록 이성 능력들간의 차이와 심연이 있다고 하더라고 인간 이성 능력들간의 조화가 가능하다고 본다. 비록 이질적인 이성 능력들이 있다고 하더라도 그들간의 주관적인 통일은 가능하다는 것이다. 만약 이것이 불가능하다면 인간 이성 능력들은 파편화되어 하나의 이성 능력이라는 개념 속으로 포섭될 수 없을 것이기

---

97) 「숭고와 아방가르드」, 157쪽.

때문이다. 료따르는 어떤 종류의 통일, 조화도 인정하지 않기 때문에 현실과 대상에 대한 인식을 할 수 없게 된다.

료따르는 창조적 부정의 원래 취지를 상실한 채 공허한 실험, 실험을 위한 실험, 새로움을 위한 새로움은 추구하는 것은 진정한 아방가르드가 아니라고 한다. 새로운 규칙을 제시하는 작품만이 아방가르드 작품에 속한다. 료따르는 작품 자체가 아니라 작품이 우리에게 불러일으키는 작용과 효과를 중시한다. 내용이나 의미에 관한 미학이 아니라 효과나 영향을 중시하는 영향 미학을 주장한다.[98] 그러나 칸트에게는 우리 주관의 이성 능력이 숭고의 본질이기 때문에, 발생하는 사건 그 자체에 몰입하기보다는 이것에 대한 반성적 태도를 요청한다. 이 점에서 칸트는 관념론적 숭고를 중시한다. 반면 료따르는 도덕적 의식과 이성이 결합된 칸트 식의 숭고를 비판하면서 제시하는 것이 이러한 탈이성적 숭고다.[99] 료따르는 칸트가 여전히 예술의 본질을 숭고한 주체를 재현하는 것으로 보기 때문에 주체의 형이상학에 머물러 있다고 한다.

그러나 기존의 규칙을 거부하고 새로운 규칙을 제시하기 위해서는 기존의 규칙에 대한 이해가 전제되어야 한다. 재현적 예술의 규칙에 대한 이해가 선행되어야 한다. 그렇지 않다면 기존의 규칙을 깰 수 없기 때문이다. 전혀 새로운 규칙을 제시하거나, 예술 작품을 만들 때마다 코페르니쿠스적 전회를 할 수는 없다. 따라서 새로움만을 추구하는 아방가르드 실험은 몰락할 수밖에 없다. 예술가 스스로는 숭고를 불러일으키는 작품을 만들었다고 하더라도 감상자가 숭고를 느끼지 못한다면 그 작품은 의미가 없을 것이다.

---

98) 최문규, 「포스트모더니즘과 장엄함의 미학 — 칸트와 료따르를 중심으로」, 『문학과 사회』 제19집, 1992, 1053쪽.

99) 최문규, 1046쪽.

료따르의 숭고는 예술 제작자의 숭고에 다름아니다. 대중과의 분쟁도 역시 숭고 체험의 주관성 때문에 생기는 것이다. 이런 면에서 예술 작품에서 숭고를 느낀다는 것은 칸트가 볼 때 미적 판단의 보편성을 부정하는 것이다. 나아가 이런 숭고 판단의 형식을 모든 영역으로 확장할 때 심각한 문제가 생긴다.

료따르는 사회적 언어 게임들의 이질성을 유지하면서도 각 언어 게임들을 연결할 고리를 찾고자 한다. 이런 점에서 이성 능력들간의 통일과 조화를 추구했던 칸트로부터 멀리 떨어져 있지 않다. 그는 지식, 윤리, 미학, 정치라는 이질적 언어 게임들을 연결할 고리를 칸트의 숭고 판단에서 발견한다. 그러나 숭고 판단의 특징을 모든 판단 일반으로 확대해서 사회, 자본주의, 진보, 총체성 개념까지도 숭고 대상으로 파악하고자 한다.100)

료따르의 이러한 미학주의는 모든 것을 규정, 표현 불가능한 것으로 간주한다. 따라서 "전체와 하나에 대한 동경, 개념과 감성의 화해, 명료하고 의사 소통 가능한 경험에 대한 동경을 실현"하는 것은 불가능한 "초월적 환상"101)으로 간주된다. 언어 게임들 사이의, 이성 능력들 사이의 "최소한의 화해도 기대해서는 안 된다."102) 우리가 표현하는 것은 단지 그 대상의 기호, 이미지에 불과하다. 사회와 자본주의가 숭고 대상이 되면, 사회와 자본주의는 알 수 없고 표현할 수 없는 대상으로 된다.103) 결국 자본주의, 사회, 정치이 모든 것은 숭고한 것으로, 규정 불가능한 것으로 된다. "자본주의 경제는 … 무한한 부 혹은 무한한 힘이라는 이념에서 그 규칙을 갖는 경제다. 이런 이념을 검증할 수 있는 유일한 실례를 현실

---

100) 도정일, 「리오따르의 소서사 이론 비판」,『포스트모더니즘의 쟁점』, 문화과학사, 1994, 112쪽.

101) 「답변」, 이진우 역, 80쪽.

102) 「답변」, 이진우 역, 80쪽.

103) 도정일, 112쪽.

속에서 제시한다는 것은 자본주의 경제에서는 불가능하다."[104] 이렇게 될 때 자본주의, 정치, 사회에 대한 비판은 불가능하다. 이것은 곧 료따르의 의도와는 반대로 현실의 자본주의에 대한 긍정이 된다. 이런 측면에서 하버마스가 료따르를 청년 보수주자라고 비판한 것은 일리가 있다.[105]

따라서 숭고 미학에 대한 판단을 모든 것에 대한 판단의 전형으로 삼는 것은 잘못이다. 료따르는 각 영역의 이질성을 주장하면서 숭고 판단의 형식을 통해서 그 모든 영역들을 미학적으로 통합하고 있다.[106] 숭고 대상에 대한 판단과 같은 분쟁 상황에서는 한쪽을 정당화시키면 어느 한쪽은 필연적으로 부당을 당한다. 두 주장에 대해서 아무런 판단도 내리지 않고 그 두 주장의 이질성을 인정해야 한다. 이것이 부당을 행하지 않는 유일한 방법이다. 따라서 하나의 유일한 절대적 진리를 부정하고 이질적인 다양한 진리를 인정해야 한다. 이렇게 모든 것을 총체화하려는 폭력적 판단을 거부하고 다양한 주장을 있는 그대로 인정하고 수용할 때 비로소 부당을 행하지 않게 된다. 이것이 분쟁을 해결하는 료따르의 방식이다.[107]

그러나 료따르의 분쟁 해결 방식은 실제로는 현실에 어떤 비판도 불가능하게 만든다. 강자의 힘의 논리와 약자의 저항의 논리를 동시에 인정한다는 것은 결국 현실적으로 강자와 힘의 논리를 옹호하고 약자의 무기력을 인정하는 것이다. 이것은 진정한 의미의 다양성과 이질성에 대한 인정이 아니다. 관용을 인정한다면 불관용을 인정하지 않아야 한다. 그러나 료따르에게는 관용을 인정하

---

104) 「숭고와 아방가르드」, 186쪽.
105) 하버마스, 「현대 : 미완성의 기획」, 『포스트모더니즘의 철학적 이해』, 이진우 역, 서광사, 1993, 62쪽.
106) 도정일, 115쪽.
107) 도정일, 102쪽.

면서 불관용을 배제할 어떤 명분이나 보편적 기준이 없다. 이것이 료따르의 다원적 진리론이 지닌 한계이자 문제점이다.

료따르의 입장에서는 인간의 행위 및 사회에 대해 어떤 평가도 할 수 없다. 그러나 우리에게는 절대적이지는 않더라도 최소한의 기준이나 규범이 필요하다. 예를 들어 역지사지(易地思之)의 정신 또는 "너의 준칙이 언제나 동시에 보편적 입법의 원리로서 타당할 수 있도록 행위하라"108)거나, 인간을 단지 수단이 아니라 언제나 목적으로서 대우하라109)는 정언명법과 같은 어떤 것, 통제적 이념의 역할을 할 수 있는 어떤 것이 필요하다. 물론 '인간 존엄'이나 '인권'을 최상의 가치로 지향한다고 해도 흑인들을 야수로 규정하면서 "모든 야수를 절멸하라"110)고 했던 역사를 생각해본다면, 우리는 어떤 가치나 규범의 절대화라는 메타 담론의 테러를 거부해야 할 것이다. 그러나 최소한 미래 지향적 규범이나 이념은 필요할 것이다. 그렇지 않으면 료따르철학은 이론적으로는 이질성의 인정이라는 멋진 논리로 보이지만, 현실적으로는 강자와 힘의 논리를 인정하고 그로 인해 억압당하는 것을 피할 수 없기 때문이다. 료따르의 이런 무기력한 귀결은 메타 담론에 대한 불신과, 인식의 절대화를 통한 전체주의의 폭력에 대한 거부감이 너무도 컸기 때문이다. 그러나 숭고 판단의 형식을 모든 판단 일반의 형식으로 삼은 것은 언어 게임이나 담론 영역의 이질성 주장과 자기모순적이다. 료따르가 하버마스를 비판한 표현처럼, 료따르의 의도는 훌륭하지만 그 논리적 귀결은 문제가 많다.

---

108) Kant, I., *Kritik der praktischen Vernunft*, Felix Meiner, 1974. S.36.

109) Kant, I., *Grundlegung zur Metaphysik der Sitten*, Felix Meiner, 1999. S.54-55.

110) 스벤 린드크비스트, 『야만의 역사』, 김남섭 역, 한겨레신문사, 2003. 이 책의 원제는 『모든 야수들을 절멸하라(*Exterminate all the brutes*)』다.

5. 맺음말

료따르는 공약 불가능한 이질성과 차이가 존재함을 증명하기 위해 비트겐슈타인의 언어 놀이를 빌려온다. 그러나 이질성과 동일성이란 특정한 맥락을 떠나서 존재하는 것이 아니다. 그때마다의 상황 속에서 특정한 기준에 의해서 결정된다. 어떤 것들이 동질적인가 이질적인가 하는 것은 담론의 결과로부터 결정된다. 또한 언어 놀이의 이질성과 차이는 그 자체로 독립된 것이 아니라 서로의 관계 속에서만 차이를 유지하고 있다. 만약 언어 놀이나 담론 장르들의 이질성이 절대화된다면 우리는 언어 놀이를 습득할 수 없게 된다. 따라서 모든 언어 놀이는 이질성만 갖는 것도 아니고 동일성만 갖는 것도 아니다. 이질성과 동일성이란 상대적 개념이다.

료따르는 다양한 언어 놀이들을 하나의 체계로 환원하는 것을 막기 위해, 언어 놀이들간의 공약 불가능한 이질성을 인정하면서 각 언어 놀이들간의 관계 맺음을 전면적으로 부정한다. 그러나 언어 놀이들 서로 관계 맺을 수 있다는 사실이 곧 단 하나의 언어 놀이로 통일될 수 있다거나, 어떤 한 언어 놀이가 더 우월하다는 것을 의미하지 않는다. 이런 관계 맺음이 가능해야만 비로소 우리는 세계에 대한 일목요연한 조망을 할 수 있기 때문이다.

료따르는 주체가 언어 놀이에 의해서 형성되기 때문에 초월적이고 보편적인 주체는 없다고 주장한다. 그러나 주체가 복잡한 관계망에 의해 형성된다고 해서 주체가 곧 어구 우주의 한 사례에 불과하게 되는 것은 아니다. 료따르의 경우 어구가 인간의 자리를 차지하고 있다. 그러나 비트겐슈타인은 규칙을 따르는 활동을 강조함으로써 료따르처럼 어구중심주의에 빠지지 않는다. 주체는 언어 놀이와 독립되어 있지 않지만, 언어적 실천을 통해서 언어 놀이를 구성한다. 규칙을 따르면서도 이런 행위를 통해서 삶의 형태를 형성하는 데 참여한다. 따라서 비트겐슈타인을 인간중심주의에 빠져 있다고 비판하는 료따르 자신이 오히려 어구중심주의에 빠져 있다고 비판받을 수 있다.

또한 료따르는 칸트의 이성 능력의 분리를 수용하면서 담론 장르들의 이질성을 정당화한다. 그는 자연 영역과 자유 영역 사이에는 넘을 수 없는 심연이 놓여 있다는 칸트의 주장을 근거로 삼는다. 그는 칸트의 반성적 판단력과 숭고 개념을 아방가르드 이론과 연결시키면서 숭고 개념을 자연으로부터 예술 작품으로, 작품이 불러일으키는 놀라운 체험으로 전환시킨다. 그는 숭고 개념을 통해서 근대의 개념적, 재현적 사유를 극복할 수 있다고 본다. 따라서 아방가르드 실험에서 기존의 규칙을 거부하고 새로운 규칙을 제시하는 예술 작품에서 숭고를 느낄 수 있다고 한다. 그러나 숭고 판단을 모든 판단 일반의 전형으로 세움으로써 숭고한 이념적 대상들에 대한 인식과 평가를 불가능하게 만든다.

료따르는 숭고 판단의 형식을 사회, 자본주의 등의 개념에까지 확장함으로써 논리적 혼란에 빠진다. 그는 사회, 정치, 자본주의, 진보와 같은 숭고한 이념들에 대한 표현들은 지식이 아니라 단지 기호들에 불과하다고 한다. 따라서 그 판단들이 현실과 일치하는지를 비교할 수 없다. 왜냐 하면 그 대상들은 인식의 대상이 아니기 때문이다. 다만 그런 기호적 표현을 통해서 그 이념의 대상을 부정적으로 드러낼 수 있고 느낄 수 있을 뿐이다. 그 대상들에 관해서는 확정적 지식이 불가능하기 때문에 참, 거짓이나 옳고 그름을 평가할 수 없다.

미학적 판단이 최상의 심급이 되면 인식, 윤리, 정치, 경제 영역에 대한 진술은 미학적 판단으로 환원될 수 있고, 각 영역들의 이질성은 사라진다. 미학적 판단이라는 공통성 때문에 각 언어 놀이나 담론 장르의 이질성은 상대적 이질성에 불과하게 된다. 따라서 이질성과 차이에 대한 료따르의 주장은 미학적 판단을 보편화시키는 순간 무너진다. 이것이 료따르철학의 귀결이다. 따라서 료따르의 이질성 강조와 각 영역의 이질성을 연결시키고자 하는 미학주의는 양립하기 어렵다. 즉, 료따르의 미학주의는 이질성을 강조하기 위한 근거이지만 오히려 이질성을 부정하고 있다. 따라서 미학판단의 보편화는 거부되어야 한다. 료따르의 의도는 좋지만 그의 논리는 자기 모순적이다. 그러나 이질성과 차이를 강조하는 료따르의 철학은 이성중심주의의 문제를 극복할 수 있는 실마리를 제공하고 있다. 동시에 이성이 부당하게 배제해왔던 차이와 이질성, 다양성, 타자, 감성의 권리를 회복시켜야 한다는 시대적 공감을 불러일으킨 점에서 많은 논리적, 현실적 문제점에도 불구하고 큰 의의를 지니고 있다.

□ 참고 문헌

도정일, 「리오따르의 소서사 이론 비판」, 『포스트모더니즘의 쟁점』, 문화과학사, 1994.

료따르, 「숭고와 아방가르드」, 『지식인의 종언』, 이현복 역, 문예출판사, 1999.

료따르, 「포스트모더니즘이란 무엇인가에 대한 대답」, 『포스트모더니즘의 철학적 이해』, 이진우 역, 1993.

료따르, 『포스트모던의 조건』, 유정완 역, 민음사, 1999.

료따르, 『포스트모던적 조건』, 이현복 역, 서광사, 1992.

린드크비스트, 『야만의 역사』, 김남섭 역, 한겨레신문사, 2003.

양운덕, 「료따르의 포스트모던 철학」, 『헤겔에서 료따르까지』, 지성의 샘, 1994.

이진우, 「장 프랑수아 료타르 : 탈현대성의 철학」, 『포스트모더니즘과 포스트구조주의』, 현암사, 1997.

이현복, 「칸트의 이성 비판과 료따르의 포스트모더니즘」, 『포스트모더니즘과 철학』, 이화여대 출판부, 1995.

진중권, 『현대 미학 강의』, 아트북스, 2003.

최문규, 「포스트모더니즘과 장엄함의 미학 ― 칸트와 료따르를 중심으로」, 『문학과 사회』 제19집, 1992.

칸트, 『판단력 비판』, 이석윤 역, 박영사, 2001.

하버마스, 「현대 : 미완성의 기획」, 『포스트모더니즘의 철학적 이해』, 이진우 역, 서광사, 1993.

Fred L. Rush, Jr., Lawrence, "The Harmony of the Faculties", in *Kant-Studien*, 2001, Heft 1.

Kant, I., *Grundlegung zur Metaphysik der Sitten*, Felix Meiner, 1999.

Kant, I., *Kritik der praktischen Vernunft*, Felix Meiner, 1974.

Kant, I., *Kritik der reinen Vernunft*, Felix Meiner, 1956.

Kant, I., *Kritik der Urteilskraft*, Felix Meiner, 1974.

Lyotard, J, F., *The Lyotard Reader*, Basil Blackwell, 1991.

Lyotard, J. F., *Der Widerstreit*, Wilhelm Fink Verlag, München, 1989.

Lyotard, J. F., *La condition postmoderne*, Minuit, Paris, 1979.

Lyotard, J. F., *Le Différend*, Les éditions de Minuit, Paris, 1983.

Lyotard, J. F., *The Differend - Phrases in Dispute*, Univ. of Minnesota Press, 1988.

Lyotard, J. F., *The Inhuman, Reflections on Time*, Stanford Univ. Press, 1991.

Reese-Schäfer, W., *Lyotard zur Einführung*, Junius Verlag, 1988.

Welsch, W., *Unsere postmoderne Moderne*, Berlin : Akademie Verlag, 1997.

Wittgenstein, L., *Philosophical Occasions 1912~1951*, Hackett Publishing Campany, 1993.

Wittgenstein, L., *Philosophische Untersuchungen*, 이영철 역, 『철학적 탐구』, 서광사, 2001.

Wittgenstein, L., *Tractatus Logico-Philosophicus*, 이영철 역, 『논리철학논고』, 천지, 1991.

제 2 부
칸트철학과 현대 해석학의 문제들

슐라이어마허의 보편해석학 기획*

김 영 한

1. 머리말

슐라이어마허(Friedrich Schleiermacher : 1768~1834)는 서구
정신사에서 "현대 개신교 신학의 창시자"요 "현대 해석학의 창시
자"[1)로 자리매김하고 있다. 그는 철학적 해석학보다는 『종교론
(Über Religion)』이나 『기독교 신앙(Der christliche Glaube)』 등
의 저서로 더 널리 알려진 19세기 개신교 신학의 대부였다. 동시
에 신학자요 문헌학자(Philologe)요 철학자[2)인 그의 신학적이고
철학적인 사상은 그가 일생의 과제로서 기획하고 발전시켰던 그의
해석학적 관심과 착상의 맥락에서 이해되어야 한다. 1838년도에

* 본 연구는 숭실대학교 교내 연구비 지원에 의하여 이루어졌음.

1) David E. Klemm (ed.), *Hermeneutical Inquiry : I, The Interpretation of
Texts*, Atlanta : Scholars Press (A. A. R. Studies in Religion, 43), 1986, 55.
2) Hans Ineichen, *Philosophische Hermeneutik*, Freiburg, München : Karl
Alber, 1991, 118.

출판된 그의 "해석학 강의"의 제목은 "신약 성경과의 특별한 관계를 배려한 해석학과 비판(Hermeneutik und Kritik mit besonderer Beziehung auf das Neue Testament)"이었다.[3]

필자는 본 논문에서 슐라이어마허의 해석학적 기획의 발전 과정, 자구(字句) 위주의 전통적인 특수 해석학을 보편 해석학으로 발전시키는 그의 해석학적 사고의 구조, 그가 보편 해석학의 착상을 제대로 실현시킬 수 있었는지를 논구하고, 그의 해석학의 공헌과 한계를 제시하고자 한다.

2. 해석학 원고와 편집 과정

슐라이어마허는 1805년 독일 할레(Halle)대학에서 교수 활동을 시작해서 1834년 죽을 때까지 집중적으로 해석학의 문제를 다루었다. 1809년 그는 베를린대학의 신학 교수로 초빙을 받았고 여기서도 여덟 차례나 해석학에 관한 강의를 했다. 그는 베를린대학의 신학부 교수 그리고 설교가로서 정기적으로 설교를 해야 했다. 그에 의하면, 설교에서 의사 소통이란 이해를 요구하는 것으로 사고 방식을 강요하는 것이 아니라 청중을 "움직이는" "음악을 켜는 것"이다.[4] 그리고 플라톤 번역가로서 명성을 얻은 그는 고전의 번역가로서 해석학에 관한 관심을 가지지 않을 수 없었다.

슐라이어마허는 1805년 격언(格言)이나 예비적인 한두 관찰 문장으로써 해석학에 관한 약간의 필기를 시작하였다. 그는 1809~

---

3) F. Schleiermacher, *Hermeneutik und Kritik mit besonderer Beziehung auf das Neue Testament*, hrsg. von Friedrich Lücke, Berlin bei G. Reimer, 1838.
4) F. Schleiermacher, *Über die Religion*, Berlin 1799, *On Religion, Speeches to its Cultural Despisers*, Eng. New York, Harper, 1958, 119-120.

1810년에는 해석학에 관한 원고의 초안을 썼다. 그것은 1819년에는 『개요(*Compendium*)』로 알려진 진전된 모습을 갖추었다. 1828년 강의에는 약간의 난외 각주를 첨가하였다. 1829년의 해석학 강의에는 그의 동시대인 볼프와 아스트의 해석학을 참조하였다. 그래서 그는 1829년의 아카데미의 강의(Akademierede)에는 "볼프의 가르침과 아스트의 텍스트를 참조한 해석학 개념(Über den Begriff der Hermeneutik, mit Bezug auf F. A. Wolfs Andeutungen und Asts Lehrbuch)"이라는 제목을 붙였다. 『해석학과 비판(*Hermeneutik und Kritik*)』은 슐라이어마허가 생전에 출판한 것이 아니라 그가 별세한 후 그의 제자인 뤼케(Friedrich Lücke)가 자기 스승의 강의 노트에서 편집하여 1838년에 출판한 것이다.[5]

슐라이어마허는 1805년 이래로 해석학에 대한 출판이 확실히 계획되었으나 그가 해석학에 관해 숙고해서 쓴 많은 분량의 원고들을 출판하지 않았다. 그 이유로는 그가 예기치 않게 66세로 빠르게 별세한 것도 이유가 되겠으나 주요 이유로는 그가 자기의 기획에 만족하지 않았기 때문이다.[6]

1959년 킴멀레(Heinz Kimmerle)는 슐라이어마허가 쓴 해석학에 관한 원고들을 완전히 재편집했다. 킴멀레는 그의 편집본에서 학생들의 강의 노트에 근거한 자료들을 배제하고 지금까지 출판되지 않았던 초기의 원고들과 난외주들, 그리고 슐라이어마허 자신이 쓴 해석학의 모든 자료들을 연대기 순으로 배열했다. 킴멀레의 편집본으로 말미암아 슐라이어마허의 해석학 연구에서 초기의 해석학에 관한 노트로부터 후기의 해석학 강의록 원고에 이르기까지 해석학 사상의 발전 전체를 고려할 수 있게 되었다.[7]

---

5) *Hermeneutik und Kritik*, hrsg. von Friedrich Lücke, Berlin bei G. Reimer, 1838.

6) Jean Grondin, *Einführung in die philosophische Hermeneutik*, 1991, 89.

7) F. Schleiermacher, *Hermeneutik : Abhandlung der Heidelberger Akademie*

슐라이어마허의 해석학 강의는 1977년에는 만프레드 프랑크 (Manfred Frank)에 의하여 언어철학적인 텍스트의 부록을 넣어서 입문과 더불어 『해석학과 비판』이라는 제목으로 다시 출판되었다.[8] 1985년에는 비르몬드(W. Virmond)에 의해 편집되어 1809 / 1810년 해석학 강의의 여태까지 알려지지 않은 추고(推敲)가 『보편 해석학(*Allgemeine Hermeneutik*)』이라는 제목으로 새로운 판으로 출판되었다.[9] 이 편집서는 뤼케, 킴멀레와 프랑크의 알려진 편집 이후에 슐라이어마허의 해석학적 기획에 대한 아주 신선한 개요를 제공하고 있다.

3. 이해의 이론으로서의 해석학

1) 이해를 위한 학(學)

슐라이어마허는 1791년 해석학 강의의 입문에서 다음과 같이 피력한다. "이해의 기술로서의 해석학은 아직도 보편적으로 존재하지 않고 단지 여러 가지 특수한 해석학들만이 있다."[10] 단지 문헌학적 해석학, 신학적 해석학 그리고 법률적 해석학 등 다양한

der Wissenschaften (Heidelberg : Carl Winter, 1959), hrsg. von Heinz Kimmerle, mit der Einleitung, Heidelberg, 1959, 9-24, 영문판, *Hermeneutics*, Missoula : Scholars Press 1977 (A. A. R. Text and Translation series I, Tr. by J. Duke and J. Forstman), 21-40, and 229-234.

8) F. Schleiermacher, *Hermeneutik und Kritik*, hrg. und eingel. von Manfred Frank, Mit einem Anhang sprachphilosophischer Texte Schleiermachers, Frankfurt a / M : Suhrkamp 1977.

9) F. Schleiermacher, *Allgemeine Hermeneutik von* 1809 / 1810, hrsg. von W. Virmond, in : Schleiermacher-Archiv I (1985), 1269-1310.

10) *Hermeneutik und Kritik*, hrsg. und eingeleitet von M. Frank, 75.

특수한 해석학이 있을 뿐이다. 그러므로 그는 이해의 기술로서 보편 해석학을 정립하고자 한다. 그는 본문에 대한 일시적인 해석의 규칙이 아니라 본문에서 진정한 의미를 이끌어내는 이해 기술을 발전시키고자 했다. 그는 해석학을 인식론의 맥락에 놓고 이해 이론으로서 전개하고자 하였다.

옛 해석학의 원칙이란 해석학이란 오해가 있는 곳에 시작된다는 것이다. 슐라이어마허는 이 원칙을 따르면서 이해 자체를 주제화한다. 그는 이해를 교회 테두리에 한정된 특수한 해석 차원, 말하자면 교의(敎義)적 실용적 『성경』해석의 차원에서 벗어난 철학적 인식론의 주제로 발전시키고자 한다. 그는 아직 보편적으로 있지 않고 특수한 여러 가지 형태로 있는 해석학에다 "이해의 기술"이라는 학문적 의미를 부여한다. 그는 당시까지 해석학적으로 활용되었던 설명(Darlegung)의 기술을 해석학의 영역에서 배제한다. 설명이란 하나의 수사학적 기술(eine rhetorische Kunst)에 지나지 않는 것이었다. 해석학이란 단지 수사학(修辭學)이 아니라 언설(eine Rede)을 철학적으로 사유하고 이해하는 것이다. 그는 해석학을 모든 대화에서 이루어지는 이해를 위한 조건들을 기술하는 학문으로 만들고자 한다. 그리하여 모든 텍스트에 보편적으로 적용되는 이해의 기술을 발전시키고자 한다. 그리하여 그는 해석학을 문헌학적인 차원을 넘어선 보편 해석학(Allgemeine Hermeneutik)으로 정초하고자 한다. 슐라이어마허에 의해서 처음으로 해석학은 이해 자체를 위한 학(學)으로 전개된다.

2) 해석학적 순환 : 부분과 전체의 상호 작용

슐라이어마허에 의하면 이해란 기본적으로 지시적인 기능이다. 무엇(전체)을 이해하기 위해서는 부분적인 전이해가 전제된다. 우리가 이해하는 것은 부분들로 이루어진 전체의 통일성을 형성한다. 전체는 개별적인 부분을 규정하고, 부분들은 모여서 전체를 형성한다. 슐라이어마허는 다음과 같이 유명한 해석학적 공식을 선언한다. "부분이란 전체에서만, 그리고 전체는 부분에서만 이해될 수 있다."[11] 해석 과정은 텍스트 전체 파악과 부분 파악 사이의 지속적인 순환 구조를 형성한다. 전체와 부분은 상호 작용하는 변증법적 구조를 가진다. 이해는 순환적이다. 이해 작용에서 전체와 부분은 변증법적인 상호 작용에 의하여 서로 순환적이다. 그래서 의미를 형성한다. 의미는 이러한 순환 속에서 이루어지기 때문에 이것을 바로 "해석학적 순환(hermeneutischer Zirkel)"이라고 부른다. 이것은 논리적으로는 모순이라고 말할 수 있으나 이해 행위에서 이것은 논리 이전(以前)의 이해 과정으로서 필연적으로 일어나는 이해의 순환적 사건이다. 전체에 대한 임시적인 이해에는 부분에 대한 선(先)이해가 들어 있으며, 부분의 개략적 이해에 이미 전체에 대한 막연한 이해가 들어 있다. 우리는 이 이해의 순환 구조로부터 떨어져서 이해할 수 없다. 텍스트를 자세히 읽기에는 해석자에게 전체를 개관해 주는 개략적 읽기(kursorische Lesung)가 선행한다.

전체 개념은 상대적이다. 전체는 단 한 번에 파악되는 것이 아니라 개별의 이해가 더 큰 연관으로 정위되면서, 해석학적 원은 자꾸 커진다. 이해는 잠정성과 무한성의 성격을 가지기에 이른다. 슐라이어마허가 제시하는 해석학적 순환 개념은 이해의 존재론적 선구조(die Vorsturktur)를 발견한 하이데거를 거쳐 가다머에 이르러 "이해의 역사성(die Geschichtlichkeit des Verstehens)"과 관련하여 가장 성숙하게 파악되기에 이른다.[12]

---

11) *Hermeneutik und Kritik*, hrsg. u. eingel. von M. Frank, 95.
12) Gadamer, *Wahrheit und Methode*, Tübingen 1960, 250, 261 그리고 Anthony

3) 전통적 해석학에 비판적 사고 도입 : 해석학과 비판

슐라이어마허는 해석학적 사고에 전통적 해석학이 도외시한 비판적 사고를 도입한다. 그리하여 해석학적 사고에 해석학과 비판을 상호 귀속시킨다. 해석과 이해는 비판된다. "비판적인 행위는 해석학적 행위의 지속적인 동반자다(die kritische Tätigkeit ist die beständige Begleiterin der hermeneutischen)."[13] 비판의 내용과 범위란 기계적인 오류이거나 자유로운 행위를 통해서 야기되는 오류다. 이 두 경우에서 텍스트에 오류가 있다는 추측이 깔려 있다. 비판 자체는 이러한 오류를 인식하고 본래적인 텍스트를 다시 만들어내는 과제를 지닌다.

의심의 계기는 텍스트 안에 놓여 있는 의미 모순이나 언어 지식의 근거에서 발생한다. 언어 지식은 특히 상응하는 저자와의 친숙성 또는 그 시대의 텍스트와의 친숙성에서 나온다. 기계적인 오류는 자유로운 행위에서 의도적으로 유래한 오류에 대립된다. 기계적인 오류는 복사나 인쇄에서 나타난다. 의도적인 오류는 텍스트 안에서 의식적으로 수행된 변경이다. 오류들은 고귀한 의도, 특히 의도되는 불명료나 오류를 제거하는 의도로 되돌아갈 수 있다. 오류들은 철학적 반대자가 적대자의 인용을 가져온다면 나쁜 의도로 되돌려진다.

슐라이어마허는 비판을 텍스트 비판의 의미에서 본래적인 텍스트의 탐구(Ermittlung eines autentischen Textes)로서 이해한다. 여기서는 우위적인 질문이란 저자가 본래적으로 스스로 썼거나 말했는가 하는 점이다. 그것을 넘어서 해석 자체가 맞는가 맞지 않는가에 대해 음미하는 과제도 중요하다. 슐라이어마허는 이것을

C. Thiselton, *New Horizons in Hermeneutics*, 222.

13) *Hermeneutik und Kritik*, hrsg. von M. Frank, 353.

"교리적 비판(doktrinale Kritik)"이라고 말한다. 교리적 비판이란 작품 이해에서 이념을 전제하고 작품의 이념을 좋게 또는 나쁘게 실현하는 산물로서 이해하는 것이다.[14] 교리적인 비판에 대하여 슐라이어마허는 텍스트 비판(Textkritik)인 문헌 비판(philologische Kritik)을 옹호하고 있다.

4. 이해의 기술학으로서 보편 해석학

1) 이해의 기술학

슐라이어마허는 해석학을 문헌학의 분야에서 이해의 기술학(eine Kunstlehre des Verstehens)으로 발전시킨다. 해석학이란 다른 사람의 말, 특히 문서적으로 고정된 말 또는 텍스트를 이해하고 해석하는 기술이다.[15] 말의 이해는 일상적인 현상이다. 그러나 의사 소통의 어려움이 야기하면 이해는 규칙을 통하여 보완되어야 한다. 이것이 해석학이다. 이해는 규칙의 적용을 통하여 기술적 이해, 다시 말하면 텍스트 해석이 된다.[16] 주석이나 해석은 따라서 규칙에 입각해서 텍스트를 이해하는 해석 방식이다. 이 규칙은 이해의 어려움을 피하고 가능한 대로 어려움을 예방하도록 해야 한다.

해석학이란 이해를 위한 기술이지 기계적인 절차(ein mechanisches Verfahren)가 아니다. 슐라이어마허는 해석학의 두 가지 실천 방식을 구분한다. 하나는 "좀 느슨한 실천(laxere Praxis)"과 "좀 엄

---

14) Ibid., 244.
15) Ibid., 75.
16) Ibid, 91.

격한 실천(strengere Praxis)"이다. 전자의 결과로 이해가 스스로 야기하고, 후자는 오해가 스스로 야기하는 것에서 출발한다. 전자는 해석학의 소극적인 실천이며, 후자는 해석학의 적극적인 실천이다.

"좀 느슨한 실천이란 다음 사실에서 출발한다. 그것은 이해는 스스로부터 야기하고 목표를 소극적으로 표현한다. 오해는 피해야 한다."[17] "좀 느슨한 실천"이란 이해란 스스로 야기하고, 오해는 피해야 한다는 부정적인 목적을 갖는다. 슐라이어마허는 이것을 명료치 않는 구절을 밝혀내기 위해 지침을 제시하는 자구(字句) 해석학(Stellenhermeneutik)으로 본다. 이것은 전통 해석학의 관점이다.

슐라이어마허는 전통 해석학을 특수 해석학으로서 보고 다음과 같이 평가한다. "특수 해석학은 관찰들의 집합에 불과하다. 그리고 학(學)으로서의 필요 조건을 충족시키지 못한다. 반성 없이 이해를 추구하는 것과 특별한 경우에 한하여 이해의 규칙들이 의존하는 것은 균형이 잡히지 않는 활동이다."[18] 여기에는 기술 없는 순수 직관적인 오성이 작용한다. 이해는 정상적인 전개 방식에서는 기술(技術)을 필요로 하지 않으며 그 자체 문제가 없다. 이해가 되지 않을 때까지, 즉 모순에 부딪힐 때까지 모든 것은 바르게 잘 이해된다. 해석학이란 이해가 되지 않을 때 비로소 필요하다. 이해가 잘 되는 것은 일차적이고 자연적 과정이며, 오해하는 것은 특별한 해석학적 도움이 필요시 되는 예외 경우다. 따라서 슐라이어마허에 의하면 해석학은 오해를 근본 상태로서 전제한다. 이해하고자 시도함으로부터 해석자는 가능적인 오해를 방지하고자 한

---

17) Ibid., 92.
18) F. Schleiermacher, *Hermeneutik*, 영어 번역 *Hermeneutics* : The Handwritten Manuscripts, Scholar Press, 1977, 95.

다. 이해는 오해를 방지하기 위하여 기술적으로 단계적으로 나아가야 한다. 해석학은 "이해가 불확실하게 되는 곳에서가 아니라 언설(言說. Rede)을 이해하고자 하는 시도의 시작과 더불어 출발한다."19) "해석학이란 오해를 피하는 기술이다."

"좀 엄격한 실천"이란 슐라이어마허가 해석학과 더불어 열고자 하는 분야다. 이것이 보편 해석학이다. "좀 엄격한 실천이란 다음 사실에서 출발한다. 오해는 스스로 야기하며 이해는 모든 점에서 원해야 하며 추구되어야 한다."20) 슐라이어마허는 더 엄격한 실천과 더불어 오해의 차원을 보편화하고자 한다. 이해의 보편적인 우위로부터 출발하고자 한다. 이해의 요소는 사실로 보편화가 가능하다. 그러나 이해가 성공한 곳에서도 "오해의 잔재는 완전히 해소되지 않는다."21) 그러나 이해의 기술은 본문 종류에 관계없이 법률 문서, 종교 경전, 문학 작품 등 모든 본문의 해석에 보편적으로 적용된다고 보았다. 이것이 그의 보편 해석학의 착상이다.

슐라이어마허는 이해의 근본 행위를 추후 구성(Nachkonstruktion)으로 이해한다. 하나의 언설을 이해하기 위하여 마치 내가 언설자(言說者)인 것처럼 언설을 그것의 모든 부분들에서 추후 구성해야 한다. 이해에서 중요한 것은 내가 사실로 가져오는 의미가 아니라 추후적으로 구성되는 저자의 관점에서 보이는 의미다. 여기서 "언설을 먼저 저자와 같이, 그리고 다음에는 저자보다 더 잘 이해한다"는 유명한 공식이 나온다.22) 더 좋은 이해의 목표는 무한한 과제다. 이것은 도달하지 못하는 목표다. 왜냐 하면 우리 인간은 결단코 완전히 이해할 수 없기 때문이다.

---

19) *Allgemeine Hermeneutik von* 1809 / 1810, hrsg. von W. Virmond, 1985, 1272.

20) *Hermeneutik und Kritik*, hrsg. und eingeleitet von M. Frank, 92.

21) Ibid., 328.

22) Ibid., 94, 104.

2) 두 가지 해석의 방법

슐라이어마허에 따르면 두 가지 해석의 방법이 있다. 하나는 문법적 해석이고, 다른 하나는 심리적 해석이다. 모든 말은 "언어와 화자(話者)의 전(全) 사고"에 관계한다.[23] 문법적 해석은 말이 언어 속으로 얽혀 있음을 반성하고 있으며, 심리적 해석은 말이 그의 사고를 전달하고자 하는 화자를 전제한다는 사실을 고려한다. 두 해석은 전달의 방식에 따라서 다른 의미를 가진다. 문헌적인 텍스트에서는 사실이 전면에 부각되며 저자는 취급되는 사실 배후에 머문다. 여기서는 문법적 해석이 중요하다. 이에 반해 소설과 같은 텍스트는 저자의 의도가 중요한 위치를 차지하게 된다. 소설의 이해란 소설의 플롯을 전개하고자 하는 저자의 의도를 재구성하는 것이다. 여기서는 심리적 해석이 중요하다. 슐라이어마허는 텍스트 해석이란 문법적 계기와 심리적 계기의 변증법적 상호 작용을 통하여 이루어진다고 본다. 전자가 객관적 보편적 특성을 가지고 있다면, 후자는 주관적 개별적 특성을 가지고 있다. 슐라이어마허는 이 두 가지 해석 계기의 특성을 언어에 의하여 매개함으로써 실증적인 경험과학과 선험적인 사변철학의 특성을 결합하고자 하였다. 그러나 그의 사상의 발전에서 심리적 해석이 문법적 해석보다 더 강조되는 방향으로 나아갔다. 여기에 외적인 고정된 문헌이나 표현보다 인간 내면의 정신적 창조 과정을 중요시하는 슐라이어마허의 낭만주의적 정신이 깔려 있다.

(1) 문법적 해석

문법적 해석은 해석학의 "문법적 측면(die grammatische Seite)"이다. 이것은 언어를 다룬다. 언어는 공동체가 사용하는 언어의

---

23) Ibid, 77.

총체성에서 나오는 단면이다. 그러므로 언어는 먼저 주어진 구문론과 사용에 따른다. 그러므로 언어는 개인 차원을 넘어선다. 문법적 해석은 표현을 텍스트에 놓여 있는 언어의 총체적 연관에서 해명한다. 이것은 언어의 문맥에서 말해진 것을 이해하는 것이다.

슐라이어마허는 문법적 해석을 위하여 규칙(Kanon)을 발전시킨다. 그리고 그는 다음 두 가지 규칙이 가장 중요하다고 말하고 있다. 첫째 규칙은 공통 언어에 관한 것이다. "주어진 언설에서 어떤 것에 대한 더욱 정확한 결정은 저자나 그 본래의 독자에게 공통적인 언어의 용법에 기초하여 수행되어야 한다."[24] 둘째 규칙은 언어 맥락의 파악에 관한 것이다. "주어진 구절에서 각 단어는 그 문맥에 의해 결정되어야 한다."[25] 슐라이어마허는 공통 언어의 파악 그리고 언어 맥락의 파악이라는 "이 두 가지 규칙이 문법적 해석의 전체를 구성한다"고 보았다.

공통적인 언어를 파악하는 첫째 규칙에 의하면 언설(Rede)의 부분은 저자의 언어 영역에서만 규정될 수 있다. 해석학의 "과제란 언어로부터 언설의 의미를 이해하는 것이다."[26] 이해는 언어를 대상으로 한다. 언어는 이해의 수단이며 사고의 매개물이다. 언어 없이는 사고할 수 없다. "해석학에서 전제되는 모든 것은 오로지 언어다."[27] 이러한 슐라이어마허의 명제는 해석학을 언어존재론으로 심화시키는 가다머의 해석학적 사고에 단초를 제공하고 있다. 가다머는 "이해될 수 있는 존재는 언어다"라고 말한다. 이해의 본질적인 언어성은 우리의 진술에서보다는 우리의 마음속에 가지고 있는 것에 대한 언어의 추구에서 표현된다. 가다머는 슐라이어

---

24) Ibid., 101.

25) Ibid., 116.

26) *Allgemeine Hermeneutik von* 1809 / 1810, hrsg. von W. Virmond, 1985, 1276.

27) Schleiermacher, *Hermeneutik*, hrsg. von H. Kimmerle, Heidelberg 1959, 38.

마허가 말하는 언어적 진술의 해석뿐만 아니라 마음속에 생각하고 있는 것에 대한 이해 차원까지 말하고 있다. 슐라이어마허에 의하면 성경의 해석에 종사하는 고(古)문헌학자나 신학자들에게 이 첫째 규칙이 큰 비중을 갖는다. 저자와 원래적인 청중의 공통적 언어 영역도 중요하다. 언설은 공통적인 언어에의 참여이기 때문이다. 둘째 규칙인 언어적 맥락에 대한 파악에 의하면 단어의 의미는 언어 환경에서 형성되는 맥락에서 해석된다. 여기서는 어떤 처소에서 언설 부분의 중요한 가치가 발견된다. 해석학에서 전제되는 모든 것은 오로지 언어다. 다른 객관적이고 주관적인 조건들, 거기에 속하고 발견되는 모든 것은 언어에서 발견되어야 한다.

문법적 해석은 의미 파악을 위하여 비교 방법(die komparative Methode)을 사용한다. 슐라이어마허는 "개별적인 의미들은 연합하여 비교함으로써 내적 통일을 파악"할 수 있다고 보았다. 해석자는 저자가 자신을 이해한 것보다 그를 더 잘 이해할 정도로 그가 사용한 언어를 철저히 파악해야 한다. 그래야만 저자가 사용한 언어에 대한 시대착오적인 오해를 피할 수 있다. 슐라이어마허는 문법적 해석을 위해서 여러 개의 규칙을 제시했다. 그러나 "해석학적 규칙의 적용 자체에서 아무런 규칙이 없다"는 사실을 의식하게 된다. 그것은 "개별적 인간의 언어 재능이나 기술에 기인한다."[28] 그리하여 슐라이어마허는 옛날 해석학 전통을 본질적으로 새롭게 하는 해석의 보편적 방법을 제시한다. 그것은 구절을 그것의 맥락에서 해명한다는 요구다. 그러나 결과적으로 그는 적용의 규칙을 제시하는 것을 포기했다.[29]

문법적 해석에서 중요한 것은 슐라이어마허가 언어의 관점을 의식적으로 발전시켜서 그것을 해석학으로 끌어들였다는 것이다.

---

28) *Hermeneutik und Kritik*, hrsg. von M. Frank, 81, 360.
29) Jean Grondin, op. cit., 94.

그래서 심리적 차원을 넘어서는 해석학적 문법의 차원을 열었다는 것이다.[30] 그러나 해석학은 문법적 해석으로 끝나지 않는다. 1960년대 일어난 구조주의(Strukturalismus)도 "오로지 문법(nur Grammatik)"만이 있다고 보았다. 그리하여 구조주의는 해석이 수행되는 주관적 개별적 차원을 무시했다. 구조주의는 해석학을 통해서 더 넓은 의미의 개방성 세계로 나아가게 된다.[31] 해석학은 문법으로 해소되지 않는다. 해석자는 문법을 사용하는 저자의 의도를 알게 됨으로써 텍스트를 더욱더 잘 이해할 수 있다. 해석학은 심리적 해석으로 나아가야 한다.

(2) 심리적 해석

슐라이어마허는 그의 해석학 강의 두 번째 부분에서 심리적 해석의 과제를 다음과 같이 규정한다. "심리적 해석의 과제는 그 자체적으로 관찰할 때 일반적으로 각기 주어진 사고의 복합성을 일정한 인간의 삶의 계기로서 파악하는 것이다."[32] 텍스트의 이해와 해석은 심리적 측면에서는 저자의 마음으로 이입(移入)하여 저자가 말하고자 하는 것을 알아내는 것이다. 이것은 "기술적 해석(technische Interpretation)"이다. 슐라이어마허는 처음에는 "심리적(기술적) 해석(die psychologische(technische) Auslegung)"이라는 표현을 사용하면서[33] 심리적 해석이란 용어를 "기술적 이해"라는 용어와 구분 없이 사용하고 있다. 여기서 기술(技術)이란 저자가 그의 텍스트에서 표현하고자 하는 "특별한 기술(besondere Kunst)"을 말한다. 이것은 저자의 의도, 어감과 어조다. 기술적 이

---

30) Hans Ineichen, *Philosophische Hermeneutik*, 1991, 126.

31) Paul Ricoeur, "Structure and Hermeneutics"(1963), in : *The Conflict of Interpretation*, 57.

32) *Hermeneutik und Kritik*, hrsg. u. eigel. von M. Frank, 178.

33) Ibid., 167.

해는 말이나 글에 나타난 이러한 저자의 심리적 차원을 이해하는 것이다. 기술적 해석은 저자의 언어 구성의 특성과 문체를 이해하는 것이다. 여기서 기술적 해석은 문법적 해석이 취급하는 언어의 순수 문장학적인 측면이 아니라 언어가 본래 진술하고자 하는 저자 심리와 의도를 다룬다. 여기서는 저자의 의도가 중요시된다. 저자에게는 관념론적 전통에서 비롯되는 자아, 존엄과 자율성, 자유와 자발성에 대한 어떤 것이 부착되어 있다. 저자의 작품은 저자의 행위와 그의 창조로서 나타난다. 여기서는 작품을 저자의 마음으로부터 드러내고자 하는 정신의 이해(Verstehen des Geistes)가 수행된다.[34]

슐라이어마허는 나중에 저자의 삶의 요소를 파악하기 위하여 "기술적인 해석(technische Auslegung)"을 기술적인 해석과 심리적 해석으로 세분하여 발전시킨다. "순수 심리적인 것과 기술적인 것의 상대적인 대립은 다음과 같이 규정된다. 전자는 개인의 삶 계기의 총체성으로부터 사상의 유래에 관계하며, 후자는 계열이 발전하는 일정한 사고와 설명으로 되돌아가는 것이다."[35] 두 가지 해석은 설명 의도와 결단이 단지 확정되고, 그리고 영향력이 기대될 때 가장 근접한다. "그것의 차이란, 기술적인 것이 명상의 이해와 구성의 이해이나, 심리적인 것은 근본 사상이 같이 파악되고 전 계열이 발전되는 착상의 이해요 부수적 사상의 이해다."[36]

심리적 내지 기술적 방법은 예감적(die divinatorische) 방법과 비교적인(die komparative) 방법을 내포한다. 이 둘은 "서로간에 지시하며 그래서 서로 분리될 수 없다." 양자의 차이를 다음과 같다. "예감적인 방법은 자기 자신을 타자로 변화시키면서 직접적으

---

34) H. Birus, "Schleiermachers Begriff der "Technischen Interpretation", in : Schleiermacher-Archiv I (1985), 591-600.

35) *Hermeneutik und Kritik*, hrsg. u. eigel. von M. Frank, 181.

36) Ibid., 182.

로 개별적인 것을 파악하고자 하는 방법이다. 비교적인 방법은 먼저 이해되는 것을 일반적인 것으로 정립하고, 그 다음 동일한 일반적으로 파악된 것 가운데서 다른 것과 비교하면서 고유한 것을 발견하는 것이다. 전자가 인간 인식에서 여성적 힘이라면, 후자는 남성적인 것이다."37)

심리적 해석은 저자의 삶 전체로부터 사상들이 어떻게 나왔는가를 드러내는 데에 초점을 둔다. 그러나 심리적 해석은 작품이 저자의 창조물이긴 하나 심리적 원천을 넘어서는 성격을 지니고 있다는 사실을 놓치게 될 때 빗나가게 된다. 후설이 심리주의를 비판한 것같이 생산적 행위와 지향적 내용을 혼동해서는 안 된다. 심리적 해석은 저자의 근본 의도로 되돌아가고자 한다. 그리하여 작품이 그것의 발생과 저작 과정으로부터 설명되도록 한다. 여기에는 "공감적 상상력(sympathetic imagination)" 내지 타자에 대한 "잠재적 일치(potential rapport)"38)로서 예감(豫感. Divination)이 작용한다. 예감이란 신적인 영감을 말하지 않고 추측의 과정(ein Vorgang des Erratens)이다. 슐라이어마허는 부록(Anhang)에서 다음과 같이 피력한다. "이해란 읽고 듣는 것과 더불어 동시에 예감적으로 이미 먼저 항상 주어지고 자기 자신에 관하여 완전히 파악하는 일일 것이다."39) 예감이란 저자가 말하고자 하는 의도에 대한 추정을 말한다. 해석자는 저자의 관찰 방식에 정위하여 거기로부터 작품을 이해하고자 한다. 해석자는 저자의 다른 작품 또는 다른 저자의 작품들과 비교함으로써 해석을 한다. 여기서 예감은 해석 가설 형성(Bildung von Auslegungshypothesen)의 수단 역할을 한다.

---

37) *Hermeneutik und Kritik*, hrsg. von M. Frank, 169.
38) Anthony C. Thiselton, *New Horizons in Hermeneutics*, 223.
39) Ibid., 314.

슐라이어마허는 말해지거나 쓰여진 말 배후에는 그것의 본래적인 의도를 형성하는 사상이 있다고 전제했다. 그러나 이 사상은 단어 속에서만 알려진다. 사상을 알기 위해서는 궁극적으로는 추정되어야 한다. 그러므로 슐라이어마허는 항상 해석학에서 예감적인 이해(das divinatorische Verstehen)에 더 큰 가치를 부여했다. 그는 다음과 같이 피력한다. "심리적 (기술적) 해석의 최종 목적은 발전된 시작 외 다른 것이 아니다. 말하자면, 행위의 전체를 그것의 부분들에서, 각 부분에서 다시 내용을 움직이는 것으로서, 형식을 내용을 통해서 움직인 자연으로서 직관하는 것이다."40) 해석학의 역사 과정에서 심리적 해석, 즉 텍스트의 이해를 그것의 산출 과정에 대한 통찰을 통하여 이해하는 사고는 특히 중요하다. 이것은 낭만주의가 추구하는 저자의 생동적인 정신의 체험으로 되돌아가는 것을 의미한다.

그리하여 저자의 언어에 중점을 두었던 초기의 보편 해석학은 후기에는 저자의 주체성에 강조점을 두는 심리적 해석학으로 전환된다. 그리하여 후기의 해석학은 본문의 개념에서 출발하여 저자의 본래 의도(originale Intention)의 정신 과정을 재구성하는 심리학이 된다. 이러한 심리적 해석은 문법적 해석을 무시하는 것이 아니라 오히려 그것의 기초 위에서 정당성을 가진다. 특히 예감을 해석 가설 형성의 수단으로 관찰하게 될 때 심리적 해석은 그 타당성을 지닌다. 이러한 예감적인 이해의 전제는 모든 개체성은 보편적인 삶의 표현이며 각 사람은 타인과 공통적인 삶의 요소를 지니고 있다는 것이다. 이러한 삶의 체험의 공통성에 근거하여 해석자는 저자의 내면적 삶을 예감할 수 있다.41)

---

40) Ibid., 167.
41) Jack Forstman, *A Romantic Triangle* (Missola : Scholar Press, 1977), 101.

(3) 해석의 변증법 : 문법적 해석과 심리적 해석의 상호 역동 적인 과정

슐라이어마허의 해석학을 바로 이해하기 위해서는 그의 해석학이 갖는 변증법적 성격에 주목해야 한다. 여기서 변증법(Dialektik)이란 대화적인 지평(dialogischer Horizont)을 말한다. 변증법이란 슐라이어마허에게서 "이해 소통의 기술론(eine Kunstlehre des Sichverständigens)"이다. 변증법의 필연성은 인간에게 완전한 이해와 해석이 불가능하다는 사실에서 나온다. 슐라이어마허는 그의 해석학 강의 『부록』에서 "해석학과 변증법"에 관하여 다음과 같이 피력한다 : "중간 공간에서는 지식 욕구의 사실로서 순수 사유가 이미 움직이나, 지식은 아직도 완성되지 않는다. 이 사실이 이 영역에 대한 지배권을 기술론으로서 주장한다면 공간을 제거하기 위한 싸움이 일어난다."[42] 인간의 사고에는 언제 어디서나 논쟁의 재료가 무한하게 놓여 있기 때문에 공통적이고, 논쟁에서 벗어난 진리에 도달하기 위하여 우리는 상호간에 대화를 해야 한다.

이해의 기술인 해석학은 이러한 대화적인 지식 추구에 참여한다. 텍스트를 이해하기 위해서 텍스트와 대화해서 텍스트의 단어들이 직접적으로 진술하는 것의 배후로 와야만 한다.[43] 해석학은 대화적 기반에 근거한다. 텍스트를 해석한다는 것은 텍스트와 대화에 들어가는 것이며 텍스트에 대하여 질문하는 것이며, 텍스트로부터 질문을 받는 것이다. 그리하여 해석은 순수하게 쓰여진 것을 넘어서서 글과 글 사이를 읽어야만 한다. 이러한 기술은 대화와 비슷하다. 모든 쓰여진 단어는 그 자체에서 텍스트가 다른 정신과 수행하고자 하는 대화의 제공이다. 그러므로 슐라이어마허는 문헌 해석자가 더 의미 있는 대화의 해석(die Auslegung des

---

42) *Hermeneutik und Kritik*, hrsg. von M. Frank, 419.
43) Ibid., 315-316.

bedeutsameren Gesprächs)을 하도록 촉구한다. 슐라이어마허는 『부록』에서 다음과 같이 피력한다. "특별히 나는 우리에게 가장 가까이 놓여 있는 것에 머물기 위하여 문서 작품의 해석자에게 더 의미 있는 대화의 해석을 부지런히 연습할 것을 간절히 충고하고자 한다."[44]

해석학적 사고란 바로 문법적인 해석과 심리적 해석의 상호 관계 속에서 수행된다. 슐라이어마허는 다음과 같이 피력한다. "이해는 단지 두 계기, 즉 문법적 계기와 심리적 계기의 서로 얽힘(ein Ineinandersein)이다."[45] 문법적인 해석과 심리적 해석의 두 작용들은 실제 적용에서 결합되어 있다. 그러나 규칙을 다루는 데에서 이 양자는 각기 그 자체의 특별한 초점을 가지고 있기 때문에 분리되어야 한다. 슐라이어마허는 실제적인 이해란 문법적 해석과 심리적 해석이 결합함으로써 이루어진다고 보았다. 이것이 해석학이 지닌 변증법적 구조다. 본문이 문법적으로 해석되지 아니 하면 심리적으로 해석될 수 없고, 심리적으로 해석되지 않으면 문법적으로 해석될 수 없다. 해석자가 문법적 해석을 등한시하고 심리적 해석만을 강조하면, 그 해석은 환상적이 되어버린다. 해석자가 언어 맥락만을 강조하고 저자의 언어 수식 능력을 등한시하면 오해가 야기된다.

슐라이어마허는 따라서 해석의 구체적인 과정에서 문법적 해석과 심리적 해석의 상호 보충적인 작용인 "역동적인 과정(dynamischer Prozess)"을 강조한다. 이것이 해석학적 사고의 변증법이다. 양자는 상호 보충적인 작용을 통해서 이해를 산출시킨다. 그러므로 해석학적 사고에서 이러한 상호 관계는 바로 해석학적 순환 구조다. 이 해석학적 순환 구조는 이해의 본질적인 요소며 모든 이해 행위

---

44) Ibid., 316.
45) Ibid., 79.

에 작용한다. 슐라이어마허는 예감적인 방법과 비교적인 방법의 상호 지시적이며 역동적인 과정에 관하여 말한다 : "양자는 서로 분리되어서는 안 된다. 예감(die Divination)은 확인하는 비교를 통해서만 비로소 그것의 확실성을 보유한다. 예감은 비교 없이는 항상 환상에 머물 수 있기 때문이다. 비교적인 것(Die komparative)은 그러나 통일성을 보장하지 못한다. 일반적인 것과 특수한 것은 서로 침투해야 한다. 이것은 항상 예감을 통해서만 일어나기 때문이다."46)

슐라이어마허는 그의 해석학적 순환 구조를 이러한 대화적인 테두리 안에 위치시킨다. 해석학적 순환 구조는 전체와 부분의 순환 관계, 즉 전체는 부분으로부터, 부분은 전체로부터 이해하는 것이다. 그것은 해석학적 개념의 두 가지 측면에서 규정된다. 문법적이고 객관적인 측면에 따르면 개별적인 것이 전체로부터 설명된다. 이해란 전체로부터 부분으로 그리고 부분으로부터 전체에로의 반복적인 순환 구조를 가지고 있다. 이처럼 부분과 전체는 변증법적인 상호 작용에 의하여 서로간에 의미를 부여한다. 슐라이어마허는 『부록』에서 다음과 같이 피력한다. "각 작품은 그것이 귀속한 문헌의 영역에서 개별적인 것이며, 다른 동일한 내용과 더불어 전체를 형성한다. 이 전체로부터 그것은 하나의 관계, 즉 언어적 관계에서 이해된다."47) 이 전체는 개별적인 것이 생겨나오는 문학 장르(die literarische Gattung)다. 심리적이고 주관적인 측면에 따르면 개별적인 것(구절, 작품)은 저자의 행위로서 보이고 저자 삶의 전체로부터 설명된다. 슐라이어마허의 해석학은 해석학적 순환 구조를 개인적인 삶의 총체성으로 제한시킨다. 그리하여

---

46) Ibid., 170.
47) Ibid., 335.

언어적인 것을 내적 사상의 유출이며 영혼의 의사 소통의 시도로
서 이해하였다.

5. 후기에서 해석학적 사고의 변화 :
   언어 중심의 해석학에서 심리적 해석학으로

슐라이어마허는 1810년에서 1819년에 이르는 초기의 원고에서
는 철저하게 언어 중심의 해석학을 제안하였다. 그는 처음부터 문
법적 부분과 기술적 부분으로 이루어진 보편 해석학을 염두에 두
고 있었다. 해석학의 과제는 "두 개의 상이한 지점에서 수행된다."
"하나는 언어에 대한 이해며, 다른 하나는 화자(話者)에 대한 이해
다."48) 화자에 대한 이해는 언어를 통해서 이루어진다. 해석학은
화자가 말한 것을 통해서 화자를 이해하는 기술이다. 여기에는 사
고와 표현은 동일하다고 보는 슐라이어마허의 사고적 전제가 있
다. "사고와 그것의 표현은 본질적으로 그리고 내적으로 완전히
같은 것이다."49) 화자 이해는 그의 언어를 통해서 하는 것이므로
언어는 그의 초기 해석학적 사고에서 핵심이다. 슐라이어마허에
의하면 "해석학에서 전제되어야 하는 것은 바로 언어다. 또한 거
기서 밝혀져야 할 것도 언어다. 따라서 기타의 객관적이고 주관적
인 전제들은 언어를 통해서 혹은 언어로부터 밝혀져야 한다."50)
이러한 슐라이어마허의 초기 사고는 개인의 사고와 그의 개체 존
재는 자아와 세계 이해의 기반이라고 할 수 있는 언어를 통해서

---

48) Schleiermacher, *Hermeneutik*, hrsg. von Heinz Kimmerle, Heidelberg,
1959, 56.
49) Ibid., 21.
50) Ibid., 44.

결정된다고 하는 주장을 확고하게 견지함으로써 가다머의 언어존재론의 사고와 유사한 입장을 지니고 있다.

그러나 후기에 이르러, 특히 1829년의 아카데미 강의에서 슐라이어마허는 전기의 언어 중심의 해석학의 착상에서 벗어나 심리적으로 정향된 해석학으로 이행한다. 여기서 결정적인 요소는 가다머의 제자 킴멀레(Heinz Kimmerle)가 해석하는 바와 같이 사고와 언어를 동일시하는 초기 생각의 점차적인 포기다.51) 슐라이어마허는 점차 텍스트를 내면의 정신 과정이 직접적으로 표출된 것으로 간주할 수 없었다. 그는 해석학적 사고에서 내면적인 것에 도달하기 위해서 궁극적으로는 언어를 초월해야 하는 것으로 본다. 그리하여 그는 사고와 표현의 동일성에 관한 자신의 초기의 명제를 포기하기에 이른다. 해석학에 의해 재구성된 내면적 과정은 더 이상 본질적으로 언어적인 것으로 간주되지 않으며 오직 언어의 개별성과는 분리된 개별성의 내적 가능성으로 생각되었다.52) 슐라이어마허는 『부록』에서 다음과 같이 피력한다. "해석학의 과제란 저자의 구성하는 행위의 전 내적 과정을 완전히 추후 구성하는 것에 있다."53) "그(필자 주 : 저자)가 단지 개별 작품만을 산출한 것이 아니라 언어에서 확고히 서 있는 유형이 부분적으로 그와 함께 그를 통하여 시작한다는 사실로부터 언어에서 그의 생산과 힘의 강도로 추론된다."54)

이러한 해석학적 기획의 심리주의적 전환에 대하여 가다머는 그의 주저 『진리와 방법』에서 킴멀레의 새로운 해석에 동의한다. "심리적 해석이 슐라이어마허의 사상 발전에서 점차 그렇게 전면에

---

51) Heinz Kimmerle, "Einleitung" in : Schleiermacher, *Hermeneutik* (hrsg.), 1959, 9-23.

52) Richard E. Palmer, *Hermeneutics*, p.142.

53) *Hermeneutik und Kritik*, hrsg. von M. Frank, 321.

54) Ibid., 321-322.

서 있다."55) "해석학에는 문법적 해석 기술과 심리적 해석 기술이 있다. 그러나 슐라이어마허의 고유한 것은 심리적 해석이다." 가다머는 이러한 심리적 해석을 19세기 낭만주의적 상황으로부터 해석한다. "여하튼 심리적 해석은 19세기 이론 형성에서 — 자빈, 뵈크, 스탕달, 무엇보다도 딜타이에게서 — 본래적으로 규정하는 해석이 되었다."56) 여기서 "이해는 결국에는 예감적 행위, 말하자면 저자의 전 심신 상태로의 이입"이 된다.

슐라이어마허에게서 이해의 심리적 파악은 "언설이거나 문서거나 간에 사고물이 사실적 내용이 아니라 미적 상(ein ästhetisches Gebilde)으로 이해되는 것"을 의미한다. 여기서 슐라이어마허의 이해란 공동적인 사실 사고가 아니라 개별적인 것의 표현인 "개별적 사고(individuelles Denken)"가 되어버린다. 가다머는 슐라이어마허의 해석학을 "개별성에 근거하는 해석학"57)으로 규정한다. 이 개별성은 이성으로 전적으로 드러날 수 없는 비밀로서 감정(das Gefühl), 즉 "직접적인 공감적인, 동류적인 이해"를 통해서 파악될 수 있다. "저자가 자신을 이해하는 것보다 저자를 잘 이해한다"는 명제는 "천재 미학(Genieästhetik)의 전제 아래서"58) 이해된다. 슐라이어마허는 해석학을 언어 기준으로 정위하였다. 그러나 그가 말하는 개별적인 것의 말함이란 사실은 "자유로이 형성하는 행위(ein freies bildendes Tun)"다. 그는 해석자로서 "텍스트를 그것의 진리 주장과는 상관없이 순수한 표현 현상으로만 본다." 가다머는 슐라이어마허와 낭만주의자들의 보편 해석학적 기획이 실패했음을 지적한다 : "이들이 보편 해석학을 만들면서 사

---

55) H. G. Gadamer, *Wahrheit und Methode*, Tübingen 1960, 175.
56) Ibid., 175.
57) Ibid., 179.
58) Ibid., 182.

실 이해에 의해서 주도되는 비판을 학문적 해석의 영역으로부터 추방해버렸다."[59]

가다머는 슐라이어마허가 언어 중심의 해석학이 거둘 수 있는 결실을 맺지 못한 채 "개별성의 미적 형이상학(ästhetische Metaphysik der Individualität)"으로 전락해버렸다고 지적하고 있다.[60] 따라서 해석학은 "하나의 수사학이나 시학으로 돌아감(eine Art Umkehrung zur Rhetorik und Poetik)"[61]이다. 그리하여 언어 중심의 해석학이 사라지고 저자의 정신을 재구성하는 심리학적 기술이 전면에 나선다. 그래서 심리적 해석에서 시도하는 예감이란 "스스로 모범을 만들고 규칙을 제시하는 천재적인 개인성의 창조적 작용 사상"에 영향을 받고 있다. "슐라이어마허는 그것(필자 주 : 이해의 근본 성격)을 심리적인 이해에 적용한다. 심리적 이해는 각 사고물을 각 인간의 총체적 연관 안에 있는 삶의 계기로서 이해한다."[62] 그러나 심리적 이해는 사실적인 진리를 도외시하고 있다. 여기서 더 좋은 이해란 "텍스트가 말하는 사실의 이해가 아니라 오로지 저자가 의도하고 표현하고자 한 텍스트의 이해"다.[63] 그리하여 가다머는 슐라이어마허가 "모든 이해의 근거도 역시 항상 공감성의 예감적 행위(ein divinatorischer Akt der Kongenialität)여야 한다"[64]는 낭만주의적 사고에 입각해 있다고 지적하고 있다.

리쾨르도 그의 논문 「해석학의 과제(The Task of Hermeneutics)」 (1973)에서 킴멀레의 논문을 지적하면서 이 점을 시사하고 있다. "그가 추구한 문제는 해석의 두 가지 형식 : 문법적 해석과 기술적

---

59) Ibid., 184.
60) Ibid., 178.
61) Ibid., 177.
62) Ibid., 178.
63) Ibid., 180.
64) Ibid., 177.

해석 사이의 관계다. 이 구분은 그의 작품을 통해서 지속적이었다. 그러나 중요성이 나중에 바뀌었다. 그래서 처음부터 두 해석의 형식이 동일한 기반에 있었다 하더라도 슐라이어마허는 심리적 관점으로 평가받았다."[65] 리쾨르는 또한 피력한다. "슐라이어마허의 후기 텍스트들에서만은 두 번째 해석이 첫 번째 해석을 지배하고, 해석의 예감적 성격이 그것의 심리적 성격을 뒷받침한다."[66]

6. 슐라이어마허 해석학의 평가

정신과학과 해석학의 역사에서 슐라이어마허 해석학은 다음과 같이 평가될 수 있다.

첫째, 슐라이어마허는 해석학을 모든 문헌에 대한 해석의 규칙을 제시하는 보편 해석학으로 발전시켰다. 여기서 보편 해석학이란 단지 주어진 본문을 해석해야 할 제한된 영역에서만 타당한 특수 해석학이 아니라, 모든 본문과 대화에 대하여 이해 기술을 제시하는 학문으로서의 보편 해석학이다. 그리하여 해석학은 슐라이어마허에게 와서 단지 본문 오해를 피하기 위한 훈련의 기술이 아니라 모든 텍스트와 대화를 이해하는 학(學)으로 발전했다. 해석학은 시행착오에 의해 축적(蓄積)되는 방법이 아니라 모든 특수한 해석 기술에 선행하는 보편적인 이해의 기술이다. 그것은 해석에서 근본적인 것과 그렇지 못한 것을 결정할 수 있는 새로운 원리에 관한 것이다. 해석학은 이제 더 이상 신학이나 문학 혹은 법학에 속하는 특수한 해석의 기술이 아니라, 언어로 표현된 모든

65) P. Ricoeur, "The Task of Hermeneutics"(1973), in : *Hermeneutics & the Human Sciences*, Cambridge University Press, 1981, 46.
66) Ibid., 47.

것을 이해하는 기술로 전환되었다. 그리하여 해석학은 더 이상 『성경』이나 법전을 해석하는 특수한 영역에서 벗어나 모든 텍스트를 이해하는 보편적인 학(學)이 된다. 가다머도 슐라이어마허가 "이해와 해석을 모든 교리적 관심으로부터 완전히 벗어나게 하였다"는 점에서 공헌을 인정하였다.[67]

둘째, 그는 초기에 언어를 해석학의 주제로 다루었다. 해석학이란 언설에 대한 이해와 해석으로서 언어와 긴밀한 관계를 가지고 있다. 그러나 언어가 지닌 사실의 논리는 심리주의적 관심에 가려진 채 제대로 전개되지 못했다. 슐라이어마허의 언어 해석학은 가다머의 『진리와 방법(Wahrheit und Methode)』에서 가장 성숙한 모습으로 나타났다. 가다머는 슐라이어마허의 보편 해석학 기획을 사실의 논리로 수정하면서 이것을 언어존재론으로 전개하였다. 가다머는 "사실의 이해(Verständnis der Sachen)"와 "텍스트의 이해(Verständnis des Textes)"를 구분한다. 사실의 이해란 텍스트에서 말하는 것이고, 텍스트의 이해란 저자가 표현하고자 했던 것이다.[68] 슐라이어마허가 텍스트 이해에 관심을 주었다면, 가다머는 사실의 이해에 초점을 둔다.

셋째, 그는 칸트(I. Kant) 이후 이해를 가능하게 하는 언어적 그리고 간주관적 조건을 논구함으로써 보편 해석학을 선험적으로 정초하고자 하였다. 가다머는 슐라이어마허가 미적 사고가 "단지 주체성의 계기적 행위라고 보는 점에서 칸트의 입장을 따르고 있다"고 본다.[69] 이런 의미에서 슐라이어마허는 칸트의 선험적 착상을 해석학의 영역에 적용한 선험적 해석학을 정초하였다고 말할 수 있다. 여기에 그의 공헌이 있다. 그러나 가다머가 지적하는 바

---

67) Gadamer, *Wahrheit und Methode*, 185.

68) Ibid., 180, 280.

69) Ibid,, 176-177.

와 같이, 칸트 자신이 그러했듯이 슐라이어마허는 이해를 수행하는 인간 주체성이 자리잡고 있는 전통의 역사적 제약성, 인간 존재의 역사성에 대한 충분한 성찰을 하지 못했다. 칸트는 이성이 자리잡고 있는 역사적 전승을 도외시하고 순수 이성을 피력하였고, 슐라이어마허는 의사 소통을 위하여 공통 매체인 언어를 사용하는 인간 주체성의 역사적 제약성을 충분히 성찰하지 못했다. 여기에 그의 해석학의 한계가 있다.

넷째, 그는 보편 해석학의 착상을 제시하였음에도 불구하고 그가 속했던 낭만주의 시대의 사고에서 벗어나지 못했다. 슐라이어마허는 언어를 중요시했음에도 불구하고 해석학의 목적을 저자의 정신 과정의 재구성이라는 낭만주의적 시대 정신의 맥락에서 보았다. 슐레겔과 더불어 그는 문헌적 텍스트의 이해에서 중요한 것이란 텍스트 자체에 깔려 있는 정신이라는 헤르더(Herder)의 가설에 동의했다.[70] 그래서 그는 의미란 단지 텍스트에 객관적으로 나타나는 것보다 더 많은 것이라고 보았다. 낭만주의자들은 외적인 언어(äußere Sprache)는 저자의 내적, 창조적 사고 행위로 되돌아가서 이해되어야 한다고 보았다.[71] 여기서 해석학은 의미와 사실에 대한 이해가 아니고 저자의 창조적 행위를 이해하는 것으로 간주된다. 이러한 심리적 착상은 딜타이에 의하여 수용되었다. 딜타이는 슐라이어마허의 착상을 아주 강하게 심리주의적으로 수용했으며 해석이란 저자의 생동적인 행위인 작품의 "추후 구성(Nachkonstruktion)"이며, 해석학적 이론이란 "산출하는 행위의 본성으로부터 이 추후 구성을 학문적으로 정초하는 것"이라고 보았다.[72]

---

70) Anthony C. Thiselton, *New Horizons in Hermeneutics*, 226.

71) M. Potepa, Hermeneutik und Dialektik bei Schleiermacher, in : *Schleier-macher-Archiv I*, Berlin / New York 1985, 495.

72) W. Dilthey, *Gesammelte Werke*, XIV / 1, 689.

다섯째, 그는 나중에는 심리적 해석에 우위를 둠으로써 보편 해석학의 포기로 나아갔다. 슐라이어마허는 심리적 해석을 통하여 여태까지의 문법 위주의 전통 해석학의 한계를 넘어서고자 했다. 슐라이어마허는 해석의 두 가지 차원(문법적 해석과 심리적 해석의 상호 관계)을 말하였음에도 불구하고 후기에 들어와서 심리적 해석에 더 우위를 두었다.73) 여기에는 그가 살았던 그 시대의 낭만주의 사고의 영향이 있다. 1829년의 아카데미 강의에서 그는 명백히 외적인 언어는 저자의 내면적인 사고로 되돌아감으로써 이해되어야 한다고 말한다. 해석은 작품을 저자의 생동적인 행위로서 추후 구성하는 것이다. 그리하여 해석학의 과제란 "저자의 구성하는 행위의 전 내적 과정을 가장 완전하게 추후 구성하는 데" 있다.74)

슐라이어마허는 초기에는 외적인 언어를 내적 사고의 표현으로 받아들이고자 한다. 그러나 후기에는 언어보다는 심리적 예감을 통하여 저자의 내면을 직관하고자 하였다. 그리하여 언어 중심의 해석학에서 멀어졌다. 그럼에도 불구하고 이러한 심리적 해석의 의도는 순수 문법적 차원의 안일한 독단주의를 깨뜨리고 단어의 정신을 되살리고자 하는 데 있다. 그리하여 후기에 심리적으로 전향된 그의 해석학은 그가 제창한 보편 해석학의 착상과는 멀어지고 형이상학으로 전락해버리고 말았다. 그러므로 슐라이어마허에 대한 가다머의 비판 — 해석자는 "텍스트를 그것의 진리 요구와는 독립적으로 순수한 표현 현상으로서 관찰해야" 한다75) — 은 정당한 것이다. 리쾨르 역시 심리주의적 성격이 농후한 슐라이어마허

---

73) M. Potepa, Hermeneutik und Dialektik bei Schleiermacher, in : *Schleiermacher-Archiv 1* (1985), 494, 그리고 Grondin, op. cit. 95.

74) *Hermeneutik und Kritik*, hrsg. von M. Frank, 321.

75) H. G. Gadamer, *Wahrheit und Methode*, 1960, 184, *Gesammelte Werke*, I, Tübingen 1986, 200.

의 해석학의 난관은 "저자의 주관성에 대한 작품의 관계를 명료히 하고, 숨어 있는 주체성에 대한 두드러진 논구로부터 작품 자체의 의미와 사실 지시를 향하여 해석의 강조점을 옮김"76)으로써만 극복될 수 있다고 지적하고 있다.

여섯째, 슐라이어마허는 『성경』적 해석에 요청되는 보편적인 해석 이론을 제시하고자 했다. 그는 해석학을 모든 본문을 해석할 수 있는 이해의 기술학으로 취급했기 때문에 보편 해석학의 확립을 과제로서 제시했다. 그가 제시한 신약성경에 대한 문법적이고 심리적 방법 또는 문헌학적 비교적이고 기술적 해석은 역사적 문서로서의 『성경』 문서를 객관적으로 이해하는 데 보편적 해석의 길을 연 것은 『성경』에 대하여 단지 교리적 접근이 아니라 객관적 접근을 하게 하였다. 그럼으로써 그는 기독교 문서를 역사적이고 심리적으로 이해하는 보편적인 길을 제시하는 데 공헌하였다. 바울 서신의 이해란 단지 문법적이고 언어적인 이해만이 아니라 바울의 내적 동기와 의도를 앎으로써 단지 교리적 해석을 넘어서서 더욱 보편적인 해석에 이를 수 있다.77)

그러나 그는 『성경』에 대한 고유한 신학적 해석의 방법을 거부했다. 그는 신학적 해석학의 독특한 영역을 거부했다. 그는 『성경』을 위한 특수 해석학이나 계시적 언어를 거부했다. 『성경』의 언어조차도 독자를 떠나서는 이해될 수 없다고 보았다. 그러므로 슐라이어마허는 『성경』의 영감적 해석을 이해의 기술을 배제하는 교의학적 원리에 종속하는 것이라고 보면서 전혀 인정하지 않았다. "교리적 해석이 성령에 관점의 기분과 변양의 부인할 수 없는 바뀜을 맡겨야 한다면, 스스로 파괴된다."78) 그는 "성령은 해석의 규칙에

---

76) P. Ricoeur, "The Task of Hermeneutics", 47.
77) Anthony C. Thiselton, *New Horizons in Hermenutics*, 220, 223.
78) *Hermeneutik und Kritik*, hrsg. von M. Frank, 125.

복종할 수 없다는 전통적인 신념은 잘못된 것"이라고 보았다.[79] 1832년경에 쓴 난외주에 슐라이어마허는 『성경』 영감과 『성경』 해석에 관한 자신의 입장을 선명하게 밝히고 있다. "마음속으로의 주입으로서의 영감은 해석 작업에 영향을 주지 말아야 한다. 해석학의 목적은 『성경』의 경우도 모든 다른 경우에서와 마찬가지로 최초의 독자들이 그 본문들을 이해했던 것과 같이 이해되는 것이다. 그들이 영감되었다는 사실은 해석에 전혀 영향을 주지 않았다. 신약성경의 영감 때문에 특수 해석학이 필요한 것이 아니라 신약성경의 복잡한 언어 용법 때문에 특수 해석학이 필요하다고 가정할 수 있다. 그러나 그런 경우에도 특수 해석학은 보편 해석학에 연관되어 있다."[80] 슐라이어마허는 『성경』 해석학의 특수성을 그것이 갖는 초자연적 계시 때문이 아니라, 단지 그것이 갖는 복잡한 언어 용법에 기인한 것으로 보면서 교회 전통이 갖는 초자연적, 신적 권위가 제시하는 특수성을 인정하지 않았다. 이런 맥락에서 그는 계몽주의적 낭만주의의 전통에 서고 있다.

슐라이어마허는 그의 전 사상의 발전을 통해서 종교 개혁적인 『성경』의 영감을 위한 신학적 해석학을 거부했다. 그리고 『성경』 해석조차도 보편 종교 텍스트 해석의 범주에 넣으면서 보편 해석학을 제시하였다. 그는 저자와 해석자 사이에 존재하는 보편적인 인간성이 보편 해석학을 가능케 하는 것으로 보았다. 그는 문법적 해석과 심리적 해석이 보편 해석학의 방법이라고 보았다. 이러한 방법은 그대로 『성경』 해석에 사용될 수 있다고 보았다. 그리하여 전통 교회와 신학자들이 사용한 성령의 조명에 입각한 『성경』 해석을 거부했다.

슐라이어마허는 뒤에 오는 딜타이, 하이데거와 가다머에 이르

---

79) Schleiermacher, *Hermeneutics*, 67-68.
80) Ibid., 216.

는 현대의 철학적 해석학자들에게 결정적인 영향을 주게 된다. 그리하여 그는 철학적 영역에서는 현대 철학적 해석학의 창시자로 간주된다.[81] 그러나 신학적 해석학의 고유한 방법을 거부하고 『성경』해석을 보편 해석학적 사고 안에 해소시키는 그의 사고는 신학계에서는 불트만을 통하여 비신화론화의 프로그램을 제시하게 되는 바 크나큰 문제를 야기시키기에 이른다.[82] 그러나 리쾨르는 보편 해석학의 이념에서는 슐라이어마허의 입장을 근본에서 따르면서도 『성경』 해석학을 한편으로는 보편 해석학의 영역에 귀속하면서도 다른 한편으로는 신의 계시를 다루는 특수 해석학의 영역으로 인정하고 있다.

7. 맺음말

슐라이어마허는 해석학을 이해의 기술로서 발전시켰을 뿐만 아니라 해석학을 이해의 학문으로 발전시켰다. 그리하여 해석학을 보편적인 학문의 차원으로 올려놓았다. 그의 보편 해석학은 문법적 해석과 심리적 해석이라는 두 차원으로 나눠진다. 전자는 언어를 언어 사용의 총체성으로부터 관찰하고, 후자는 언어를 내면의 표현으로 관찰한다. 그는 본문의 진정한 의미를 알기 위해 전통적 해석학이 도외시한 "감정 이입"이라는 심리적 차원을 도입했다. 해석학은 말하는 수사학적 기술이 아니라 저자의 심리적 정신적 과정을 다시 체험하는 것이다. 그는 해석학이 갖는 대화의 성격을

---

81) Claude Welch, *Protestant Thought in the Nineteenth Century*, Vol. I (New Haven : Yale University Press, 1972), 85.

82) 김영한, 「불트만의 실존론적 해석학」, 『하이데거에서 리쾨르까지』, 박영사, 2003, 89-114.

강조한다. 일방적인 해석이 아니라 텍스트와 대화하는 쌍방의 대화를 통해서 이해를 도출하는 것이다. 여기에 그의 해석학의 변증법적 성격이 있다. 슐라이어마허는 해석학에 비판적 사고를 도입했다. 그의 보편 해석학이란 해석에 대한 비판이 가능한 해석학이다. 해석과 비판은 상호 귀속한다.

후기 슐라이어마허의 사고는 언어 중심의 해석학에서 주관성 중심의 해석학으로 옮겨갔다. 언어 중심의 이해 이론에서 멀어지면서 후기에 이르러 해석학의 목표는 추후 체험(Nacherleben)을 통하여 텍스트를 기술한 저자의 정신적 삶에 접근하여 그것을 재구성하는 것이 되었다. 이해는 저자가 가진 원래의 정신 과정의 재구성으로 간주되었다. 그리하여 그의 후기 해석학은 심리주의로 그리고 형이상학으로 잘못된 길로 접어들었다. 이것은 그가 보편 해석학을 정초하고자 했음에도 불구하고 정신적인 내면으로 되돌아가 생동적인 것을 체험하고자 하는 낭만주의 사고에서 벗어나지 못했음을 알려준다.

□ 참고 문헌

김영한, 『하이데거에서 리쾨르까지』(전정판), 박영사, 2003.

한국해석학회, 『해석과 이해』, 지평문화사, 1996.

한국해석학회, 『현대 해석학의 제 문제』, 지평문화사, 1997.

F. Schleiermacher, *Hermeneutik und Kritik mit besonderer Beziehung auf das Neue Testament, aus Schleiermachers handschriftlichem Nachlasse und nachgeschriebenen Vorlesungen*, hrsg. von Friedrich Lücke, Berlin bei G. Reimer, 1838.

F. Schleiermacher, *Hermeneutik*, hrsg. von H. Kimmerle, Heidelberg 1959.

F. Schleiermacher, *Hermeneutik und Kritik mit besonderer Beziehung auf das Neue Testament*, hrsg. u. eingeleitet von Manfred Frank, Frankfurt 1977.

F. Schleiermacher, *Allgemeine Hermeneutik von 1809 / 1810*, hrsg. von W. Virmond, in : Schleiermacher-Archiv I, 1985.

F. Schleiermacher, *Hermeneutics : The Handwritten Manuscripts* edited by H. Kimmerle, Eng. Missoula : Scholars Press 1977 (A.A.R. Text and Translation series I, Tr. by J. Duke and J. Forstman).

Oswald Bayer, "Hermeneutical Theology", in : *Scottish Journal of Theology*, 56(2), 2003, 131-147.

H. Birus, Schleiermachers Begriff der "Technischen Interpretation", in : *Schleiermacher-Archiv I* (1985).

Ernest Boyer, Jr., "Schleiermacher, Shaftesbury, and the German Enlightenment", In : *Harvard Theological Review* 96 : 2 (2003), 181-204.

Jack Forstman, *A Romantic Triangle* (Missola : Scholar Press, 1977).

H. G. Gadamer, *Wahrheit und Methode*, Tübingen 1965.

Jean Grondin, *Einführung in die Philosophische Hermeneutik*, 1991.

David E. Klemm (ed.), *Hermeneutical Inquiry : I, The Interpretation of Texts*, Atlanta : Scholars Press (A.A.R. Studies in Religion, 43), 1986.

M. Potepa, "Hermeneutik und Dialektik bei Schleiermacher", in :

Schleiermacher-Archiv (1985).

Anthony C. Thiselton, *New Horizons in Hermeneutics*. The Theory and Practice of Transforming Biblical Reading, Grand Rapids : Zondervan, 1992.

Claude Welch, *Protestant Thought in the Nineteenth Century*, Vol. I (New Haven : Yale University Press, 1972).

행위에서 행위 주체로

— 칸트와 스트로슨의 행위의미론에 대한 리쾨르의 고찰

김 선 하

1. 스트로슨의 행위의미론과 행위 주체

『타자로서 자기 자신』[1]에서 리쾨르는 주체의 복원을 기획한다. 근대적 주체인 코기토의 위상은 니체의 공격으로 이미 실추된 지 오래다. 현대 니체의 그림자를 밟고 있는 학자들에 의해서도 그 사실은 계속 다짐되어 왔다. 우리는 해석학의 관점에서 과거의 코기토의 복원이 아닌, 그러면서도 언어의 파편 속에서 해체되지 않는 겸허한 주체의 복원을 기획하는 리쾨르의 대안에 주목하고자 한다.

리쾨르가 주체를 다시 이야기하기 위해 처음 단계로 삼은 것은 스트로슨의 행위의미론에서 논의되는 주체에 대한 분석이다. 의미가 사용이라는 비트겐슈타인의 표어[2]에 따라 스트로슨에게서

---

1) Paul Ricœur, *Soi,-même comme un autre* (Paris : Seuil. 1990) (이후에 SA로 약칭함).

2) L. Wittgenstein, *Philosophical Investigation*, Trans. by G. E. M. Anscombe

도 의미는 언어를 사용하면서 발생한다. 이때 의미의 객관성을 담보하는 기준은 언어를 동일화하는 지시 기능이다. 그러므로 스트로슨은 언어를 사용할 때, 화자-청자 지시동일성이라는 개념을 그의 논의의 출발점으로 삼는다. 언어를 사용하면서 대화할 때, 기본적으로 우리는 누군가에게 사물들을 동일하게 지시하는 활동을 수행한다. 스트로슨은 그 행위를 가능하게 하기 위해 필요한 것이 무엇인지, 즉 그 행위가 가능하기 위해 근본적으로 있어야만 하는 것이 무엇인지를 묻는다. 이 질문에 대한 그의 대답은 근본적으로 존재하는 것들이란 시간과 공간 안에 있는 일상적인 물질로 된 대상들인 소위 '기본적 개별자들'과 물질로 된 대상인 신체를 소유한 '인격들'이라는 것이다.[3]

이러한 맥락에서 스트로슨에게 행위 주체는 신체를 소유한 인격(Person) 개념으로 설명된다. 그 인격이라는 것은 신체의 속성을 나타내는 술어와 정신의 속성을 나타내는 술어들이 모두 귀속되는 개념이다. 『개별자』[4]에서 스트로슨은 인격이라는 개념이 신체 개념과 같이 그것을 전제하지 않고는 다른 것을 생각할 수 없으며 또한 그것이 다른 것으로부터 유래한다고 논증할 수 없다는 점에서 모든 개념의 기본이 되는 개념이라고 주장한다. 그러한 의미에서 그는 인격을 "기본적 개별자(Basic particulars)"라고 부른다. 스트로슨은 인격을 "의식의 상태에 관한 속성과 물리적인 특징이나 물리적인 상황 등에 관한 속성이 모두 동일하게 특정한 단일 개별자에게 적용될 수 있는 존재"[5]라고 말한다. 즉, 인격이란 개념은 물리적 속성을 나타내는 술어와 심적 속성을 나타내는 술

(N.Y. : Macmillan, 1958), §43.

3) D. W. Hamlyn, *Metaphysics* (Cambridge University Press, 1984), 번역본은
『형이상학』, 장영란 옮김(서울 : 서광사, 2000), 101.

4) P. F. Strawson, *Individuals* (London : Methuen & Co Ltd, 1959).

5) *Individuals*, 102.

어가 모두 귀속될 수 있는 존재 개념이다.

스트로슨에게서 신체와 정신의 속성을 나타내는 술어들이 모두 귀속되는 인격 개념은 '순수 자아 의식'이나 '의식 자체'에 비해 논리적으로 우선한다. 이러한 논증은 스트로슨의 공간-시간에 대한 논증에 기초하고 있다. 그의 논증은 세 단계로 이루어진다. 첫째, 공간-시간 체계는 유일한 것이며 통일되어 있다. 둘째, 공간-시간 구조는 경험이나 사건의 실재성의 조건이다. 셋째, 공간-시간 구조는 개체의 동일화를 가능하게 한다.[6] 이러한 논리에 따르면 공간-시간 속에 있는 신체야말로 우리의 실재성과 지시의 동일화를 가능하게 하는 기준이 된다. 그러므로 신체는 스트로슨에 따르면, 경험의 객관성을 담보하는 기준이 된다. 다시 말하면, 경험의 객관성을 확보하기 위해서는 경험이 귀속될 수 있는 객관적 대상이 요구되는데, 경험적으로 주체에 적용할 수 있는 확인 기준이 바로 공간 안에 있으면서 지시의 동일화를 가능하게 하는 신체라는 것이다.

이러한 스트로슨의 인격에 대한 분석에서 리쾨르는 그의 행위 주체에 대한 주제를 다음 세 가지 주제로 정리한다. 첫째, 술어들이 모두 궁극적으로 신체에게든 인격에게든 부여된다는 의미에서 인격은 기본적 개별자다. 둘째, 우리는 "동일한 대상들인 인격들에게" 심적 술어와 물리적 술어를 부여한다. 달리 말하면, 인격은 두 가지 계열의 술어들이 할당되는 고유한 실체다. 따라서 심적, 물리적 술어들의 이분법에 따라서 실체의 이분법을 제시할 이유가 없다. 셋째, 의도, 동기와 같은 심적 술어들은 물리적 술어들과 마찬가지로 자기 자신과 자기 아닌 타자에게 동시에 부여될 수 있다. 이 두 경우에서, 심적 술어들은 동일한 의미를 가진다.[7] 다시

---

6) *Individuals*, 29-31.

7) *SA*, 109-110.

말하면, 정서적이거나 감정을 담은 술어들이 나 자신에게와 마찬가지로 다른 인격들에게도 동일하게 부여될 수 있다. 이러한 논리에 따르면, 인격은 물리적 실재인 신체를 가지고 있고, 심적 술어들이 객관적으로 귀속될 수 있는 공적인 3인칭 주체로서 드러난다. 리쾨르는 이러한 스트로슨의 세 가지 논점을 비판적으로 검토해나가면서, 스트로슨의 인격 개념이 포함하고 있는 행위 주체의 문제점을 지적한다. 리쾨르의 지적에 의하면 스트로슨의 행위의미론에서는 행위를 행위 주체에게 귀속시키기 어려운 난점에 봉착한다. 요컨대, 심적·물리적 술어들이 동일하게 귀속되는 공적인 인격 개념을 주장하는 스트로슨의 행위의미론은 행위 주체 귀속에서 개별적인 경우들을 이례적으로 동일한 차원에 두고 있다. 이러한 공적 3인칭 주체로부터 개별적인 의도와 동기를 가진 1인칭 주체를 되살려내려는 것이 리쾨르의 목적이다. 이를 위해 리쾨르는 행위를 행위 주체에게 귀속시키는 데에서 스트로슨의 행위의미론이 피할 수 없는 아포리아를 지적하고, 객관적 지시동일화에 중점을 둔 행위의미론이 제시하기 어려운 행위 주체의 행위 능력에 대한 문제를 칸트의 이율배반 논증을 통해 풀어나간다.

2. 행위 주체 물음의 복원

결론을 미리 말하자면, 리쾨르는 스트로슨의 행위의미론에 대한 분석을 통해, 행위 대상과 이유에 대한 물음 속에서 배제된 행위 주체 물음을 되살리고자 한다. 이를테면 행위에서 '무엇이 행해졌는가?', '왜 행해졌는가?'라는 물음에 가린 '누가?'라는 물음을 다시 던지고자 한다. 리쾨르에 따르면, 행위 주체 '누가?'라는 물음의 대답은 '무엇이?', '왜?'라는 질문들과 더불어 상호의

화(intersignifications)의 그물망(réseau)을 형성하고 있다. 그런데 스트로슨의 행위의미론에서는 인격이라는 대상 지시 동일화가 가능한 공적 주체를 내세우면서, 행위 주체에 대한 물음을 행위 대상과 이유의 물음 속에서 희석시키고 있다. 따라서 리쾨르의 주체 복원 작업은 행위의 '무엇-왜?'라는 한 쌍의 질문을 통해 '누가?'라는 질문을 그 그물망 속에서 다시 끌어내고자 하는 시도로부터 시작된다.

『개별자』8)에서 스트로슨은 물리적 술어와 심적 술어가 그러한 특성들을 소유하고 있는 인격에게 귀속된다는 것을 주장한다. 이때 귀속시키기(ascription)이라는 말은 행위를 행위자인 '누구?'에게 되돌린다는 것을 의미한다. 그런데 리쾨르가 보기에, 스트로슨의 행위의미론에서는 '무엇을?', '왜?', '어떻게?' 등의 질문들에 대한 대답을 마련하면서 파생적으로 '누가?'라는 질문에 대한 대답을 결정한다. 앞서 언급했듯이, 중요한 것은 '누가?'라는 물음이 아니다. 행위를 행위 주체에게 귀속시키는 것은 인격이라는 공적 주체에게 언제나 가능하다. 이러한 점에서 리쾨르는 행위의미론의 '무엇을-왜?'라는 한 쌍의 질문이 '누가?'라는 행위자의 문제를 엄폐한다고 지적한다.

행위를 분석할 때, 행위 주체의 의도와 분리시켜서 그 자체만으로 그것이 나에게, 너에게 혹은 그에게 종속된다고 말할 수 있다. 유사하게 의도 자체만 가지고 그것이 누군가 아무나의 의도라고 말하는 것 역시 가능하다. 마찬가지로 어떤 행위 주체만을 따로 분리해서 그가 무엇에 대한 의도를 가지고 있다고 말하는 것도 가능하다. 이렇게 한 행위에서, 행위와 행위 주체 그리고 의도를 각각 분리시켜서 분석하고 상호적인 의미화 작용 없이 이해할 수 있다. 그러나 이것은 행위에 대한 일면적인 분석에 머물고 말 것이다. 예

---

8) P. F. Strawson, *Individuals*, Methuen & Co Ltd, 1959.

컨대, 결국 행위 의도를 검증하기 위해서 행위 주체와 결부시켜 그 의도를 그에게 부여하게 될 것이다. 아리스토텔레스의 표현에 따르면, 행위는 행위자 앞에 열려 있는 선택들을 숙고할 때 행위 주체 자신이 행하는 것이다.[9] 그러므로 귀속시키기는 명백히 행위 주체가 자신의 숙고를 거쳐 어떤 행위를 재소유(réappropriation)하는 속에서 구성된다. 이를테면, 결정한다는 것은 고려된 선택들 중 하나를 자신의 것으로 만들면서 갈등을 딱 잘라 해결하는 것이다.

그러므로 한 행위를 이해하기 위해서는 그 행위를 종합적인 상호 의미화의 차원에서 바라보아야 한다고 리쾨르는 역설한다. 행위를 이해하기 위해서, 행위 주체에 대한 물음과 행위 동기에 대한 물음이 제기될 수 있다. 그런데, '누가 했는가?'라는 행위 주체에 대한 물음은 "아무개 누구"라는 대답으로 종결된다. 반면에, 행위 동기에 대한 물음은 끝이 없이 계속될 수 있다. 말하자면, "왜 아무개는 그것을 했는가?" 혹은 "아무개로 하여금 그것을 하게 한 것은 무엇인가?"라는 질문에 대해서는 끝없이 계속 물음과 대답이 제시될 수 있다. 행위의 동기를 묻는 물음에 대해 답하면서 행위 주체를 언급할 수 있으나 행위 동기와 행위 주체 사이의 관계는 역설적인 특징을 가지고 있다. 다시 말하면 행위 주체에 대한 물음은 대개 고유명사에 의해 지시되면서 끝나는 물음이지만, 행위 동기에 대한 물음은 내적·외적인 영향들 속에서 종결되지 않는 물음이다. 예컨대, 정신분석적 차원에서 어떤 행위의 동기에 대한 탐색은 그의 유아기적 경험으로 소급되고 그것은 다시 그의 부모의 유아기적 경험으로 소급되고 하는 식으로 계속될 수 있다. 행위 주체와 행위 동기 사이의 이러한 낯선 관계는 행위 주체를 귀속시키기 위한 개념의 일부를 이루고 있는데, 따라서 행위 주체

---

9) *Nicomachean Ethics*, in The Basic Works of Aristotles, ed, R. Mckeon, Random House, 970.

라는 표현을 이해하기 위해서는 행위에 관련된 전체 망을 이해하고 있어야 하고 또한 행위의미론은 이러한 전체 망의 관련 속에서 논의되어야 한다고 리쾨르는 지적한다. 즉, "행위 주체"라는 말을 이해하는 것은 그 전체 망 속에서 정확하게 행위 주체를 위치시키는 것을 아는 것이라고 말한다.10)

결과적으로, 행위를 행위 주체에게 귀속시키는 것은 리쾨르가 보기에 스트로슨의 행위의미론에서는 풀지 못한 문제로 남아 있다. 스트로슨의 기본적 개별자인 인격은 일반적인 사물들과 같이 신체라는 대상을 가진 "사물들" 중의 하나로서 지시되었다. 사물처럼 지시된 인격에게는 사물 동일화와 같은 동일성이 적용된다. 그러나 행위에 행위 주체를 귀속시키는 것은 이러한 차원에서 논의될 수 없다. 여기서 리쾨르는 스트로슨의 지시의미론의 한계를 지적하면서, 행위 주체의 물음을 해결하기 위해서는 말하는 주체의 차원을 강조하는 화용론이 요구됨을 지적한다. 반복해서 말하자면, 지시동일화가 가능한 공적 3인칭 주체에서 결여된 말하고 있는 1인칭 주체의 차원을 복원하는 것이 리쾨르의 전략이다.11)

3. 행위 주체 귀속시키기의 아포리아

행위의미론에서 행위를 행위 주체에게 귀속시키기는 데에서 발생하는 아포리아는 스트로슨의 논의에서 보았듯이 심적 술어와 물리적 술어가 동일하게 귀속되는 인격 개념에서 술어의 부여는

---

10) SA, 116-117.

11) 화용론에 관한 논의는 다른 장에서 이루어진다(참고 : 졸고, 『말하는 주체와 자기』, 『동서철학연구』 제25집, 동서철학연구회, 2002, 9). 본 논문은 행위 주체 귀속의 아포리아에 대해서만 논의하고자 한다.

자기에게만 해당되는 것이 아니라 타자에게도 동일하게 해당될 수 있는 것이라는 점이다. 이것은 심적 술어든 물리적 술어든 자기 자신과 타자에 대하여 이중적으로 귀속될 수 있음을 말한다. 그러나 여기서 문제가 되는 것은 구체적으로 귀속시키기 전에 자기에게도 아니고 타자에게도 아닌 그저 미결정된 채 남아 있는 귀속의 가능성과 실제적인 귀속 사이의 이중적 관계다. 말하자면, 우리는 미결정된 채로 남아 있는 귀속의 가능성에서 인격에게 귀속되는 술어들의 차이를 설명하지 않은 채, 실제적으로 귀속시키기 과정에서 그러한 술어들을 귀속시켜야 하는 모순에 부딪힌다. 따라서 귀속시키기의 아포리아는 미결정 상태에 있는 귀속의 가능성으로부터 실제 행위 주체에게 실제적인 술어를 부여하는 과정에서 발생된다. 실제적인 행위 주체에게 행위를 귀속시키기 어렵게 만드는 것은 이러한 귀속이 미결정된 상태에 있기 때문이다. 예컨대, 익명의 '우리'나, 무차별적으로 대체 가능한 개별화라는 의미의 '아무나', 그리고 독립적인 '각자'라는 상태는 귀속이 미결정 상태에 있는 것이다. 스트로슨의 논리에 따르면, 이러한 중립화된 귀속의 미결정 상태를 통해 자기에 대한 귀속과 자기 아닌 타자에 대한 귀속 사이에는 치환이 가능하다. 그러나 리쾨르는 이러한 미결정 상태에 있는 행위 주체를 행위에 귀속시키기를 통해 행위 주체 물음을 다시 던지고 있다. 동일화에 중점으로 둔 지시의 미론의 범위 내에서는 행위 주체가 행위 술어를 재소유하는 것과 미결정 상태 사이의 아포리아에 대한 답을 구할 수 없다. 따라서 리쾨르는 귀속의 미결정 상태로부터 귀속의 중립화를 거쳐, 실제적이고 독자적인 귀속으로 넘어가기 위해서 행위 주체는 자기 자신을 지시할 수 있어야 한다고 역설한다.

누구에게나 무차별적으로 가능한 귀속의 미결정 상태와 실제적인 행위 주체에게 행위를 귀속시키기 사이에서 발생하는 차이는 리쾨르의 분석에 의하면, 인과 관계의 도식 속에서 지시되는 행위 주체와 자기 지시를 할 수 있는 행위 능력이 있는 행위 주체 사이의 차이를 내포하고 있다. 실제로 인과 관계의 도식 속에서 지시되는 행위와 행위 주체 간의 관계는, 스스로 자기 지시할 수 있는 행위 능력이 있는 행위 주체와 행위의 관계와는 차원을 달리한다. 이를테면, 인과율의 지배 하에 있는 행위 주체에게는 그 행위에 대한 책임성이 비켜나가는 면이 있다. 그러나 자기 결단에 의해 행위하는 행위 주체에게는 그 행위에 대한 책임성이 부과된다. 행위 주체의 행위 능력을 말한다는 것은 행위에 대한 책임을 행위 주체가 진다는 것을 의미한다. 행위가 행위 주체하기 나름이라는 말은 그것이 행위 주체 능력의 한도 내에 있다는 말과 같은 뜻이다. 리쾨르의 입장은 행위 주체의 행위 능력이 인과적 연속 속에서 포함된 하나의 원인이 아니라, 행위의 시작으로서의 원인으로 간주되어야 한다는 것이다.12) 행위를 행위 주체에게 귀속시키기의 아포리아는 여기에서 발생한다. 인과적 행위 이론은 행위 주체의 행위 능력을 행위의 원인 속에 포함시키지 않는다. 말하자면, 인과적 결정론 속에서 행위의 시작은 자연적 사실들 가운데 하나의 원인적 사실로서 설명되고 행위 주체의 행위 능력은 거기에 포함되지 않는다. 그러나 행위의 시작은 리쾨르에 따르면, 단지 인과적 도식 속에서 분별되는 것이 아니라 변증법적인 사유 작업을 통해서 밝혀진다. 그것은 행위 주체의 자발적인 의도를 행위에 접목시키는 귀속의 과정이다. 인과적 도식 속에서 결정된 행위에 대한 설명과 행위 주체의 자발적인 행위 능력이라는 양단간의 아포리아를 리쾨르는 칸트의 「순수 이성의 우주론적 이율배반」의 세 번째 논증을 도입하여 해명하고자 한다.

---

12) *SA*, 124.

4. 인과적 행위와 행위 주체 : 칸트적 해답

행위 주체 물음을 제기하면서 당면한 아포리아는 행위를 행위 주체에게 귀속시키는 데서 발생한다. 앞서 언급했듯이, 인과적 도식 속에서 결정된 자연적 사실들로서 행위와 행위 주체의 자유 사이의 대립을 리쾨르는 칸트의 「순수 이성의 우주론적 이율배반」의 세 번째 논증을 통해 해소해보고자 한다. 칸트의 세 번째 이율배반은 모든 것이 자연 법칙에 따르는 인과성 속에 종속되는가 아니면 자유도 존재하는가에 대한 것이다. 일단 「정립」의 차원에서 보면 자유가 존재한다.

자연 법칙에 따르는 원인성만이 존재한다고 가정할 경우, 발생하는 일체는 이전 상태를 전제하고 거기서 불가피하게 규칙에 따라서 계기하는 것으로 된다. 그러나 이렇게 원인에 원인을 소급해가면, 일반적으로 순차로 소급하는 '원인 측 계열의 완료성'이란 존재하지 않는다. (…) 일체의 원인성이 자연 법칙에 의해서만 가능한 것처럼 말하는 명제는, 이 명제의 무제한의 보편성을 주장하는 데에서는 자기 모순에 빠진다. 그러므로 자연 법칙에 따르는 원인성이 유일한 원인성이라고 상정될 수 없다.[13]

이와 같이 「정립」의 입장에서는 자연 법칙에 따르는 인과성과는 다른 원인성이 상정되어야 함을 암시한다. 칸트는 이 다른 원인성을 이렇게 설명한다. "이 원인성은 무엇을 발생하도록 하지만, 이런 발생의 원인은 이전의 딴 원인에 의해 필연적 법칙을 좇아 규정되는

---

13) Kant, *Critique de la raison pure*, ed. A. Tremesaygues et B. Pacaud, (Paris : PUF, 1994), 384(이하 A. Tremesaygues et B. Pacaud로 표기함). 한글판은 『순수이성비판』, 최재희 옮김(서울 : 박영사, 2001), 360-361(이하 '칸트'로 표기함). 인용은 주로 한글 번역판을 이용할 것이나, 이해를 위해 경우에 따라서는 불문판을 활용할 것이다.

일이 없다. 다시 말하면, 상정되어야 할 원인성은 자연 법칙에 따라서 진행하는 현상들의 계열을 스스로 시작하는 '원인의 절대적 자발성'이다. 즉 그것은 초월적 자유(liberté transcendentale)다."[14] 따라서 이러한 자유는 자연 법칙의 인과성에 종속되지 않으면서 발생하는 계열을 자유롭게 시작할 수 있다.

그러나 「반정립」에 따르면, 모든 것은 자연 필연성에 종속된다.

자유는 없다. 이 세계의 모든 것은 자연의 법칙에 따라서만 발생한다."[15] "작용하는 것의 개시는 어느 것이나 아직 작용하고 있지 않는 원인의 상태를 전제한다. (…) 그러므로 초월적 자유는 인과 법칙을 위반한다. (…) 이에 우리는 세계 사상의 관련과 질서를 구하여야 하는 자연만을 가질 뿐이다. 자연 법칙에서의 자유는 강제에서의 해방이요, 그것은 모든 규칙의 길잡이에서 해방되는 것이기도 하다. 그러하되 우리는 자연 법칙 대신에 자유의 법칙이 세계 진행의 원인성 속에 들어가는 것이라고 말할 수는 없다.[16]

자연과 자유 사이의 이러한 이율배반을 칸트는 현상과 물 자체의 구별로부터 해결해나간다. 무제약자인 물 자체는 시간과 공간을 초월해 있다. 초월적 자유란 바로 이 무제약자의 영역에서 논의된다. 반면 현상들의 영역에서는 자연 법칙적 인과성이 통용된다. 따라서 자유와 필연성의 문제는 상호 모순 없이 해결된다. 다시 말하면 자연 필연성은 오직 현상, 즉 시·공간적 존재자와 그들의 관계에 대해 타당하고, 반면 자유는 현상이 아닌 물 자체의 영역에 속하는 것이다. 그렇다고 자유가 현상의 계열로부터 완전히 분리되어 현상과 무관한 사태인 것은 아니다. 그것은 오히려

---

14) 칸트, 360. A. Tremesaygues et B. Pacaud, 348.

15) A. Tremesaygues et B. Pacaud, 349.

16) 칸트, 360-361.

현상 자체가 요구하는 현상의 지적 근거다. 요컨대, 자유는 "자연 법칙에 따라 나아가는 현상의 계열을 스스로 시작하는 원인의 절대적 자발성이다. 이것이 바로 초월적 자유다. 초월적 자유 없이는, 자연의 경과에서조차 현상들이 계속하는 계열은 원인 측으로 봐서 결코 완전하지 않다."17)

그런데 칸트는 「정립에 대한 주석」에서 계열의 발생을 자유롭게 시작할 수 있는 '계열의 절대적인 첫째 시초'라는 것은 시간상의 '절대적인 처음 시초'가 아니라, 인과성에 관한 절대적 시초임을 규명한다.

문제삼고 있는 것은 시간상의 '절대적인 처음 시초'가 아니라, 원인성에 관한 절대적인 처음의 시초다. (가령) 내가 지금 완전히 자유롭게 그리고 자연 원인이 필연적으로 규정하는 영향력을 입지 않으면서 의자에서 일어설 적에, 무한하게 진행하는 자연적 결과를 수반한 이런 사건에서 전혀 새 계열을 개시한 것이다. 시간적으로 이 사건은 물론 이전에서 내려오는 계열의 연속임에 불과하다. 대저 [의자에서 일어서려는] 결의와 행동은 한갓 자연적 작용의 계속 중에는 없는 것이다. (⋯) 그러므로 진정 시간상으로가 아니라 원인성으로 보아서, 현상들의 계열의 '절대적인 처음 개시'라고 말해져야 한다.18)

다시 말해 현상 세계의 우주론적 시작점이 문제가 아니라 오히려 현상을 넘어서서 현상을 초월하는 능력이 문제가 되는 것이다. 즉, 그 자체 시간 제약 하에 있지 않는 능력, 그러므로 당연히 시간 내의 시작점일 수도 없는 그런 능력이 곧 현상 계열을 넘어서는 능력으로서의 자유다. 시간적 현상의 계열 자체를 넘어서는 것이므로, 그것은 오히려 세계의 흐름 한가운데에서조차도 자유로

---

17) 칸트, 361. A. Tremesaygues et B. Pacaud, 350.
18) 칸트, 363-364.

남아 있을 수 있는 것이다. 그러므로 우리는 자발성으로서의 자유를 마치 그것이 현상에 선행하는 원인으로서 언젠가 한 번 현상을 만들어내고, 그 후 그 현상은 시간의 흐름 안에서 단지 자연 인과성에 따라 제약되어 전개되어나갈 뿐인 그런 것으로 생각해서는 안 된다. 자유는 그런 의미로 현상의 근거인 것은 아니다. 오히려 자유가 현상의 근거인 것은 그것이 시간적 제약을 넘어서 있기에, 시간의 흐름 속에서도 늘 매 순간을 마치 시간의 시작인 것처럼, 이미 있는 현상에 대해 자유롭게 새로운 현상의 시간 계열을 시작할 수 있는 자발성이기 때문이다. 이와 같이 "시간의 흐름 안에서도 상이한 계열을 인과성에 따라 스스로 시작하게 하는"19) 자유로서 칸트가 의미하는 것은 어떤 초인간적인 능력이 아니라, 바로 우리 인간에게서 자발적 행위 수행을 가능하게 하는 자유 의식이다. 이러한 자연 인과율에 의해 기계적으로 영향을 받지 않고 현상의 새로운 계열을 새롭게 시작할 수 있게 하는 자유 의식을 칸트는 '결단'이라고 부른다.20) 이러한 자유로운 결단 능력으로서의 자유가 인간을 행위하는 주체로서 모든 현상, 즉 모든 시공간적 제약성을 넘어서게 하며, 따라서 이 행위하는 주체는 시간적 제약 안에 있지 않다. 이러한 행위하는 주체의 자발성을 칸트는 현상의 인과성을 넘어서는 '절대적 자발성'이라고 말한다. 곧, '초월적 자유'다.21)

리쾨르는 이러한 칸트의 "원인들의 절대적인 자발성"이라는 개념에 주목한다. 그것은 "자연법에 따라 전개되는 일련의 현상들을 자기 자신으로부터 시작하는" 능력으로 정의된다. 「정립」과 「반정립」에 뒤따르는 「증명」 속에서, 칸트는 그러한 "행위의 절대적

---

19) 칸트, 363.

20) 한자경, 『칸트와 초월철학』(서울 : 서광사, 1992), 200-201.

21) A. Tremesaygues et B. Pacaud, 348.

자발성"은 "이 행위의 책임의 고유한 토대"임을 지적한다.[22] 이러한 칸트의 논의에 따라서 리쾨르는 행위 주체의 자발적 행위를 인과적 도식 속에서의 행위와 구별하고, 도덕적이고 법적인 의미에서 행위할 수 있음(pouvoir-faire)의 시초적 지층을 책임성이란 명목 하에서 탐색하고자 한다.[23]

5. 두 가지 원인 : 자연과 자유

앞서 살펴보았듯이, 칸트는 「이율배반론」에서 자유와 인과적 필연성의 이율배반을 현상계와 물 자체의 구분 속에서 풀어내고 있다. 따라서 자유와 필연성은 상호 모순적이지 않다. 칸트는 자유에 의한 인과성을 주장하는 「정립」과, 자유라는 것은 없으며 오직 세계 내의 모든 것은 자연의 법칙에 따라서만 생성된다고 하는 「반정립」 사이의 갈등을 만약 이성이 올바로 해석하기만 한다면, 이 이율배반은 해결될 수 있다고 한다. 즉, 자유가 주장되고 있는 「정립」에서는, 현상의 일련의 계기가 그 자체 내에 무제약적인 자유라는 원인성이 제시됨으로써 전체적으로 완전하게 된다고 주장한다. 이러한 칸트의 관점에 따르면, 내가 자유를 주장하느냐 혹은 단적으로 자연의 필연성만을 주장하느냐는 "관점"과 조망의 문제다. 이중 관점을 전제로 하면 자유와 자연 필연성은 이것이냐 저것이냐의 양자택일적인 것이 아니라, 양자 모두 "한 동일한 사태에서도 서로 다른 관계에서 생길" 수 있다.[24] 자연이 하나의 일관된 인과적 연관이며, 그 안에는 어떤 예외도 따라서 어떤 자유성

---

22) A. Tremesaygues et B. Pacaud, 348.

23) *SA*, 126.

24) 칸트, 410.

도 없다는 것은 흔들릴 수 없는 사실이다. 이 인과적 연관성은 오로지 현상 세계에 관해서만 타당하다. 이 말을 물 자체에 대해서도 타당한 것으로 오해해서는 안 된다. 그러나 순수 이성은 "오로지 예지적인 능력으로서, 시간 형식과 그리고 또 시간 계기의 조건에 종속하지 않는다. 예지적인 성격의 이성의 원인성은 발생하는 것도 아니고, 어떤 결과를 낳기 위해서 어떤 시점에서 시작되는 것도 아니다."[25] 그럼에도 이성은 현상 세계 안에 있는 행위의 자유로운 원인이다. 물론 이 행위가 이 세계 내에서 일어나는 한 그것은 자연 법칙에 따르는 측면을 가진다. 행위하는 이성은 자기의 자유 원인성 사고에 연관해서 자연 법칙을 고려한다. 자유 원인성은 그 원천을 이성 자체 안에 가지므로 이 자유 원인성 사고가 한 행위의 원인이 되는 한, 이로부터 시작된 제약된 일련의 현상의 최초 조건은 무제약적이다. 그런 한에서 예지적 성격의 견지에서 본 인간은 무제약적인 자유로운 존재자다. 그럼에도 "다른 관계에서는" 인간도 현상의 계열에 속한다.[26] 칸트의 이러한 이율배반에 대한 논의 끝에, 자유는 순수 초월적 관념처럼 현상에 결부되지 않고 인과적 연속을 그 스스로 시작하는 능력이라는 궁극적 의미를 구성한다. 즉, "원인들의 절대적 자발성"이란 이러한 의미에서 하는 말이다. 칸트에 따르면, 이러한 초월적 자유 위에 자유의 실천적(*pratique*) 개념이 정초된다.

다시 정리하면, 칸트는 발생하는 일에 관해서 두 가지 원인성만이 생각될 수 있다고 한다.

자연에 의한 원인성과 자유의 원인성이 그것이다. 자연에 의한 원인성은 현상계에서 하나의 상태가 규칙에 의해서 그 이전 상태의 뒤

25) A. Tremesaygues et B. Pacaud, 398. 칸트, 418.
26) F. 카울바하, 『칸트, 비판철학의 형성 과정과 체계』, 백종현 옮김, 서광사, 1992, 165-167.

에 생기는 경우에, 이런 두 상태의 결합이다. 그런데 현상의 원인성은 시간 조건에 기초하고 있다. 이전 상태가 언제나 그대로 있어 왔다면, 그것은 시간상 발생하는 다른 결과를 가져오지 않을 것이다. 그러므로 일어나는 혹은 나타나는 일의 원인의 원인성은 역시 발생한 것이요, 그것은 오성의 원칙[인과성의 범주]에 좇아서 그 자신 또다시 원인을 필요로 한다.27)

따라서 현상계의 인과적 닫힌 체계에 연관해서 행위 주체의 의지의 독립성이 정초된다. 그러므로 칸트가 말하는 초월적 자유란 감성계에 속하는 것이 아닌, 지성계에 속하는 지성적(*intelligible*) 자유다. 말하자면, 칸트의 말대로 지성적이라는 것을 "의미의 대상 속에서 그 자체 현상이 아닌 것"이라면, 초월적 자유는 지성적 자유다. 그리고 이어서, "따라서 감성계에서는 현상이라고 보아야 할 존재가 그 자체에서는 감성적 직관의 대상이 되지 않는 '능력'을 가지고 있으며, 이런 능력에 의해서 현상의 원인이 될 수 있다고 한다면, 그런 존재의 원인성은 두 가지 면에서 고찰될 수 있다. 즉, 존재의 원인성은 '물 자체 그것'으로서의 원인성이 작용하는 면에서 지성적이라고 볼 수 있고, 그런 원인성이 감성계에 있는 현상으로서의 그 원인성의 결과들이라는 면에서 감각적인 세계 속에서 현상의 인과성으로서 간주할 수 있다."28)

그러므로 칸트는 다음과 같이 천명한다. "우리는 이와 같은 주체[인간 외의 존재까지 포함]의 능력에 관해서 경험적 의미의 원인성과 지성적 의미의 원인성을 가지지만, 이런 두 가지 원인성은 동일한 결과에서 공존하는 것이다. 감관의 대상이 지니는 능력[힘]을 이처럼 이중적 면에서 사고하는 것은, 우리가 현상과 가능한 경험과에 관해서 형성해야 하는 개념들 중의 어느 것과도 모순

---

27) 칸트, 408.

28) A. Tremesaygues et B. Pacaud, 397. 칸트, 411.

되지 않는다. 무릇 현상은 '물 자체'는 아니기 때문에 현상의 근저에는 초월적 대상이 있어서 이것이 현상을 한갓 표상이라고 규정하는 바다. 이렇기에 우리는 선험적 대상에서 그것이 현상하게 되는 성질 이외에, 현상이 아닌 원인성도 부여함을 방해할 것이 없다."29)

6. 행위의 시작으로서 행위 주체

앞서 행위의 동기를 탐색하는 것이 끝이 없다면, 행위의 행위 주체에 대한 조사는 끝이 있다는 것을 리쾨르는 지적하였다. 말하자면, '누가?'라는 질문에 대한 대답은 고유명사, 대명사 등과 같이 한정된 기술 속에서 제시될 수 있다. 즉, 누가 그것을 했는가 하는 질문에 '어떤 사람'이라고 대답할 수 있다. 여기서 행위 주체는 낯선 원인으로서 등장한다. 왜냐 하면 그 행위 주체에 대한 언급이 다른 차원에서 계속되던 원인에 대한 탐색, 즉 동기에 대한 탐색을 종결짓기 때문이다. 이러한 구분은 칸트의 자유에 대한 「정립」의 차원에서 행위 주체를 개입시킴으로써 행위 동기에 대한 끝없는 질문의 연속을 중단할 수 있다는 점과 또한 칸트의「반정립」의 차원에서 행위 동기에 대한 물음이 인과적 연속을 계속해나갈 수 있다는 설명과 유사하다. 즉, 자유와 자연은 행위 능력과 행위의 이유라는 구분과 유사한 그림을 그리고 있다.30) 자연 인과율의 연속 속에서 새로운 시작을 개시할 수 있는 근거를 칸트는 '초월적 자유'라고 불렀다. 비슷한 맥락에서, 리쾨르는 행위 동기에 대한 무한한 물음의 연속 속에서 행위 주체의 행할 수 있는 능력을 그

---

29) A. Tremesaygues et B. Pacaud, 398. 칸트, 411.
30) SA, 127

연속의 시발점이자 종결점으로 삼는다. 물론 칸트의 그러한 구분은 언급된 것처럼 물 자체와 현상계의 구별에 근거하고 있다.

그러나 리쾨르는 이러한 칸트의 논증에서 머물지 않고 논의를 더 진행시킨다. 칸트는 시작을 두 가지 종류로 구분하였다. 하나는 세계의 시작이고, 다른 하나는 세계의 과정 가운데 있는 시작이다. 이때 후자가 자유의 시작이다. 칸트는 여기에서 오해의 소지가 있음을 알고 있다. 말하자면, 칸트는 원인들의 절대적 자발성을 말하는데 어떻게 과정 속에서 '상대적으로 우선인' 시작에 대해 말할 수 있는가? 칸트 식으로 대답한다면, 사건의 구체적 계열의 시작인 자유는 세계의 전체 과정에서 상대적 시작일 뿐이다. 칸트에 따르면, "우리는 여기서 시간에 관해서 절대적으로 우선적인 시작을 말하는 것이 아니라, 인과성에 관한 한에서 그러한 것을 말하고 있다." "완전히 자유롭게 그리고 자연적 원인을 필연적으로 결정짓는 영향력에 종속되지 않으면서" 자기의 자리에서 일어서는 사람의 예를 들면서 칸트는 반복한다. "따라서 일련의 현상 속에서 절대적으로 첫 번째가 되어야 하는 것은 시간의 관점에서가 아니라 인과성에 관해서다"[31]라고.

칸트가 말한 이율배반이 자유와 자연필연성의 대립적 특성을 나타내는 동시에, 시작이라는 개념의 두 가지 구분은 행위 이론에 새로운 문제를 제기한다. 세계의 시작과 세계 속의 시작이라는 시작 개념의 이러한 구분은 리쾨르에 따르면 실천적 관점에서 중요하다. 실천적 시작은 세계 전체 과정의 시작이 아닌 실제적 대상 속에서의 계열 가운데 시작을 말한다.[32] 칸트는 이러한 실천적 시작의 단초를 행위 주체의 초월적 자발성에 두었다. 그러나 스트로슨의 행위의미론은 사건의 시작과 결정된 인과적 연속 사이의 관계 문제에 직면한

---

31) 칸트, 363.

32) *SA*, 128.

다. 행위의미론이 중요하게 생각하는 것은 우선 기술(description) 이론의 범위 내에서 행위를 인과적으로 기술하는 것이다. 그리고 중요한 문제는 실천적 연쇄에 속하는 행위들에 이름을 붙이는 것이고 동일화하는 것이다. 그러므로 행위의미론에서 던지는 질문은 무엇이 복잡한 경우에 대한 "진정한" 기술인가를 묻는 것이다.[33] 이러한 차원에서 볼 때, 세계의 시작과 세계의 과정 가운데 시작이라는 칸트적 구분은 의미가 없어진다. 행위를 기술하기의 차원에서는 사건의 시작에서 행위 주체의 자발적 결단이 중요하지 않다. 따라서 행위 주체 귀속의 문제로 넘어갈 때, 스트로슨의 행위의미론은 실제적인 답을 제시할 수 없다. 행위 주체를 귀속시키는 데서 발생하는 아포리아와 상관없는 기술 이론은 실제 행위의 '무엇?'에 대한 기술에서 머물고 있을 뿐, 행위 주체인 '누가?'에 대한 질문에는 대답할 수 없다.

이제 행위를 기술하기 차원에서 행위 주체인 '누가?'라는 물음으로 옮겨갈 때 제기될 수 있는 문제는 물리적 결과들의 무한정한 연속에 관하여 행위 주체의 책임성이 어디까지 미치는가 하는 것이다. 이에 대해, 원인의 원인을 묻는 원인들의 연속 가운데 어느 지점에서 그 문제가 멈추어야 할 것인가, 그리고 결과의 결과들의 연속 중 어디에서 그 문제가 종결되어야 할 것인가를 리쾨르는 질문한다. 만약 행위 주체라는 원인이 원인들의 연속 속에서 일종의 정점을 구성한다면, 이 시작의 효과가 미치는 범위는 또한 결과의 측면에서는 한계가 없는 것처럼 보인다. 그러므로 우리가 시작이 미치는 범위의 문제를 제기할 수 있는데, 그 문제는 리쾨르에 따르면, "세계의 전체 과정 속에서 상대적으로 첫 번째인" 시작이라는 칸트적 개념과 긴밀한 관계를 갖는다. 행위 주체의 자유로운

---

33) SA, 129. 참고, G. E. M. Anscombe, *Intention*, Oxford Basil Blackwell, 1979, 37.

행위 결단이 필연적으로 동반해야 할 것은 행위에 대한 책임성이다. 행위의미론에서 제기하지 않는 문제, 곧 행위 주체의 행위 능력이 미치는 범위의 문제를 리쾨르는 제기하는데, 이 문제는 바로 행위 주체의 책임성 문제와 직결되기 때문이다.

리쾨르에 따르면, 행위 주체는 그의 직접적 행위 속에 존립하지, 그와 멀리 떨어진 결과들 속에 있지 않다. 그러므로 행위 주체의 책임성을 묻는 문제는 그의 책임성이 미치는 사건들의 영역을 한계 짓는 것이다. 따라서 이 문제는 간단하지 않다. 여러 가지 이유에서 그렇다. 우선 스트로슨의 행위의미론에서처럼 인과적 연속만을 따르자면, 행위의 결과는 행위 주체와 분리된다. 이때 우리의 시초적 행위의 연속은 인과 법칙에 따르기 때문에 그러한 행위의 연속은 예상외의 결과들을 낳을 수 있다. 여기서 행위 주체의 소관이 되는 부분과 외적 인과성의 연계에 속하는 부분 사이를 분리하는 것은 매우 복잡한 작업이다. 그러나 리쾨르에 따르면, 인과적 체계라고 말할 수 있는 부분과는 별도로 실천적인 삼단논법[34] 속에서 행위 주체의 의도적인 부분을 정초할 수 있어야 한다. 행위 주체의 의도는 자연의 물리적 구조 속에서 물리적 영향력을 발휘할 것이다. 그러면서도 그 시작의 효과가 어디까지 미치는가에 대한 물음은 행위 주체의 책임성과 물리적 인과성 사이에서 혼란을 드러낸다. 리쾨르에 따르면, 이러한 혼란이 없이 우리는 행위가 세계 속에서 변화를 산출하는 것이라고 말할 수 없다.[35]

---

34) 실천적 삼단논법이라는 말은 앤스콤에 의해 해석된 아리스토텔레스의 개념이다. 아리스토텔레스는 이것을 체계적으로 명시화하지는 않았지만, 앤스콤은 다음과 같이 해석한다. 실천적 삼단논법의 대전제는 어떤 원하는 사실이나 행위의 목표를 가리킨다. 소전제는 개략적으로 말해서 어떤 행위를 목표에 이르게 하는 수단이다. 끝으로 결론은 그러한 목표를 획득하기 위하여 이 수단을 사용하는 것이다. 즉, 전제의 긍정이 결론의 긍정으로 나아가듯이 실천적 추론에서도 전제의 긍정이 그와 일치하는 행위를 낳는다. G. H. 폰 리히트, 『설명과 이해』, 배철영 옮김(서울 : 서광사, 1994), 53-54.

리쾨르는 구체적 현상 속에서 행위의 시작이라는 실천적 영역에서 자연과 자유의 결합 가능성을 궁구한다. 리쾨르에 따르면, 시작은 세계의 과정 속에서 행위 주체의 개입이다. 그것은 세계 속에서 실제로 변화를 야기하는 개입이다. 칸트가 초월적 자유를 인과적 현상의 시작으로 삼았던 것과 유사하게 리쾨르는 행위 능력을 실천적 행위의 시작으로 주목한다. 행위의 인과적 연속 속에서 실천적 행위의 시작이 되는 것은 행위 주체의 행위할 수 있는 능력이다. 행위의 '무엇?', '왜?'라는 질문에 대해 '누가?'라는 질문을 던지는 것은 바로 행위의 인과적 연속 속에서 행위 주체를 개입시키는 것과 같다.

실천적인 삼단논법의 결과인 각각의 행위는 세계의 질서 속에서 하나의 사태를 새롭게 도입하는 효력을 가진 행위다. 그 행위는 인과적 연쇄를 그 차례에서 멈추게 한다. 이러한 연쇄의 효과들 가운데서 동일한 행위 주체 혹은 다른 행위 주체들에 의해 상황적으로 수용된 새로운 사실이 나타난다. 그러므로 행위의 목적과 행위 원인 사이에서 이러한 새로운 연쇄를 근본적으로 가능하게 만드는 것은 무엇인가? 그것은 행위 주체의 행위할 수 있는 능력이라고 리쾨르는 선언한다. 즉, 그가 행할 줄 아는 것들 중 하나를 그 결과의 조건을 결정하는 체계의 시초 상태와 일치하게 하는 그의 능력이다.[36] 세계 속에서 행위 주체의 개입은 새로운 인과적 연쇄를 시작하게 하는 시초다. 그런데 이때 문제는 인과적 설명 체계에서는 발생하지 않는 인식론적 단절이 행위 주체의 개입으로 인해 일어나게 된다는 것이다. 인식론적 차원에서 행위 주체의 부조화로운 개입들 사이의 불연속을 뛰어넘을 수 있는 힘은 바로 행위의 행위 주체에 대한 귀속을 통해 가능하다고 리쾨르는 말한

35) SA, 130.
36) SA, 134.

다. 이를테면, 행위 주체의 개입은 인과적 계열 속에서 새로운 행위를 가능하게 하면서 새로운 연쇄를 형성하는데 이때 인과적 설명 체계에서와 달리 인식론적으로 단절이 일어날 수 있다. 이러한 단절은 행위를 행위 주체에게 귀속시키기를 통해 극복될 수 있다.

궁극적으로 '누가?'라는 질문을 '무엇을?' 그리고 '왜?'라는 질문에 결합시켜야 하는 필요성은 행위 개념의 상호적 의미망의 구조 때문이다. 행위 주체의 행위 능력은 행위 동기에 대한 질문과 행위 주체에 대한 질문 사이의 관계 속에서 구체적으로 형성된다. 동기화의 과정은 정신적 사실들의 차원 속을 끊임없이 배회한다. 그러나 행위 능력이 행위를 실행하는 것은 외적 자연의 과정 위에서다. 인과적인 외적 자연의 과정 속에서 행위 주체 물음을 던지는 것은 바로 '누가?'라는 질문을 '무엇을?'이라는 질문과 '왜?'라는 질문에 연결하는 것이다.[37)]

7. "나는 할 수 있다"의 현상학과 신체의 존재론

앞서, 인과적 기술을 중심으로 하는 스트로슨의 행위의미론이 행위 주체의 문제에 대해 방법적으로 괄호 치기(épokhé)를 수행한다는 것이 시사되었다. 사건 존재론과 인과적 인식론은 행위의 '누가?'에 대한 질문을 행위의 다른 문제들의 더미 속에 숨겨버린 결과를 낳았다. 말하자면 그의 행위의미론은 행위 의도와 동기화에 대한 설명을 하면서, 행위의 '무엇?'을 '행해야할 것'과 분리시키고 '왜?'라는 질문을 '누구?'라는 질문과 분리시키는 경향이 있다. 리쾨르에 따르면, 이러한 분리는 이중의 효과를 가지고 있다. 한편, 심적 현상에 대한 설명을 명확히 하지 않으면서 그러한 심

---

37) *SA*, 133.

적 현상들을 인과적인 의도와 동기들로 의미 해석한다. 다른 한편, 행위 주체에게 행위를 귀속시키는 문제를 해결하지 않은 채 행위 주체가 행위 술어를 재소유하는 것을 더욱 어렵게 만든다.38)

행위에 대한 기술을 중심으로 하는 인과적 행위에 대한 설명으로부터 자유로운 주체의 결단에 의한 행위로의 이행을 위해 리쾨르는 칸트의 「이율배반」을 도입하여 설명하고 있음을 살펴보았다. 세계의 과정 가운데 새로운 행위의 연쇄를 가능하게 할 수 있는 근거를 칸트는 현상계와 가상계의 구분에 두고, 초월적인 관점에서 '원인의 절대적 자발성'을 주장하였다. 그러나 리쾨르는 '자기 해석학(l'herméneutique du soi)'의 관점에서, "나는 할 수 있다(je peux)"의 현상학과 자기 신체의 존재론을 말한다. 칸트가 초월적 자유를 말한 것과는 달리, 리쾨르는 행위 주체가 행할 수 있는 능력을 가지고 있다는 확신에서 출발한다. 그 확신은 행위 주체가 세계 속에서 변화를 산출할 수 있는 능력을 가지고 있다는 확신이다. 즉, 리쾨르는 초월도 아니고, 결정론도 아닌 자기 확신이라는 차원을 주장한다. 이러한 확신은 리쾨르 자신이 그리고자 하는 주체인 '자기'의 존재 근거가 되기도 한다. 행위의미론에 대한 치밀한 분석 끝에서 리쾨르는 자신의 주체 복원의 전략을 암시하고 있다.39)

"나는 할 수 있다"라는 행위 주체의 결단이 행위의 시작이 될 수 있게 하는 근거는 바로 자기 신체의 존재론이다. 이때 말하는 신체는 나의 신체면서 또한 물리적 신체의 차원과 인격(personnes)의 차원에 이중적으로 결부된 신체다. 그리고 행위하는 능력은 우리 자신의 것이면서 세계의 질서에 종속하는 사물들의 과정에 속하

---

38) SA, 120.

39) 리쾨르의 주체 이론은 졸고, 「주체와 이야기 : 언어분석철학과 해석학의 만남을 통한 리쾨르의 주체 해명」(경북대 대학원, 2003)을 참고할 수 있다.

는 것이다. 리쾨르에 의하면, 행위 능력에 일치하는 시초적 사태가 결정적으로 정립되는 것은 "나는 할 수 있다"의 이러한 현상학 속에서 그리고 자기 신체의 존재론 속에서 가능하다.[40] "나는 할 수 있다"의 현상학과 자기 신체의 존재론이 어떻게 '행동하고 고뇌하는 인간(*humain agissant et souffrant*)'으로서 자기의 현상학에 연관되는지는 앞으로 더 연구를 요하는 과제라고 리쾨르는 밝히면서, 자신의 전략의 향방을 암시적으로 제시하고 있다. 이러한 의미에서 자연과 자유 사이에서 행위 주체 귀속시키기의 아포리아가 효과적으로 극복되는 것은 차후의 일이 될 것이라고 그는 말한다.[41]

언어분석철학자들은 언어의 남용에서 기인하는 철학의 혼란과 모호성을 제거하고 개념적 명료화와 논리적 분석을 수행하는 것을 일차적 과제로 삼아왔다. 특히 일상 언어에 대한 체계적이고 논리적인 분석은 지금까지의 여러 철학적 문제들을 명료하게 정리하는 데 기여하였다. 그러나 대개 자연과학적인 입장에서 인간과 세계에 대해 인과적 설명을 수행하고 있는 주장과는 반대로, 필연적 세계에 종속되지 않는 주체의 의지를 강조하는 흐름이 있었다. 서론에서 언급했듯이, 주체의 죽음이 마치 거대 담론처럼 느껴지는 분위기 속에서 더 이상 데카르트의 코기토나 초월적 주관이 아닌, 그러면서도 언어의 파편 아래 굴복되어버린 주체가 아닌 겸허한 주체의 복원을 기획하면서 리쾨르는 그것이 해석학적인 '자기(Soi)'로서 가능할 수 있음을 시사한다. '자기 해석학(*l'herméneutique du soi*)'에 대한 논의는 지면상 필자 역시 차후로 미룰 수밖에 없음을 고백한다.

---

40) *SA*, 135.
41) *SA*, 134-135.

□ 참고 문헌

김선하, 「주체와 이야기 : 언어분석철학과 해석학의 만남을 통한 리쾨르의 주체 해명」, 경북대 대학원, 2003.

김선하, 「말하는 주체와 자기」, 『동서철학연구』 제25집(동서철학 연구회, 2002).

한자경, 『칸트와 초월철학』(서울 : 서광사, 1992).

Paul Ricœur, *Soi,-même comme un autre* (Paris : Seuil. 1990).

L. Wittgenstein, *Philosophical Investigation*, Trans. by G. E. M. Anscombe (N.Y. : Macmillan, 1958).

D. W. Hamlyn, *Metaphysics* (Cambridge University Press, 1984), 번역본은 『형이상학』, 장영란 옮김(서울 : 서광사, 2000).

P. F. Strawson, *Individuals* (London : Methuen & Co Ltd, 1959).

Aristotle, *Nicomachean Ethics*, in The Basic Works of Aristotles, ed, R. Mckeon, Random House.

Kant, *Critique de la raison pure*, ed. A. Tremesaygues et B. Pacaud (Paris : PUF, 1994), 번역본은 『순수이성비판』, 최재희 옮김(서울 : 박영사, 2001).

F. 카울바하, 『칸트, 비판철학의 형성 과정과 체계』, 백종현 옮김 (서울 : 서광사, 1992).

G. E. M. Anscombe, *Intention* (Oxford Basil Blackwell, 1979).

G. H. 폰 리히트, 『설명과 이해』, 배철영 옮김(서울 : 서광사, 1994).

텍스트 해석에서 주관주의와 객관주의에 대한 비판적 고찰
— 폴 리쾨르의 해석 이론을 중심으로

양 황 승

1. 들어가는 말

텍스트란 무엇인가? 우리가 이해하는 텍스트란 "이해를 기반으로 한 해석의 대상"으로서 문학 작품이나 예술 작품 그리고 역사적 기념비와 같은 다양한 범위를 포괄한다. 우리가 여기에서 리쾨르의 해석 이론과 관련하여 다루게 될 텍스트는 고전, 성서, 문학 작품, 그리고 역사와 같은 "글로 고정된 담론"으로서의 텍스트로 규정된다. 우리는 이러한 텍스트들을 독서를 통해 만나게 된다. 독서를 통해 텍스트와 마주하게 될 때 우리는 텍스트를 어떻게 이해하는가, 더 나아가 어떻게 이해해야 하는가? 저자의 입장에서 저자의 의도를 중심으로 텍스트를 이해해야 하는가, 아니면 수용자의 입장에서 독자 중심으로 텍스트를 이해해야 하는가? 이러한 문제는 현대의 문학 이론에서 중요한 문제로 다루어지고 있다. 리쾨르는 이 두 입장이 모두 한계가 있다고 보고, 그의 텍스트 해석 이론을 통해 이 두 입장을 종합하는 데 의미를 둔다.

리쾨르의 텍스트 해석 이론은 해석학의 전통의 연장선상에서 등장한다. 리쾨르가 해석학의 전통을 바라보는 시각은 그가 해석학의 역사에서 제1, 제2의 코페르니쿠스적인 전환이라 부르고 있는 두 차례의 대전환에 잘 나타나 있다. 제1의 전환점에 슐라이어마허와 딜타이가 위치해 있고, 제2의 전환점에 하이데거와 가다머가 위치해 있다. 제1의 전환은 해석학이 특수 해석학(regional hermeneutics)에서 보편 해석학(general hermeneutics)으로 방향을 전환한 것을 의미하며, 제2의 전환은 해석학이 인식론에서 존재론으로 방향을 전환한 것을 의미한다.

우리는 이러한 해석학의 전통에 대해 리쾨르가 내리고 있는 평가와 비판, 그리고 리쾨르가 그것들을 수용 발전시켜나가는 내용들을 고찰할 것이다. 그런 다음 우리는 리쾨르의 해석 이론의 토대가 되는 그의 언어 이론을 살피고, 그의 해석 이론의 중요한 요소가 되는 몇몇 해석학적 개념들에 대한 논의를 통해 텍스트 해석의 주관주의적 입장과 객관주의적 입장에 대한 비판적 고찰을 하게 될 것이다. 그리고 마지막으로 리쾨르의 해석 이론의 현재적 의의에 대해 언급하고자 한다.

2. 텍스트 해석의 두 입장

우리가 텍스트를 이해하는 방법에는 어떤 것들이 있는가? 이미 앞에서 언급한 대로 우리가 텍스트를 이해하는 방법에는 크게 두 가지 흐름이 있다. 하나는 슐라이어마허, 딜타이, 베티로 이어지는 객관주의적 흐름이고, 다른 하나는 하이데거에서 가다머로 이어지는 주관주의적 흐름이다.[1] 텍스트 해석에서 객관주의적 입장은 저자에 중심을 두고 저자에 의해 의도되는 의미, 즉 저자의 정신을 이해하고자 하며, 주관주의적 입장은 독자에 중심을 두고 수용자의 측면에서 텍스트를 해석한다. 지금부터 텍스트 해석의 주된 두 흐름인 객관주의적 텍스트 해석과 주관주의적 텍스트 해석에 대해 살펴보자.

1) 객관주의적 텍스트 해석의 흐름

(1) 낭만주의 해석학

현대 해석학의 역사를 지배했던 해석학의 주된 관심사는 모든 특수 해석학들을 하나의 보편 해석학에 포함시키는 것이었다. 그

---

1) Paul Ricoeur, 'The task of hermeneutics', *Hermeneutics and the Human Sciences*, ed. & trans. John B. Thompson, Cambridge University Press, Cambridge, 1981, pp.43-62(이하 TH로 약칭함). 리쾨르는 이 논문에서 텍스트 해석학의 전통에 대해 검토하고 있다. 이 논문에서 리쾨르는 텍스트 해석학의 전통에서의 두 번의 코페르니쿠스적인 대전환에 대해 해명한다. 리쾨르의 구분에 따르면 슐라이어마허와 딜타이는 텍스트 해석학에서 인식론적 입장에 위치하고, 하이데거와 가다머는 존재론적인 입장에 위치해 있다. 슐라이어마허와 딜타이는 텍스트에 대한 해석을 통해 저자의 의도와 정신적인 삶에 대해 이해하고자 했으며, 또한 이러한 해석을 위한 보편적인 규칙들을 세우고자 했다. 그리고 하이데거와 가다머는 저자의 의도나 저자의 정신적인 삶에 대한 이해보다는 저자나 해석자의 존재론적 조건에 대해 더 많은 관심을 갖는다. 하이데거의 현존재에 대한 분석이나 가다머의 작용 영향사 의식은 둘 다 텍스트를 대하는 독자의 주관적인 조건에 대한 고찰이라 말할 수 있겠다. 그런데 리쾨르와는 달리 해석학의 전통에서는 슐라이어마허, 딜타이, 베티로 이어지는 해석학을 객관주의적 해석학으로, 그리고 하이데거, 가다머로 이어지는 해석학을 주관주의적 해석학으로 구분하고 있다. 동일한 대상에 대한 이러한 이중적인 구분 때문에 필자는 불가피하게 본 논문에서 "객관주의적 / 주관주의적"이란 수식어를 "인식론적 / 존재론적"이란 수식어와 함께 사용하고 있다. 하지만 필자가 "객관주의적 / 주관주의적"이란 용어를 "인식론적 / 존재론적"이란 용어와 병행해 사용하고 있다고 해서 그것이 곧 "객관주의=인식론 / 주관주의=존재론"을 의미하지는 않는다는 점을 밝혀둔다.

래서 해석학의 비특수화(deregionalization) 운동은 여러 텍스트들에 참여하는 각각의 해석 활동으로부터 일반적인 문제를 찾아내려고 하는 노력과 더불어 시작된다. 슐라이어마허는 특수 해석학의 전통적인 해석 형식들이 불충분하다는 것을 인식하고 해석학을 "보편적 방법으로서의 학문"으로 정초하고자 했다. 슐라이어마허 이전에 그리스·라틴어 텍스트들과 같은 고전 텍스트들을 위한 문헌학(philology)이 있었고, 신구약과 같은 성서 텍스트들을 위한 주석학(exegesis)이 있었다. 슐라이어마허는 그 이전에 있었던 해석학의 두 영역인 문헌학과 주석학에 사용된 해석의 특수한 규칙들을 이해에 관한 일반적 규칙으로 발전시킴으로써 해석학을 철학 일반의 "이해의 기술론(Kunstlehre des Verstehens)"으로 확장시켰다.2) 리쾨르는 특수 해석학을 보편 해석학으로 확장시킨 슐라이어마허의 이러한 공헌을 해석학에서 '제1의 코페르니쿠스적 전환'3)이라 평가한다.

슐라이어마허의 해석학은 이중적인 특성을 지니고 있다. 그것은 낭만주의적 성격과 비판주의적 성격이다. 슐라이어마허의 해석학은 작품의 창작 과정과 해석자의 생동적인 관계를 중시한다는 점에서 낭만주의적이며, 이해의 보편타당한 규칙들을 산출해내려고 한다는 점에서 비판주의적이다.4) 낭만주의 해석학은 '저자가 그 자신을 이해하는 것보다 저자를 더 잘 이해한다'5)는 명제로 표현되며, 비판주의적 해석학은 '오해가 있는 곳에 해석학이 있다'6)

---

2) Richard E. Palmer, *Hermeneutics*, Northwestern University Press, Evanston, 1969, p.84, 86.

3) Ricoeur, TH, p.54.

4) Ibid., p.46.

5) F. Schleiermacher, *Hermeneutik und Kritik*, Sämmtliche Werke, VII, hrsq. F. Lucke, Berlin, 1938, pp.15-16.

6) F. Schleiermacher, *Hermeneutik*, hrsq. H. Kimmerle Heidelberg, 1959, p.56.

는 명제로 표현된다.

슐라이어마허의 해석학은 문법적(grammatische) 해석과 기술적(technische) 해석의 두 차원에서 진행된다. 문법적 해석은 언어와 관련하여, 즉 문장들의 구조와 작품 속의 상호 작용하는 부분들을 통해서 이루어지며, 객관적이고 일반적인 법칙들에 의거하여 진술을 배열함으로써 진행된다. 반면에 기술적 해석은 주관적이고 개별적인 것에 초점을 맞춘다. 문법적 해석은 일정 문화 속에 존재하는 공통적인 담론에 기초를 두고 있으며, 기술적 해석은 저자의 메시지라는 개별성, 즉 천재성에 정위하고 있다. 해석의 진정한 구상은 이 기술적 해석의 형태 속에서 성취된다. 문법적 해석에서 언어는 부분과 전체라는 해석학적 순환 구조를 밝히는 도구가 되지만,[7] 기술적 해석에서 언어는 개별성에 기여하는 도구가 된다.[8] 이 기술적 해석이 후기에는 심리적(psychologische) 해석으로 바뀐다.

슐라이어마허의 후기 해석학인 심리적 해석은 예감적(divinatorische) 방법과 비교적(komparative) 방법으로 나눠진다. 예감적 방법이란 다른 사람의 개성을 직접 파악하기 위하여 스스로를 타자 속으로 투영하는 것이다.[9] 해석의 이러한 계기를 통하여 독자는 자신을 저자의 정신 속으로 전치 시키게 되며, 저자의 정신 과정을 직접적으로 파악할 수 있게 된다. 비교적 방법이란 부분들을 서로 비교하여 추론하는 이해 방식으로 언어적 해석을 말한다. 슐라이어마허가 이런 두 가지 해석 형태를 주장하는 것은 공통 언어만을 고려하는 것은 곧 저자를 망각하는 것이 되고, 저자 한 개인을 이해하는 것은 곧 그의 언어를 망각하는 것이 되기 때문이다.

---

7) Palmer, Ibid., p.90.

8) Ricoeur, TH, p.46.

9) Palmer, Ibid., p.90.

리쾨르는 슐라이어마허 해석학에서 첫 번째 대립 항인 문법적 해석과 기술적 해석에 두 번째 대립 항인 예감적 해석과 비교적 해석이 중첩되기 때문에 이 두 해석학 중 어느 것 하나를 선택하는 데 어려움이 있을 뿐 아니라, 대립 항 각각의 해석 형태 사이의 관계 문제를 난제(Aporia)로 지적한다.10) 리쾨르는 슐라이어마허의 해석학에서의 이런 난제가 슐라이어마허의 해석학이 저자의 의도와 텍스트의 의미 사이의 소격화(distanciation)를 간과하는 데서 비롯된다고 비판하면서 그의 텍스트 해석 이론에 의해 이 난제를 극복하려 한다. 즉, 저자의 주관성에 대한 작품의 관계를 명료화하고, 해석의 강조점을 숨겨진 주관성에 대한 탐구로부터 작품 자체의 의미(Sinn / 문자적 의미)와 지시체(Bedeutung / 지시적 의미)의 관계로 옮겨놓음으로써 이 난제를 극복하려 한다.11)

(2) 역사주의 해석학

딜타이는 해석학의 문제를 역사의 영역으로 확대함으로써 슐라이어마허에 의해 시도된 해석학의 비특수화를 수행한다. 딜타이는 해석학을 정신과학(Geisteswissenschaften)을 정초하기 위한 보편적인 역사 인식론으로 정립하고자 했다. 딜타이의 목적은 '내면적 삶의 표현들'에 대해 '객관적으로 타당한' 해석을 하기 위한 방법들을 발전시키는 것이었다.

딜타이는 인간은 오직 인간만을 이해할 수 있다고 말한다. 딜타이에게 자연은 진리나 사실을 드러내주기는 하지만 그것은 이해가 아닌 설명의 대상이었다. 이해가 적용되는 유일한 영역은 정신과학이었다. 자연과학과 정신과학이라는 학문의 구분이 등장하면서 "설명"과 "이해"라는 상이한 학문의 방법이 등장하게 된다. 딜

---

10) Ricoeur, TH, p.46.

11) Ibid., p.47.

타이는 자연과학의 방법론과 같이 정신과학에도 객관적으로 타당한 방법론과 인식론을 정립하는 것을 그의 철학의 과제로 삼았다. 정신과학과 자연과학의 본질적인 차이는 지각된 대상이 이해되는 맥락에 있다. 자연과학은 인간적 체험과의 연관이 없이 인간과 다른 현상만을 이해하고 알 수 있을 뿐이다. 반면에 정신과학은 인간의 내적 삶과 연관이 있으며, 자신을 타자의 정신적인 삶으로 옮길 수 있는 근본적인 힘을 전제하고 있다. 자연과학은 설명 심리학(erklärende Psychologie)에 따라 형식 논리로 인과 연관을 설명하고, 정신과학은 기술심리학(beschreibende Psychologie)에 따라 해석학적 순환 구조에 의해 의미 구조 연관을 이해하려 한다. 딜타이에게서 자연적인 것과 정신적인 것의 차이는 '설명(Erklären)'과 '이해(Verstehen)'의 차이다.[12]

딜타이는 체험(Erleben), 표현(Ausdruck) 그리고 이해(Verstehen)의 순환론(Zirkel)을 그의 정신과학의 방법론적 기초로 삼고 있다. 딜타이는 그의 인식론의 출발점을 의식의 사실(die Tatsachen des Bewußtseins)에 두었다. 의식의 사실이란 의식의 조건 하에 주어지는 모든 것을 말한다. 우리의 의식에는 외적 대상뿐만 아니라 슬픔이나 고통과 같은 내적 대상도 포함된다. 딜타이는 이러한 의식의 사실만이 진정한 철학의 기초 역할을 할 수 있다고 보았다.

딜타이에게서 체험은 의식의 주체와 의식의 내용이 분리되기 전의 근원적으로 하나인 직접적인 소여로서 삶의 한 부분이자 동시에 그 자체로 확실한 것이다.[13] 이러한 체험은 자연과학의 방법론에서처럼 '분석'되어 '설명'될 수 있는 것이 아니라, 정신적인 것으로서 '기술'되고 '이해'되는 것이다.[14] 이러한 체험은 의식 속에

---

12) Ibid., p.49.

13) Wilhelm Dilthey, *Gesammelte Schriften*, VII, p.26f(이하 GS로 약칭함).

14) Dilthey, G.S., V, p.139ff.

서 발생하는 구조적인 통일체로서 이전의 체험 속에 포함된 계기들과 구조적으로 결합되면서 전체와 관계를 갖는다. 이러한 '체험'을 이해하기 위해서는 필연적으로 중간 매개가 필요한데 딜타이는 그 중간 매개를 '표현'으로 보았다. 우리의 삶은 부단한 흐름이지만 표현에 의해 구체화되고 고정된다. 인간의 정신 세계는 삶의 객관화인 표현을 매개로 하여 체험과 이해 속에서 우리에게 나타난다. 딜타이에게서 '이해'란 한 사람의 정신이 다른 사람의 정신을 파악하는 작용을 말한다. 이해는 생동적인 인간의 체험을 파악하기 위한 정신적 과정으로, 삶 자체와 접촉할 수 있는 가장 좋은 방법이 된다. 이해란 단순한 사고 행위가 아니라 타자의 세계 체험으로의 전위를 통한 추후 체험(Nacherleben)이다.15)

딜타이의 해석학은 이해에서 해석으로 나아간다. 이해란 일차적으로 자신을 타자 속으로 감정 이입시키는 행위와 관련되며, 해석이란 문서(작품)에 의해 고정된 삶의 표현을 이해하는 특수한 의미와 연관된다. 여기서 해석학은 보충 영역을 첨가해 해석적 심리학을 완성하며, 이 해석적 심리학은 해석학을 심리학적인 방향으로 돌린다. 딜타이는 삶(das Leben)이란 기호와 작품이라는 의미 세계의 매개를 거쳐야만 해석될 수 있으며, 또한 심리학적으로 해석될 수 있다고 보았다.

이러한 딜타이의 해석학은 여전히 슐라이어마허의 심리주의적 차원에 머물고 있음을 알 수 있다.16) 리쾨르는 딜타이의 해석학이 텍스트에 대한 이해를 텍스트 속에서 자신을 표현하는 타자 이해의 규칙에 종속시키는 심리주의적 난관에 봉착하고 있다고 비판한다. 즉, 딜타이의 해석학은 텍스트의 사실이 아니라 저자의 의도를 밝히려 하며, 딜타이의 해석학에서 해석의 대상은 텍스트의 의

---

15) Dilthey, G.S., Ⅶ, p.214.
16) Ricoeur, TH, p.51.

미와 준거로부터 떨어져 나가 텍스트 속에서 표현되는 생동적인 체험으로 나아가고 있다는 것이다. 딜타이에게서 텍스트는 그 자체로서가 아니라 저자의 의도를 충실히 반영해서 저자와 독자 사이를 매개하는 데 의미가 있다. 그러나 리쾨르는 텍스트의 의미를 저자나 저자가 텍스트를 생산해낸 사회적 역사적 상황으로부터 독립된 것으로 본다. 저자 개념이란 단순히 텍스트의 문제로서만 나타나기에 리쾨르는 저자의 문제를 부차적인 것으로 보았다. 리쾨르는 딜타이 해석학에서의 갈등을 해결하기 위해 '텍스트는 그것의 저자를 향해서가 아니라 그것의 내재적인 의미와 그것이 열고 드러내는 세계를 향해서 전개되어야 한다'[17]고 주장한다. 왜냐하면 우리가 텍스트에서 만나게 되는 것은 저자의 의도가 아니라 텍스트가 펼치고 있는 텍스트의 세계며, 또한 씌어진 담론에서는 텍스트의 의미론적 자율성 때문에 '진술자의 의미'와 '진술된 의미'가 더 이상 일치하지 않기 때문이다.

2) 주관주의적 텍스트 해석의 흐름

(1) 존재론적 해석학

딜타이 이후 해석학은 딜타이의 정신과학의 인식론을 완성하는 방향으로 나아가지 않고 그것을 검토하는 방향으로 나아갔다. 하이데거와 하이데거의 뒤를 이은 가다머가 본질적인 문제로 삼았던 것은 인식론으로 이해되고 있던 해석학의 전제였다. 이처럼 하이데거와 가다머에 의해 해석학의 인식론적 전제가 문제시됨으로써 해석학적 논의는 인식론으로부터 존재론으로 이행되었다. 이것을 리쾨르는 해석학에서 '제2의 코페르니쿠스적 전환'이라 부른다.

---

17) Ibid., p.53.

현대 해석학은 하이데거에 의해 새로운 전환이 이루어진다. 하이데거는 딜타이가 제기했던 해석학적 물음인 '우리가 어떻게 이해하는가?'라는 인식론적 방법의 물음 대신 '이해 속에서만 존재하는 존재의 존재 방식이 무엇인가?'라는 '기초존재론(Fundamentalontologie)'의 물음을 제기했다. 리쾨르는 하이데거의 존재론적 해석학의 특징을 다음과 같이 네 가지 관점에서 설명한다.[18] 그리고 이러한 하이데거의 존재론적 진리로부터 방법론적인 결론을 이끌어내고자 한다.

첫째, 『존재와 시간』의 서문에서 하이데거는 인식론적인 물음을 존재 물음(Seinsfrage)[19]으로 대체한다. 하이데거는 지금까지 철학의 역사가 잊고 있었던 존재 물음을 현존재(Dasein)를 통해 묻기 시작한다. 여기서 하이데거가 존재 이해의 실마리로 분석하고자 하는 현존재는 대상을 정립하는 인식론적 주관이 아니라, '존재 내의 존재자'다. 그리고 현존재는 존재 물음이 일어나는 곳, 즉 '현시(顯示)의 장소'를 나타낸다. 현존재는 존재에 대한 존재론적 선이해를 가지고 있는 존재자로서 실존 분석에 의해 드러난다. 현존재에 대한 존재론적 분석을 하이데거는 '기초존재론'이라 부르는데, 이 기초존재론을 통해 하이데거는 현존재의 근본 구조가 세계-내-존재(In-der-Welt-sein)며, 세계는 현존재와 관련해서 이해될 수 있다[20]는 사실을 밝히고 있다. 하이데거의 존재론적 해석학은 '존재의 근본 구조와 관련한 존재자들에 대한 해석론'이라 말할 수 있다. 하이데거에게서 해석학이란 딜타이에게서처럼 인문과학에 대한 반성이 아니라 인문과학이 구성되는 존재론적인 근거에 대한 해석이다. 리쾨르에 따르면 하이데거의 존재론적인 해

---

18) Ibid., pp.54-59.
19) Martin Heidegger, *Sein und Zeit*, Tübingen, 1967, pp.2-5(이하 SZ로 약칭함). Emerich Coreth, *Grundfragen der Hermeneutik*, Freiburg, 1969, p.167.
20) Heidegger, SZ, p.53.

석학은 딜타이 정신과학의 방법론의 뿌리가 된다.

둘째, 딜타이는 타자의 문제를 이해의 문제와 연결시켰다. 말하자면 우리가 어떻게 타자의 마음에 접근할 수 있는가 하는 문제인데, 이것은 심리학으로부터 역사학에 이르는 모든 인문과학을 지배한 문제였다. 그러나 하이데거는 딜타이와는 달리 이해의 문제를 타자와의 상호 소통의 문제로부터 전적으로 분리시키고, 세계와의 존재 관계 속에서 해명하고자 한다. 그것은 하이데거가 이해란 엄밀한 의미에서 존재 내의 내 자신의 위치에 대한 근본적인 이해 속에 함축되어 있다고 보았기 때문이다. 하이데거는 나 자신은 물론 타자도 어떤 자연적 현상으로 존재할 수 있는 것 이상으로 나에게 알려지지 않는다고 말한다. 그뿐만 아니라 하이데거는 비본래성(Uneigentlichkeit)이 지배하는 영역이 각 개인과 모든 타자와의 관계성 속에 있음을 지적했다. 이런 이유 때문에 하이데거는 이해의 존재론을 우리의 주관성을 복제할 수 있는 타자와 함께 있는 '공-존재(Mitsein)'가 아닌 '세계-내-존재'로부터 시작함으로써 타자에 대한 물음 대신 세계에 대한 물음을 제기한다. 이와 같이 하이데거는 이해를 '세계화하면서' 이해를 '탈심리화(Entpsychologisierung)'한다. 하이데거에게서 이해란 인식의 방식이 아니라 현존재의 존재 방식이다. 이해는 자신이 실존하고 있는 생활 세계의 맥락 내에서 자신의 존재 가능성을 파악할 수 있는 능력이며, 세계-내-존재의 한 양태로서 모든 해석을 위한 기초다. 따라서 이해는 존재론적으로 근원적이며 모든 실존 행위에 선행한다.[21] 하이데거에게서 이해는 사실의 파악이 아닌 존재 가능성의 파악과 관계한다. 따라서 '텍스트를 이해한다'는 것은 그 속에 담겨진 '고정된 의미를 발견한다'는 뜻이 아니라, 텍스트에 의해 지시된 '존재 가능성을 밝혀낸다'는 의미다.

---

21) Palmer, Ibid., p.131.

셋째, 하이데거에 따르면 해석이란 무엇보다도 드러냄, 즉 이해의 전개다. 이 전개란 이해를 다른 어떤 것으로 변형시키지 않고 이해 자체가 드러나도록 한다.[22] 여기서 사실의 주석이 텍스트의 주석에 앞선다. 따라서 해석은 오직 존재론적 물음이 되며 인식론적 물음에의 귀환은 차단된다. 하이데거는 해석의 '로서-구조(Als-Struktur der Auslegung)'[23]와 '이해의 선-구조(Vor-Struktur des Verstehens)'[24]를 말한다. 이것은 현존재의 존재론적인 이해의 구조다. 하이데거는 이해의 존재론적 구조를 해석학적 순환(hermeneutischer Zirkel)으로 설명한다. 인식론적 관점에서는 해석학적 순환이 순환 논법이 된다. 그러나 하이데거는 선-이해라는 기초존재론적 개념을 통해 해석학적 순환을 존재론적 이해의 구조로 밝히고 있다. 따라서 선-이해를 인식론적 주관 객관의 범주에 넣으려 한다면 잘못이다. 하이데거가 말하는 이해의 세 가지 선-구조인 '선취(Vorhabe)', '선견(Vorsicht)', '선파악(Vorgriff)'은 인식론에 따르면 '선입견'이 되지만, 존재론에 따르면 '예기적 구조'가 된다.[25] 하이데거에게서 어떤 것에 대한 해석은 본질적으로 이해의 이 세 가지 선-구조를 통해 이루어진다.

넷째, 후기 하이데거의 해석학은 초기 사상의 기초 존재론적 차원에서 떠나 언어존재론으로 나아간다. 하이데거에 의하면 언어는 그 본질에서 인간의 표현이나 활동에 앞서 받아들여야 할 대상이다. 하이데거에게서 언어는 인간 현존재의 표현이나 표상이 아니라 존재의 현현(顯現)이다. 따라서 우리는 존재가 말하는 것을 들어야 한다. 존재의 소리인 언어 속에서 존재 자체가 개시되기에

---

22) Heidegger, SZ, p.148.
23) Ibid., p.149.
24) Ibid., p.150.
25) Ibid., p.153.

인간은 다만 들어야 한다는 것이다. 듣는 것은 이해하는 것이다. 이러한 들음의 우선성은 언어와 세계, 언어와 타자에 관한 근본적인 관련성을 말해주고 있다. 인간이 표현하거나 말하는 것이 아니라 언어 자체가 말하며, 언어 속에서 존재 자체가 드러난다고 하는 후기 하이데거의 언어 사상은 현대 해석학에서 이해의 본질을 인간으로부터 텍스트로 옮기는 존재론적인 전향을 수행하고 있다. 따라서 이제 이해의 문제는 저자나 작가의 의도를 분석하거나 설명하는 것으로부터 텍스트 자체가 독립적으로 말하는 텍스트의 사실과의 대화로 나아가게 된다.

리쾨르는 하이데거가 해석학을 인식론에서 존재론으로 전향시킨 것을 긍정적으로 평가하면서도 하이데거 해석학에서 풀리지 않는 난제를 지적한다. '어떻게 인식 비판 일반에 대한 물음이 철학적 해석학의 테두리 내에서 설명될 수 있는가?'[26] 리쾨르는 이런 난관은 하이데거가 인식론적인 고려 없이 곧바로 존재론적 사고에 뛰어든 데 그 원인이 있다고 보고 그의 해석 이론을 통해 해석의 인식론과 이해의 존재론을 연결시키고자 한다.

(2) 영향사적 해석학

가다머는 하이데거 해석학에서 풀리지 않는 난제인 "존재론과 인식론의 단절"을 그의 주저인 『진리와 방법』에서 해석학적 철학의 중심 과제로 삼고 있다. 리쾨르는 가다머가 『진리와 방법』에서 전개하고 있는 해석학적 철학의 중심 논의를 다음의 세 가지로 요약한다.[27]

첫째, 가다머는 소격화(Verfremdung)[28]와 귀속성(Zugehörigkeit)

---

26) Ricoeur, TH, p.59.
27) Ibid., pp.59–62.
28) Hans-Georg Gadamer, *Wahrheit und Methode : Grundzüge einer philoso-*

사이의 논의를 해석학적 경험이 나눠지는 세 영역, 즉 미적 영역, 역사적 영역, 언어적 영역에서 전개한다. 미적 영역에서 대상에 의해 주도되는 존재 체험은 주관적 판단에 선행하며 주관적 판단을 가능케 한다. 역사적 영역에서 이전의 전통에 의해 영향을 받고 있는 존재 의식은 역사과학과 사회과학의 영역에서의 역사적 방법론의 시행을 가능케 한다. 언어적 영역에서 모든 해석이 언어를 매개로 수행된다는 사실은 언어를 도구로 취급하는 과학적 입장과 객관적 기술이 우리 문화의 텍스트 구조를 지배한다는 모든 주장에 앞선다. 리쾨르는 이와 같이 "소격화와 귀속성"과 관련된 동일한 주제가 『진리와 방법』의 세 부분을 통하여 전개되고 있음을 밝히고 있다.

둘째, 가다머는 '작용 영향사 의식(wirkungsgeschichtliches Bewußtsein)'[29])에 대해 기술한다. 가다머는 우리가 항상 역사 속에 존재하기에 지난 과거를 우리의 인식의 대상으로 삼을 수 없다고 말한다. 즉, 우리의 의식은 실제적인 역사적 생성에 의해 결정되기 때문에 우리의 의식에는 과거를 대면할 만한 자유로운 위치가 없다는 것이다. 영향사 의식은 역사적 현상 자체의 부분이요, 우리가 이미 그 속에 들어 있는 존재의 차원이기 때문에 객관화가 불가능하다. 우리에게는 모든 영향을 한눈에 통찰할 수 있는 개관이 없으며 오로지 영향사적 지평만이 있게 된다. 가다머의 영향사 의식은 이해해야 할 전승을 마주 대하고 있는 해석학적 상황 의식[30])으로 그것은 우리의 행위와 사고가 역사적 전승과 그것의 영향에 귀속된다는 사실에 대한 인식이다.[31])

phischen Hermeneutik, Tübingen, 1975, p.11, 80, 156, 364(이하 WM으로 약칭함).

29) Ibid., p.283, 323, 328, 343, 366, 432, 448.

30) Gadamer, WM, p.285.

31) Ibid., p.323.

리쾨르는 가다머가 그의 작용 영향사 개념을 논할 때 전통에 대한 귀속성만을 강조하는 입장에 서 있다고 비판한다. 엄연히 존재하는 전통에 대한 소격화를 등한시하고 귀속성만을 강조한 나머지 가다머는 정신과학에 대한 접근을 할 때 존재론적 측면에서만 접근을 하고 인식론적 측면에서의 접근을 배제했다는 것이다. 리쾨르는 귀속성과 함께 소격화를 동등하게 강조한다. 리쾨르에게 소격화는 텍스트를 인식론적 대상으로 보게 만드는 중요한 계기가 되기 때문이다. 리쾨르는 영향사는 역사적인 간격의 상황 하에서 일어나며, 영향사 의식 또한 그 자체 내에 간격의 요소를 지니고 있다고 주장한다. 그뿐만 아니라 가다머가 말하는 영향사 의식은 역사적 탐구에 대한 방법론으로는 부적합하고, 오히려 이러한 방법론에 대한 반성적 의식에 속한다고 밝히고 있다.

셋째, 가다머는 언어성(Sprachlichkeit) 개념을 해석학의 보편성을 위한 매개로 본다. 언어는 이해가 수행되는 해석학적 경험의 보편적 매체다.[32] 모든 이해는 해석이고 모든 해석은 언어를 매개로 펼쳐진다. 언어는 세계 안의 존재의 근본적인 실현 방식이고 세계 구성의 포괄적 양식이다. 가다머는 인간의 해석학적 경험의 보편성은 언어에서 확보된다고 보았다. 이 언어성이 문서성(Schriftlichkeit)이 될 때 언어를 통한 성찰은 텍스트를 통한 성찰이 된다. 우리에게 소격화와 의사 소통을 가능케 해주는 것은 저자에게도 독자에게도 속하지 않은 텍스트의 사실(Sache des Textes)이다. 여기서의 해석학적 경험은 텍스트를 통해 말하는 전승의 언어를 경청하는 것이다. 해석자는 텍스트 앞에서 지배하고자 하는 태도 대신에 기대하는 개방적 태도가 요구된다. 가다머는 텍스트 앞에서 텍스트의 의미와의 이러한 대화적인 만남을 통해 해석학적 경험이 가능한 것으로 보았다.

리쾨르는 가다머가 제시하는 '텍스트의 사실' 개념을 그의 텍스

---

32) Ibid., p.361, 366.

트 해석 이론의 출발점으로 삼고 있다. 리쾨르는 언어나 텍스트를 매개로 하지 않고는 존재 이해가 불가능하다고 보고, 방법론적 모델로서 그의 해석 이론을 제시한다.

3. 텍스트 해석의 주관주의와 객관주의에 대한 비판 및 보완

리쾨르는 그의 저서 『해석 이론(*Interpretation Theory*)』[33]에서 텍스트 해석의 객관주의와 주관주의에 대해 구체적으로 다루고 있다. 지금부터의 논의는 리쾨르가 그의 "해석 이론"에서 중요하게 다루고 있는 몇몇 해석학적 개념들, 즉 말하기와 글 쓰기, 텍스트의 범주, 소격화와 친숙화 그리고 해석의 방법 등을 중심으로 이루어질 것이다. 논의에 들어가기에 앞서 먼저 리쾨르의 해석 이론의 토대를 이루고 있는 그의 언어 이론을 살펴보도록 하자.

1) 리쾨르의 언어 이론

리쾨르의 언어 이론은 현대의 구조주의 언어학과의 대화 속에서 발전했다. 우리는 리쾨르의 언어 이론을 '담론(discourse)', '랑그(langue)와 파롤(parole)', '의미론(Semantics)과 기호론(Semiotics)'에 대한 그의 이해를 중심으로 고찰할 것이다. 먼저 담론에 대한 리쾨르의 이해를 살펴보자. 담론으로서의 언어에 대한 논의는 이미 고대부터 이루어졌다. 플라톤은 그의 저서 『크라틸루스(*Cratylus*)』에서 언어의 로고스는 적어도 하나의 명사와 하나의 동사를 필요로

---

33) Paul Ricoeur, *Interpretation Theory*, The Texas Christian University Press, 1976(이하 IT로 약칭함).

하며, 이들 두 단어가 상호 얽힘으로써 언어와 사고의 최초의 단위를 구성하기 때문에 이런 단위만이 진리성에 대한 주장을 제기할 수 있다고 했다. 아리스토텔레스 또한 그의 저서『해석에 관하여(*On Interpretation*)』에서 하나의 명사는 하나의 의미를 가지며, 하나의 동사는 그 자신의 의미에 더하여 시간적인 함의를 가진다. 그리고 이들 양자의 결합만이 로고스라 불릴 수 있는 서술적 고리, 즉 담론을 낳는다고 했다. 이처럼 담론은 기본적으로 하나의 명사와 동사를 필요로 한다. 그리고 참과 거짓은 명사와 동사의 결합으로부터 나오는 담론의 효과라 말할 수 있다. 담론으로서의 언어에 대한 논의는 현대에 와서 그것과 상반되는 개념인 구조로서의 언어와 대비를 이루면서 더욱더 중요한 문제가 되었다.

리쾨르는 텍스트를 '기록에 의해 고정된 담론(담화. discourse fixed by writing)'이라 정의한다.[34] 그리고 담론은 기본적으로 주관-객관의 구조를 가지고 있음을 밝힌다. 하나는 '사건(event)과 의미(meaning)'의 구조이고, 다른 하나는 '의미(sense)와 지시체(reference)'의 구조다. 담론이 사건으로 실현될 때 그것은 의미로서 이해된다.[35] 그리고 사건은 일시적인 것으로 사라져도 그것의 의미는 지속적이다. '의미(sense / Sinn)'와 '지시체(reference / Bedeutung)'[36]

---

34) Paul Ricoeur, 'What is a text?' in *Hermeneutics and the Human Sciences*, edited & translated by John B. Thompson, Cambridge University Press, 1981, p.146(이하 WT로 약칭함).

35) Ricoeur, IT, p.12.

36) G. Frege, "On Sense and Reference", trans. Max Black, in *Translations from the philosophical Writings of Gottlob Frege*, Peter Geach and Max Black(eds.), Oxford : Basil Blackwell, 1970, pp.56-78. Frege는 그의 논문 "Über Sinn und Bedeutung"에서 '의미'와 '지시'의 문제를 다루었다. 프레게는 문장의 진리치 판별 기준을 세우기 위해 말이 지닌 의미와 말이 가리키는 대상 자체의 의미를 구별해야 한다고 주장한다. 즉, 프레게는 언어와 실재(reality) 간의 문제를 다루었다. 리쾨르는 프레게의 이 이론을 그의 텍스트 해석 이론에 이용하여, 텍스트의 '의미(sense)'와 텍스트의 '지시체(reference)'를 구별한다. 리쾨르는 '담

에서 의미는 담론의 내용(what)을, 지시체는 담론의 지시 연관(about what)을 가리킨다. 담론의 의미는 대화 안에서 객관적이고 내재적으로 머무나, 지시체는 의미가 지시하는 어떤 것으로서 의미를 넘어서 의미 밖에 있다. 그리고 지시체는 의미 파악과는 독립적으로 주어지나, 의미 안의 단서를 통해서만 위치가 정해질 수 있다. 리쾨르의 이러한 '의미'와 '지시체'의 변증법은 먼저 담론의 의미 구조를 해명하는 데 치중한 나머지 담론의 지시 측면이나 일상적 현실 너머의 존재론적 세계의 정립을 간과하고 있는 구조주의를 보완해주며, 저자나 화자의 의도를 재구성하려는 낭만주의적 주관주의를 극복하게 한다.[37] 다시 말해 리쾨르는 낭만주의에 대해서는 '작품 구조를 통한 객관화'를 강조하고, 구조주의에 대해서는 '작품을 통한 존재론적 세계의 정립'을 강조한다. 그러면서 리쾨르는 모든 심리학화된 해석학의 가정들은 담론 속에서 이루어지는 사건(event)과 의미(meaning)의 변증법과, 의미(meaning) 자체에서 이루어지는 의미(sense)와 지시체(reference)의 변증법, 이 양자에 대한 이중적인 오해에서 비롯된 것이라고 지적한다.[38]

둘째, 랑그와 파롤에 관한 리쾨르의 입장을 살펴보자. 소쉬르는 그의 유명한 저작 『일반 언어학 강의』에서 랑그로서의 언어와 파롤로서의 언어를 구분하고 있다. 그런데 리쾨르는 소쉬르의 이러한 언어 구분이 현대 언어학 형성에 많은 영향을 미쳤을 뿐만 아니라 담론으로서의 언어에 대한 논의를 후퇴시켰다고 말한다.[39] 즉, 소쉬르에 의해 이루어진 이분법적 구조주의 모델이 언어학의 범위를 넘어 확장되고 구조주의의 언어학적 모델을 이론적으로

론의 지시체'를 '텍스트의 세계'라 말한다.

37) Paul Ricoeur, 'Philosophische und theologische Hermeneutik', in *Evangelische Theologie*, Sonderheft, München, 1974, pp.31-32(이하 PTH로 약칭함).

38) Ricoeur, IT, p.23.

39) Ibid., p.2.

체계화하면서 담론에 대한 쇠퇴가 더욱 가속화되었다는 것이다. 원래 구조주의 모델은 문장보다 더 작은 단위들, 어휘 체계의 기호들, 어휘 체계의 의미 있는 단위들이 합성되는 음운론적 체계들의 불연속적인 단위들과 관련된 것이었다. 그러나 구조주의자들과 러시아의 형식주의자들이 이런 구조주의 모델을 문장보다 더 큰 언어학적 실체에 적용함으로써 구조주의의 결정적인 확장이 이루어졌다.

리쾨르는 기호들의 체계를 닫혀 있는 체계로 보는 구조주의를 비판한다. 왜냐 하면 구조주의에서는 언어가 그 자신의 세계 속에서 체계의 구성 요소인 대립과 차이의 상호 작용에 힘입어 각 항목이 같은 체계 내의 다른 항목을 가리킬 뿐, 더 이상 정신과 사물을 매개하지 않기 때문이다. 한마디로 구조주의는 언어를 비트겐슈타인이 말하는 "삶의 형식"으로 간주하지 않고, 내적 관계들의 자족적인 체계로 간주한다는 것이다. 이런 극단적인 지점에 이르면 담론으로서의 언어는 더 이상 존재하지 않게 된다.

셋째, 의미론과 기호론에 대한 리쾨르의 입장을 살펴보자. 리쾨르는 기호가 언어의 기본 단위라는 구조주의의 일차원적 접근에 대하여 언어는 환원할 수 없는 두 가지 단위인 기호와 문장에 의존한다는 이차원적 접근을 대비시킨다. 그리고 전자의 입장을 기호론과, 후자의 입장을 의미론과 연결시킨다. 또한 리쾨르는 기호론과 의미론은 서로 구별될 뿐만 아니라 위계적인 질서를 반영하고 있다고 말한다. 즉, 의미론은 기호론에 비해 존재론적 우위를 갖는다. 왜냐 하면 기호론은 기호를 단순히 사실적 실재로만 다루지만 의미론은 담론의 의미 사건 속에서 체계의 사실성을 활성화시키기 때문이다.[40]

리쾨르에 의하면 기호론의 대상인 기호는 단지 가상적인 것에

---

40) Ibid., p.9.

불과하지만 문장은 말하기만큼이나 실제적이다. 그리고 문장은 좀더 크거나 복잡한 단어가 아니라 새로운 언어 단위다. 문장은 단어들로 분해될 수는 있지만 분해된 그 단어들은 짧은 문장이 아닌 다른 어떤 것이다. 따라서 문장은 그 부분들의 총합으로 환원될 수 없는 전체적인 그 무엇이다. 문장은 단어들로 이루어지지만 그렇다고 하여 문장이 바로 그 단어들로부터 나온 파생적인 기능을 갖지는 않는다. 따라서 음소(phoneme)에서 어휘소(lexeme)로, 어휘소에서 문장으로, 다시 문장에서 더 큰 언어 전체로 이어지는 단선적인 진행은 존재하지 않는다.

리쾨르는 언어학에서 프랑스의 산스크리트학자 에밀 뱅브니스트(Emile Benveniste)의 견해를 받아들인 것 같다. 뱅브니스트에 따르면 언어는 좀더 큰 전체로의 '통합(integration)'과 구성적인 부분들로의 '분해(dissociation)'라는 두 종류의 작용 가능성에 근거하고 있다.[41] 리쾨르는 여기서 의미는 첫 번째 작용에서 나오며, 형태는 두 번째 작용에서 나온다고 말한다. 그리고 기호들의 과학인 기호론은 언어를 구성 부분들로 분해하는 것에 의존한다는 점에서 형식적이며, 문장의 과학인 의미론은 언어의 통합적 과정으로 정의된다는 점에서 의미의 개념과 직접적으로 관련된다고 밝히고 있다. 리쾨르는 기호론과 의미론에 대한 이러한 구분이야말로 전체 언어 문제를 탐구하는 열쇠와도 같다고 주장한다.[42]

2) 말하기와 글 쓰기

말하기와 글 쓰기는 어떤 차이가 있는가? 리쾨르에 따르면 글 쓰기에서 일어나는 일은 잠재적 상태 속에 불완전하게 있던 무언

---

41) Ibid., p.7.
42) Ibid., p.8.

가가 온전히 드러나는 것이다. 즉, 글 쓰기에 의해서 사건으로부터 의미가 분리된다. 사건은 나타났다 사라지기 때문에 이를 글로 써서 고정시키는 일이 생긴다. 이때 우리가 고정시키고자 하는 것은 랑그로서의 언어가 아니라 담론이다. 우리가 기록에 의해 알파벳, 어휘, 문법을 고정시킬 때 이들 모두는 고정되어야 할 담론에 봉사한다. 이때 언어의 비시간적(atemporal) 체계는 발생하지 않는다. 고정시켜야 할 것은 오직 담론이다. "말하기(saying)"가 언표(enunciation)가 될 때, 담론은 담론으로 완성된다.[43]

화자와 청자와 관련하여 생각해볼 때, 의사 소통의 한쪽 끝에는 메시지와 화자의 관계가 있고, 다른 한쪽 끝에는 메시지와 청자의 관계가 있다. 이 두 관계의 극은 말로 맺어지는 직접적인 관계가 글 쓰기와 읽기라는 좀더 복잡한 관계로 대체될 때 근본적으로 변한다. 대화적 상황은 깨지고 쓰기-읽기 관계는 더 이상 말하기-듣기 관계의 특수한 경우가 아니다. 구어 담론에서는 화자가 대화의 상황 속에 있기 때문에 화자의 주관적인 지향성과 담론의 의미가 서로 일치하지만 씌어진 담론에서는 저자의 의도와 텍스트의 의미가 더 이상 일치하지 않는다. 그것은 씌어진 담론에서는 텍스트의 언어적 의미와 저자가 생각한 의도가 일치하지 않기 때문이다. 따라서 이때 기록이라는 개념은 단지 이미 존재하는 구어 담론을 고정하는 것 이상의 결정적인 중요성을 부여받게 된다. 이는 저자가 생각한 의도가 텍스트의 문자적 의미와 분리되기 때문이며, 저자가 의미하는 바가 텍스트가 의미하는 바와 분리되기 때문이다.[44]

리쾨르는 이와 같은 "텍스트의 의미론적 자율성"은 해석학에서 매우 중요하다고 밝히고 있다. 그것은 주석학이 바로 여기서 시작하기 때문이다. 주석학은 저자의 심리와 연결된 고리들을 끊고 일

---

43) Ibid., p.27.
44) Ibid., p.29.

단의 의미들의 테두리 안에서 전개된다. 그렇다면 저자와 텍스트는 아무런 관계가 없는 것일까? 텍스트가 저자와 상관없이 독립적으로 존재할 수 있는가? 이 문제에 대해 리쾨르는 해석의 이러한 탈심리화가 저자가 의미하는 개념들이 모든 중요성을 상실했다는 것을 의미하지는 않는다고 말한다. 리쾨르는 사건과 의미의 관계를 변증법적으로 파악할 것을 권하고 있다. 리쾨르는 만약 우리가 사건과 의미의 관계를 비변증법적으로 파악한다면 우리는 상반된 두 가지 오류에 빠질 수 있다고 경고한다. 하나는 윔사트(W. K. Wimsatt)가 "의도적 오류(intentional fallacy)"라 불렀던 것으로 저자의 의도를 텍스트 해석의 타당한 준거로 삼는 오류를 말한다. 다른 하나는 리쾨르가 의도적 오류와 대비시켜 "절대적 텍스트 오류(the fallacy of absolute text)"라 부르는 것으로 텍스트를 저자가 없는 실체로 가정하는 오류를 말한다.45) 의도적 오류가 텍스트의 의미론적 자율성을 간과한 것이라면, 절대적 텍스트 오류는 텍스트가 누군가에 의해 말해진 담론으로, 누군가가 다른 누군가에게 무엇인가를 말한 것이라는 점을 망각한 것이다.

구어 담론에서는 대화적 상황에서 이미 결정이 되어 있는 누군가(당신이라는 2인칭 대상)에게 말하는 반면, 글로 씌어진 담론은 익명의 독자와 글을 읽을 줄 아는 미래의 잠재적 독자들에게 말한다. 텍스트의 청중을 창조하는 것은 바로 텍스트의 의미론적 자율성이다. 따라서 텍스트는 독자들에 대해 그리고 해석에 대해 열려 있어야 한다. 텍스트에 대한 무한한 독서의 기회는 텍스트의 의미론적 자율성에 대한 변증법적 대립물이다.

그리고 지시와 관련해볼 때, 구어 담론에서 모든 지시는 대화에 참여하는 사람들이 공유하는 상황에 의존한다. 결국 구어 담론에서 모든 지시는 상황적이다. 하지만 글 쓰기는 이런 대화적 상황

---

45) Ibid., p.30.

의 토대를 완전히 무너뜨린다. 작가와 독자 사이의 시-공간적 거리로 인해 둘 사이에는 공통적인 상황이 부재하게 된다. 구어 담론에서의 '지금／여기'는 화자의 목소리, 얼굴 표정, 몸짓 등이 외적인 물질적 표지들로 대체되면서 폐기된다. 그리고 텍스트가 작가의 현존으로부터 분리되면서 텍스트의 의미론적 자율성이 생겨난다. 이처럼 지시적 범위가 대화적 상황을 넘어 확장됨으로써 엄청난 결과를 가져온다. 리쾨르는 이러한 글 쓰기 덕분에 인간은 하나의 상황이 아니라 하나의 세계를 갖게 된다고 밝히고 있다.[46] 따라서 우리가 하나의 담론 속에서 맨 처음 이해하는 것은 다른 사람이 아니라 담론의 지시에 의해 드러나는 새로운 세계다.

3) 텍스트의 범주

텍스트는 어떤 특성을 가지고 있는가? 리쾨르는 텍스트를 '말함과 문서 사이의 관계', '구조화된 작품', '세계 기획', '이해함의 매개'라는 네 범주로 이해한다.[47] 이제부터는 이 네 범주를 중심으로 리쾨르가 말하는 텍스트의 특성에 대해 알아보자.

첫째, 텍스트는 '기록에 의해 고정된 담론'[48]이다. 사건으로서의 담론이 기록에 의해 고정될 때, 텍스트는 저자의 의도로부터, 원래의 청자로부터, 그리고 원래의 명시적 지시체로부터 '의미론적 자율성(semantic autonomy)'을 얻는다. 구어 담론에서와는 달리 씌어진 글에서는 '진술자의 의미'와 '진술된 의미'가 더 이상 일치하지 않게 된다. 그것은 기록에 의해 저자의 주관적 의도와 텍스트의 객관적 의미 사이에 간격이 생기기 때문이다. 또한 기록에 의

---

46) Ibid., p.36.
47) Ricoeur, PHT, p.27.
48) Ricoeur, WT, p.146.

해 '말하기-듣기'의 관계는 '쓰기-읽기'의 관계로 변한다. 구어 담론에서는 대화 관계에서 듣는 사람이 구체화되는 반면, 기록된 담론에서는 글을 읽을 수 있는 모든 독자에게로 열려진다. 따라서 텍스트는 원래의 청자로부터 자율적이다. 마지막으로 특정한 상황 하에서 쓰여졌던 텍스트는 전혀 새로운 상황에서 읽혀진다. 따라서 텍스트는 원래의 명시적 지시체(ostensive reference)로부터 자율적이다. 세계는 더 이상 말로 보여줄 수 있는 것이 아니고 기록된 작품이 펼치는 일종의 분위기로 환원된다. 이러한 세계는 작품에 의해 다시 드러난 상상적인 세계로서 그 자체가 문학에서는 창작이다.49) 이처럼 텍스트는 저자, 원래의 청자, 최초의 대화 상황으로부터 거리를 둠으로써 의미론적 자율성을 얻는다.

둘째, 텍스트는 '구조화된 작품으로서의 담론'이다.50) 작품으로서의 텍스트는 구성(composition), 양식(genre), 문체(style)라는 특성을 지닌다.51) 먼저 작품은 문장보다 더 길고 연속적인 담론이다. 따라서 여기엔 전체성과 관련된 구성이 필요하다. 작품에서는 문장의 단순한 나열이 아닌 높은 차원의 조직화가 이루어진다. 텍스트는 부분들의 단순한 나열이 아니라 소재들의 서열(序列)이라는 의미에서 구조화된 단일체라 할 수 있다. 따라서 텍스트에서는 전체성과 관련되는 이해의 문제가 제기된다. 또한 작품은 구성 자체에 적용되어 담론을 이야기, 시, 수필 등으로 변형시키는 기호화의 형태에 종속된다. 이 기호화의 규칙이 문학의 양식을 낳는다. 문학의 양식은 다양한 작품들을 분류하는 데 쓰이는 개념이 아니라 작품의 생산 규칙으로서 발생학적(genetic)인 기능을 갖는다.

---

49) Ibid., p.149.

50) Paul Ricoeur, 'The hermeneutical function of distanciation', in *Hermeneutics and the Human Sciences*, edited & translated by John B. Thompson(Cambridge University Press, 1981), p.131(이하 HFD로 약칭함).

51) Ibid., p.136.

마지막으로 문체는 작품 속에 있는 특별한 관점을 증진시킨다.52) 문체는 개별적인 작품을 생산하는 작품의 저자를 소급적으로 나타내준다.53) 여기서의 저자는 심리적 주체가 아니라 소재에 형태를 부여하는 언어 작업의 예술가로 존재하고, 저자도 전체 작품과 동시적이라는 의미에서 해석의 범주에 있다. 이처럼 텍스트는 구조화된 전체, 완결된 총체로서 구성, 장르, 문체의 특징을 지닌다.

셋째, 텍스트는 텍스트의 고유한 세계를 가지고 있다. 리쾨르에 따르면 '텍스트를 이해한다는 것은 텍스트의 의미(sense / What it says)로부터 텍스트의 세계(reference / What it talks about)로의 지시를 따르는 것이다.'54) 리쾨르는 두 가지 의미의 '텍스트 세계'를 말한다. 그것은 '일상 언어의 세계'와 '존재론적 세계'다. 전자는 기술적 또는 과학적 텍스트의 세계로서 일의적 언어에 의해 드러나는 세계다. 이 세계는 실재에 대해 기술적 표현으로 접근하기 때문에 해석학적인 문제가 야기되지 않는다. 그러나 후자는 소설 또는 시와 같은 작품의 세계로서 다의적 언어에 의해 드러나는 세계다. 이 세계는 시적 상상력에 의해 접근되는 가능적 세계로서 해석학적으로 중요한 문제를 야기한다. 여기서 독자는 반성적 그리고 해석학적 주체다. 소설이나 시는 '생산적 상상력'에 의해 일차적인 준거 체계를 파괴한다. 하지만 이것은 동시에 허구적이고 시적인 세계가 열리는 조건이 된다.

소설과 시에 의해서 일상적인 현실 속에 세계-내-존재의 새로운 가능성이 열린다. 소설과 시는 주어진 존재의 양식에서의 존재가 아닌 존재 가능 양식에서의 존재를 목표로 한다.55)

---

52) Ibid., p.137.
53) Ibid., p.138.
54) Ricoeur, IT, pp.87-88.
55) Ricoeur, PTH, p.32.

따라서 작품의 세계는 일상 언어의 세계가 아니라 그것의 파괴다. 작품의 세계는 현실에 대한 새로운 소격화를 구성한다. 그러나 이러한 현실에 대한 소외를 통해서 텍스트의 고유한 세계가 구성된다.

넷째, 텍스트는 그의 고유한 세계를 가지고 독자의 자기 이해를 매개한다. 여기서 이해는 텍스트 앞에서 텍스트가 전개하고 드러내는 것을 받아들이는 행위다. 매개의 주체는 독자의 자아가 아니라 텍스트의 사실이다. 이해는 텍스트의 사실에 의해서 구성된다. 여기서 이해함이란 친숙화(appropriation)의 경험을 말하는데, 이때의 친숙화는 결코 슐라이어마허나 딜타이에게서처럼 주관의 심리적 행위가 아니다. 그것은 가다머가 말하는 '텍스트 사실(Sache des Textes)'에 마주서는 행위다. 텍스트로 나아가 그것으로부터 확장된 자기를 얻는 것이다. 여기서 친숙화 행위는 자아의 상상적 변화다. 이러한 자아의 변화는 자기 자신과의 관계에까지 이르는 소격화의 계기를 함축한다.

4) 소격화(Verfremdung)와 친숙화(전유. Aneignung)

(1) 소격화의 해석학적 기능

가다머가 그의 저서 『진리와 방법』에서 다루고 있는 "소격화와 귀속성"의 개념은 유지될 수 없는 양자택일을 설정하는 일종의 이율배반이다. 이러한 양자택일은 "진리와 방법"이라는 제목 자체의 기저에도 놓여 있다. 리쾨르는 이러한 양자택일을 거부하고 극복하기 위해 텍스트에 나타난 소격화의 해석학적 기능들을 분석한다. 리쾨르는 텍스트를 상호 주관적인 의사 소통의 특별한 예 이상의 것으로 간주한다.[56] 리쾨르는 텍스트를 의사 소통에서의 소

---

56) Ricoeur, HFD, p.131.

격화의 패러다임으로 이해한다. 그래서 리쾨르는 인간의 역사적 경험에서 소격화의 긍정적이고 생산적인 기능을 텍스트 개념과 관련하여 네 가지로 서술하고 있다.[57] 소격화에 대한 리쾨르의 분석을 살펴보자.

첫째, 리쾨르는 '담론으로서 언어 실현'을 소격화의 근본 형태로 이해한다. 이 소격화는 위에서 '사건과 의미'의 관계로 다루어졌던 것이다. 언어(langue)의 체계는 가상적이고 시간 밖에 있는 반면, 담론은 사건으로서 시간 안에서 그리고 현재에 실현된다. 그러므로 첫 번째 소격화는 '말해진 것(the said)' 안에서 '말하는 것(the saying)'의 소격화다.[58] 리쾨르에 따르면 소격화는 담론의 고정을 통해 담론을 소멸로부터 보존한다. 그리고 소격화가 저자의 의도로부터 텍스트의 자율성을 가능케 한다. 여기서 텍스트가 갖는 자율성은 슐라이어마허나 딜타이의 심리주의적 조건으로부터 벗어난다. 이제 텍스트의 자율성은 다음과 같은 중요한 해석학적 결론을 갖는다.

> 소격화란 씌어진 글로서의 텍스트의 현상을 구성하며 동시에 그것은 해석의 조건이기도 하다. 소격화란 이해가 극복해야만 하는 것일 뿐만 아니라, 또한 이해를 위한 조건이다.[59]

둘째, 리쾨르는 작품으로서의 담론과 연관하여 소격화를 말한다. 구조화된 작품인 텍스트는 구성, 양식, 문체라는 세 가지 특징을 지닌다. 담론이 작품으로 객관화되면서 제2의 소격화가 일어난다. 여기서 텍스트가 의미하는 것은 더 이상 저자가 의도하는 것이 아니다. 그러나 작품 속에서 담론의 객관화라는 소격화 기능은 딜타이적인 설명과 이해의 이분법을 극복한다. 딜타이에게서 '설명

---

57) Ibid., p.131.
58) Ibid., p.134.
59) Ricoeur, PTH, p.28, HFD, p.140.

(Erklären)'이란 사물을 표면적으로 관찰하고, 규칙과 법칙성에 따라서 그 구조를 드러내는 자연과학의 방법이며, '이해(Verstehen)'란 '감정 이입(Einfühlen)'에 의해 타자의 체험을 파악하는 정신과학의 방법이다. 리쾨르는 담론의 구조적인 특성을 고려하면서 이러한 대립을 지양한다. 리쾨르에게서 설명과 해석은 더 이상 대립적이지 않고 변증법적 과정이다. 설명은 이해를 하기 위한 필수적인 길이며 이해를 분석적으로 발전시킨다. 반면에 이해는 설명을 포함하고, 설명에 선행하며, 설명을 발전시킨다.[60]

셋째, 저자와 독자 사이에도 소격화가 일어난다. 구어 담론에서는 말하는 자와 듣는 자에게 대화 상황이 공통적이지만, 쓰고 읽는 관계인 작품에서는 그 상황이 다르다. 더 이상 저자와 독자 사이에 진정한 의미에서의 공통된 상황은 없다.[61] 명시적 특징이 있는 준거가 폐기됨으로써 텍스트의 고유한 세계가 구성된다. 이러한 제3의 소격화에 의해 '일차적인 지시 연관'이 파괴되고, '이차적인 지시 연관'이 산출된다. 즉, '일상적인 문자의 세계'가 파괴되고 후설이 말하는 '생활 세계(Lebenswelt)', 하이데거가 말하는 '세계-내-존재(In-der-Welt-Sein)'의 영역이 드러난다. 따라서 텍스트에 대한 해석은 곧 내가 살고 있는 세계에 대한 기획이다.[62] 텍스트의 세계 기획에 의해 존재론적 세계가 개시된다.[63]

넷째, 리쾨르는 작품 앞에서의 자기 이해와 관련해 소격화의 긍정적 기능을 말한다. 텍스트는 우리로 하여금 우리 자신을 이해할 수 있도록 하는 매개다. 텍스트를 통해 독자는 저자를 이해하는

---

60) Paul Ricoeur, 'Explanation and Understanding' in *The Philosophy of Paul Ricoeur*, ed. Charles E. Reagan & David Stewart, Beacon Press : Boston, 1978, p.165.
61) Ricoeur, HFD, p.141.
62) Ricoeur, PTH, p.33.
63) Ricoeur, HFD, p.141.

것이 아니라 자기 자신을 이해한다. 텍스트를 통해 자기 존재를 이해하는 것을 리쾨르는 '친숙화(appropriation / Aneignung)'라고 부른다. 따라서 친숙화는 저자의 의도를 추후 체험하는 것이 아니다. 그리고 이때의 이해 또한 주관에 의해 산출되는 이해가 아니다. 자기(Self)는 오히려 텍스트의 사실에 의해 규정된다. 즉, 텍스트의 사실에 기초한 이해와, 작품 앞에서의 자기 이해가 올바른 이해다.64) 여기서 리쾨르는 하이데거에 의해 개진된 이해의 존재론적인 전향, 그리고 가다머에 의해 수행된 존재론적 이해의 인식론적 정초를 수용하고 있다.65)

(2) 친숙화의 해석학적 기능

리쾨르에 따르면 '친숙화'란 낯선 것을 자신의 고유한 것으로 만드는 과정이다.66) 리쾨르는 친숙화를 해석의 완성 또는 해석학의 목표라 부르며67) 그것에 대해 세 가지로 정의한다.

첫째, 친숙화는 소격화를 전제하며, 또한 소격화의 변증법적 짝이다.68) 작품에서는 의미가 객관화됨으로써 저자로부터 간격이 생기지만, 그것은 저자와 독자 사이의 대화적인 매개가 된다. 독자는 텍스트의 세계로 자신을 개방한다. 그리고 독자는 텍스트가 펼치는 새로운 존재 양식을 통해 자신을 이해하게 된다. 즉, 친숙화는 독자가 텍스트의 해석을 통해서 자기 자신을 더 잘 이해하는 것이다.

둘째, 리쾨르는 친숙화 개념을 세계 개시 개념과 연결하여 설명

---

64) Ricoeur, PTH, p.33.

65) 김영한, 『하이데거에서 리쾨르까지』, 박영사, 1987, 597쪽.

66) Ricoeur, IT, p.43.

67) Ibid., p.91.

68) Paul Ricoeur, 'Appropriation', in *Hermeneutics and the Human Sciences*, ed. & trans. John B. Thompson, Cambridge University Press, Cambridge, 1981. p.183.

한다. 리쾨르는 가다머가 "진리와 방법"에서 도입했던 '놀이의 존재론'을 도입한다. 리쾨르는 작품을 놀이와 동일시한다. 놀이는 허구로서 그 자체의 존재 방식을 가지고 있어서 놀이자의 의식에 의해 결정되지 않는다. 놀이 속에서는 우리의 일상적 세계가 정지되고, 새로운 지평의 세계가 개시된다. 리쾨르에 따르면 작품 속에서 저자와 독자는 허구적인 인물로 변형된다. 저자는 작품 속에서 사라지고 화자로 등장한다. 이때 화자는 저자가 아니지만 저자에 의해 창조된 자율적 형상이다. 독자 역시 그의 자아의 상상적 변양 속으로 나아간다. 거기에서 작품의 고유한 세계가 드러난다.

셋째, 친숙화는 소격화를 보완해줄 뿐만 아니라 자기 중심적이고 자기 환상적인 자아를 포기함으로써 또한 보완된다. 리쾨르는 해석의 중심을 저자에게 두는 낭만주의 해석학과 독자에게 두는 실존주의 해석학의 중간에 위치해 있다. 리쾨르는 텍스트가 저자로부터 자율적이라는 사실과 독자는 자신을 떠나 텍스트로 다가가야 한다는 것을 주장한다. 리쾨르에 따르면 친숙화란 자기를 포기하는 것이다. 그리고 자기 포기란 텍스트의 세계를 향해 자기 자신을 개방함으로써 자기의 편견에서 벗어남을 말한다. 따라서 친숙화란 존재의 새로운 양식을 향해 자신을 개방하는 과정이라 말할 수 있다.

5) 텍스트 해석

리쾨르에게서 해석이란 소격화를 생산적인 것으로 만드는 것이다.[69] 그리고 그에게서 소격화는 해석의 조건이 된다. 리쾨르는 텍스트 이해의 과정을 세 단계로 분석하는데, 딜타이와는 달리 이해와 설명을 대립된 것으로 보지 않고 상호 보완적인 것으로 본다. 양자의 차이란 설명이 '명제와 의미의 범위'를 '해명'하는 데

---

69) Ricoeur, IT, p.44.

대해, 이해는 '종합하는 행위 안에서 부분적인 의미의 사슬을 전체로 파악'하는 데 있다.

리쾨르는 텍스트의 이해 과정을 세 단계로 분석한다. 첫째, 설명을 통해서 텍스트의 의미를 구조적으로 분석하는 단계다.[70) 이 단계에서는 '추측'과 '타당화'의 해석학적 순환이 야기된다. 리쾨르는 우리가 텍스트의 의미를 추측해야 하는 것은 우리가 결코 저자의 의도에 다다를 수 없기 때문이라고 밝히고 바로 이런 점에서 낭만주의 해석학에 대해 반론을 제기한다. 리쾨르는 "저자가 스스로를 이해한 것보다 저자를 더 잘 이해한다"는 낭만주의의 언명이 야말로 해석학이 길을 잃고 방황하게 만든 주범이라 비판한다. 낭만주의 해석학에서는 텍스트의 언어적 의미와 저자의 정신적 의도가 분리됨으로써 생기는 특수한 상황을 간과했기 때문에 그런 결과를 낳았다는 것이다. 첫 번째 단계에서의 추측은 슐라이어마허가 말하는 '예감적'이라 부르는 것에 상응하는 것이고, '타당화'는 그가 '문법적'이라 부르는 것에 상응한다. 추측들의 타당화는 경험적 검증보다는 확률적인 것이고, 타당화를 위해 확률 이론이 적용될 때 해석학적 순환이 일어난다. 이 해석학적 순환은 저자의 주관과 해석자의 주관과의 관계에서 나오는 심리적 차원이 아니라, 텍스트 해석의 문장론적 차원에서 전개된다. 이 단계는 소박한 이해와 세련된 이해 사이에 필요한 단계이기는 하지만 해석학적 이해로는 아직 미흡하다.

둘째, 문자적 의미에서 구상적 의미로 나아가는 은유적 의미화의 단계다. 텍스트 안에서 은유적 과정은 두 가지 차원이 있다. 문장의 차원과 텍스트의 차원이 그것이다. 리쾨르에 따르면 우리는 문장에서 은유가 문자적 의미에서 구상적 의미를 창출하는 과정을 통해 텍스트 차원에서 구상적 의미가 출현하는 과정을 이해할

---

70) Ibid., p.79.

수 있다.[71] 은유적 과정은 본문의 의미를 넘어서는 언어의 재창조 조건으로 기능한다. 이런 은유적 과정을 통해서 본문의 의미는 구상적 의미를 제시한다.

셋째, 텍스트 세계를 구성하는 단계다. 문자적 의미를 뛰어넘은 구상적 의미가 구상적 준거를 지시하는 단계다. 이 지시 방식에 관해 리쾨르는 세 가지를 든다. '분위기'와 '텍스트 세계'와 '존재의 양태'가 그것이다. 분위기란 독자의 상태라기보다는 사실의 객관적인 상태다. 독자는 이 분위기의 기반 위에서 은유적 의미에 속하는 상들을 결합하여 텍스트의 세계를 형성한다. 해석이란 이 텍스트의 세계를 잘 이해하는 것인데, 이때의 이해는 텍스트 세계 자체가 아니라 텍스트 세계 앞에서의 자기 이해다. 이러한 이해는 텍스트를 통한 존재론적 자기 이해다. 이때 텍스트의 준거자는 텍스트의 분위기나 상호 연관 관계인 텍스트의 세계가 아니라 해석을 통해 이해되는 자아다. 이것은 텍스트 세계 내의 은유적 의미의 기반 위에서 발견된다. 은유적 의미는 비언어적 실재와 조화가 되도록 분위기를 불러일으키는데, 리쾨르는 이 비언어적 실재를 은유에 의해 표현된 존재 양태라 한다.

4. 리쾨르의 해석 이론의 현재적 의의

리쾨르의 텍스트 해석 이론은 전통 해석학의 연장선상에서 등장한다. 리쾨르가 해석학의 전통을 바라보는 시각은 그가 해석학의 역사에서 제1, 제2의 코페르니쿠스적인 전환이라 부르고 있는 두 차례의 대전환에 잘 나타나 있다. 제1의 전환점에 슐라이어마허와 딜타이가 있고, 제2의 전환점에 하이데거와 가다머가 있다.

---

71) Ibid., p.46.

제1의 전환은 슐라이어마허와 딜타이에 의해 해석학이 특수 해석학에서 보편 해석학으로 방향을 전환한 것을 의미하고, 제2의 전환은 하이데거와 가다머에 의해 해석학이 인식론에서 존재론으로 방향을 전환한 것을 의미한다. 리쾨르는 하이데거의 존재 문제에 정위된 해석학적 착상과 가다머의 영향사적 해석학을 수용하면서 이것을 텍스트 해석 이론으로 발전시킨다. 이 텍스트 해석 이론을 통해 리쾨르는 슐라이어마허 해석학의 낭만주의적 성격과 딜타이 해석학의 심리학적 성격을 극복하고, 존재론적 성격이 강한 하이데거와 가다머의 해석학에 인식론적 측면을 보완한다. 우리는 리쾨르가 그의 해석 이론을 통해 텍스트 해석의 주관주의적 입장과 객관주의적 입장, 그리고 인식론적 해석학과 존재론적 해석학을 잘 종합해내고 있음을 확인하였다.

현상학적 방법에 해석학적 문제를 접목시킨 리쾨르의 해석학은 구조주의 언어학과 만나면서 더욱 구체화되고 체계화되었다. 해석학과 현상학과 구조주의를 기반으로 하는 리쾨르의 텍스트 해석 이론은 현대의 해석학에 새로운 길을 제시해주고 있다. 저자의 의도를 떠나고 독자의 주관을 떠나 텍스트로 돌아오라는 리쾨르의 언명은 낭만주의 해석학과 실존주의 해석학의 한계를 극복할 수 있는 대안으로 타당해보인다. 특히 텍스트가 펼치는 텍스트의 세계 앞에서의 자기 이해는 이기적이고 나르시시즘적인 자아를 버리게 하는 계기를 함축하며, 동시에 자아의 상상적 변양을 통해 존재론적 이해를 확장시키는 계기가 되기 때문에 텍스트 앞에서의 해석자의 개방적인 태도는 해석에서 중요한 조건이 된다. 텍스트의 창작과정으로부터 시작하여 최종적인 해석에 이르기까지의 리쾨르의 분석들은 타당해보인다.

끝으로 리쾨르의 해석 이론과 관련하여 좀더 심화시켜 논의하고 싶은 주제를 하나 제시하고 글을 마칠까 한다. 그것은 리쾨르의 해석 이론을 다른 영역에 확대 적용하는 일이다. 이미 리쾨르 자신이 그의 텍스트 해석 이론을 사회과학의 대상을 위한 적절한 패러다임으로 생각하여 그의 해석 이론을 행위 이론과 역사 이론에 적용했었다. 이 문제와 관련하여 필자가 관심을 가지고 있는 것은 리쾨르의 해석 이론을 예술 작품에 대한 해석에 적용하는 일이다. 리쾨르가 그의 해석 이론에서 다루고 있는 "저자와 텍스트와 독자의 관계"는 "예술가와 예술 작품과 감상자의 관계"와 관계적 유사성이 있다. 따라서 저자와 예술가, 텍스트와 예술 작품, 그리고 독자와 감상자 간의 본질적인 차이점들을 규명해낼 수 있다면 리쾨르의 해석 이론은 예술 작품에 대한 해석에도 일조를 할 수 있을 것으로 보인다. 이것은 앞으로의 논의 과제로 남겨두고자 한다.

□ 참고 문헌

김광명, 『삶의 해석과 미학』, 서울, 문화사랑, 1996.

김영한, 『하이데거에서 리쾨르까지』, 서울, 박영사, 1987.

김창래, 「가다머의 철학적 해석학에서의 존재와 언어의 관계」, 『문화와 해석학』, 한국해석학회 편, 철학과현실사, 2000.

장 경, 「리쾨르의 reference의 문제」, 『현대 프랑스 철학과 해석학』, 한국해석학회 편, 철학과현실사, 1999.

정기철, 「존재와 이야기 : 하이데거와 리쾨르의 해석학적 현상학」, 『해석과 이해』, 지평문화사, 1996.

한상철, 「리쾨르의 하이데거 해석에 대한 보완」, 『현대 해석학의 제 문제』, 한국해석학회 편, 지평문화사, 1997.

Ricoeur, Paul, *Hermeneutics and the Human Sciences*, ed. & trans. John B. Thompson, Cambridge University Press,

Cambridge, 1981.

Ricoeur, Paul, *Interpretation Theory : Discourse and the Surplus of Meaning*, Texas : Texas Christian University Press, 1976 (『해석 이론』, 김윤성·조현범 역, 서광사, 1996).

Ricoeur, Paul, 'Philosophische und theologische Hermeneutik', in *Evangelische Theologie*, Sonderheft, München, 1974.

Ricoeur, Paul, *The Rule of Metaphor : Multi-Disciplinary Studies of the Creation of Meaning in Language*. Trans. Roberts Czerny & Kathleen McLaughlin & Jojn Costello, London : Routledge, 1978.

Coreth, Emerich, *Grundfragen der Hermeneutik*, Herder, Freiburg, 1969.

Dilthey, Wilhelm, *Gesammelte Schriften*, V, VII.

Gadamer, Hans-Georg, *Wahrheit und Methode : Grundzüge einer philosophischen Hermeneutik*, Tübingen : J. C. B. Mohr, 1975.

Frege, G., 'On Sense and Reference', trans. Max Black, in *Translations from the philosophical Writings of Gottlob Frege*, Peter Geach and Max Black(eds.), Oxford : Basil Blackwell, 1970.

Heidegger, Martin, *Sein und Zeit*, Tübingen : Max Niemeyer, 1967.

Palmer, Richard E., *Hermeneutics*, Northwestern University Press, Evanston, 1969.

Schleiermacher, F., *Hermeneutik*, ed. H. Kimmerle, Heidelberg : Carl Winter, 1959.

Schleiermacher, F., *Hermeneutik und Kritik*, Sämmtliche Werke, VII, hrsq. F. Lucke, Berlin, 1938.

세계화와 철학 그리고 해석학

신 응 철

1. 들어가는 말

우리들이 살아가고 있는 21세기 지구촌 시대의 환경을 가장 적절하게 표현한다면 그것은 아마도 세계화(Globalization)의 시대일 것이다. 정치적으로 볼 때 '세계화' 혹은 '국제화'라 하기도 하고, 경제적으로는 '무한 경쟁 시대', 또 다른 한편에서는 '지구촌 시대'라 부르기도 한다. 어떻게 지칭되든 간에 인류가 이제 하나의 방향, 하나의 공동체로 나아간다는 사실이다. 이와 더불어 사회 일각에서는 만일 우리가 이러한 세계화 시대에 제대로 적응하지 못했을 경우 초래될 수 있는 결과들에 대한 위기감이 고조되고 있는 분위기다. 이러한 현상은 과거 우리의 '근대화'를 '서양화'로 착각했듯이, 오늘날의 '세계화'를 서양화로 착각하고 있고, 앞으로 우리가 창조해야 할 세계 문화 또한 서양 문화를 가리키는 것으로 착각하는 사람들이 많이 있기 때문에 발생하는 문제라고 보인다. 이러한 착각은 지금 우리 사회에 많은 문제점을 불러일으키고 있다. 예를 들어 우리말도 아직 깨치지 못한, 네 살도 되지 않은 어린아이들이 외국인이 경영하는 영어 학원에서 영어식 이름을 사용하고 있는 외국어 조기 교육 열풍이 그 단적인 예라 할 수 있다.

우리는 여기서 박성배 교수가 지적하는 내용, 즉 "우리에게는 근대화도 필요하고, 국제화도 필요하며, 세계 문화도 필요하다. 그러나 맹목적인 서양화는 결국 우리를 죽이는 것이며, 사실상 그것은 가능하지도 않은 일이다."[1]라는 주장에 동의할 수 있다. 그렇다면 이제 우리는 어떤 방식으로 세계화를 해석하고 이해해야 할 것인가?

지금 시점에서 우리는 세계화란 도대체 무엇이며, 그 속에는 어떠한 정치적 논리가 은폐되어 있는지, 그것에 대해 우리는 어떻게 대처할 것인가에 대해 심각하게 고민하지 않을 수 없다.[2] 세계화를 어떤 측면에서 바라보느냐에 따라 그에 상응하는 대처 방안도 달라지게 되고, 결국 그에 따른 우리의 생활 태도도 적잖은 변화를 가져오게 될 것이다.

이러한 문제 의식 속에서 이 글의 목적은 세계화 시대에 우리의 위기감을 해소시키고 나아가 세계화에 대한 올바른 해석과 이해를 모색하는 데 있다. 그리고 점차 우리의 문화, 우리의 정체성이

---

1) 박성배(스토니부룩 뉴욕주립대 종교학과), 「민족 문화와 세계 문화」, 한민족철학자대회(1995) ; 제8회 한국철학자연합대회(1995. 8. 17~19), 『인간다운 삶과 철학의 역할』, 한국철학회, 29쪽 참조.
2) 사회와철학연구회가 2001년 3월에 '세계화'의 문제를 기획 주제로 하여 『사회와철학』(창간호 : 세계화와 자아정체성)(이학사, 2001)을 출간한 바 있다. 여기에서 특히 홍윤기 교수의 「지구화 조건 안에서 문화정체성과 주체성」, 김석수 교수의 「세계화와 신자유주의, 그리고 새로운 시민 주체」, 권용혁 교수의 「세계화와 보편 윤리」, 이유선 교수의 「자문화중심주의와 문화적 정체성」의 논문들은 세계화를 철학적 관점에서 이해하는 데 새롭고 유익한 지평을 제시해주고 있다. 이 글에서 필자의 논의는 이상의 논문의 대략적인 시각들과는 달리, 해석학적 관점에서 세계화 문제를 접근하여 다루도록 할 것이다.

세계화 시대에 확고하게 자리잡을 수 있는 방법론적 틀을 모색하는 데 이차적인 목적이 있다. 그래서 이 글은 우선 세계화에 대한 인문주의적 접근과 정치·경제학적 접근의 측면을 포괄적으로 다루도록 한다. 그리고 이를 토대로 하여 필자 나름의 해석학적 접근 방식을 통해 세계화를 해석해보고자 한다. 특히 이 부분에서는 세계화를 철학적 담론으로 이끌어내기 위해서 하버마스(J. Habermas)의 '현대성' 개념을 빌어 비판 이론의 관점에서 세계화 시대를 진단하도록 하겠다. 다음으로 이런 시대 상황에서 철학이 감당해야 할 역할에 대해서 살펴보고, 새로운 철학의 패러다임인 해석학적 방법론을 통해서 세계화를 조망해보도록 하겠다. 그리고 마지막 부분에서는 해석학적 이해의 궁극적인 지향점으로서 코즈모폴리터니즘을 제시하고자 한다.

2. 세계화 시대를 어떻게 이해할 것인가?

세계화를 지구촌 시대로 이해하든, 아니면 국제화 시대로 이해하든 간에 그것은 우리 앞에 펼쳐지고 있는 엄연한 현실 상황이자 담론(Diskurs)의 형태이기 때문에 우리는 불가피하게 진단 및 평가를 할 수밖에 없다. 필자는 이 일을 크게 두 가지 입장에서 논의해보도록 하겠다. 하나는 세계화 시대에 대한 인문주의적 접근 방식이고, 다른 하나는 정치·경제학적인 접근 방식이다.

1) 세계화에 대한 인문주의적 이해

세계화 시대에 대한 부정적 인식의 근저에는 *Globalization*을 '지구촌'이라는 의미로 보는 시각이 전제되어 있다고 할 수 있다.

여기서 촌(村)이라는 이미지는 인간다운 삶이 가능한 요소를 지니고 있다.[3] 박이문 교수에 따르면 '촌(村)'은 자연에 가까운 인간 공동체의 원형이다. 우리는 자연을 떠난 '촌(村)'을 생각할 수 없다. '촌(村)'이라는 삶의 공간 속에서 인간은 자연과 가깝고도 평화롭고 아름다운 조화를 느낀다. '촌(村)'이라는 단어 속에는 친밀한 정(情)으로 서로 맺어진 따뜻한 인간 관계를 갖춘 사회적 장소라는 인식이 자연스럽게 나타난다.

이러한 '촌(村)'의 개념이 '지구촌(地球村)'[4]이라는 개념으로 확장될 때, 원래 '촌(村)'이 지니고 있던 특징들이 사라져버리는 것을 우리는 쉽게 지적할 수가 있다. 예컨대 경제 성장이라는 미명 하에 추진되고 있는 '개발(Development)', 도시화(Urbanization), 산업화(Industrialization)의 결과가 인류에게 가져다준 선물은 우리가 하루하루 생생하게 실제 생활에서 감당해야 할 짐(Burden)이 되어버렸다. 자동차에서 배출되는 유해 가스로 인한 대기 오염, 대단위 거주 밀집 지역과 공장에서 흘러나오는 폐수로 인한 수질 오염, 무원칙한 개발로 인한 생태계 및 환경 파괴 등등의 현상이 그것이다.

이러한 상황에서 개인과 개인의 관계, 국가와 국가의 관계는 과거 어느 때보다 심각하게 깨어져 있으며, 모두가 경쟁이라는 소용돌이 속에 빠져버리게 되고, 그렇기 때문에 상대적으로 민족과 민족, 집단과 집단 간에는 더욱더 불신과 갈등 그리고 분쟁이 증폭되게 된다.

---

3) 朴異汶, 「지구촌은 아직 없다」, 『동아일보』(1995. 10. 8), 5면 참조.
4) '지구촌(*global village*)'에 대한 최초의 논의는 매체이론가이자 문명비판가인 맥루한(Marshall McLuhan)에게서 찾아볼 수 있다. 맥루한이 사용하는 글로벌리제이션, 글로벌 빌리지의 개념은 오늘날 우리가 사용하는 '세계화'의 의미와는 다소 차이가 난다. 이에 대한 상세한 논의는 마샬 맥루한(임상원 역), 『구텐베르크 은하계 — 활자 인간의 형성』, 커뮤니케이션북스, 2001, 574-575쪽 참조바람.

박이문 교수는 '지구촌'이라는 개념이 담고 있는 본질적인 내용을 다음과 같이 말하고 있다.

알고 보면 일일생활권이 된 세계를 뜻하는 지구촌의 구체적인 의미는 미국식 저속 문화의 세계적 획일화다. 그곳은 세계의 어느 곳과도 문화적으로 다른 신선한 점이 전혀 보이지 않는다. 블루진을 입은 젊은이들은 맥도널드 햄버거나 피자헛에서 콜라를 마시고 거리에서는 손에 든 트랜지스터에서 들려오는 록 뮤직을 부르며 시간을 보낸다. 지구촌이란 어느 철학자의 비소적 표현대로 모든 지역의 고유 문화가 「멍키 문화」에 의해 대치됐음을 뜻함에 지나지 않는 듯하다.[5]

오늘의 지구촌은 인류의 문명과 그 운명에 대해 무엇을 말해주는가? 총체적 반성이 필요하다. 현재 지구촌이라 부르는 세계는 우리가 바랐던 진짜 지구촌이 아니다. 지구의 한계와 인류의 종말을 극복하기 위해 새로운 지구촌의 구상과 건설이 시급하다.[6]

이러한 세계화의 현상 앞에서 우리는 신속하게 대처할 필요도 있겠지만 그에 앞서 '촌(村)'의 원래적인 의미 회복을 위해서 근원적인 반성이 선행되어야 한다. 왜냐 하면 산업화 도시화를 통한 인간의 자기 실현보다는 '촌(村)'의 원래적인 의미가 오히려 인간의 인간다움을 더 발현시켜줄 수 있기 때문이다.

2) 세계화에 대한 정치·경제학적 이해

세계화 시대에 대한 정치·경제학적 접근의 핵심은, 세계는 힘의 원리에 의해 좌우되고 있다는 현실 인식이다. 국제 사회의 정의는

---

5) 朴異汶(1995), 같은 글.
6) 朴異汶(1995), 같은 글.

'힘의 정의'라고 말할 수 있다. 이러한 정치적 현실은 비단 세계화 시대의 특징만은 아니다. 일찍이 트라시마쿠스(Thrasymachus : BC 420년경)는 정의(正義)란 항상 강자의 이익을 대변한다고 말한 바 있다. 마찬가지로 법률 또한 지배자들 편의 이익을 위해서 이용될 뿐이라고 그는 말했다. 그렇기 때문에 국가의 정의도 권력을 가진 자들의 이익에 봉사하기 위한 하나의 수단일 뿐이라고 트라시마쿠스는 파악한다.7) 세계화의 시대라고 하는 오늘날 역시 국제 사회는 초강대국인 미국의 군사 정치적인 힘의 원리에 의해 주도되고 있는 게 사실이다. 여기다 경제적인 이해 관계에 초점이 맞추어짐으로써 과거의 '국경' 개념이 점차 사라지고, 유럽공동체(EU), 북미자유무역협정(NAFTA), 아시아태평양 경제공동체(APEC) 등 지역간의 경제 블록이 형성되고, 전 세계가 하나의 시장 권역으로 접어들게 되었다.

이러한 현실 국제 상황은 경쟁 위주의 조류를 더욱 부추기는 근본적인 원인이 되고 있다. 그 단적인 예가 '핵확산금지조약(NPT)'이 체결되어 있음에도 최근 중국과 프랑스는 '자국의 안보를 위해서'라는 논리를 내세워 핵실험과 핵무기 개발을 강행하고 있다. 어느 한 국가의 핵실험은 다른 국가에 불안을 야기시켜 또 다른 핵실험을 있게 하고, 그에 따라 핵실험은 끊이지 않게 된다. 약소국은 끊임없이 강대국들의 상품 소비 국가로 전락하고, 문화적·정신적 이념은 밀려드는 상품과 자본의 논리에 의해 탈색되어, 마침내는 그들 고유의 정체성(Identity)을 상실하게 된다.

이러한 상황에서 살아남기 위해 기업은 기업대로 국가는 국가대로 나름의 생존 전략을 개발해야만 한다. 이와 관련하여 우리는 송자 교수가 지적하고 있는 세계화 시대의 다섯 가지 특징,8) 즉

---

7) Samuel. E. Stump, 『西洋哲學史』(이광래 譯), 종로서적, 1989, 49쪽 참조.
8) 송자, 「超競爭 時代를 돌파하는 經營者의 戰略과 思考」, 全國經濟人聯合會,

첫째, 무한 경쟁의 시대라는 점, 둘째, 세계가 하나의 거대한 시장으로 통합되어 간다는 점, 셋째, 세계의 일일生活권화, 넷째, 소품종 대량 생산에서 다품종 소량 생산의 체제로의 변화, 다섯째, 제품의 라이프 사이클이 단축되어 간다는 점에 공감할 수 있다. 이러한 세계화 시대에서 살아남기 위한 생존 전략으로 송자 교수는 네 가지를 덧붙이고 있다. 첫째, 제일주의 전략, 둘째, 더불어 일하는 전략, 셋째, 과감한 투자 전략, 넷째, 차별화 전략이다. 이 중 가장 중요한 전략은 역시 제일주의, 즉 일등 의식이다. 그리하여 이제 모든 분야에서 일등만이 살아남고 가치를 인정받을 수밖에 없게 되었다.

우리는 이러한 정치·경제적인 입장에서의 세계화 시대에 대한 진단 및 처방을 접해보면서 심각한 문제 의식을 지니지 않을 수 없다. '일등 의식'은 항상 '패배 의식'을 동반하는 짝 개념이라는 것은 상식이다. 어려서부터 한 사람의 일등을 위해 수많은 다른 사람들은 패배감을 맛보며 살아야 한다. 그렇게 되면 우리의 가치관은 극단적인 '개인이기주의', '가족이기주의', '자민족중심주의'라는 형태의 이데올로기에 휩싸여버리고 만다. 또한 이러한 관점에 서게 될 때 세계 제일, 일등 의식이라는 강박 관념으로 인해 우리에게는 위기감이 더욱 고조될 수밖에 없다.

그렇다면 이제 어떤 식으로 세계화의 시대를 해석해낼 것이며, 이 시대 조류에 참여할 것인가의 문제가 우리의 당면 과제가 된다. 이러한 과제를 해결하기 위해서 우리는 먼저 세계화를 철학적 담론의 차원에서 논의해야 하며, 그리고난 다음 새로운 철학적 패러다임을 통해서 세계화를 조망해야만 한다.

第9回 最高經營者 夏季轉地세미나(1995. 7. 21~24), 『全經聯』, 1995-8월호, 36-37쪽 참조.

3. 세계화 시대에서의 철학

우리의 현실에서 일어나는 모든 현상들은 인간 행위의 산물이기 때문에 인간에 대한 폭넓은 성찰을 위해서라도 철학은 현실에 대해 관심을 가질 수밖에 없으며, 또한 현실에 집중해야만 한다. 현대를 살아가고 있는 현대인들은 직·간접적으로 세계화에 많은 영향을 받고 있다. 그것으로 인해 생활 양식의 변화를 가져오기도 하고, 가치관까지도 변형되어가고 있는 실정이다. 그렇다면 현대(혹은 현대성)와 세계화는 어떤 상관 관계가 있는 것일까?

1) 세계화와 현대성

철학에서 현대(성)에 관한 논의를 체계적으로 밝히고 있는 이는 아마도 프랑크푸르트학파 계열에 서 있는 독일의 하버마스(Jürgen Habermas)일 것이다. 하버마스는 주로 『현대성의 철학적 담론(*Der philosophische Diskurs der Moderne*)』, 『새로운 불투명성(*Die Neue Unübersichtlichkeit*)』(1985), 『탈형이상학적 사유(*Nachmetaphysisches Denken*)』(1989), 그리고 몇 해 전 서울 방문에서 강연한 "Conceptions of Modernity"(1996. 4)에서 이 문제를 상세히 언급하고 있다.

하버마스가 파악하는 '현대(現代. Moderne)'[9]라는 개념은, 최소한 1800년경을 중심으로 한 '신세계'의 발견, 르네상스, 종교 개혁 이후 오늘날에 이르는 특정한 시대를 지칭하며, 좀더 구체적으로 표현해서 현재 우리가 직면하고 있는 정신적 불투명성의 상태를 일컫는 개념이다. 이에 덧붙여 한 시대를 시대로서 규정하는 규범

---

9) J. Habermas, 『현대성의 철학적 담론(*Der philosophische Diskurs der Moderne*)』(이진우 譯), 문예출판사, 1994, 444쪽 참조.

적 방향을 그는 '현대성(Modernität)'[10]이라고 말하고 있다. 그렇다면 우리가 논의하고 있는 '세계화'와 하버마스의 '현대성' 개념 간에는 어떤 연관성이 있는 것인가? 하버마스가 진단하고 있는 '현대' 개념의 특징들을 살펴보면 양자의 상호 관련성을 이해할 수 있다.

현대 사회는 인간의 도구적 이성(道具的 理性)을 통해서 세계를 객관화, 대상화, 사물화시켜버렸다. 사실 현대 사회는 인간다운 삶과 사회를 실현할 수 있는 유토피아적 에너지가 주체성의 원리에 내재하고 있다고 확신하였다. 그런 점에서 과학과 기술은 자연과 사회를 이성적으로 통제하고 지배할 수 있는 확고한 수단이라고 여겨졌으며, 이러한 과학적 진보주의는 주체성의 원리에 토대를 둔 유토피아주의와 결합하게 되었다. 그러나 바로 이러한 기대는 오늘날 명백하게 여러 증상들에 흔들리고 있다고 하버마스는 말한다. 핵에너지, 군사 기술, 유전자공학, 정보 기술 등은 모두 이중적 결과를 수반하는 기술들이다. 과학과 기술에 의한 생산력이 이제는 파괴력으로 변해버리고, 인간의 인식 기획 능력이 장애의 잠재력으로 변할 수 있음을 그는 지적하고 있다.

이제 우리는 현대 상황에 대한 하버마스의 철학적 진단 내용을 살펴보아야 한다. 하버마스에 따르면, 더 이상 통일적인 세계관을 제공하는 것을 철학에 기대하지 않게 된 현재의 상황은 철학이 '제일과학'으로서 궁극적인 기반과 근거를 찾으려고 한 시도가 와해된 결과라고 그는 진단한다. 그래서 하버마스 역시 철학은 더 이상 칸트(Kant)나 헤겔(Hegel)이 추구했던 것처럼 거대한 형이

---

10) 하버마스, 같은 곳, 그 외 modernity에 대한 논의로는 1996년 5월 3일 제5차 아시아 · 아프리카 철학자대회 겸 한국철학회 1996년도 춘계학술발표회(서울대)에서 행한 "Conceptions of Modernity" 강연이 있다. 이 강연에서의 modernity 개념의 내용은 본문의 논의와 조금 다른 면이 있어서, 필자는 여기서 주로 『현대성의 철학적 담론』의 내용을 언급하도록 한다.

상학적 도식과 같은 것을 희망할 수 없다고 본다. 따라서 그는 철학은 자연과학, 그리고 사회과학과 새로운 관계를 정립해야 하며, 이미 부분적으로 새로운 관계가 정립되었다고 보고 있다.

하버마스는 근대 이후 합리성의 진보가 인식적, 도구적 합리성의 주도 하에서 경험주의적 편향화와 일방화를 거치면서 현대의 위기를 가져온 것으로 진단한다. 그는 이러한 상황을 의사 소통적 합리성이라는 규범에 기반한 사회 비판 이론(社會批判理論)을 가지고 극복하고자 한다. 이 때문에 하버마스에게서 비판 이론은 두 가지 과제를 갖는다. 하나는 철학적 과제이고, 다른 하나는 사회과학적 과제다. 철학적 과제는 합리성에 대한 규범적 이론을 개발하는 것이다. 다른 하나는 서구적 사회합리화의 과정과 관련시켜 모더니티(Modernity)를 경험적으로 분석하는 일이다. 사실상 서구 근대화와 합리성에 대한 비판은 비판 이론 제1세대들(호르크하이머, 아도르노, 마르쿠제)의 관심사였다. 서구의 합리성에 대한 비판은 이성 비판(理性批判)이며, 이것은 자율적이고 합리적인 주체로서의 인간을 상정하는 근대 철학의 인식론적 기반에 대한 비판이다. 주체에 대한 비판은 철학 내적으로는 체계로서의 철학과 인식론에 대한 비판이 된다. 또한 주체에 대한 비판은 총체성에 대한 비판이며, 역사에 대한 비판으로 이어진다. 이러한 모든 비판이 집약된 것이 호르크하이머와 아도르노의 저서 『계몽의 변증법』11)이다.

하버마스는 테크노크라티(Technokratie)가 현대 사회를 지배하고 기술과 과학이 이데올로기로 사용되며, 지배 권력을 위해 조직된다고 파악한다.12) 이러한 상황에 대한 명확한 인식과 이해를 돕

---

11) M. Horkheimer, T. W. Adorno, *Dialektik der Aufklärung* (Amsterdam, 1947).

12) 이상화, 「철학과 비판적 사회 이론 — 포스트모더니즘과 비판 이론을 중심으로」, 韓國文化硏究員 論叢(人文科學・社會科學 論集 第65輯 第1・2號), 梨花女子大學校, 1994, 113쪽 참조.

기 위해서 그는 인식 주도적인 관심(Interesse)의 유형을 구별하여 설명하고 있다.

하버마스는 관심의 유형[13]을 다음의 세 가지로 설명한다. 첫째는 '기술적 혹은 도구적 관심'이 있는데 이는 '경험-분석적 과학(Empirisch-analytischen Wissenschaften)'을 지배하고 있다. 여기서는 '의미(意味)'를 경험적 사실에 한정함으로써 그 타당성은 공리적인 행위 체계 안에서 기술적인 이용 가능성에 의존하게 된다. 여기서 제안된 기준은 '합목적적 행위'에 의한 수단-목적적 실용주의다. 이러한 점은 바로 현대 과학 기술의 이데올로기에서 추출된다. 하버마스는 이것을 "객관화된 과정을 기술적으로 지배하기 위한 인식적 관심"이라고 정의하는데 통상 '실증주의'로 알려져 있다. 이 부분이 현대 사회의 단면적인 모습이라고 해도 과언이 아니다.

관심의 두 번째 범주는 '실천적 관심'이다. 이 실천적 관심은 의사 소통 행위의 모델에 적합하다. 실천적 관심은 상호 주관적 행위의 영역을 지칭한다. 하버마스에게서 이것은 '역사-해석학적 과학(Historisch-hermeneutischen Wissenschaften)'의 영역을 지칭한다. 이는 일상적인 언어에서 교환된 메시지의 해석을 통해 성취된 의미의 '인간적인 차원'을 이해하려고 한다. 이 영역에서 의미 이해는 일상 언어 속에서 변경된 메시지에 관한 해석을 통해서, 문화 전통의 텍스트에 의해 전달된 텍스트들의 해석에 의해서 그리고 사회 역할을 규정하고 있는 규범의 내면화에 의해서 획득된다.

세 번째 범주는 '해방적 관심'인데 하버마스는 이를 '자기 반성(Selbstreflexion)'[14]이라 부르기도 한다. 그는 이것을 비판적 사회과

---

13) J. Habermas, *Technik und Wissenschaft als Ideologie*, Suhrkamp Verlag, 1981, 155-158쪽 참조. 리쾨르 역시 하버마스의 '관심의 유형'에 대해 상세하게 설명하고 있다. P. Ricoeur, *Hermeneutics & the Human Science*, ed by John B. Thompson, Cambridge University Press, 1981, 78-83쪽 참조. 그리고 신응철, 『해석학과 문예 비평』, 예림기획, 2001, 92-94쪽 참조.

학과 연결시키고 있다. 비판적인 사회과학(Kritische-Sozialwissen-schaften)에서 주된 범주 중의 하나는 '자기 반성'이다. 자기 반성(自己反省)15)은 허위 의식을 분석적으로, 실천적으로 조명해주며 오류의 근원을 분석적으로 파악하여 의식을 그 오류의 사슬로부터 실천적으로 해방시켜준다. 그러면 자기 반성을 내포하고 있는 과학은 어떤 것인가? 하버마스는 프로이트의 '정신분석학'을 그 좋은 예로 든다. 왜냐 하면 정신분석학은 기억된 삶의 역사를 재구성할 뿐만 아니라, 기억의 배후를 찾아들어가 주체의 왜곡된 의식과 자기 환상을 파악하려고 하기 때문이다. 하버마스가 정신분석학을 해방적 성찰의 원형으로 제시하는 이유는, 정신분석학이 환자의 혼란된 자아 형성 과정을 밝혀내고 있듯이 또한 인간 역사의 형성 과정에 내재되어 있는 억압 관계를 드러내고 있다고 믿기 때문이다. 그리고 프로이트적인 방법은 마르크스적인 것보다 광범위하여 노동의 조직뿐만 아니라 욕구 과잉과 현실 억압과의 갈등 관계를 영구화시키는 '제도 자체'의 발전에도 주목하고 있는 것이 특징이다. 이로써 하버마스는 자기 반성의 주제를 프로이트적인 계몽주의와 관련시켜 인간의 문화적 예속을 합리적 토대 위에서 재구성하려고 한다.

이상의 하버마스의 논의를 좇아가다보면, 주어진 현실에 대한 인식의 유형을 알아차릴 수 있고, 그러한 인식의 유형 중 우리가 궁극적으로 어떤 유형을 좇아야 할지가 암시적으로 드러나게 된다. 세계화가 '현대성'으로 표현될 때, 하버마스에 따르면, 현대성에 대한 올바른 인식은 궁극적으로 해방적 관심에 근거한 인식이 된다. 해방적 관심에 들어 있는 자기 비판적 기능은 허위 의식을 드러내주며, 오류의 근원을 밝혀내기 때문이다. 하버마스가 분

---

14) J. Habermas, *Erkenntnis und Interesse*, Frankfurt / M. 1968, 244쪽 참조.
15) J. Habermas(1981), 같은 책, 159쪽 참조.

류하고 있는 인식의 유형은 또한 이제 우리 앞에 놓인 세계화라는 상황에 대해서 '철학은 어떤 역할을 해야 하는가'라는 문제에 대해서도 마찬가지로 적용된다고 필자는 생각한다.

2) 세계화 시대에서 철학의 역할(비판 이론의 관점)

세계화를 긍정적으로 바라보든 부정적으로 바라보든 간에 우리에게 관심은 '아직도 철학이 필요한가?'라는 질문의 유효성이다. 우리가 비판 이론의 입장에 서 있는 하버마스의 논의에 동의한다고 하면, 이 시대의 철학은 시대 비판을 수행하는 역할을 해야 하며, 이데올로기적으로 왜곡된 시대상의 본질을 폭로해내야 한다. 세계화가 하나의 세계관으로 주어지고, 우리의 삶의 모든 부분에 많은 반향을 불러일으킨다면, 우리는 세계화의 본질을 꿰뚫어보아야만 한다.

비판 이론의 입장에서 본다면, 세계화는 하나의 통치 이념이며, 이 통치 이념은 인간의 규범 및 가치관에 절대적인 영향을 미치기 때문에 오늘날 우리가 처한 현대를 특징짓는 하나의 현대성으로 이해해볼 수 있다. 이미 앞에서 살펴보았던 일등주의, 제일주의, 무한 경쟁, 생존 전략 등은 분명 우리에게 이데올로기로 작용하고 있는 허위 의식이 아닐 수 없다. 그렇기 때문에 철학은 이러한 세계화에 대해서 끊임없는 비판을 제기할 수 있는 것이다. 그런데 문제는 이러한 비판에 대한 대안과 관련해서 비판 이론은 우리에게 별다른 대답을 제시하지 못하고 있다.

하버마스에 따르면, 세계화 개념이 갖는 이데올로기성을 폭로하는 데에서는 전제 조건이 필요한데 그것은 바로 '자기 반성' 능력[16]이다. 여기서 자기 반성이란, 실체화되어버린 어떤 힘(이데올

---

16) J. Habermas, *Technik und Wissenschaft als Ideologie*, Suhrkamp Verlag,

로기로서의 세계화)에의 종속으로부터 인간 개개인을 해방시켜내는 능력을 말한다. 이는 개인의 성숙성, 자율성, 책임성이 전제되어야만 하고, 이를 바탕으로 하여 이성을 사용할 때 자기 반성은 효력을 발휘하게 된다.

개개인은 저마다 자기 반성 능력을 지니고 있다고 가정한다 하더라도, 어떤 문제에 대해서 그들 상호간에 불일치하거나 충돌하는 부분이 있을 수 있다. 그러한 부분에 대해서 하버마스는 담론(Diskurs)[17]을 통해 의사 소통 참여자들간의 합의를 이끌어내고자 한다. 하버마스는 진리는 담론을 통해서 이루어진다고 보고 있는 것이다. 그렇기 때문에 담론을 통해서 이루어지는 합의는 곧 담론에 참여한 사람들 사이에서는 참된 합의로 간주된다. 이것은 암묵적으로 담론의 참여자들 사이에서 말해진 것이 이해될 수 있고(verständlich), 명제적 내용이 참되며(wahr), 수행적 요소가 정확하며(recht), 의도가 성실하게(wahrhaftig) 표현되었다고 전제하기 때문에 가능하다.

세계화를 바라보는 다양한 견해를 지금까지 다루면서 우리는 불충분함을 느끼게 된다. 모두가 저마다의 관점에서 세계화를 진단하지만, 그에 대한 설득력 있는 대안은 제시해주지 못하고 있기 때문이다. 그런데 우리는 이제 세계화를 이해하는 데 새로운 패러다임을 만날 수 있게 된다. 그것은 바로 해석학적 방식이다.

4. 세계화에 대한 해석학적 접근과 이해

해석학적 방식이 얼마나 세계화를 설명할 수 있으며, 그것을 해

1981, 159쪽 참조.

17) J. Habermas, *Erkenntnis und Interesse*, Frankfurt / M. 1968, 115쪽 참조.

석해낼 수 있고, 대안을 제시해줄 수 있을까? 이 물음과 관련하여 필자는 비판 이론에서 해석학으로의 전환이 필요하다고 판단한다.

1) 비판 이론적 이해에서 해석학적 이해로

비판 이론은 세계화의 특징을 이데올로기적으로 규정하고, 이에 대한 비판이 핵심을 이루고 있다. 비판 이론의 이러한 자세는 '인간 이성'에 대한 신뢰에서 비롯되는 태도다. 하버마스는 세 가지 관심의 영역 가운데 해방적 관심에 강조 점을 둔다. 자기 반성 능력을 지니고 있는 주체가 성숙한 차원에서 이성을 사용한다면, 그때 이루어지는 사회의 유형은 '이성적인 사회'가 될 수 있다. 어떤 문제가 발생할 경우, 담론의 장을 통해 해결할 수 있는 것이다. 이때 담론에 참여하는 구성원들간의 관계는 마치 프로이트 정신분석학에서 나타나는 의사와 환자의 관계와 유사하다고 할 수 있다. 그런데 이러한 하버마스의 논의의 가장 중요한 난점은, **인간의 이성을 지나치게 신뢰한다는 점**이다. 이것은 달리 표현하면, 인간의 유한성에 대한 인식이 소극적이라는 것을 반영하고 있다. 여기서 더 나아가 의사와 환자의 관계에서 주어진 현실 상황의 문제점을 진단할 때, 누가 의사의 역할을 할 것이며, 누가 환자의 역할을 할 것인가가 문제로 대두된다. 또한 의사의 역할을 하는 사람 그 역시 또 다른 형태의 왜곡의 상태, 즉 환자의 상태가 될 수도 있다는 사실을 하버마스는 적절하게 설명해주지 않고 있다.

이상의 논의를 종합해보자. 비판 이론의 관점에서 본다면 세계화란 현대를 특징짓는 하나의 현대성이며, 이 현대성은 이데올로기적인 요소를 다분히 띠고 있다. 그래서 비판 이론이 이러한 상황에 대처할 수 있는 방식은 이성의 비판적 기능의 회복을 통해서 세계화의 이데올로기 성을 폭로해내는 일이다. 그런데 어떤 식으로 이성을 평가하며 활용할 것인가에 대해서는 문제가 있음이 드러났다. 그렇기 때문에 이제 우리에게는 새로운 형식의 패러다임이 요구되는 것이다.

세계화를 바라보는 관점이 이제는 비판 이론의 관점에서 해석학적인 입장으로 전환되어야 할 시점이라고 필자는 생각한다. 해석학적 관점은, 우선 인간의 현재의 지평을 인정하고(달리 표현하면, 인간의 인식과 경험의 유한성을 인정하고), 현재의 지평은 과거의 전통과의 관련성 속에서 미래를 제시해준다는 입장을 견지한다. 혹시라도 현재의 왜곡된 부분이 있다면, 그러한 부분은 구성원간의 대화 관계를 통해서 극복될 수 있다고 파악하는 것이 해석학의 기본적인 입장이다.

그렇다면, 해석학적 이해가 어떤 식으로 세계화를 설명할 수 있는가? 우리는 해석학적 이해 방식의 유형과 세계화와의 관계를 다음의 몇 가지 관점에서 살펴볼 수 있을 것이다.

첫째, 해석학적 이해는 전통(傳統)과의 연관 속에서 현재의 상태를 이해한다. 이 때문에 여기서 나타나는 현실 인식에 대한 태도는 현재의 세계화는 우리의 전통과 단절된 채 있을 수 없고, 전통의 의미를 분명히 인식할 때만 세계화의 의미가 제대로 이해될 수 있다는 입장이다. 이러한 해석학적 입장을 나타내는 인물이 가다머(Hans Georg Gadamer)[18]다. 우리가 가다머의 견해를 수용하여 이 문제에 적용해본다면, 세계화의 부정적인 성격을 논하기에 앞서서 우리의 전통에 대한 올바른 평가가 선행되어야 한다. 사실상 우리의 전통(혹은 전통 문화)을 한마디로 표현하는 것이 문제가 될 수는 있지만, 김용운 교수는 우리의 전통적 정신성을 '선비 정신'과 '평등 의식'이라고 파악한 바 있다.[19] 이제 이러한 우리의 전

---

18) H. G. Gadamer, *Wahrheit und Methode*, Tübingen, 1986, 263쪽 참조.
19) 金容雲(한양대 교수), 「우리 文化의 世界化」, 全國經濟人聯合會, 제9回 最高

통적 사고가 어떻게 세계화 시대에 적응할 것인가라는 문제가 대두된다. 그래서 세계화 시대는 우리 고유의 정신, 우리 고유의 문화를 근거로 할 때 비로소 올바른 이해가 가능해진다. 이를 달리 표현하면, 보편과 특수, 전체와 개별은 서로 분리되어서는 이해되지 않는다는 원리다. 이러한 논리에 근거하게 되면 세계화 시대를 대처할 수 있는 하나의 길로서, 우리는 다름아닌 바로 우리의 문화나 우리의 민족 의식을 더욱 세련된 것으로 고양(高揚)시키는 일을 생각할 수 있겠다.

둘째, 해석학적 이해는 현재의 지평(地平)을 더욱 중요하게 생각한다. 해석학적 이해의 중심에는 항상 현재의 우리 지평이 문제가 되는데, 이러한 의식은 모든 문제를 접할 때도 마찬가지로 적용된다. 현재의 우리 지평이라 함은, 우리의 현재의 모습이 선비 정신이나 평등 의식과 같은 우리의 전통적인 사유 방식에 근거해 있지만 실제 생활 영역은 세계화 시대라고 하는 장에서 이루어진다. 그렇다면 여기에는 긴장이 놓이게 된다. 전통과 현실이라는 이 긴장 관계는 무시하거나 배척해버릴 성질이 아니라 오히려 이 긴장 관계로 말미암아 우리는 현실의 조건에 얽매이지 않을 수 있게 되며 미래에 대해서도 희망을 가질 수 있게 되는 것이다. 이제 현실에서의 우리의 삶의 모습은 어떤 방식으로 되어야 하는가가 중심 문제가 된다. 이 문제와 관련해서 우리는 가다머가 이미 파악하고 있는 '나-너 관계(I-thou relationship)'의 모델[20]을 활용할 수 있을 것이다.

가다머는 세 가지 형태의 나-너 관계를 설명한다. 첫 번째는 한 영역 내에서 대상으로서의 너, 두 번째는 반성적인 투사(投射)로서의 너, 세 번째는 전통의 발화 자로서의 너다. 각각의 특징을 간

經營者 夏季轉地세미나(1995. 7. 21~24), 『全經聯』, 1995-8월호, 35쪽 참조.
20) H. G. Gadamer, *Wahrheit und Methode*, Tübingen, 1986, 340쪽 이하 참조.

략히 살펴보면, 첫 번째 유형은 타자를 하나의 대상으로 간주하는 입장인데, 이러한 사유는 모든 귀납적 사유에 내재되어 있다. 사실상 첫 번째 유형이 오늘날 자연과학의 영역, 기술주의, 산업주의의 핵심 내용을 이루고 있다고 해도 과언이 아니다. 만약 우리가 이러한 관계에 계속해서 머물게 된다면, 인간과 자연의 관계에서 자연은 항상 정복의 대상으로서 존재하게 되고, 인간은 무한정의 개발 전략만을 갖게 된다. 따라서 이러한 사유의 결과는 '환경 파괴', '생태계 파괴'라는 결과를 초래하게 된다.

두 번째 유형은, 타자를 하나의 인격체로 바라보는 입장이다.[21] 그런데 문제는 타자의 인격성이 여전히 나의 반성 속에 갇혀버리게 된다는 점이다. 이를 현대 세계가 처한 핵 문제로 더 확장시켜 본다면, 프랑스나 중국이 '자국의 안보'를 위해서 계속해서 핵실험을 강행하고 있는데, 이것은 인류 평화, 인류 공존이라는 보편성에 위배되는 특수성에 지나지 않게 된다. 이러한 단계에 우리의 의식이 갇히게 되면, 미국식의 문화가 우리나라로 침투해 들어오는 현상에 대해서도 비판의 여지를 갖지 못하게 된다. 이뿐만 아니라 미국식의 문화가 우리의 문화로 둔갑해버리는 경우까지 벌어지게 된다. 그 예로 사실 지금도 미국의 빌보드차트의 노래 순위가 우리나라의 젊은이들에게 그대로 통용되고 있지 않은가? 이 단계의 의식 수준에서는 미국의 개방 논리, 미국이 추진하는 세계화의 논리에 대응할 수 없게 된다.

마지막 세 번째 유형은, 타자에 대한 본래적인 개방성을 그 특징으로 하고 있다.[22] 이는 나로부터 의미를 투사하는 관계가 아니라 어떤 것이 저절로 말해지도록 하는 진정한 개방성을 갖는 관계를 말한다. 이러한 관계에서 나타나는 의식은, 타자가 나보다 더

---

21) H. G. Gadamer(1986), 같은 책, 341쪽 참조.
22) H. G. Gadamer(1986), 같은 책, 343쪽 참조.

잘 이해할 수 있고, 나보다 더 나을 수 있다고 인정할 줄 아는 태도다. 이러한 태도는 미래에 대한 비전이 있게 되는데, 정해진 형식의 비전이 아니라 항상 타자와의 대화 관계를 통해서 형성된 비전이다. 그렇기 때문에 그 구성원간의 관계가 매우 중요하며, 각 개별 구성원들은 모두 미래에 대한 비전을 제시할 수 있는 능력을 담지하고 있는 유의미한 존재들로서 여겨지게 된다.

이처럼 가다머가 제시하는 나-너 관계의 방식을 따라 우리가 세계화를 이해한다고 할 것 같으면, 우리의 전통 문화의 고양이 곧 세계화 시대에 대처할 수 있는 가장 긴요하면서도 확실한 방법이 될 수 있다. 그리고 각 개별 민족간의 정체성(Identity)이 인정된다는 전제 조건이 확립된 이후에 제기될 수 있는 문제는, 그럼 어떤 이념이 세계화 시대의 이념 모델로 될 수 있겠는가 하는 점이다.

2) 해석학적 사회에서 코즈모폴리터니즘으로

세계화를 해석학적 이해 방식에 따라 이해한다면, 그렇게 이해된 사회를 우리는 '해석학적 사회'라 부를 수 있을 것이다. 해석학적 사회의 진정한 이념은 타자(他者)를 인격체로서 인정하는 동시에 타자와의 대화 관계를 통한 미래에의 비전을 갖는 것이다. 해석학적 사회에서는 앞에서도 살펴보았듯이 가다머가 제시하고 있는 나-너 관계의 세 번째 유형이 통용되는 사회 형태인 것이다. 해석학적 사회라 하더라도 그 사회가 나아갈 근본적인 방향은 대략 상정되어야 한다. 그 방향이 일방적으로 확정되어 있다면 가다머 역시 반대하겠지만, 인간이 자신의 이성을 제대로 사용하여 합의할 수 있는, 그러니까 누구나 동의할 수 있는 그런 방향이란 묵시적으로 인정되는 것이다. 그런 관점에서 필자는 해석학적 사회를 지탱해주고 이끌어나가게끔 해주는 이념적 모델로서 '코즈모폴리터니즘(Cosmopolitanism)'을 제시하고자 한다.

코즈모폴리터니즘이란, 사전적인 의미로는 사해동포주의라 할수 있다. 사해동포주의는 경쟁 관계, 파괴와 개발의 전략이 통용되지 않고, 공존과 공영의 이념이 통용되는 하나의 이념 모델이라 할수 있다. 이 코즈모폴리터니즘을 협의적인 의미로 본다면, '관용(寬容)의 미'가 통용되는 '더불어 잘사는 사회'를 만들 수 있는 이념이라 할 수 있다. 이러한 이념이 통용되는 세계화는 우리가 반대할 필요도 비판할 필요도 없게 된다. 오히려 우리가 추구해야 할 하나의 모델이 될 수 있다. 우리는 이러한 모티브를 칸트(Immanuel Kant)에게서 발견할 수 있다.23) 칸트가 제시한 영원한 평화를 위한 조항은 실제로 유엔의 창설 이념이 되었고, 오늘날까지 국제 사회의 분쟁을 효과적으로 해결하고 있는 것을 볼 수 있다. 이렇게 본다면 세계화라는 현상은 오늘날 우리가 당면하고 있는 시대 문제에서만 나타나는 것이 아니라, 이미 유엔의 창설로 그 기원을 거슬러 올라갈 수 있을 것이다. 우리가 말하고 있는 지금의 세계화는 주로 인문주의적, 정치·경제학적 측면의 혼돈 및 단일화 현상을 일컫고

---

23) 칸트는 『영원한 평화를 위하여(*Zum ewigen Frieden*)』(이한구 譯) : 서광사, 1992에서 영원한 평화를 위한 조항들을 설명하고 있다. 국가간의 영원한 평화를 위한 예비 조항으로, ① 장차 전쟁의 화근이 될 수 있는 재료를 암암리에 유보한 채로 맺어진 어떠한 평화 조약도 결코 조약으로 간주되어서는 안 된다. ② 어떠한 독립 국가도 상속, 교환, 매매 혹은 증여에 의해 다른 국가의 소유로 전락될 수 없다. ③ 상비군은 결국 완전히 폐지되어야 한다. ④ 국가간의 대외적 분쟁과 관련하여 어떠한 국채도 발행되어서는 안 된다. ⑤ 어떠한 국가도 체제와 통치에 폭력으로 간섭해서는 안 된다. ⑥ 어떠한 국가도 다른 나라와의 전쟁 동안에 장래의 평화 시기에 상호 신뢰를 불가능하게 할 것이 틀림없는 다음과 같은 적대 행위, 예컨대 암살자나 독살자의 고용, 항복 조약의 파기, 적국에서의 반역 선동 등을 해서는 안 된다. 그리고 그는 영원한 평화를 위한 확정 조항을 다음과 같이 말한다. ① 모든 국가의 시민적 정치 체제는 공화정 체제여야 한다. ② 국제법은 자유로운 국가들의 연방 체제에 기초하지 않으면 안 된다. ③ 세계시민법은 보편적 우호의 조간들에 국한되어야 한다. 96-99쪽 참조.

있는 것이라 볼 수 있다. 필자는 세계화 시대에 인류 전체를 하나의 공동체로 유지시켜줄 수 있는 이념이 코즈모폴리터니즘이라고 제시했지만, 이것이 얼마나 유효성을 띨 수 있을지는 사실상 미지수다. 왜냐 하면, 그 유효성의 문제는 각 개별 민족, 각 개개인들의 성숙성(Mündigkeit), 자율성(Autonomie), 책임성(Verantwortung)에 달려 있기 때문이다.

5. 나오는 말

지금까지 우리는 세계화를 여러 가지 입장에서 살펴보았다. 특히 인문주의적 입장에서는 세계화를 '지구촌'이라는 의미에서 파악해보았으며, 정치·경제학적 입장에서는 세계화를 '무한 경쟁 체제'로 이해했다. 이러한 세계화에 대한 진단에서 철학의 역할을 고려할 때, 우리는 시대 비판의 기능으로서 비판 이론의 입장을 따랐다. 비판 이론은 세계화 시대에도 '아직도 철학이 필요한가?' 라는 물음이 여전히 유효하고 통용될 수 있음을 강조하였다. 특별히 세계화가 이데올로기적 성격으로 우리들에게 접근해올 때는 더욱더 비판적 기능을 발휘해야 한다는 점에서 비판 이론의 의미를 확인하였다.

비판 이론의 입장을 계승하고 있는 하버마스의 견해를 따라서 우리는 세계화를 그의 용어로 '현대성'이라고 표현해보았으며, 이러한 현대성을 진단하고 있는 전략들을 살펴보았다. 예컨대 그는 세 가지 차원의 관심의 영역을 구별하고 있다. 첫째는 기술적 관심인데, 이는 자연과학적인 학문의 영역에 널리 통용되는 관심으로서, 오늘날 우리의 산업화를 이끄는 핵심적인 개념임을 알 수 있었다. 문제는 이 영역에서는 항상 타인이나 자연을 하나의 대상으로만 바라본다는 것이다. 이러한 상황에 계속해서 안주할 경우, 끊임없이 인간의 개발, 진보라는 이념에만 매몰되게 되는데 이러한 상황에서 벗어날 수 있는 길이 바로 실천적 관심이다. 실천적 관심은 역사·해석학적 학문 분야에 해당하는 것으로서 여기서는 의미 이해를 주요 문제로 삼는다. 따라서 여기에서 주요 관심사는 주어진 역사나 사회에 대한 인간적인 이해 차원이 문제가 된다. 마지막으로 그는 해방적 관심을 말한다. 해방적 관심은 항상 '자기 반성' 능력을 지니고 있으며, 성숙한 단계에 있기 때문에 자신의 이성의 사용은 항상 자율성, 책임성을 띠고 있다. 이상의 세 가지 관심의 영역 가운데 하버마스는 궁극적으로 세 번째 관심으로 이행해나가야 한다는 것이다. 이러한 하버마스의 도식에 우리는 기본적으로는 공감했었다. 왜냐 하면 현재 우리가 처한 현대라는 지평이 기술적 관심이 지배하는 영역이라면, 여기서 벗어나는 길만이 인류에게 인간다운 삶의 비전을 제시해줄 수 있다는 의미에서다.

다음으로 우리는 비판 이론의 관점에서 진단한 세계화 현상에 대해 어느 정도는 수긍하면서, 미흡한 부분 — 인간의 이성에 대한 절대적인 신뢰를 보이는 면, 그리고 대처 방안 등 — 을 해석학적 이해의 차원에서 해결하려고 했다. 해석학적 이해란, 우선 인간의 현재의 지평을 인정하고, 현재의 지평은 과거의 전통과의 관련성 속에서 미래를 제시해준다는 입장을 견지한다. 혹시라도 현재의 왜곡된 부분이 있다면, 그러한 부분은 구성원간의 대화 관계를 통해서 극복될 수 있다고 파악하는 입장이다. 여기서는 주로 가다머의 견해를 따랐으며, 가다머는 해석학적 이해의 유형을 세 가지의 나-너 관계로 설명하였다.

첫 번째는 한 영역 내에서 대상으로서의 너, 두 번째는 반성적인 투사(投射)로서의 너, 세 번째로는 전통의 발화자로서의 너다. 첫 번째 유형은, 타자를 하나의 대상으로 간주하는 입장인데, 이러한 사유는 모든 귀납적인 사유에 내재되어 있고, 사실상 오늘날 자연과학의 영역, 기술주의, 산업주의의 핵심 내용을 이루고 있다고 해도 과언이 아니다. 만약 우리가 이러한 관계에 계속 머물게 된다면, 인간과 자연의 관계에서 자연은 항상 정복의 대상으로서 존재하게 되고, 인간은 무한정의 개발 전략만을 갖게 된다. 따라서 이러한 사유의 결과는 '환경 파괴', '생태계 파괴'라는 결과를 초래하게 된다.

두 번째 유형은, 타자를 하나의 인격체로서 바라보는 입장이다. 그런데 문제는 타자의 인격성이 여전히 나의 반성 속에 갇혀버리게 된다는 점이다. 마지막 유형은, 타자에 대한 본래적인 개방성을 그 특징으로 하고 있다. 이는 나로부터 의미를 투사하는 관계가 아니라 어떤 것이 저절로 말해지도록 하는 진정한 개방성을 갖는 관계를 말한다. 이러한 관계에서 나타나는 의식은, 타자가 나보다 잘 이해할 수 있고, 나보다 더 나을 수 있다고 인정할 줄 아는 태도다. 이러한 태도는 미래에 대한 비전이 있게 되는데, 정해진 형식의 비전이 아니라 항상 타자와의 대화 관계를 통해서 형성된 비전이다. 그렇기 때문에 그 구성원간의 관계가 매우 중요하며, 각 개별 구성원들은 모두 미래에 대한 비전을 제시할 수 있는 능력을 담지하고 있는 유의미한 존재들로 여겨지게 된다.

마지막으로 우리는 가다머의 나-너 관계의 세 번째 유형을 따르는 해석학적 이해를 근거로 하여 세계화를 진단한다고 할 때, 우리에게 주어질 미래의 상을 그려볼 필요가 있었다. 이러한 미래의 상은 지금의 우리의 현실을 바로 이끌어주는 규범적인 기능을 수행할 수 있다는 면에서 매우 중요한데, 이를 우리는 '코즈모폴리터니즘'에서 찾아보았다. 여기서 말하는 코즈모폴리터니즘이란 사해동포주의를 뜻하는 것으로서, 이러한 이념은 우리들에게 경쟁이나 개발의 전략을 제시해주는 게 아니라 공존, 공생의 지침을 제시해준다는 사실을 알 수 있었다. 바로 이러한 이념이 세계화 시대에 우리가 바랄 수 있는 비전이 된다고 우리는 파악하였다.

무엇보다도 우리는 세계화에 대한 이 논의의 접근 방식이 비판 이론의 측면에서 해석학적 측면으로 전환할 때, 오늘날 우리의 위기 의식을 해소시킬 수 있다는 점을 강조했다. 비판 이론은 세계화가 지닌 이데올로기성, 즉 일등주의, 제일주의, 생존 전략 등을 하나의 통치 이념으로 비판하고, 이런 왜곡된 시대상의 본질을 폭로하는 점에서 크게 기여하고 있지만, 미래에 대한 대안을 제시하지 않고 있다. 그래서 우리는 해석학적 이해로 전환하였던 것이다.

세계화에 대한 해석학적 이해에 따르면, 우리의 전통에 대한 올바른 평가가 선행되어야 하는데, 우리의 전통 혹은 전통 문화의 정신은 '선비 정신', '평등 의식'과 같은 것이었다. 그래서 여기서는 세계화를 우리의 고유 정신, 우리 고유의 문화를 근거로 하여 이해하였다. 따라서 우리의 문화, 우리의 민족 의식을 더욱 세련된 것으로 고양시키는 것이 세계화 시대에서 우리의 대안 내지 전략이 된다. 세계화 시대는 '전통'과 '현실'의 긴장 관계를 통해 이해되어야 하며, 해석학적 이해는 우리에게 이런 측면에서 많은 도움을 제공하고 있다.

□ 참고 문헌

김용운, 「우리 문화의 세계화」, 『전경련』 1995-8월호.
계명대 철학연구소 편, 『인간과 자연』, 서광사, 1995.
마샬 맥루한(임상원 역), 『구텐베르크 은하계 ― 활자 인간의 형성 (*The Gutenberg Galaxy ― the making of typographic man*)』, 커뮤니케이션북스, 2001.

박성배, 「민족 문화와 세계 문화」, 『인간다운 삶과 철학의 역할』, 한국철학회, 1995.

박이문, 『문명의 위기와 문화의 전환』, 민음사, 1996.

박이문, 「지구촌은 아직 없다」, 『동아일보』(1995. 10. 8), 5면.

백완기 편, 『국제화에 대한 사회과학적 이해』, 박영사, 1995.

사회와철학연구회, 『세계화와 자아정체성』, 이학사, 2001.

송 자, 「초경쟁 시대를 돌파하는 경영자의 전략과 사고」, 『전경련』 1995-8월호.

신응철, 『해석학과 문예 비평』, 예림기획, 2001.

이상화, 「철학과 비판적 사회 이론 — 포스트모더니즘과 비판 이론을 중심으로」, 한국문화연구원 논총(인문과학·사회과학 논집 제65집 제1·2호), 이화여대, 1994.

카프라, 『새로운 과학과 문명의 전환』(이성범 외 역), 범양사, 1986.

칸트, 『영원한 평화를 위하여』(이한구 역), 서광사, 1992.

Gadamer, H. G., *Wahrheit und Methode*, Tübingen, 1986.

Habermas, Jürgen., *Der philosophische Diskurs der Moderne*, 『현대성의 철학적 담론』(이진우 역), 문예출판사, 1994.

Habermas, Jürgen., *Erkenntnis und Interesse*, Frankfurt / M. 1968.

Habermas, Jürgen., *Technik und Wissenschaft als Ideologie*, Suhrkamp Verlag, 1981.

Ricoeur, Paul., *Hermeneutics & the Human Science*, ed by John B. Thompson, Cambridge University Press, 1981.

Stump, Samuel. E., 『서양철학사』(이광래 역), 종로서적, 1989.

인식, 자연화, 그 진화론적 적용의 문제*

홍 병 선

1. 들어가는 말

지금으로부터 100여 년 전 그토록 벗어나고자 했던 자연주의[1] 가 그때와는 전혀 다른 모습으로 20세기 후반 들어 또다시 등장하

---

* 이 논문은 2002년 11월 제15회 한국철학자대회에서 읽은 것으로, 논평해주신 최희봉 박사와 여러 선생님들의 지적을 받아들여 수정·보완한 글이다.

1) 서양 근대의 인식론은 한마디로 '기술적 인식론'으로 규정지을 수 있다. 당시 철학자들은 지식의 원천과 범위에 관심을 기울이고 지식이 어떻게 획득되는지에 관해 심리적으로 기술하는 것을 주요 과제로 여겼다. 그러나 이러한 심리주의적 방식은 프레게(Frege)를 비롯한 논리실증주의자들의 비판을 받기 시작하면서, 인식론적인 문제를 심리적인 것과 엄격히 구분하게 되고 따라서 논리적인 문제로 여기게 된다. 말하자면, 인식론을 믿음의 정당성을 문제삼는 규범학으로 규정지으면서, 기술적 인식론으로부터 벗어나게 된다. 20세기 전반, 특히 프레게나 카르납을 비롯한 일상언어학파 등에 의해 전개된 철학의 새로운 방향은 더 이상 철학을 과학과 같은 항렬에 속한 것으로 파악하지 않았다. 이는 동시에 자연주의로부터 벗어나게 된다는 것을 의미한다. 그래서 이들은 과학을 선험적인 개념의 분석을 통해 이해하려 한 점에서 반자연주의적이라 할 수 있다. 이와 관련된 주장은 Kitcher(1992)를 참조하기 바람.

게 된다. 어렵사리 벗어난 자연주의가 이와 같이 재등장한 배경에는 필시 그 사정이 전과 다르기에 그리 쉽게 물러날 기세는 아닌 듯하다. 이러한 자연화의 움직임은 비단 인식론에서 뿐만 아니라 윤리학, 심리철학, 언어철학 그리고 과학철학 등에 이르기까지 철학 전 영역에 걸쳐 하나의 운동 내지는 경향성을 이루고 있는 실정이다.[2] 최근 인식론을 둘러싼 논의에서도 우리를 자연화라는 특정한 방향으로 집요하게 강요하듯 내몰고 있다는 인상이 짙은 것을 보면 뭔가 다르긴 다른 것 같다. 이른바 인식론에서의 자연화를 둘러싸고 전개된 지난 30여 년이 어떻게 보면 자연주의 경연장이라 할 정도로 이와 관련된 논의가 인식론적 논의의 대부분을 이루어온 것 또한 사실이다.[3] 동시에 이 말은 인식론 내부의 사정을 감안한다면, 기존 인식론의 판도에 대한 더욱 근본적인 변화의 요구를 한층 강화시켜 왔다는 말이기도 하다.

---

2) 이러한 경향은 윤리학의 경우 '도덕적 성질'을 '자연적 성질'에 의해 분석하려는 움직임이라고 한다면, 심리철학에서는 심리 상태의 '지향성'이 인과론적으로 결정된다거나 혹은 생물학적 목적이나 기능에 의해 결정된다는 점을 보임으로써 자연주의 원칙에서 벗어나지 않음을 보이려는 시도라 할 수 있다. 또한 언어철학에서도 '의미론적 개념'을 비의미론적 자연적 성질에 의해 분석하려는 일련의 경향으로 볼 수 있다. 물론 이러한 경향을 단일한 관점에서 파악하기는 어렵다. 만일 그 공통 분모를 찾는다면 전통적인 철학에서의 선험성, 환원주의, 통속심리학, 논리적 혹은 개념적 방법, 규범성 등과 연관된 특징을 배제하자는 의도가 그 바탕에 깔려 있다. 여기에는 자연과학의 성공을 기반으로 한 과학에 대한 신뢰가 그 근본적인 동기로 작용한 것으로 평가된다. 그래서 자연과학과의 연속성을 옹호하려는 일련의 시도로 파악하게 되는데, 매피는 이와 같은 견지에서 그 연속성을 여섯 가지 측면에서 찾고 있다. 즉, 맥락상의 연속성, 방법론적 연속성, 인식론적 연속성, 분석적 연속성, 형이상학적 연속성, 가치론적 연속성 등이다. 여기에서 형이상학적, 가치론적 연속성은 다시 제거론, 실재론, 반실재론으로 세분된다. Maffie(1990) 참조.
3) 인식론의 자연화를 둘러싸고 전개되는 논의에 대한 개괄적인 언급은 Maffie (1990)와 김동식(1995)을 참조하고, 자연화의 배경과 성격에 관해서는 Papineau (1993)를 참조하기 바람.

인식론에 대한 자연화의 요구는 우리가 어떻게 믿어야 하는지에 대해 충실히 그 답변을 마련해온 규범적 인식론이 이제는 더 이상 쓸모가 없기 때문에 몽땅 폐기하자는 입장일 수도 있고, 아니면 형식은 놔둔 채 그 내용물만이라도 교체하자는 것일 수도, 혹은 각각을 손질해서 서로 짜맞추어 다시 출발하자는 입장일 수도 있다. 하지만 그러한 요구의 이면에는 어떠한 입장이 되었든 이른바 기존의 인식론으로는 안 된다는 암묵적인 합의가 깔려 있는 것으로 보인다. 말하자면, 이러한 합의에는 인식론에 관한 논의를 더 이상 규범적이고 선험적인 접근 방식이 아닌, 서술적이고 경험적인 접근에 따른 것으로 규정지으려는 시도로 보는 것이 좀 더 분명한 표현일 것이다. 그렇다면, 단순히 자연과학과 관련된 철학적 논의의 차원이 아닌 자연과학적 논의 자체를 인식론에 견고하게 결합시키려는 시도로 볼 수 있기 때문에, 기존의 인식론에 관한 논의와는 그 성격에서 전혀 다른 모습으로 드러나게 된다. 인식론에서의 자연화 계획을 이와 같이 규정지을 경우, 자연과학에서의 방법론을 통해 인식론을 해명하자는 것으로 이해할 수 있을 것이다. 이처럼 새로운 경향의 인식론이 자연과학적 방법론을 통해 해명하는 것이라고 한다면, 적어도 과학적 방법론을 통해 인식론을 해명하려는 다양한 시도가 여기에 포섭될 수 있을 것이다. 그 가운데 진화론적 설명 또한 과학적 설명 방법 가운데 하나이므로, 인식론에 대한 진화론적 설명 역시 자연화 계획의 일환에 따른 것임에 분명하다. 여기에 그 선구자격에 속하는 인물로 콰인 (W. V. O. Quine)을 꼽을 수 있는데, 그는 자신의 논문에서 "다윈에게 고무적인 요소가 있다"고 명시적으로 밝히고 있다.[4]

생물학의 한 분야로서의 진화론은 이제 인간에 대한 이해를 근본적으로 달리해야 함을 요구할 정도로 세련되고도 견고한 이론

---

4) Quine(1969b) 참조.

으로 자리잡아왔다.5) 어찌 보면 기존의 자연과학적 방법론을 대치하고도 남을 정도의 괄목할 만한 성과에서 그 새로운 가능성에 기대를 걸고 있는지도 모르겠다. 이 입장에서 인간도 많은 유기체 가운데 하나인 점을 감안한다면 인간과 관련된 어떠한 논의도 그 속에서 다룰 여지가 있고 또 이를 부인할 수 없다는 것이다. 그래서 인간의 인식 과정 역시 그 안에서 다루어야 할 것을 요구하고 있으며, 인식에 대한 탐구는 인식 주체의 생물학적 특성과 그 진화 과정을 통해 이루어져야 한다는 주장으로 드러나게 된다. 이와 같은 주장은 결국 전통적 인식론에서 규범적이고 선험적인 탐구 방식이 마땅히 그 비판의 대상이 된다는 것을 의미한다. 왜냐 하면 인식론에 대한 생물학적 혹은 진화론적 적용이란 기존의 규범적이고 선험적인 인식론을 서술적이고 경험적인 성격을 갖는 자연과학적 설명 방식으로 대체하려는 시도이기 때문이다. 이는 곧 인식론을 자연화하려는 시도에 따른 것임을 의미하고, 그렇다면 인간 인식에 대한 진화론적 설명은 자연화 계획의 일환에 포섭된다.6)

---

5) 그런데 왜 하필이면 진화론이냐 하는 물음에 대해 콰인 자신도 구체적으로 언급하고 있지는 않지만, 다음과 같은 추정을 통해 확인할 수 있다. 일반적으로 자연과학의 방법론 하면 물리학을 염두에 둔 말인데 최근 얼마간 과학철학의 논의에서 물리학과 관련하여 그 성과의 미진함을 들어 논의 자체에 대한 한계를 드러낸 것으로 말하기도 한다. 또한 그 논의 자체가 갖는 전문성 때문에 적용 자체가 그리 쉽지만은 않다는 지적도 있다. 어쨌건 실질적으로 적용 가능한 방법의 모색이 요구되었거나 혹은 새로운 논의에 대한 필요성이 절실했던 것으로 보인다. 더군다나 최근 생물학과 생명공학의 성과를 통해서도 알 수 있듯이 인간에 대한 지금까지 이해를 이제는 근본적으로 달리해야 한다는 요구의 목소리가 이를 뒷받침해준다. 그만큼 생물학과 관련된 논의는 진지하게 이루어져 왔고 여전히 활발하게 진행되고 있다.
6) 물론 개별 학문이 갖는 고유한 특성조차 공통적인 것으로 간주하는 것은 아니다. 즉, 인식론에 대한 자연주의적 적용에서 자연과학의 공통된 방법론은 공유되지만, 개별 학문을 구체적으로 적용시키는 데에서는 그 학문이 갖는 고유한

그러나 문제는 과연 그러한 시도가 가능하냐 하는 점이다. 물론 이에 대한 답변에 앞서 진화론적 인식론의 성격에 대한 규명이 선행되어야 할 것이다. 이른바 진화론적 인식론의 차별성에 관한 부분이다. 왜냐 하면 인식에 대한 진화론적 접근이 자연화 전략의 산물임을 감안했을 때, 자연화 계획 전반에서 진화론적 접근이 어떤 것인지에 대한 성격 규명이 선행되지 않을 경우 그 접근의 가능성에 대한 답변이 극히 자의적일 수 있기 때문이다. 말하자면 인간 인식에 대한 진화론적 설명을 자연화 계획 전반에서 차지하는 역할과 비중을 통해 살펴보자는 것이고, 이를 통해 인식론에 대한 진화론적 접근을 진단하자는 것이다. 이는 곧 인식론에 대한 진화론적 접근이 자연화 전략상의 의도와 본성에 대한 해명의 맥락에 의존하기 때문에, 자연화 계획 전반에 대한 이해로부터 출발하여 그 방향에 대한 설정이 필수적임을 의미한다.

2. 인식론의 과제와 인식론에서의 자연화 배경

전통적으로 인식론을 지배한 근본 문제는 "우리를 둘러싼 세계에 대해 우리가 어떻게 아는가?"라는 문제에 있었다. 우리가 일상적으로 알고 있다고 생각하는 대부분의 것들이 감각 경험에 기초해 있음은 분명한데, 문제는 세계가 우리에게 지각된 것과는 별개일 수 있다는, 즉 일치하지 않을 수 있다는 가능성에서 비롯된다. 그래서 그 해결의 실마리 역시 그러한 가능성의 차단에 있었고, 그러기 위해 세계 자체와 우리의 앎과의 불일치를 차단하기 위한 확인 작업이 요구되었던 것이다. 바로 그러한 확인 작업이 인식론에서 해야 할 고유한 업무라고 생각한 것이다. 말하자면, 외부 세

측면이 있기 때문에 차별성을 갖는다.

계에 대한 우리의 앎의 출발점을 감각 경험이라고 했을 때, 그러한 감각 경험에 기초하여 세계에 대한 지각적 판단을 구성하게 되고, 그 지각적 판단을 통해 다시 객관적 세계상을 구성해내게 되는 것이다. 이때 인식론은 그 과정이 어떻게 정당화될 수 있는가에 관심을 기울이게 된다. 그렇기 때문에, 감각 경험을 토대로 직접 구성된 지각적 판단을 일단 옳은 것으로 가정하고 그로부터 체계적인 이론을 구성해내는 자연과학의 작업과는 그래서 전혀 별개라고 생각한 것이다. 그래서 전통적 인식론에서는 "어떻게 믿을 것인가?"라는 물음에 답하는 것이기 때문에, "어떻게 믿고 있는가?"라는 사실적 물음에 그다지 신경쓸 필요가 없었던 것이다.

자연과학은 세계 내에 존재하는 자연적 성질들에 대한 탐구를 그 목표로 하기 때문에, 그러한 성질들이 과연 실재하는지의 여부라든가 그 방법론이 정당한가의 문제에 관심을 기울일 필요는 없는 것이다. 왜냐 하면, 자연과학은 우리의 감각 경험이 세계상을 올바르게 반영해주리라는 것을 의심 없이 받아들이면서 그로부터 세계에 관한 체계적인 이해를 제공해주기만 하면 되기 때문이다. 그러나 철학에서는 그 사정이 다르다. 자연과학의 전제라 할 수 있는 경험의 정당성을 문제삼기 때문이다. 말하자면, 과연 우리의 경험이 세계상을 올바르게 반영해주는 구실을 할 수 있느냐에 관심을 기울이게 된다.[7]

---

7) 양자의 차이는 실재론과 현상론을 구분하는 데에서 더욱 분명해진다. 실재론자에 따르면, 과학의 목표는 감각 경험의 도움을 받아 언어로써 이 세계를 있는 그대로 기술하는 것이다. 여기에서 감각 경험은 이 목표를 위한 도움의 구실을 할 따름이다. 그래서 물리적 대상에 대한 우리의 믿음 역시 가설적이며 어차피 우리가 꾸며낸 것이기 때문에, 내가 보고 있는 손이 손 그 자체라는 상식의 영역에서 그 답변을 마련하는 데 있다. 반면에 확실성을 근간으로 하는 현상론자들에게서는 위의 모든 것을 부정하고, 우리가 아는 것은 감각을 통해 우리에게 주어진 것 이상을 넘을 수 없다는 것이다. 그래서 지식은 분명히 우리에게 주어진 것, 즉 감각 경험에 제한되어야 한다는 입장을 취하게 된다. 이들에게 감각 경험

지금까지의 논의에서 양자가 그 역할상 확연히 구분되는 것임을 알 수 있다. 자연과학은 감각 경험의 도움을 받아 존재하는 세계를 그대로 서술하는 것이 그 방법론적 특징이라고 한다면, 인식론은 자연과학의 정당성 근거에 대해 문제삼는 규범학의 성격을 갖게 되고, 더 나아가 경험적 사실의 시시비비를 가리기 위해서는 선험적이어야 하는 특징을 동시에 공유하고 있음을 알 수 있다. 그런데 인식론의 자연화 계획에서는 이 양자의 벽을 허물자는 것이고 그래서 인식론을 과학화하자는 것이다. 말하자면, 인식론이 이른바 선험적 방식을 통해 지식에 대한 규범적 지침을 제공해준다는 데 대해 강한 불신을 나타내고, 인식론을 자연과학과의 연장선상에서 이해하자는 것이며 더 나아가 양자를 구분하지 말자는 경향성으로 볼 수 있다. 이에 따라 전통적 인식론을 전면 부정하는 입장에서부터 시작하여 강도의 차이는 있겠지만 부분적으로 수용하자는 입장에 이르기까지 매우 복잡한 양상으로 전개되고 있으며, 혼란스럽게까지 비쳐지는 것이 사실이다. 그래서 인식론에서의 자연화가 철학의 전면에 부각된 배경을 낱낱이 파헤쳐보는 것이 그리 쉬운 일만은 아니다. 그럼에도 불구하고, 인식론에서의 자연화가 비롯된 배경과 기존 인식론에 미친 영향의 정도에 대한 좀더 공정한 이해는 자연주의적 적용의 본성과 그 진화론적 접근에 대한 진단을 위해 매우 중요하다. 그렇다면 인식론의 자연화는 어디에서 기인한 것일까? 일반적으로 인식론 내부의 사정과 외부의 요인이 상호 맞물려 진행된 것으로 평가되곤 한다.

우선 인식론 외부의 사정으로 꼽는 것이 '과학-기술의 비약적인 발전에 따른 자연과학의 성공 인정과 그 확대 적용', '인지과학의 분야들, 즉 인지심리학, 인공 지능, 언어학, 신경생리학 등의 발

을 넘어서는 세계에 대한 주장은 모두 정당화될 수 없는 믿음이자 확실성에 입각하지 않은 믿음일 따름이다.

달에 따른 인식 과정에 대한 과학적 접근 방식의 옹호' 등이 자연
화의 외적 계기로 지적된다.[8] 하지만, 인식론에서의 자연화와 관
련하여 이러한 지적에 대한 철학적 평가가 본격적으로 이루어진
것은 1970년대 이후의 일이다.[9] 그렇다면 시간적인 순서상 외부
의 사정은 인식론의 자연화에 직접적인 동기를 이루었다고 보기
어려우며, 설사 그렇다고 하더라도 그것은 인식론 내부의 사정과
무관하게 진행되었을 수 있다는 점이다. 이는 무엇보다도 인식론
에서의 자연화에 직접적인 계기를 이룬 것은 인식론 내부의 사정
에 있음을 보여주는 단서이기도 하다. 흔히 내부의 사정으로는 '논
리실증주의 프로그램의 좌초에 따라 과학을 경험의 합리적 재구
성으로 보려는 시도가 더 이상 설득력이 없다는 공감대의 형성',
'데카르트에게서 비롯되는 전통적인 토대론의 실패'라는 콰인
(Quine)의 지적에서 찾는 것이 상식화되어 있다. 하지만 그의 진
단에는 인식론 내부의 속사정을 그대로 반영해주고 있지 못하는
것 같다. 그렇다고 이러한 콰인의 진단이 잘못되었다는 것은 아니
다. 다만 인식론 내부의 사정을 감안해볼 때, 인식론을 자연화하려
는 시도는 '지식의 본성'에 관한 해명의 맥락에 따른 이해가 선행
되어야 한다는 점이다. 이는 인식론 내부의 사정에 대한 더욱 정
확한 진단이 요구된다는 말이기도 하다. 이러한 자연화의 움직임
이 한 믿음의 정당화라는 규범적 맥락에 따른 지식의 해명이라는
단일망을 걷어버리려는 시도에서 비롯된 것이라는 점을 감안한다
면, 게티어(E. Gettier)의 문제에서 비롯되었다고 보는 것이 오히
려 공정한 평가일 것이다.[10]

---

8) 외적 계기에 관해서는 Maffie(1990)와 김동식(1995) 참조.
9) 인식론의 자연화를 둘러싸고 본격적으로 논의가 이루어지기 시작한 것은 콰
인 이후의 일이다. 특히 이 점은 Papineau(1993)와 Maffie(1990)에서 여러 문헌
을 통해 상세하게 제시되고 있다.
10) 자연주의 인식론 옹호의 계기와 논거에 대해 김동식 교수는 다음과 같이 지

1963년에 게티어의 논문이 발표되면서 당시 인식론 내부에서는 커다란 충격과 혼란에 휩싸이게 된다. 말하자면, 한 믿음을 정당화하는 데에서 단순히 그 믿음을 정당화하기 위한 근거가 있는 것만으로는 안다고 할 수 없다는 요구를 담고 있기 때문에, 아무리 새로운 조건을 추가하거나 강화한다고 하더라도 먹혀들리 없었던 것이다.[11] 이 점은 한 믿음이 정당화되기 위해서는 그 믿음과 그 믿음의 근거와의 논리적 연관만을 고려한다면 인식 정당화에 대한 해명이 이루어질 수 없다는 데에 문제의 심각성이 있었다.[12]

이와 같은 난관에 봉착해 '정당화 조건'의 강화가 더 이상 먹혀들지 않자 기존의 시도와는 전혀 다른 접근 방식으로 이어지게 되는데, 이러한 움직임은 1967년 골드만(Alvin I. Goldman)에 의해 발표된 「앎의 인과론」이라는 논문[13]에서 찾아볼 수 있다. 이 논문에서 골드만은 게티어 반례에 대한 정교한 분석과 아울러 한 믿음

적한다. "참된 신념은 지식의 기초라는 것, … 이렇게 볼 때 자연주의의 도전은 게티어 식으로 전통적 인식론 내부의 문제점에 대한 반증 사례에 머물지 않고 그 전부나 일부를 무시, 거부하거나 무의미한 것으로 보는 발상인 것이다." 이러한 김 교수의 지적은 외적 계기에 특히 비중을 둔 평가라 여겨진다. 하지만 필자는 그 반대라고 생각한다. 오히려 인식론에서의 자연화 혹은 자연주의적 인식론 발흥의 진정한 계기는 게티어의 문제로부터 비롯된 것이라고 본다. 이에 관한 좀더 상세한 논증은 홍병선(2002a)을 참조하기 바람.

11) 게티어의 문제를 해결하기 위한 방안으로 제시된 '정당화 조건의 강화'는 이후 몇 년간 나타나게 되는데, 어찌 보면 별다른 소득 없는 공방으로 이어지게 된다. 그 중 Michael(1963)과 Sosa(1964)는 대표적인 논문으로 꼽힌다.

12) 예를 들어, 인지자의 한 믿음에 대한 적절한 근거를 확보하고 있음에도 불구하고 결과적으로 그 믿음을 갖게 되는 것은 그 근거와 무관하게 그 믿음을 표현하는 문장의 소리가 좋아서 얼마든지 그 믿음을 갖게 될 수 있는데, 이 경우 그 믿음이 정당화되지 않음은 물론이다. 따라서 한 믿음이 정당화되기 위해서는 그 믿음이 주어진 근거에 기초해야 하며, 여기에서 그 근거에 기초해야 한다는 것은 오직 그 근거에 의해 발생된다는 생각으로 옮겨가게 된다. Kornblith(1980), 제3절, 599쪽 참조.

13) Goldman(1967).

이 지식이 되기 위해서는 그것이 참이 되어야 할 뿐 아니라, 그 믿음을 참이게 하는 사실과 적절한 인과적 관계를 맺고 있어야 한다고 주장하게 된다.14) 그런데 그의 이와 같은 시도가 의미 있는 것은 인식론에 대한 전혀 색다른 접근이 이루어지고 있다는 사실이다. 이른바 인식론 내부에서의 자연화 시도가 이루어지기 시작한 것이다. 이러한 골드만의 견해는 뒤이어 '자연화된 인식론'이라는 이름을 명시적으로 언급하면서 더욱 확대 적용된 형태로 1969년 콰인에 의해 등장하게 된다. 골드만에 뒤이어 등장한 콰인은 전통적인 인식론과의 단절을 표방하면서 인식론의 역사를 새롭게 쓸 것을 종용하게 된다. 콰인에 따르면, "우리는 어떠한 믿음을 가져야 하는가?"라는 물음은 '물음 그 자체'가 잘못되었기 때문에 한 믿음의 정당화를 근간으로 하는 전통적 인식론을 포기하고, "우리는 실제로 어떠한 믿음을 갖게 되는가?"라는 서술적 물음으로 바꾸어야 한다는 것이다. 말하자면, 인식적 규범을 근간으로 하는 전통적 인식론이 근본적으로 잘못되었기 때문에, 서술적 인식론으로 대체되어야 한다는 그야말로 선언적 요구인 것이다.15) 이러한 그의 주장에서 알 수 있듯이 콰인의 등장은 인식론에서의 자연화 전략을 더욱 가속화시키는 결과를 가져오게 된다.

전통적 인식론과의 연장선상에서 자연화 시도를 이해할 경우, 그것은 다음의 두 가지 중요한 측면을 시사해준다. 첫째, 한 믿음이 어떠한 인지 과정을 통해 발생되는지에 관한 사실적 고려는 게티어의 문제에 대한 해결이라는 사안을 넘어 인식론에서 자연주의적 방법론을 불러들이게 되는 결과를 초래하게 되었고, 콰인은 이에 힘을 실어줌으로써 인식론에서의 자연화를 가속화 / 강화시키게 된다. 여기에는 접근 방식의 차이에 따라 이른바 골드만 식

---

14) Goldman(1967), 69-70쪽.
15) 콰인의 의도에 관한 선명한 논의는 Kim(1988) 3절 참조.

의 접근이나 콰인 식의 접근과 같이 그 차별성을 갖는 형태로 드러나게 된다. 둘째, 자연화 전략에 따른 인식론은 전통적 인식론과 그 성격을 전혀 달리 규정하고 있다는 점에서 이후 인식론에 지각 변동을 예고하게 된다.

3. 자연화 전략의 성격과 목표

앞 장에서도 밝혔듯이 인식론 내부의 사정을 감안한다면 인식론에 대한 자연주의적 접근이란 게티어의 문제에 대한 극복의 일환에 따른 것임을 알 수 있다. 이에 따라 기존 인식론을 강화하는 방식으로는 게티어의 문제에 대한 근본적인 해결책이 될 수 없다는 이해의 확산과 함께 인식론에서의 자연화를 통해 그 해결 방안을 모색하려는 시도로 이어지게 되고, 이로써 기존 인식론과의 단절을 꾀하려는 노력의 결과로 나타나게 된다. 이른바 '근본적 대체론', '연속론', '약한 대체론', '변형론' 등의 이름으로 불리며 다양한 모습으로 선보여온 것도 그 해결 방식의 차이에서 비롯된다. 이는 동시에 자연과학의 성과가 인식론에 반영되는 영향의 정도에 따른 차이이기도 하다.16) 여기에는 강한 입장을 취할 수도 혹은 완화된 입장을 취할 수도 있다. 그러나 분명한 것은 대부분의 인식론자들이 자연주의적 기조를 살리는 방식에 따라 가능한 대안을 모색하고 있다는 점이다. 심지어 전통적인 인식론의 옹호자들조차도 자연주의적 노선에 동조하는 방식에 따라 부분적으로나마 수용하고 있다는 사실이다. 이는 인식론 내부에서 적어도 이러한 변화를 충분히 의식하고 있다는 것을 의미하며, 다만 남는 문제가

---

16) 오히려 인식론의 과학화 정도에 따른 분류라고 보는 편이 더욱 분명한 표현일 것이다.

있다고 한다면 그에 대한 대응의 방식에 따른 차이에 있을 따름이다. 결국 현대 인식론의 전반적인 흐름이 자연화 전략의 특정 부분을 수용함으로써 그 해결의 대안으로 삼고 있다는 점에서 만큼은 상당 부분 공유되고 있는 것은 분명하다. 물론 여기에는 그 수용의 정도에 따라 얼마든지 다양한 답변이 가능하다.

그렇다면 인식론의 과학화에 대해 어느 정도 우호적이냐에 따라 혹은 자연화 전략을 어느 정도 반영해내느냐에 따라 제시될 수 있는 답변은 크게 다음과 같이 셋으로 나누어볼 수 있다. ① 인식론과 자연과학의 방법이나 성과를 적절히 조화시키려는 입장을 취할 수도 있고, ② 인식론의 특정 부분을 비판하되 서술적 방법만으로 인식에 관한 모든 것을 해명할 수 없다고 보고 양자에서 취사선택하는 입장을 취할 수도 있을 것이고, ③ 인식론에서의 고유한 방식인 선험적이고 규범적인 측면을 모두 잘못된 것으로 보고 궁극적으로 자연과학의 서술적 방법론으로 대치되어야 한다는 입장을 취할 수도 있을 것이다. 여기에서 ①은 인식론이 특히 인지과학의 성과를 받아들일 여지를 남겨두려는 입장으로 인식론에 어느 정도의 제한을 가함으로써 인지과학, 특히 인지심리학과 상호 양립할 수 있음을 내비친다. 또한 ②는 자연화 계획을 의식하면서 전통적 인식론의 문제점을 지적하는 동시에 자연화 전략이 안고 있는 문제점 역시 비판하고 있기는 하지만 궁극적으로는 자연화 계획에 포섭하려는 입장을 취한다.

그런데 ①과 ② 각각의 옹호자들이 자신의 견지에서 보자면 양자가 상호 별개라고 주장할 수도 있겠지만, 실상은 인식 정당화라는 규범-평가적 개념을 서술적인 비평가적 개념으로 분석하고 있다는 점에서 동전의 양면과 같다. ①을 옹호하는 대표적 인물로 골드만(Alvin I. Goldman)을 꼽을 수 있는데, 그에 따르면 인식 정당화라는 인식-규범적 개념을 '신빙성 있는 믿음-형성 과정에 의해 산출됨', '거짓보다는 참인 비율이 높은 결과가 산출됨' 등의 비인식-규범적 개념으로 규정하고 있다.[17] 또한 ②를 명시적으로 표방하고 있는 알스톤(W. P. Alston)의 경우에도 *Alston*(1985)에서 그는 인식 정당화 개념을 사실적 개념이 아닌 넓은 의미의 평가적 개념이라고 규정하면서, 특히 인식적 측면의 평가와만 관련된 것으로 보고 그러한 인식적 평가는 이른바 "인식적 관점"에 따른 것으로 인식적 관점은 믿음의 체계 내에서 진리를 극대화하고 거짓을 최소화하려는 목적에 의해 정의된다고 규정하고 있다.[18] 그러나 이후 *Alston*(1988)에서는 인식 정당화 개념이 이러한 평가적 지위가 수반하고 있는 기초에 전적으로 의존하고 있다는 점에서 그렇게 순수하게 평가적이지만은 않다고 일부 수정하여 제안하고 있다. 여기서 알스톤은 '적합한 근거'는 '그 믿음의 참임을 직접적으로 드러내줄 수 있는 것'이어야 한다는 주장으로 이를 뒷받침하고 있다.[19] 이와 같이 인식 정당화라는 규범적 개념을 평가로 보아야 한다는 전기의 입장에서 인식적 평가를 위한 개념이 적어도 진리와의 연관성이 고려되어야 한다는 후기의 입장을 통해 보았을 때,[20] 전반적으로 어정쩡한 입장을 취하는 듯이 보이지만 궁극적으로는 인식-규범적 개념을 비인식-규범적 개념을 통해 분석하고 있다는 점에서 ①과 차별성을 갖는다고 보기 어렵다.[21] 그렇다면 제시된 세 가지 대안 중 ③만 남는 셈이다. 일단 ①과 ②를 게티어의 문제에 대한 극복의 대안이라는 차원에서 인식-규범적 개념을 서술적-비규범적 개념으로의 분석으로 이해했을 때, 근본적 대체론을 표방하는 ③이 자연화 계획을 가장 충실하게 반영하

---

17) Goldman(1979), Goldman(1986).
18) Alston(1985) 참조.
19) Alston(1988), Alston(1989) 참조.
20) Alston(1989), 참조.
21) 이에 관한 논증은 홍병선(2002b)을 참조바람.

고 있는 견해로 비쳐지는 것은 당연할 것이다. 이 견해는 자연화에 도화선을 당긴 장본인으로 평가받는 콰인에 의해 표방된 견해이기도 하다. 진화론적 설명 역시 자연과학의 연구 성과에 따른 인간의 인식에 대한 해명이라는 측면에서 여기에 해당된다고 볼 수 있다. 인간의 인식에 대한 진화론적 설명 방식이 ①과 ②라는 개념의 분석적 차원을 넘어 ③으로의 이행과 맞닿아 있음을 의미한다. 특히, 이후의 논의에서 주목하는 것 역시 이러한 '진화론적 적용'이 ③을 뒷받침하는 결정적인 논거로 어떻게 작용하는지의 여부가 될 것이다.

이를 위해 인식론에 대한 진화론적 접근이 무엇을 의미하는가에 대한 성격 규정을 위해 한 가지 매듭지어야 할 것이 있다. 앞의 논의에서 ①, ②와 ③의 차별성을 언급하고 있기는 하지만, 과연 이들 양자가 본질적으로 구분되는 것인가 하는 점이다. 다시 말해서 인식론에 대한 진화론적 설명이 ①과 ②가 아닌 ③에만 속할 이유가 어디에 있는가에 관한 의혹이다. 이는 ①, ②와 ③의 관계에서 개념적 분석의 차원에 따라 ①과 ②를 자연화 계획에 포함시킬 경우 기존의 인식론과의 단절이라는 의미를 충분히 반영해낼 수 없을 것이라는 평가와 관련한 것으로, 이에 따르면 ①과 ②를 통해서는 자연화 전략상의 본질적인 측면을 드러내기 어려울 것이라는 진단에서 비롯된다. 말하자면 자연화 계획의 성격이 ①, ②와 같이 '정당화'라는 인식적 개념을 단순히 비인식적 개념을 통해 분석하려는 시도에 머물 경우 자연화 전략이 갖는 핵심 사안을 거의 건드리지 못할 것이라는 지적이다. 그래서 ①과 ②를 자연화 계획의 본질적인 측면으로 여긴다면, 전통적 인식론을 옹호하는 대표적 인물인 치즘(R. Chisholm)과 정합론자인 봉쥬르(L. Bonjour)도 자연화의 옹호자로 포함시킬 수도 있다는 결론이 나오게 된다. 일관된 정합론자인 봉쥬르의 경우 정당화라는 인식 평가적 개념을

'논리적 일관성'이라든가 '확률적 인과성' 등의 비평가적인 개념들을 통해 정의하고 있기 때문이다.[22] 또한 토대론적 인식론의 대변자로 불리는 치즘의 경우 『지식론』 제3판에서 다음과 같이 말하고 있다.

우리는 어떤 규범적 진술을 보증해주기 위한 기준으로 비규범적 측면에 대해 알고자 한다. … 그러한 기준은 인지자 S가 F를 믿음에 있어 정당화되게 하는 조건들이 무엇인가를 알려주게 될 것이다. 문제의 그러한 조건들 자체는 규범적인 것이 아닐 것이다. 말하자면, 그 조건들은 어떤 규범적인 것들의 충분 조건을 이루는 비규범적 사실들이다.[23]

치즘은 여기에서 "어떤 믿음이 특정한 조건을 만족시키는 오직 그 경우에 한해 그 믿음은 인식적으로 정당화된다"는 기획을 포함하고 있다. 여기에서 특정한 조건이란 비인식-규범적 사실을 의미하고 이를 만족시켰을 때 '정당화된다'는 인식적 평가가 가능한 것으로 보고 있다. 이 말은 어떤 믿음이 정당화된다고 했을 때, 그 믿음이 정당성을 갖기에 충분할 정도의 기술적 혹은 비규범적 속성들이 제시되어야 한다는 것을 의미한다. 그래서 치즘은 인식적 가치와 비규범적 사실 간에 매우 강한 논리적 연관성이 있다고 보고 있으며, 그래서 한 믿음이 정당화되는 경우 그 믿음은 인식 정당화의 충분 조건인 비규범적 조건을 만족시켜야 한다는 입장으로 요약할 수 있다. 이 이외에도 인식-평가적 개념을 비인식-평가적 개념을 통해 분석하고자 하는 시도에 상당수의 전통적 인식론자들이 반대하고 있지 않기 때문에 여기에 그들도 포함시킬 수 있게 된다. 따라서, 인식-평가적 개념을 서술적인 비평가적 개념을

---

22) Bonjour(1985), 93-101쪽.
23) Chisholm(1989), 42쪽.

통해 규정하려는 입장인 ①과 ②를 통해서는 자연화 계획의 핵심
적인 사안을 전적으로 드러내고 있다고 보기 어렵다. 그런데 여기
에서 좀더 심각한 문제는 만일 이와 같이 자연화 계획의 본질적인
측면이 인식-평가적 개념을 서술적 비평가적 개념에 의해 분석하
려는 시도만을 의미한다면, 치즘이나 봉쥬르와 같은 인식론자들
을 골드만과 같은 대표적인 자연주의 옹호론자들과 달리 분류할
아무런 이유조차 없다는 점이다. 이 말은 곧 상호 공유되고 있는
측면이 있는 반면, 차별화되는 측면 또한 분명히 있다는 것을 의
미한다. 바로 그러한 차별성이 이들을 달리 분류하게 되는 근본적
인 이유를 이루게 된다.24)

지금까지의 논의를 통해 사실적인 자연과학의 개념을 통해 인
식 정당화를 해명하려는 방식으로 ①과 ②를 규정할 경우, 이를
통해서는 자연화 전략상의 속셈이 확연히 드러나고 있지 못하다
는 점을 확인할 수 있었다. 그렇다면 자연화 전략이 갖는 본질적
인 측면은 그 이상의 의미를 함축하고 있음에 분명하다. 말하자면
인식론은 자연과학의 실질적인 연구 성과를 반영해야 한다는 입
장이 그 이면에 깔려 있는 것이다. 이 말은 자연과학의 구체적인
연구 성과가 인식론의 내용에 실질적인 부분을 이루어야 한다는
것을 의미한다. 이는 적어도 자연과학의 탐구 결과에 따라 인식론

24) 이에 관한 논쟁적 언급은 본 논문의 범위를 넘어선다. 지적된 대로 전통적인
인식론의 옹호자인 치즘이나 봉쥬르의 기획과 대표적인 자연주의 옹호론자로
꼽히는 골드만의 기획을 비교해보더라도 인식 정당화라는 규범-평가적 개념을
서술적인 비규범적 개념에 의해 분석하고 있다는 점에서만큼은 분명히 공유되
는 부분이 분명 있기는 하지만, 그 이상의 단계에서 차별성을 갖는 것은 사실
이기 때문이다. 이에 따르면 인식-규범적 개념이 어디에서 비롯되느냐 하는 그
원천에 관한 물음에서는 답변이 서로 다르다. 여기에서 골드만은 한 걸음 더 나
아가는 셈이다. 그에 따르면 신빙성 있는 믿음-산출 과정을 쓸모 있게 하는 것은
경험적 탐구라는 것이다. 이는 원천적으로 선험적 방식에 의해 확보될 수는 없
기 때문에 인지과학과의 협동이 요구된다는 논지를 담고 있다. 이에 관한 상세
한 논의는 Steup(1966), 9장 참조.

의 내용 역시 변화될 수 있음을 시사한다. 이 말은 자연과학의 연구 성과에 따라 인식론의 내용이 결정될 수 있기 때문에, 전통적 인식론에서 그 존립 가능 근거라 할 수 있는 인식 규범의 변화 가능성을 허용하게 된다. 그렇다면 한 믿음의 정당화에서 규제적 역할을 수행해온 인식적 규범은 자연과학의 제약 하에 놓일 수 있다는 주장 역시 가능하다.

더 나아가, 인식론의 고유한 방법론이라 여겨온, 즉 개별 과학의 정당성을 문제삼고 그 시시비비를 가려야 한다는 선험적 방법 역시 포기해야 한다는 결론까지 나올 수 있다. 만일 그렇게 된다면, 전통적 인식론에서는 더 이상 독자적으로 그 답변이 마련될 수 없음을 의미한다고 볼 수 있다. 따라서 이에 따른 자연화 전략은 전통적 인식론과 본질적으로 차별화 전략을 취하려는 것이고, 더 나아가 자연과학의 실질적인 성과에 의존하지 않는 인식적 규범은 결코 유지될 수 없다는 계획을 완성시키려는 것이다.25) 여기에는 인식 규범이 주어진 상황에서 어떻게 산출되는가를 경험적으로 밝히고, 이러한 규범이 우리의 인식 과정에서 어떠한 기능을 하는가에 대해 설명하는 것으로서의 인식론에 대한 역할을 재규정하려는 의도를 포함할 뿐만 아니라, 인식 정당화라는 규범-평가적 측면을 인식론에서 배제하고 실제로 인간의 인식 체계를 지배

---

25) 인식 규범의 변화가능성을 표방하는 견해에도 "인식적 규범은 자연과학의 제약 하에 놓일 수 있다"는 견해와 "자연과학의 실질적인 성과에 의존하지 않는 인식적 규범은 결코 유지될 수 없다"는 견해가 있을 수 있다. 각각의 견해는 분명 대별된다. 전자의 견해에 대한 대표적인 옹호자로 골드만을 꼽을 수 있다면, 후자의 옹호자로는 콰인을 꼽을 수 있다. 골드만의 경우 "우리의 믿음이 형성됨에 어떠한 과정에 따르는가?"라는 답변을 마련하는 데에 인지과학과의 협동이 요구된다는 견해라고 한다면, 콰인은 규범적 물음에 대한 관심을 버릴 것을 종용하면서 인간의 인식이란 인지과학에서의 원인과 결과, 입력과 출력에 대해 연구할 것을 촉구한다. 따라서 골드만이 말하는 '자연화'가 인식론과 인지과학과의 **협동**을 의미하는 반면, 콰인에게서의 '자연화'는 전통적인 규범적 인식론에 대한 **제거**를 의미한다.

하는 인지 과정에 대한 서술적 탐구로서의 인식론에 대한 역할 또
한 동시에 포함한다.

4. 자연화 계획에 따른 진화론적 접근과 남은 문제들

앞 장의 논의에서 정당화라는 인식-규범적 개념을 서술적 비규
범적 개념을 통해 분석하는 것이 게티어의 문제에 대한 해결책 이
상의 기존 인식론과의 차별화라는 자연화 전략상의 핵심적인 측
면을 거의 드러내주고 있지 못하다는 사실을 알 수 있었다. 그래
서 인식적 규범에 대한 해명은 전적으로 자연과학의 성과에 의해,
즉 경험적 탐구에 의해 주어진다는 주장, 강하게 말해서 인식론은
규범성에 관한 탐구가 아닌 인간의 인식 과정에 대한 사실적 탐구
라는 주장을 통해서만 자연화 전략의 근본적인 의도가 드러난다
는 점을 확인할 수 있었다. 말하자면 인식론 내부의 사정에 따른
변화의 조짐으로만 자연주의적 접근을 이해할 경우 그 전략상의
핵심 의도를 드러내줄 수 없다는 의미일 것이다.

이제 이러한 주장을 구체적인 자연과학적 성과에 명시적으로
적용함으로써 자연화 계획을 적극 옹호하고 있는 콘브리스(H.
Kornblith)의 견해를 통해 좀더 구체적으로 검토해보자. 그는 자
신의 주장을 더욱 효과적으로 옹호하기 위해 다음의 세 가지 물음
을 도입함으로써 자연주의적 연구 방식을 옹호하고 있다.

⑴ 우리는 우리의 믿음에 어떻게 도달*해야* 하는가?
⑵ 우리는 우리의 믿음에 어떻게 도달*하는*가?
⑶ 우리가 실제로 우리의 믿음에 도달하는 과정들은 우리가 도달해
야 하는 과정들인가?[26]

우선 (1)에 답하기 위해서는 정당화된 믿음에 도달하는 과정과 그렇지 않은 과정을 구분할 수 있는 기준이 요구될 것이다. 그런데 인식론자들의 견해에 따르면 그러한 기준이 되는 인식적 규범은 선험적으로 알려지는 것임을 이미 앞에서 보았다. 이에 반해, (2)에 대한 답변은 우리가 믿음을 실제로 어떻게 형성하는가에 대한 연구인 심리학이나 인지과학에서 마련해주게 된다. 그런 점에서 전통적으로 (1)에 대한 답변과 (2)에 대한 답변이 전혀 별개라고 생각해온 것이다. 그런데, 콘브리스는 기존 인식론의 견해와 자연화 옹호론적 견해와의 구분은 궁극적으로 (1)과 (2)와의 관계를 어떻게 보느냐의 여부에 달려 있다고 보고, 기존 인식론의 견해에서는 (2)에 대한 답변이 (1)에 대한 답변을 마련하는 것에 아무런 도움도 주지 못한다고 생각할 수도 있겠지만, 자연화 옹호론적 견지에서는 먼저 (2)에 대한 답변이 마련되지 않고서는 (1) 역시 답변될 수 없다는 관점에 기반해 있다고 진단한다. 물론 그 자신은 후자의 입장에 서 있다. 그래서 그는 (2)에 대한 답변을 알지 못하고서는 (1)에 대해 답변할 수 없다고 하면서 다음과 같이 말한다.

나는 인식론에 대한 자연주의적 연구 방식이 바로 이 주장에서 성립한다고 본다. 즉, 물음 (1)은 물음 (2)와 독립적으로 답변될 수 없다.27)

즉, 콘브리스에 따르면 (1)에 답하기 위해서는 경험적 연구 방식에 따라야 한다는 이 말은 우리가 어떤 믿음에 도달하는 데에는 실제로 어떤 과정에 따르는지에 대한 분석이 요구된다는 말이다. 이른바 (1)과 (2)의 연속성을 옹호하는 것이다. 그러나 이러한 연구

---

26) Kornblith(1985), 1쪽.
27) Kornblith(1985), 3쪽.

가 (1)에 어떻게 도움을 줄 수 있느냐 하는 점이다. 이에 대한 그의 해결책은 다음과 같다. 만일 (3)에 대해 '그렇다'고 답변할 수 있다면, (2)에 대한 답변이 선행되어야 (1)에 대한 답변이 가능하다는 것이다. 그래서 (3)에 대해 '그렇다'는 답변이 경험에 기초를 둘 경우, 우리는 경험적인 방식을 통해 (1)에 답변할 수 있다고 주장한다. 이에 대해 콘브리스는 "만일 우리가 도달해야 하는 그 방식으로 믿음에 도달한다는 것을 미리 알기만 하면, (1)에 접근하는 한 방법은 결국 심리학을 하는 일이다. 우리가 실제로 믿음에 *도달하는* 과정을 발견하는 오직 그 경우에 한해, 우리는 그것에 의해 우리가 믿음에 *도달해야 하는* 과정을 확보하게 되는 것이다. 그렇게 되면 인식론이라는 계획 자체는 경험심리학으로 대치될 것이다"[28]라고 주장한다. 이와 같은 그의 제안을 논증의 형식으로 정식화하면 다음과 같다. 즉, (3)에 "그렇다"고 답할 수 있는 경험적 증거가 있다고 했을 때,

(a) "우리가 실제로 우리의 믿음에 도달하는 과정들은 우리가 도달해야 하는 과정들이다"를 받아들이는 것이고, 그리고나서 (2)에 대한 답이 결정되면,

(b) "지각적 과정은 우리가 실제로 우리의 믿음에 도달하는 한 방식이다."

(a)와 (b)에서

(c) "지각적 과정은 우리가 믿음에 도달*해야 하는* 한 방식이다."

를 함축하기 때문에 타당한 논증이고 따라서 (1)에 대한 답변 역시 마련된다. 이 논증의 핵심 사안은 전제 (a)를 받아들일 수 있기 위한 경험적 증거에 어떤 것이 있을 수 있는가 하는 점이다. 콘브리스 자신은 이러한 증거의 예로 진화론을 들고 있다. 말하자면, (a)를 뒷받

28) Kornblith(1985), 5쪽.

침하기 위한 근거로 적자생존이라는 다윈의 진화론적 관점에서 찾을 수 있다는 그의 확고한 계획에서 출발한다. 곧 그는 진화론적 증거에 기초한 이른바 다윈주의 논증(Darwinian argument)[29]을 통해 자연화 계획을 완성하고자 한다. 물론 이 점은 콰인에 의해 이미 지적된 바 있으며, 콘브리스 역시도 이를 받아들여 그의 경험적 증거로 활용한다.[30]

이러한 콘브리스의 계획에 따라 (a)를 뒷받침할 수 있기 위해 가정되는 것은 다음과 같다. 즉, 다윈 식의 진화 과정은 인간 종의 성공적 번식이라는 결과를 가져왔다. 이 사실은 우리가 참인 믿음을 많이 확보하고 있는 경우에 가능하다는 것을 의미할 것이다. 왜냐 하면, 그렇지 못한 종들은 성공적으로 번식할 수 없기 때문이다. 그래서 과거로부터의 성공적 번식을 통해 우리는 현재 여기에 존재하고, 또 미래에도 우리는 여전히 종을 번식시키게 될 것이라는 사실은 이른바 참인 믿음을 갖도록 하기에 유리한 방향으로 적응해온 것이기 때문에 가능하다는 지적이다. 말하자면, 우리의 인식 체계가 우리로 하여금 참임을 믿도록 하는 것은 우연적인 것이라기보다는 인식 능력이 제대로 발달되지 못한 종은 살아남지 못했을 것이라는 적자생존의 원칙에 따른 것으로 보아야 한다는 것이다. 그렇다면 적자생존의 원칙에 따른 인식적 방법 또한

---

29) 이 개념은 솝에게서 빌려온 것이다. Steup(1996), 9장.

30) 물론 여기에는 "우리의 인식이 무엇을 목표로 하는가?"라는 전제가 깔려 있다. 적어도 인식론의 목표가 참인 믿음의 산출에 있다고 했을 때, 이러한 인식적 목표의 달성이 합리성이나 인식 의무 등을 근간으로 하는 전통적 인식론에서의 선험적 방식을 통해서는 결코 마련될 수 없다는 전제이기도 하다. 이에 대해 로단(L. Laudan)은 인식이란 우리의 많은 행위들 가운데 하나며, 이러한 행위들의 목표는 자신의 욕구나 처한 상황 그리고 이러한 상황 속에서 우리의 욕구를 실현하는 방식과 같은 사실적 고려에 확보된다고 보고, 따라서 우리의 인식적 목표는 우리가 처한 상황에서의 우연적인 측면들이나 우리가 실현하고자 하는 또 다른 목표와의 연관 하에 우연적으로 결정된다는 것이다. Laudan(1990) 참조.

그것이 바람직한 것인가의 여부는 우리가 처한 상황에서 그러한 방법에 따르는 것이 참인 믿음의 산출이라는 인식적 목표를 더욱 효과적으로 달성하기 위한 성공적인 수단인가에 의해 결정된다는 주장으로 받아들일 수 있다. 그래서 콘브리스는 다음과 같이 결론을 이끌어내고 있다.

> 만일 우리의 믿음 산출 과정이 불가피하게 참인 믿음을 산출하기에 유리한 쪽으로 적응되도록 자연이 그렇게 구성된 것이라면, 우리가 믿음에 도달하는 과정들은 우리가 도달해야만 하는 그러한 과정일 수밖에 없다.[31]

콘브리스의 이러한 주장은 진화론의 몇 가지 개념을 통해 좀더 상세하게 정리할 수 있을 것이다. 자연 선택의 관점에서 한 체계가 다른 체계보다 더 잘 설계되어 있다는 것은 한 체계가 다른 체계보다 생물학적으로 더 적합하다는, 즉 생존할 가능성이 더 크고 그래서 성공적인 재생산을 할 수 있는 경우다. 한 체계가 경쟁하는 다른 체계보다 생물학적 적합성(biological fitness)을 더 향상시키게 되면 최적으로 잘 설계되어 있는 체계(optimally well-design system)라고 할 수 있다. 말하자면, 진화의 원인은 자연 선택이고, 자연 선택은 많은 체계들 중에 가장 잘 설계된, 즉 적합성을 가장 잘 높이는 체계를 고르게 된다. 오랜 시간이 경과하는 동안 자연 선택의 과정에서 최적에 가까운 체계를 골라내게 되고, 결국 선택의 과정에서 남은 체계는 가장 잘 설계된 것으로 여길 수 있다.

우리의 인지 체계 또한 진화의 산물이라고 했을 때, 이와 동일하게 적용된다. 앞에서 더 잘 설계된 체계가 생물학적으로 더 적합한 것이라고 했을 때, 우리의 인지 체계 역시 적합성을 가장 잘

---

31) Kornblith(1987), 5쪽.

높이는 인지 체계가 (더 잘 설계된) 합리적인 인지 체계라고 할 수 있다. 곧, 한 체계가 다른 체계보다 적합성을 더 잘 높이면 합리적이라고 말할 수 있는 것이다. 그렇다면, 합리적인 추론 체계란 참인 믿음을 대체로 잘 산출하는 체계며, 한 추론 체계가 다른 추론 체계보다 더 합리적이라고 할 수 있는 것은 그 체계가 참을 산출하고 거짓을 피하는 일을 더 잘하기 때문이라 할 수 있다. 자연 선택은 거짓 믿음보다 참인 믿음을 갖는 경우에 더 잘 적응하기 때문에, 대체로 참인 믿음을 산출하는 추론 체계가 적합성을 높이게 된다. 역으로 말해서 참인 믿음을 갖게 된다고 하는 것은 그 환경에 더 잘 적응하게 된다는 것을 의미한다. 따라서 진화는 '최적으로 잘 설계된 체계'에 근사한 유기체를 낳고, 최적으로 잘 설계된 체계는 곧 합리적인 인지 체계라고 말할 수 있는 것이다.[32]

이상에서 제시된 주장을 정리하면 다음과 같다. 적자생존의 원리에 따라 주어진 환경에 제대로 적응하지 못한 종은 살아남지 못했다. 주어진 환경에 적응한다는 것은 올바른 인지 체계를 가지고 있다는 것을 의미한다. 그래서 인지 능력이 발달하지 못한 종은 살아남지 못한 것이다. 우리는 적자생존의 원리에 적용되는 곳에 살아남은 종이므로 올바른 인지 체계를 가지고 있다는 것이다. 이렇게 보았을 때, 콘브리스가 주장하고 있는 "만일 우리의 믿음 산출 과정이 불가피하게 참인 믿음을 산출하기에 유리한 쪽으로 적응되도록 자연이 그렇게 구성된 것이라면, 우리가 믿음에 도달하는 과정들은 우리가 도달해야만 하는 그러한 과정일 수밖에 없다"는 귀결점이 일단 설득력 있게 들린다.

지금까지 언급된 논의를 논증의 형식으로 재구성하면 다음과 같다.

---

32) Stich(1990), 58쪽.

(개) 자연(적자생존의 원리)은 우리의 인지 과정이 참인 믿음을 산출하기에 유리한 쪽으로 적응해왔다.

(내) 만일 자연은 우리의 인지 과정이 참인 믿음을 산출하기에 유리한 쪽으로 적응해왔다면, 우리가 실제로 믿음을 *형성하는* 과정은 우리가 *형성해야 하는* 과정들이다.

그러므로,

(대) 우리가 실제로 믿음을 *형성하는* 과정은 우리가 *형성해야 하는* 과정들이다.

전제 (개)는 앞에서 언급한 대로 콰인에 의해 제창되고 콘브리스가 받아들이고 있는 진화론적 설명의 기본 논제를 표현한 것이다. 전제 (내)는 위의 인용문에서 언급한 콘브리스의 주장을 다시 진술한 것이다. 여기에서 (개)와 (내)로부터 전건긍정식에 의해 (대)가 따라 나온다. 그렇다면 이 논증은 타당하다. 그래서 위의 전제를 받아들이게 되면 결론 역시 받아들여야만 한다. 일단 (대)를 받아들이고 나면 (1)의 물음에 답하기 위해 우리가 할 수 있는 것이란 심리학자나 인지과학자에게 자문하는 것이다. 그들은 우리가 실제로 어떤 과정을 통해 믿음을 형성하는지 알려줄 것이기 때문이다. 이와 같이 우리는 (1)에 대해 답변하기 위해서는 경험적 방식을 통해 답하는 수밖에 없다는 논지를 담고 있다.

그러나 이러한 콘브리스의 논증에는 적어도 두 가지 문제를 포함하고 있는 것으로 보인다. 우선 전제 (내)가 어떻게 정당성을 가질 수 있느냐 하는 물음이다. 이에 대해 (내)가 정당화되기 위해서는 우리가 그렇다고 여길 만한 규범적 전제인 "우리가 믿음을 형성하는 과정이 참인 믿음을 갖기에 유리한 쪽으로 적응*되어야만 한다*"가 요구될 것이다. 참인 믿음을 산출하기에 유리한 쪽으로의 적응이 그럴 만한 당위가 있는 것으로 여겨지지 않는다면, "만일 자연이 우리의 인지 과정들에 참인 믿음을 산출하기에 유리한 쪽으로 적응되어 왔다면, 우리가 믿음을 형성하는 과정은 우리가 형성해야 하는 과정들이 *아니다*"보다 (나)를 받아들일 하등의 이유가 없다. 우리가 그래야만 하는 당위가 있기 때문에 그러한 사실을 통해 그래야만 한다고 할 수 있는 것이지, 그럴 만한 당위가 없음에도 불구하고 단지 그러한 사실 때문에 그래야만 한다는 것을 굳이 선호할 필요는 없을 것이기 때문이다. 예를 들어 투시력이나 예지력과 같이 우연적으로 참이 되는 경우나 중세인들이 진리로 받아들였던 천동설의 경우, 참인 명제를 믿는 것이 정당화되지 않을 수 있고 거짓된 명제를 믿는 것도 정당화될 수 있기 때문이다. 이를 자연화 옹호자들이 내세우는 핵심 논제를 통해 살펴보자.

전제 (나)에는 좀더 정교한 표현인 "당위가 수행 가능성을 함축한다(ought implies can)"는 암묵적인 논제가 깔려 있다. 이는 자연화를 표방하는 어떠한 입장에서도 자신들의 전략을 옹호하기 위해 등장하는 단골 메뉴이기도 하다. 이 논제는 당위를 내포하는 인식적 규범은 인지적 수행 능력에 의존한다는[33] 것으로 이 논제에 따르면 어떠한 인식론도 경험과학의 제약 하에 놓인다는 의미를 함축한다. 물론 모든 규범성은 인간의 수행 능력의 범위를 넘어설 수 없으므로 어떠한 인식적 규범도 인지적 수행 능력의 범위 내에 제한되어야 한다는 관점이 일견 타당해보인다.[34] 그런데 문

---

33) 수행가능성이라는 인식 능력에 관한 물음은 사실적인 물음과는 물론 다르다. 그러나 나의 인식 능력이 어느 정도인가라는 수행가능성의 문제는 나의 인식 체계가 어떤 인지 과정을 포함하고 있으며, 이들이 어떻게 형성되어 있는가에 의해 결정된다는 차원에서 사실적 탐구 영역에 속하는 것으로 볼 수 있다. 따라서 당위에 관한 물음은 아니다.

34) Cherniak(1986), 93-94쪽, Goldman(1993), 1장, 이와 같은 입장은 다음의 주장에서 명시적으로 드러나고 있다. "인식적 규범이 당위적 판단을 포함하고 있는 한, 인식론 내에서도 마찬가지의 논리적 관계가 나타난다. 인식적 규범은 일정한 방식으로 믿음을 구성해야 한다 또는 일정한 방식으로 믿음을 구성하여서는 안 된다고 명령한다. 그러나 우리에게 주어진 인식적 구조의 한계 때문에 이

제는 인식적 규범이 정당한 것으로 받아들여질 수 있기 위해서는, 그 규범이 인간의 인식 구조에 비추어볼 때 *따를 수 있어야 한다*는 주장이 추가적으로 요구된다. 이와 같이, 추가적으로 요구되는 주장 역시 인식적 규범에 따른 것이 될 터인데, 이와 같이 우리가 실제로 우리의 믿음에 도달하는 과정들과 같은 가설 자체는 선험적 방법에 의해 주어진 것이다. 결국 두 견해를 종합한다면 인식적 규범이 경험적 방법을 통한 검증 절차를 거치게 되기도 하지만, 인식적 규범 자체는 근원적으로 선험적 방법에 의해 확보된다. 따라서 전제 ⑷를 받아들일 만한 정당한 이유는 없다.

두 번째 의혹은, 자연이 우리의 인지 과정으로 하여금 참인 믿음을 산출하기에 유리한 쪽으로 적응해온 *정도*의 문제에 관한 것이다. 우리의 모든 인지 과정이 그렇게 유리한 쪽으로 적응해왔다는 것은 분명히 잘못된 것 같다. 왜냐 하면, 사람들이 믿음을 형성하는 과정들 대부분은 그와 같이 유리한 쪽으로 적응해온 과정은 결코 아닐 것이기 때문이다. 일상적으로 우리가 믿게 되는 경우를 보면 억견, 희망적 사고, 오류적 사고, 편견 등 이루 헤아릴 수 없이 많다는 것은 이미 상식으로 통한다. 따라서 전제 ⑺를 받아들이기는 어렵다. 그렇다면, 전제 ⑺를 "⑺* 자연은 우리의 인지 과정이 *어느 정도* 참인 믿음을 산출하기에 유리한 쪽으로 적응해왔다"로 바꾸고나면, ⑷ 역시 "⑷* 만일 자연은 우리의 인지 과정이 어느 정도 참인 믿음을 산출하기에 유리한 쪽으로 적응해왔다면,

---

러한 인식적 규범의 내용을 따를 수 없다면, 그러한 규범은 합당한 규범으로 성립할 수 없을 것이다. 이러한 논의로부터 다음과 같은 결론이 따른다. 즉, 인식적 규범의 내용을 해명하는 인식론의 작업이 인간의 인식적 구조와 그에 따른 인간의 인식 능력의 한계에 대한 경험 과학적 탐구로부터 전적으로 분리될 수 없다. 인식적 규범의 내용은 인간의 인식 능력의 한계 내에 제한되며, 따라서 인식 규범을 해명하는 인식론은 인간의 인식 능력을 사실적으로 탐구하는 자연과학에 의해 제약된다." 이 밖에도 인식 의무와 관련하여 알스톤 또한 이 논제를 받아들이고 있다. Alston(1988), 119-120쪽.

우리가 실제로 믿음을 형성하는 과정 중 *어느 정도*는 우리가 형성해야 하는 과정이다"로 대치할 수 있을 것이다. 따라서 ㈎*와 ㈏* 로부터 도출되는 결론은 ㈐보다는 다소 약화된 "㈐* 우리가 실제로 믿음을 형성하는 과정 중 어느 정도는 우리가 형성해야 하는 과정이다"를 얻게 된다.

물론 이 논증은 타당하다. 그렇다면 다음과 같은 결론을 얻을 수 있다. 비록 우리의 인지 과정들 가운데 많은 과정이 참인 믿음을 산출하는 과정이라고 하더라도, 또 다른 많은 과정은 참이 아닌 믿음을 산출하는 과정(참인 믿음을 산출하지 못하는 과정)일 것이다. 스티치 역시 이와 유사한 주장을 하고 있다. 즉, 자연 선택이 반드시 참인 인지 체계를 선호하는 것만은 아니며, 게다가 진화가 최적으로 잘 설계된 체계를 생산해내는 것도 아니라는 것이다. 이를 뒷받침하기 위한 논변으로, 신빙성이 떨어지는 인지 체계가 오히려 더 잘 적응할 수도 있으며, 자연 선택이 참을 산출하는 데 굳이 관여하지 않을 수도 있다는 것이다. 이 점에 대해 그는 다음과 같이 말한다.

참을 산출하고 거짓을 피하는 일을 잘하는 추론이나 연구가 시간, 노력, 인지 체계에서는 커다란 대가를 치러야 할 경우가 아주 많다. 유전학적으로 부호화할 경우 추론 체계의 전반적인 적합성을 결정할 때, 이러한 반대 급부를 모두 고려할 것이다. 만약 그 반대 급부가 크다면, 참을 산출해내는 것은 좀 떨어지지만 게다가 받아들일 수 있는 대안 체계가 있다면, 자연 선택은 오히려 그것을 선호할 것이다.[35]

이러한 스티치의 주장에서도 알 수 있듯이 반드시 자연 선택이 콘브리스의 생각과 같이 그렇게 고무적이라고 장담하기에는 아직

---

35) Stich(1990), 61쪽.

이르다. 우리의 인지 과정에서 참인 믿음을 산출하는 과정이 훨씬 많을지는 몰라도 그에 못지 않게 참인 믿음을 산출하지 못하는 과정 또한 얼마든지 있을 수 있다. 우리에게 실제로 적용되는 과정들 가운데 어떤 과정이 참을 산출하는 과정이고 또 어떤 과정이 참을 산출하지 못하는 과정인가? 진화론적 적용을 통해 인식론에서의 자연화 계획을 완성하려는 콰인과 콘브리스의 시도는 그야말로 고무적일 수는 있다.

5. 나오는 말

지금까지 인식론의 자연화가 비롯된 배경으로부터 시작하여 자연화 전략의 본질적인 측면을 다각적으로 조망하면서 가능한 여러 견해를 검토한 후 콘브리스에 따른 진화론적 적용까지 살펴보았다. 그 과정에서 인식론에 대한 자연주의적 접근이 두 가지 차원에서 전개된다는 사실을 확인할 수 있었다. 하나는 게티어의 문제로부터 비롯되는 인식론 내부의 사정으로 이에 따를 경우 인식적 개념을 비인식적 개념을 통해 분석하려는 움직임이다. 그러나 여기에서는 자연화 전략상의 핵심적인 측면이 드러날 수 없다는 점을 알 수 있었고, 오히려 자연과학의 구체적인 연구 성과가 인식론의 실질적인 내용을 이루어야 한다는 것이 또 다른 하나를 이룬다. 이와 같이 확인된 성과는 인식론에 대한 진화론적 접근이 어떻게 가능한지에 대한 하나의 지침의 구실을 할 수 있었다. 그러나 적어도 콘브리스식의 논증을 받아들인다고 할지라도 인식론에 대한 진화론적 접근은 일단 두 가지 문제를 안게 된다. 하나가 이론상의 허점이라고 한다면, 다른 하나는 그 물음의 성격이 본질적으로 다르다는 것이었다. 말하자면, 전통적 인식론에서 제기하는 물음은 본성상 경험적인 연구나 정보를 통해서 답변될 수 있는 성질의 것은 아니기 때문이다. 다만 현재 나의 증거나 지식 체계를 반성함으로써 얻어질 수 있다는 점에서 비롯된다. 콰인이 요구하듯이 인식론이 과학의 일부가 되어야 한다면 인식론에서 제기하는 물음은 결국 무가치한 것이 되고 만다.

자연화 전략의 선구자격인 콰인에 따르면 "내 입장은 자연주의적인 것이다. … 철학은 과학과 연계되어 있다. … 모든 과학적 발견은 철학에서 요구되는 바로 그것이다"라는 그의 선언은 자연과학의 구체적인 연구 성과는 인식론의 내용에 실질적인 부분을 이루어야 한다는 자연화 전략의 핵심적인 측면을 담고 있다. 물론 전통적 인식론에 대한 폐기를 인정한다고 하더라도 그것이 콰인이 말하는 심리학으로 대치되어야 할 것 같지도 않다. 왜냐 하면 그의 진단이 맞다고 해도 반드시 인식론을 심리학으로만 전환해야 할 이유가 없을 뿐더러, 설사 그의 진단이 틀리다고 해도 심리학은 그 자체로 탐구할 만한 가치가 있기 때문이다. 더군다나 전통적인 인식론 내에서도 그가 사사하는 것 이외에 더 많은 대안들이 얼마든지 있을 수 있다.

콘브리스를 포함하여 콰인 자신이 아직은 근본적인 대체론이 어렵다는 것을 의식하고 있다면 다음을 주장하고 있을는지 모르겠다. 당장 심리학이나 인지과학의 연구 성과가 인식론의 물음을 대신하는 것이 아닐지라도 일단 공동의 목표를 향해 독자적인 연구를 상호 비교 검토하는 가운데 나중에 시간이 흐른 뒤 (3)에 답할 수 있다는 주장 말이다. 물론 그런 상황이 전개되지 않으리라는 보장은 없다. 콘브리스 식에 따른 인식론에 대한 진화론적 적용이 갖는 의미 역시 경험적 방식을 통해 규범적 물음에 답한다는 것이었다. 물론 이에 대한 문제점이 다른 시도 역시 성공하지 못하리라는 것으로 받아들일 수는 없다. 만일 그렇다고 하더라도, 전통적 인식론의 물음이 자연과학의 성과에 의존해서만 답변될 것 같지는 않을 것이기 때문이다. 오히려 다음과 같은 주장이라면 받아들일 수도 있을 것 같다. 즉, 전통적 인식론의 독자적인 역할을 인정하되, 심리학이나 인지과학과 같은 과학적 연구와의 협동을 통해 부족하거나 잘못된 것을 부분적으로 보완해줄 수 있다면 말이다.

□ 참고 문헌

김기현, 「자연화된 인식론」, 『언어 · 진리 · 문화 1』, 김여수 외 저, 철학과현실사, 1997.

김도식, 「자연주의 인식론의 한계」, 『철학적 자연주의』, 철학과현실사, 1995.

김동식, 「자연주의 인식론의 철학적 의의」, 『철학적 자연주의』, 철학과현실사, 1995.

김영남, 『콰인의 자연주의 인식론』, 서광사, 1994.

박은진, 『칼 포퍼 과학철학의 이해』, 철학과현실사, 2001.

홍병선, 「인식론에서의 자연화, 그 철학적 함축」, 『과학철학』 제5권 1호, 한국과학철학회, 2002a.

홍병선, 「인식 의무, 그 자연화 전략상의 문제」, 『칸트 연구』 제10집, 『칸트철학과 현대』, 철학과현실사, 2002b.

Alston, W. P., "Internalism / Externalism in Epistemology", *Philo-sophical Topic 14*, 1989.

Cherniak, C., *Minimal Rationality*, 제3장, Cambridge, MA : MIT Press, 1986.

Chisholm, R. M., *Theory of Knowledge*, 2nd ed., Englewood Cliffs,

N. J. : Prentice-Hall, 1977.

Chisholm, R. M., *Theory of Knowledge*, 3nd ed., Englewood Cliffs, N. J. : Prentice-Hall, 1989.

Clark, M., "Knowledge and Grounds : A Comment on Mr. Gettiers Paper", *Analysis 24*, 1963.

Feldman, Richard., "Goldman on Epistemology and Cognitive Science", *Philosophia 19*, 1989.

Fumerton, R., "The Internalism / Externalism Controversy", *Philosophical Perspectives 2*, Epistemology, 1988.

Gettier E., "Is Justified True Belief Knowledge?", *Analysis 23*, 1963.

Goldman Alvin I., "A Causal Theory of Knowing", *The Journal of Philosophy 64*, 1967 : reprinted in George Pappas and Marshall Swain, *Essays on Knowledge and Justification* (Ithaca New York : Cornell Univ. Press, 1978).

Goldman Alvin I., "What is Justified Belief", in Paul K. Moser, ed., *Empirical Knowledge*, Rowman & Littlefield, 1979.

Goldman Alvin I., *Epistemology and Cognition*, Cambridge : Harvard Univ. Press, 1986.

Goldman Alvin I., "Epistemic Folkways and Scientific Epistemology", in *Liasions : Philosophy Meets the Cognitive and Social Science*, Cambridge, Mass. : MIT Press, 1991.

Goldman Alvin I., *Philosophical Applications of Cognitive Science*, 제1장, Westview Press, 1993.

Hull, David L., *Philosophy of Biological Science*, Prentice-Hall Inc, 하두봉, 구혜영 역, 『생명과학철학』, 민음사, 1974.

Kitcher, P., "The Naturalists Return", *The Philosophical Review*

Vol. 101 : 1, 1992.

Kim, Jaegwon, "What is Naturalized Epistemology", *Philosophical Perspectives 2* : Atascadero, CA : Ridgeview Press, 1988.

Kornblith, H., "Beyond Foundationalism and the Coherence Theory", *The Journal of Philosophy*, 1980.

Kornblith, H., "Introduction : What is Naturalistic Epistemology?", *Naturalizing Epistemology*, A Bradford Book, MIT Press, 1985.

Lehrer, K., "Knowledge, Truth, and Evidence", in *Analysis 25*, 1965.

Lehrer, K., *Theory of Knowledge*, Boulder, Co : Westview Press, 1990.

Laudan, Lerry, "Normative Naturalism", *Philosophy of Science 57*, 1990.

Maffie, J., "Recent Work on Naturalized Epistemology", *American Philosophical Quarterly Vol. 27*, 1990.

Moser, Paul., "Gettier Problem", *A Companion to Epistemology* (Oxford : Blackwell), 1992.

Papineau D., *Philosophical Naturalism*, 제3장, Blackwell, 1993.

Plantinga, A., "Justification in the 20th century", *Philosophy and Phenomenological Research 50*, 1990.

Pollock, J. L., *Contemporary Theories of Knowledge*, Rowman & Littlefield Press, 1986.

Quine, W. V. O., "Epistemology Naturalized", *Ontological Relativity and Other Essays* (New York : Columbia Univ. Press), 1969a.

Quine, W. V. O., "Natural Kinds", *Ontological Relativity and Other Essays* (New York : Columbia Univ. Press), 1969b.

Stich, S., *The Fragmentation of Reason*, Cambridge, MA : MIT Press, 1990.

Sosa, E., "The Analysis of Knowledge that P", *Analysis 25*, 1964.

Steup, M., *An Introduction to Contemporary Epistemolog*, Prentice-Hall, 1996.

▣ 『칸트 연구』 논문 투고 및 심사 규정

▶ 논문 투고 규정

1. 원고 공모 : 학회지·소식지·학회 홈페이지에 게시한다.
2. 투고 자격 : 투고일 현재 연회비를 미납하지 않은 회원.
3. 발간 횟수 및 발간일 : 연 2회(6월 15일·12월 15일) 정기적으로 발간한다.
4. 투고 접수 및 심사 : 투고 접수는 수시로 가능하나, 발간일 3개월 전까지 접수된 논문에 대해 심사한다.
5. 원고 종류 : 연구 논문.
6. 투고 요령 : 아래의 원고 작성 형식에 따라 작성된 파일을 학회 편집위원회 앞으로 우편 혹은 이메일로 제출한다.
7. 원고 작성 형식
   가) 프로그램 : 아래아 한글
   나) 참고 문헌
   ① 본문에서 인용·참조된 문헌만 수록하되, 수록 순서는 국한

문 문헌 다음에 외국 문헌을 싣고, 각각 저자 이름의 가나다 또는 알파벳 순서로 나열한다.

② 각주 및 참고 문헌의 표기 형식

■ 저 서 :

동양어권 : 저자명, 『저서명』, 출판사명, 출판 지역, 출판 연도.

서양어권 : Author, *Title*(이탤릭체), Edition, Publishing Company, Publishing Region, 출판 연도.

■ 논 문 :

동양어권 : 저자명, 「논문명」, 『게재 논문집명』, 발행처, 발행호 수, 발행 연도.

서양어권 : Author, "Title", in *Journal Name*, Organization Name, Issue Number, 발행 연도.

다) 편집의 일관성을 위해, 저자의 의도가 훼손되지 않는 한, 논문의 본문의 항목 구별은 1, 1), (1), 가), ①로 표기한다.

8. 게재료 : 연구비 수혜 논문의 경우, 소정의 게재료(20만 원)를 납부하여야 한다. 원고 분량이 스타일 편집 후 27쪽(200자 원고지 140장 / 요약문 포함)을 초과할 경우, 초과 게재료(1쪽당 2만 원)를 납부하여야 한다.

▶ 투고 논문 심사 규정

1. 심사 절차

가) 투고 접수가 마감되면 투고자의 인적 사항을 삭제한 심사용 논문을 각 3부씩 출력하고 심사 논문 목록을 작성한다.

나) 편집위원회를 소집하여 논문 1편당 심사위원 2인을 아래 '2. 심사위원 위촉'에 따라 위촉한다.

다) 편집위원장이 심사 논문 1부씩을 보관하고 각 심사위원들에게 해당 심사 논문 1부와 심사평가서를 우송한다.

라) 심사위원들은 심사 기준에 따라 심사하고 심사평가서를 작성하여 학회 편집위원회로 기일 안에 반송한다.

마) 심사 논문별로 심사평가서를 종합하여 심사 결과 목록을 작성한다.

바) 편집위원회를 소집하여 게재 논문을 선정한다.

사) 심사위원 인적 사항이 삭제된 심사평가서 사본과 게재 여부를 투고자에게 통보한다.

2. 심사위원 선정 및 위촉

가) 심사위원 선정 및 위촉은 편집위원회 회의에서 결정한다.

나) 심사위원은 철학 전공 교수 회원들 가운데 해당 논문 주제 분야의 전공자 2인으로 한다.

3. 심사 기준

가) 주제 : 연구 주제의 적절성 여부.

나) 연구 방법 : 연구 계획 및 방법의 논리적 적합성.

다) 논리 전개 : 연구 내용의 정합성.

라) 참고 문헌과 인용 : 인용의 출전 사항 및 출판 사항의 정확성 여부.

마) 연구 결과의 기여도 : 연구 결과의 학문적 기여도 또는 연구 결과의 활용 및 파급 효과의 정도.

4. 심사평가서 양식 : 소정 양식

5. 심사 요령

가) 심사는 심사 기준에 따라 객관적이고 엄정하게 실시한다.

나) 심사평가서 작성시 구체적이고 명시적인 표현을 사용한다.

다) 항목별 평가는 그 사유를 반드시 적시한다.

라) 게재 여부의 판정은 항목별 평가 및 심사 요지와 일치해야

한다.

마) 수정 제의 사항은 심사 요지에 구체적이고 상세하게 기재한다.

바) 게재 불가의 사유는 심사 요지에 반드시 기재한다.

▶ 게재 논문 선정 규정

1. 심사위원 2인의 판정이 일치할 경우, 판정에 따른다.
2. 심사위원 2인의 판정이 일치하지 않을 경우, 위원회의 의결에 의해 최종 판정하되, 소수 의견이 있을 경우 기록으로 남긴다.
3. "게재 가(可)"로 판정된 논문은 당해 호에 게재한다.
4. "수정 후 게재"로 판정된 논문은 게재 조건을 충족시켜 당해 호에 게재한다.
5. 당해 호의 게재 원고가 초과된 경우, 위원회의 의결에 의해 다음 호로 순연될 수 있다.
6. 논문 게재율은 투고된 논문의 90% 이하로 한다.

▶ 편집위원회 위원

- 위원장 : 김양현(전남대)
- 위   원 : 강영안(서강대)·김광명(숭실대)·김석수(경북대)·김수배(충남대)·김혜숙(이화여대)·맹주만(중앙대)·문성학(경북대)·박진(동의대)·박찬구(한국외국어대)·이남원(밀양대)·이엽(청주대)·최인숙(동국대)·하선규(경주대)

▣ 한국칸트학회 회칙

제　　　정　1990. 12.　8.
제1차 개정　1994. 12.　8.
제2차 개정　1999. 12. 17.

제1장 총 칙

제1조[명칭]　본 학술 연구 모임은 '한국칸트학회(Koreanische Kant-Gesellschaft)'라고 부른다.

제2조[목적]　본 학회는 칸트철학 및 칸트와 직간접적인 학문적 영향 관계에 있는 철학자들의 사상에 관한 공동 연구 그리고 이 연구를 통한 한국철학 정립을 위한 모색과 회원 상호간의 친목 도모를 목적으로 한다.

제3조[사업]　본 학회는 그 목적 수행을 위해 다음의 사업을 한다.

1. 정기적인 연구 논문 발표·토론회
2. 학회지 『칸트 연구』 발간
3. 칸트철학 관련 문헌 번역 출판
4. 학위 청구 논문 지도 후원
5. 기타 이사회에서 합당하다고 결정한 사업

제2장 회 원

제4조[회원의 구분]   본 학회는 정회원·준회원·명예회원으로 구성된다.

제5조[회원의 자격]

1. 정회원 : 칸트철학 및 그와 관련된 철학 사상에 관해 석사 논문 이상의 연구 실적이 있는 자로서 본 학회의 취지에 찬동하고 연회비를 납부한 자.

2. 준회원 : 칸트철학 및 그와 관련된 철학 사상 연구에 관심이 있는 자로서 정회원의 추천을 받은 자.

3. 명예회원 : 본 학회의 발전에 기여한 개인 또는 단체로서 이사회의 추천을 받은 자.

제6조[회원의 권리와 의무]

1. 정회원은 학회의 모든 사업에 참여할 수 있고, 의결권과 임원의 선거권 및 피선거권을 가지며, 반드시 연회비를 납부하고 기타 회칙 준수의 의무를 갖는다.

2. 준회원과 명예회원은 학회의 사업에 참여할 수 있고 현안 문제에 대한 발언권을 가지며, 회칙 준수의 의무를 갖는다.

제3장 조직과 임원

제7조[조직과 구성]   본 학회는 최고 의결 기관으로서 총회와 학회를 대표하는 회장 그리고 실무 추진을 위한 이사회를 기본 조직으로 가지며, 학회 사업의 자문을 위해 필요한 경우 고문을 둔다.

제8조[총회의 종류와 소집]

1. 총회는 정기 총회와 임시 총회로 구분된다.

2. 정기 총회는 매년 12월에, 임시 총회는 이사회의 결의 또는 정회원 과반수의 요구에 의하여 필요할 때 회장이 개최한다.

3. 회장은 최소한 일주일 전까지는 회원에게 총회 개최를 공지해
   야 한다.
4. 총회의 의사는 출석 회원의 과반수로 의결하고, 가부(可否) 동
   수일 때는 의장이 결정한다.

제9조[총회의 의결 사항]　총회는 다음 사항을 의결한다.
1. 회칙의 제정과 개정
2. 임원의 선임
3. 결산 승인
4. 기타 중요 사항

제10조[임원과 임기]　학회에는 다음의 임원을 두며, 그 임기는 2
   년으로 한다. 단, 결원이 있을 때는 보선하되, 그 임기는 전임
   자의 잔임 기간으로 한다.
1. 회장 1인
2. 부회장 2인
3. 총무·연구·편집 담당 상임이사 각 1인과 5명 이내의 이사
4. 감사 2인
5. 간사 3인

제11조[임원의 선임]
1. 회장과 감사는 총회에서 선출한다.
2. 부회장·이사·간사는 회장이 선임한다.

제12조[임원의 직무]
1. 회장은 학회를 대표하고 회무를 통괄하며, 총회와 이사회의
   의장이 된다.
2. 부회장은 회장을 보좌하며, 회장 유고시 회장이 지정한 순서
   에 따라 그 직무를 대행한다.
3. 총무이사는 학회 전반의 실무를 관장한다.
4. 연구이사는 연구위원회를 주재하고, 학회의 연구 발표 및 토

론회 등 학회 공동 연구 사업을 관장한다.

5. 편집이사는 회장과 함께 학회지『칸트 연구』의 공동 편집인이 되며, 편집위원회를 주재하고, 기타 학회 출판물의 실무를 관장한다.

6. 간사는 회장과 이사들의 학회 업무를 보좌한다.

7. 감사는 학회 일반 업무와 회계 관리를 감사하고 그 결과를 총회에 보고한다.

제13조[이사회의 구성과 의결 사항]

1. 이사회는 회장·부회장·(상임)이사로 구성한다.

2. 이사회는 필요에 따라 회장이 소집한다.

3. 이사회의 의사 결정은 다수결로 하고, 다음 사항을 심의 결정한다.

(1) 사업 계획 및 추진 방법

(2) 회비 및 기타 재정에 관한 사항

(3) 학회 고문의 추대

(4) 특별위원회의 설치

(5) 각종 위원회의 위원 위촉

(6) 기타 총회에서 위임되는 사항

제14조[위원회의 설치]

1. 학회에 '연구위원회'와 '편집위원회'를 둔다.

2. 위의 위원회 외에 필요에 따라 특별위원회를 설치할 수 있다.

제15조[연구위원회의 구성과 업무]

1. 연구위원회는 10인 이내의 위원으로 구성하며, 연구이사가 주관한다.

2. 학회의 제반 연구 사업을 심의 결정한다.

제16조[편집위원회의 구성과 업무]

1. 편집위원회는 10인 이내의 위원으로 구성하며, 편집이사가 주

관한다.

2. 학회지『칸트 연구』의 편집과 관련한 제반 업무 및 기타 출판물의 발간과 관련한 제반 업무를 심의 결정한다.

제4장 재 정

제17조[재정] 본 학회의 경비는 회비, 찬조금 및 기타 수입금으로 충당한다.

제18조[정회원의 회비 납부 의무] 정회원은 이사회에서 결정된 일정 회비를 반드시 납부해야 하며, 납부하지 않는 경우에는 그 기간만큼 정회원의 자격이 정지된다.

제19조[회계 연도]학회의 회계 연도는 정기 총회 일로부터 다음해 정기 총회 일까지로 한다.

[부 칙]

제1조[회칙의 발효] 이 회칙은 1990년 12월 8일 창립 총회에서 제정되는 즉시 발효한다.

▣ 한국칸트학회 임원

(2001. 12.~2003. 12.)

□ 학회 주소·연락처

▷ 회 장 : (156-743) 서울 동작구 상도 5동 1-1
　　　　　숭실대 인문대 철학과 내
　　ㅁ 회 장 : 김광명(숭실대 / ☎02-820-0375)
　　　E-mail : kmkim@saint.soongsil.ac.kr

▷ 총무 / 연구부 : (156-743) 서울 동작구 상도 5동 1-1
　　　　　숭실대 인문대 철학과 내
　　ㅁ 부회장 : 강영안(서강대 / ☎02-705-8339)
　　　E-mail : yakang@ccs.sogang.ac.kr
　　ㅁ 부회장 : 이남원(밀양대 / ☎055-350-5410 / 016-502-0138)
　　　E-mail : leenw@arang.miryang.ac.kr
　　ㅁ 연구이사 : 이엽(청주대 / ☎043-229-8414)
　　　E-mail : yeoplee@chongju.ac.kr
　　ㅁ 총무이사 : 신응철(숭실대 / ☎019-246-8061)
　　　E-mail : shin0308@hotmail.com / shin0308@chollian.net

▷ 편집부 : (500-757) 광주광역시 북구 용봉동 300번지
　　　　　전남대학교 인문대 철학과 내
　　ㅁ 편집이사 : 김양현(전남대 / ☎062-530-3221 / 011-9606-3291)
　　　E-mail : yhkim2@chonnam.ac.kr
　　ㅁ 편집간사 : 양일동(011-637-5367)
　　　E-mail : a-lethe@hanmail.net

▣ 필자 소개

(가나다 순)

□ 김 광 명

서울대 철학과(미학 전공)와 동 대학원에서 미학을 전공하고 독일 뷔르츠부르크대에서 철학 박사 학위를 받았으며, 미국 템플대 철학과 교환 교수를 지냈다. 서울대, 이화여대, 중앙대, 한양대, 한국외국어대 등에서 강의를 했고, 지금은 숭실대 철학과 교수로 있으며, 한국칸트학회 회장을 역임하고 있다. 미학과 인간학에 관한 다수의 논문이 있으며, 저서로는 『칸트 판단력 비판 연구』, 『철학의 물음과 사색』, 『인상주의 연구』, 『삶의 해석과 미학』 등이 있고, 역서로는 『예술과 인간 가치』, 『자유의 철학』, 『서양철학사』, 『칸트의 숭고미 분석』, 『미학과 예술 교육』, 『프로이트와 현대 철학』, 『프라그마티스트 미학』 등이 있다.

□ 김 석 수

서강대 철학과와 동 대학원을 졸업(석사)한 뒤, 「칸트에 있어서 법과 도덕」으로 철학 박사 학위를 받았으며, 학술진흥재단 지원으로 연세대 철학연구소의 Post-Doc. 연구원을 거쳐, 현재 경북대 철학과 교수로 있다. 주요 저서로는 『현실 속의 철학, 철학 속의 현실』, 『인간이라는 심연』, 『현대인의 삶과 윤리』, 『세계화의 철학적 기초』, 역서로는 『순수이성비판 서문』, 『인식론』, 『정치윤리학의 합리적 모색』, 『철학의 거장들』, 『정의와 다원적 평등』 등이 있으며, 주요 논문으로는 「칸트의 주체성에 대한 반성적 고찰」, 「이념과 실재 — 칸트와 아퀴나스를 중심으로」, 「칸트 '시민' 개념의 현대적 의의」 등이 있다.

□ 김 선 하

감리교신학대 종교철학과를 졸업하고 프랑스 파리8대학 석사 과정을 수료한 뒤 경북대에서 「주체와 이야기: 언어분석철학과 해석학의 만남을 통한 리쾨르의 주체 해명」으로 철학 박사 학위를 받았다. 현재 경북대, 대구대, 감리교신학대에서 강의하고 있다. 저서로는 『과학사와 과학철학』이 있고, 논문으로는 「인격적 정체성과 자기성」, 「말하는 주체와 자기」, 「인격동일성과 인간 복제에 대한 반성적 고찰」 등이 있다.

□ 김 영 한

서울대 철학과와 동 대학원을 졸업한 뒤 독일 하이델베르그대에서 철학 박사와 신학 박사 학위를 받았다. 현재 기독교학술원장, 한국개혁신학회장, 한국기독교철학회 부회장, 숭실대 기독교학과 교수로 재직중이다. 주요 저서로는 『기독교 신앙 개설』, 『바르트에서 몰트만까지』, 『현대 신학의 전망』, 『하이데거에서 리쾨르까지』, 『한국 기독교 문화 신학』, 『개혁 신학이란 무엇인가?』, 『21세기와 개혁 신학』 등이 있으며, 그 외에 『기독교와 문화』, 『기독교와 마르크시즘』, 『생태계의 위기와 한국 기독교』, 『현대 세계 개혁

신학의 현황과 그 문제점』 등이 있다.

□ 김 종 국

고려대 철학과와 동 대학원을 졸업하고 「자율과 책임」으로 철학 박사 학위를 받았으며, 독일 튀빙겐대 윤리연구소 객원 연구원, Post Doc.을 거쳐 현재 고려대 철학연구소 연구 교수로 있다. 논문으로 "Kants Lügenverbot in sozialethischer Perspektive", "Moralität in der Gott-verlassene Welt", 「평화의 도덕 : 칸트 실천철학에 대한 목적론적 독해」, 「보편주의 윤리학에서 황금률 논쟁」 등이 있다.

□ 맹 주 만

중앙대 철학과와 동 대학원을 졸업한 뒤 「칸트의 실천철학에서의 최고선」으로 철학 박사 학위를 받았으며, 중앙대 철학연구소 전임 연구원을 거쳐 현재 중앙대 철학과 교수로 있다. 주요 논문으로는 「칸트의 판단력 비판에서의 최고선」, 「칸트와 루소의 공동체론」, 「칸트와 헤겔의 자연 개념」, 「도덕적 감정 ― 후설의 칸트 비판」, 「원초적 계약과 정의의 원리」, 「윤리학에서 합리성의 두 개념」, 「인간 복제와 인간의 가치」, 「사회생물학과 도덕적 진보」, 「인간의 본성과 유전자 조작」, 「칸트의 행복주의 비판과 도덕적 문화론」 등이 있다.

□ 박 종 식

부산대 철학과를 졸업하고 동 대학원에서 박사 학위를 받았으며, 현재 부산대 철학과 강사로 있다. 학술진흥재단의 지원으로 부산대 철학과 초빙 연구원(「칸트, 비트겐슈타인의 철학과 료따르의 포스트모더니즘 연구」)으로 있다. 저서로는 『비판적 예술 이론의 역사』(공저)가 있으며, 논문으로는 「칸트 미학에서 무관심성과 그 비판」, 「칸트철학과 료따르의 포스트모더니즘」, 「칸트의 코페르니쿠스적 전회와 이성의 이질성 문제」 등이 있다.

□ 신 응 철

숭실대 철학과와 동 대학원을 졸업한 뒤 「카시러 문화철학에서의 인간 연구」로 철학 박사 학위를 받았다. 학술진흥재단 지원으로 숭실대 인문과학연구소에서 책임급 연구원으로 재직했으며, 경기대, 경원대, 숭실대, 남서울대, 수도침례신학대 등에서 강의를 하였고, 현재는 전남대 철학연구교육센터 학술 연구 교수로 있다. 주요 저서로는 『카시러의 문화철학』, 『해석학과 문예 비평』, 『문화철학과 문화 비평』이 있으며, 주요 논문으로는 「카시러의 인식 이론 고찰」, 「신칸트주의자 카시러의 사회철학」, 「카시러와 하이데거의 다보스 논쟁 다시 보기」, 「문화 해석의 두 입장」, 「해석 : 해방인가? 훼방인가? ― 손탁과 슈스터만의 논쟁」 등이 있다.

□ 양 황 승

숭실대 철학과와 동 대학원을 졸업한 뒤, 「폴 리쾨르의 텍스트 해석 이론에 관한 연구」로 철학 박사 학위를 받았으며, 현재 홍익대와 숭실대 학부와 대학원에 출강하고 있다. 주요 논문으로는 「리쾨르의 텍스트 이론」과 「리쾨르의 텍스트 해석에 있어서 설명과 이해의 변증법」 등이 있다.

□ 이 상 룡

동의대 철학과를 졸업하고 부산대 대학원에서 철학 박사 학위를 받았으며, 현재 부산대와 동의대에 출강하면서 학술진흥재단의 지원으로 부산대 철학과 초빙 연구원(「칸트, 비트겐슈타인의 철학과 료따르의 포스트모더니즘 연구」)으로 있다. 저서로는 『논리와 논술』(공저)이 있고, 논문으로는 「지시불확정성론, 상대주의, 실재론」이 있다.

□ 이 성 훈
서울대 철학과를 졸업하고 동 대학원 미학과를 수료하였으며, 현재 경성대 철학과 교수로 있다. 저서로는 『19세기 문화의 상품화와 물신화』, 『미술 진리 과학』이 있고, 역서로는 『유물론 반영론 리얼리즘』, 『미학과 예술사회학』, 『미학사』, 『예술의 사회적 생산』이 있다. 논문으로는 「브릴로 박스는 예술의 종말을 신호하는가」, 「현대 예술의 동향과 독일 미학의 두 방향」, 「의사 소통적 합리성 대 예술」, 「합리성과 예술 : 하버마스의 예술 이론은 가능한가」 등이 있다.

□ 이 영 철
서울대 철학과를 졸업하고 동 대학원에서 철학 박사 학위를 받았으며, 현재 부산대 철학과 교수로 있다. 저서로는 『진리와 해석』, 『노자에서 데리다까지』(공저)가 있고, 역서로는 『논리철학논고』, 『철학적 탐구』, 『문화와 가치』, 『확실성에 관하여』가 있다. 논문으로는 「50주기에 새로 보는 비트겐슈타인의 철학」, 「도와 언어」, 「이해와 합리성」, 「비트겐슈타인과 마르크스의 언어관」 등이 있다.

□ 정 성 관
한국외국어대 영어과를 졸업하고 오스트리아 인스부룩대에서 「칸트와 자연권론」이란 논문으로 철학 박사 학위를 받았으며, 지금은 숭실대 강사로 활동하고 있다. 주요 논문으로 「초기 그리스철학에서의 이원론 준비」, 「칸트 종교철학의 초월철학적 성격」 등이 있다.

□ 홍 병 선

중앙대 철학과와 동 대학원을 졸업한 뒤, 「인식적 정당화의 내재
론·왜재론 논쟁에 관한 연구」로 철학 박사 학위를 받았으며, 현
재 중앙대 교양학부 초빙 교수로 재직하고 있다. 저서로는 『철학
오딧세이 2000』(공저)이 있고, 논문으로는 「인식적 내재주의와 무
한 소급의 문제」, 「인식적 합리성과 그 경험적 제약의 문제」, 「인
식 의무, 그 자연화 전략상의 문제」, 「인식론에서의 자연화 그 철
학적 함축」, 「인식적 합리성의 가능 근거와 제약」, 「현대 인식론에
서 데카르트 식의 토대론적 전략은 유효한가?」, 「인식적 정당화의
두 견해」 등이 있다.

『칸트 연구』 제12집
칸트철학과 현대 해석학

초판 1쇄 인쇄 / 2003년 12월 10일
초판 1쇄 발행 / 2003년 12월 15일
■
엮은이 / 한국칸트학회
펴낸이 / 전 춘 호
펴낸곳 / 철학과현실사
서울특별시 서초구 양재동 338의 10호
전화 579-5908~9
■
등록일자 / 1987년 12월 15일(등록번호 / 제1-583호)
■
ISBN 89-7775-468-2 03160
*엮은이와의 협의에 따라 인지를 생략합니다.
*잘못된 책은 바꾸어 드립니다.

값 15,000원